Forschungs- und Lehrzusammenhang Themenkonstitution

Band 2

Analysen zum Gegenstand bewegungspädagogischen Handelns

an Beispielen innovativen Sporttreibens und
den Grundthemen des „Sich-Bewegens" aufgezeigt

von

Harald Lange & Silke Sinning

Schneider Verlag Hohengehren GmbH

Forschungs- und Lehrzusammenhang Themenkonstitution

Hrsg.: Prof. Dr. Harald Lange (Ludwigsburg) und Dr. Silke Sinning (Lüneburg)

Lektorat: Rosemarie Biba

Gedruckt auf umweltfreundlichem Papier (chlor- und säurefrei hergestellt).

Bibliografische Information der Deutschen Nationalbibliothek

Die Deutsche Nationalbibliothek verzeichnet diese Publikation in der Deutschen Nationalbibliografie; detaillierte bibliografische Daten sind im Internet über ›http://dnb.d-nb.de‹ abrufbar.

ISSN 1867-061X

ISBN 978-3-8340-0455-0

Schneider Verlag Hohengehren
Wilhelmstr. 13
73666 Baltmannsweiler

Alle Rechte, insbesondere das Recht der Vervielfältigung sowie der Übersetzung, vorbehalten. Kein Teil des Werkes darf in irgendeiner Form (durch Fotokopie, Mikrofilm oder ein anderes Verfahren) ohne schriftliche Genehmigung des Verlages reproduziert werden.
© Schneider Verlag Hohengehren, 2008.
 Printed in Germany – Druck: Appel & Klinger, Kronach

Inhaltsverzeichnis

A. Bewegungspädagogische Einleitung — 15

1. Zur Vielfalt bewegungswissenschaftlicher Betrachtungsweisen — 19
- 1.1 Fokus: Sportpädagogisches Interesse — 20
  - 1.1.1 Bewegungsdidaktische Implikationen und Ansprüche (…) — 22
  - 1.1.2 (…) und deren Relativierung durch die Motorikforschung — 24
  - 1.1.3 Sportwissenschaftliche *Glasperlenspiele* — 26
    - 1.1.3.1 Naive Positionen zu Erziehungs- und Bildungsfragen — 27 ✗
    - 1.1.3.2 Konsequenz: Didaktik reduzierter Ansprüche — 29
  - 1.1.4 (…) zum Orientierungsbedürfnis des unterrichtlichen Handlungsdrucks — 31
- 1.2 Zum Zusammenhang zwischen Bewegungsbegriff und methodischem Konzept — 32
  - 1.2.1 Zur Differenzierung *physikalischer* und *relationaler* Betrachtungsweisen — 33
- 1.3 Zur physikalischen Betrachtungsweise — 33
  - 1.3.1 Konsequenzen für die Methodik — 34
  - 1.3.2 Lerntheoretischer Bezug – Programmtheorien — 34
    - 1.3.2.1 Zur programmgestützten Lehrarbeit in der Unterrichtspraxis — 36
  - 1.3.3 Zur Relevanz technologisch implizierter Methoden — 37
  - 1.3.4 Klassische Position: Lehren als *Lernenmachen* — 38
    - 1.3.4.1 Lernerbilder und Lehrerbilder — 40
  - 1.3.5 Zur Kritik an den *Methodischen Übungsreihen* — 40
- 1.4 Zur relationalen Betrachtungsweise — 42
  - 1.4.1 Anstoß einer mathetischen Sichtweise auf Vermittlung — 44

2. Ideen-, Bild- und Konzeptentwicklung als Aufgabe der Bewegungsdidaktik — 47
- 2.1 Ein Beispiel zur Bewegungsvermittlung — 49
- 2.2 Grundannahme für die Interpretation: Menschenbild — 50 ✗
  - 2.2.1 Das Bild vom Fahrradfahren lernenden Jungen — 52
- 2.3 Variablen der bewegungspädagogischen Interpretation — 53
- 2.4 Konzeptionell-systematische Grundlagen einer Bewegungsdidaktik — 54

3. Weltbezug des Lernenden: Bewegungsdidaktische Relevanz 57

- 3.1 Menschenbild und Weltbezug 57
- 3.2 Wahrnehmung und Weltkonstruktion 59
  - 3.2.1 Konsequenzen für das Konstruieren von Bewegungswelt 59
- 3.3 Folgerungen für den Bildungsbegriff 61
  - 3.3.1 Zum Bildungsbegriff 61
  - 3.3.2 Zum Bildungspotenzial bewegungsbezogener Schwierigkeiten 62
  - 3.3.3 Zum besonderen Reiz bewegungsbezogener Schwierigkeiten (…) 63
  - 3.3.4 (…) und der Relevanz der ästhetischen Perspektive 64
- 3.4 Felder bewegungsbezogener Bildungsgelegenheiten 65

4. Bewegungs- und Unterrichtskonzept 69

- 4.1 Problemorientierter Unterricht 69
  - 4.1.1 Bewegungsproblem 70
  - 4.1.2 Zum bildenden Sinn bewegungsbezogener Schwierigkeiten 71
  - 4.1.3 Fragen in und an Bewegungssituationen stellen 72
  - 4.1.4 Aufgaben für den Lehrer 73
  - 4.1.5 Analyse von Bewegungslernproblemen 74
    - 4.1.5.1 Sokratisches Gespräch 74
- 4.2 Bewegungserfahrungen – Erfahrungslernen 77
  - 4.2.1 Zur Etymologie des Erfahrungsbegriffs 78
  - 4.2.2 Erfahrungsbildung im Sportunterricht 80
- 4.3 Zum Dialogischen Bewegungslernkonzept 81
  - 4.3.1 Sportdidaktische Konkretisierung 83

5. Zur Gestaltung kind- und bewegungsgerechter Lernräume 85

- 5.1 Lernräume als anregendes Milieu 85
  - 5.1.1 Lern- und Bildungsarchitektur 86
  - 5.1.2 Rainer Maria Rilke und Ellen Key 86
- 5.2 Kinderwelt ist Bewegungswelt! 87
  - 5.2.1 Das Bewegungsthema als Kern moderner Schulentwicklung 88
- 5.3 Ausblick: Anhaltspunkte für die bewegungspädagogisch orientierte Schulentwicklung 89

6. Ausblick 93

- 6.1 Innovation als Funktion des Bewegungsproblems 94

B. Felder innovativen Sporttreibens 97

1. Neue Inhaltsfelder – Trendsport 97

1.1	Inszenierung von Trendsport in der Schule	99
1.2	Annäherung an das informelle Bewegen und Lernen von Kindern	100
1.2.1	Beispiel: Tanz und *MTV-Moves*	101
1.2.2	Tanzen mit dem *Drill-Master*	102
1.2.3	Ambivalente sportpädagogische Ordnungsversuche	103
1.2.3.1	Annäherung an ein weites Feld	103
1.2.3.2	Zum ästhetischen Pol	104
1.2.3.3	Zur Dissonanz zwischen Tanz- und Sporterziehung	105
1.3	Was sind Trends?	106
1.3.2	Gesellschaftliche *Trend-Zeit*	106
1.3.3	Bezüge zum Sport	107
1.3.3.1	Red Bull Soulwave	109
1.3.4	Veränderungen in den Strukturen des Sports	109
1.4	Was sind Trendsportarten?	110
1.4.1	Merkmale von Trendsportarten	112
1.4.2	Wie entstehen und entwickeln sich Trendsportarten?	115
1.4.3	Ein idealtypisches Entwicklungsmuster von Trendsportarten	116
1.4.4	Welchen Sport treiben wir in der Zukunft?	117
1.5	Sportpädagogische Herausforderungen und Perspektiven	119
1.5.1	Differenzen zwischen Sport und Pädagogik	120
1.5.2	Ambivalenz des Fortschrittdenkens	121
1.5.3	Herausforderung für die Sportpädagogik	121
1.5.4	Forderung nach neuen Inhalten	122
1.5.5	Inhaltsauswahl: Innovativ oder konservativ?	123
1.5.6	Wie beweglich ist das Schulsystem?	123
1.5.6.1	Vor 110 Jahren: Fußball als Trendsport?	124
1.5.7	Zum Problem der Verschulung	126
1.6	Trendsport lehren und lernen	128
1.6.1	Gebräuchliche Orientierungen der Vermittlung	128
1.6.2	Pragmatische Versuche	129
1.6.3	Zum Problem des klassischen Methodendenkens	130
1.6.4	Zur Relationalität von Lehrlernverfahren	131
1.6.5	Überwindung althergebrachten Denkens	132

1.7	Bewegungserleben und Bewegungslernen *in Szene setzen*	133
1.7.1	Einschlägige Bewegungserlebnisse	135
1.7.2	Kennzeichen des *Sich-Bewegens* im Trendsport (...)	135
1.7.3	(...) und die Konsequenzen für ihre Inszenierung	136
1.7.4	Strukturen des selbstbestimmten Such- und Lernprozesses	138
1.7.5	Über Variieren die optimale Lösung finden	139
1.7.6	Allgemeine Hinweise für die Inszenierung von Bewegungslernen im Trendsport	140

2. Bewegungslernen an der Halfpipe — 143

2.1	Zum Problem der Lehrlernmethodik im Sport	144
2.1.1	Perspektivenerweiterung durch informelle Bewegungsszenen	145
2.1.2	Skating-Szene als Bewegungslernort	146
2.1.3	Zur Vereinnahmung durch die Sportwissenschaften	146
2.1.4	Methodenkritik	147
2.2	Lernen in Szenen informellen Sporttreibens – Ein Fallbeispiel	148
2.2.1	Deutung	150
2.2.2	Konsequenz: Von der Methodik zur Inszenierung	151
2.2.3	Konkrete Anhaltspunkte für die Inszenierung von Bewegungslernen	152
2.2.3.1	Zum Üben und Vorführen im passenden Ambiente	152
2.2.3.2	Abwechslung attraktiver Grundthemen	152
2.2.3.3	Entdecken neuer Kombinationen	153
2.2.3.4	Variieren	153
2.2.4	Zusammenfassung: Wie soll inszeniert werden?	154

3 American Sports — 155

3.2	Sport als Spiegelbild der amerikanischen Gesellschaft	158
3.2.1	Sport als Identitätsstifter	159
3.2.2	Melting Pot oder ethnischer Separatismus im Sport?	160
3.2.3	Sport als Inszenierungsarena von Nationalgefühl und Männlichkeit	161
3.2.4	Sport und der *New Frontier*-Mythos	162
3.2.5	*Pursuit of Happiness* und Indiviualismus	162
3.2.6	Health, Fitness und Exercise	163
3.2.7	Konträre Bewegungen	164
3.3	Prägnante Beweggründe des amerikanischen Sports	165
3.3.1	Pädagogische Zugänge	166
3.3.2	Neues kennenlernen	167

3.3.3	Sich vertiefen – Differenzen erkennen und unterscheiden lernen	167
3.3.4	Gesamtzusammenhänge erfassen	169
3.4	Didaktische Zugänge und Leitideen	169
3.4.1	Zur Bedeutung der Spielgeräte, Bewegungen und Regeln	169
3.4.2	Grenzen und Übergänge differenziert wahrnehmen lernen	170
3.4.3	Kommunikationsstrukturen und Lernformen offenlegen	170
3.4.4	Wertvorstellungen differenzieren und verstehen lernen	171

4. Frisbeespielen und -golfen — **173**

4.1	Die Eleganz des Frisbeefluges als Lernanlass	174
4.1.1	Fallbeispiel zweier Grundschulkinder	174
4.2	Zum Reiz des Frisbeespielens	175
4.2.1	Zu den Ursprüngen des Frisbeespielens	176
4.2.2	Feinfühlig werfen lernen	177
4.3	Voraussetzungen des Lernprozesses	178
4.3.1	Verallgemeinerung: Wie Kinder werfen (...)	179
4.4	Bewegungspädagogische Perspektiven des Frisbeespielens	180
4.4.1	Bewegungskoordination	181
4.4.2	Gestaltungsmöglichkeiten	182
4.4.3	Kooperationsperspektiven	183
4.4.4	Alltags- und Lebensweltbezug	183
4.5	Perspektiven für die unterrichtliche Inszenierung	184
4.5.1	Aufgaben für den Lehrer	184
4.6	Vorschlag zur unterrichtlichen Inszenierung	185
4.6.1	*Vertraut machen* und ausprobieren	186
4.6.2	Zielwerfen	188
4.6.3	Weit werfen	188
4.6.4	(Attraktive) Ziele treffen	189
4.6.5	Parcours erstellen – Biathlon und Brennball	190
4.6.6	Frisbee-Golf	191
4.7	Bewegungspädagogische Einordnung	192

5. Abenteuer und Erlebnis — **195**

5.1	On Tour – abenteuerlich unterwegs sein	195
5.2	Zum Zusammenhang zwischen *Reisen* und *Erleben*	195
5.2.1	Zum Ansatz von Bildungspotenzialen beim *On-Tour-Sein*	196

5.3	Abenteuer als pädagogische Kategorie	197
5.3.1	Abenteuer: Ein schillernder Begriff	198
5.3.2	Exkurs zum Klassiker des Abenteuerlichen: Robinson Crusoe (…)	198
5.3.3	(…) und die Ambivalenz der Abenteuerpädagogik	200
5.3.4	Pädagogische Verzweckungsinteressen und das Recht auf Spaß	201
5.4	Abenteuerpädagogik und Erfahrungslernen	201
5.4.1	Probleme lösen als didaktische Aufgabe der Abenteuerpädagogik	202
5.4.2	Konsequenzen für das *On-Tour-Sein*	203
5.5	Inliner-Wanderung	204
1.5.1	Die Grundidee (…)	204
5.5.2	(…) und wesentliche Zielperspektiven	205
5.6	Erste Planungsschritte (…)	207
5.6.1	(…) und detaillierte Planungsergänzungen	209
5.6.2	Wichtige Erkenntnisse schriftlich festhalten (…)	210
5.6.3	(…) und den Tag erleben	214
5.7	Gesamtauswertung	215

6. Fitness im Schulsport — **217**

6.1	Zum Spannungsfeld zwischen Bodybuilding und Körperbildung	217
6.1.1	Annäherung an einen schillernden Begriff	218
6.1.2	Pädagogische Annäherungen an Fitnesskonzeptionen	218
6.2	Fitness als Facette der Körperthematik	219
6.2.1	Veränderte Kindheit?	220
6.2.2	Bewegen sich Kinder noch *richtig* und *genug*?	221
6.3	Zum Fitnessbegriff	222
6.4	Schulbezug – Fitness als Form der Körperbildung	225
6.4.1	Körper-Bildungspotenziale	225
6.4.2	Zum Spannungsfeld zwischen Selbstverwirklichung und Selbstverdinglichung	226
6.4.3	Körpergrenzen herausfinden	226
6.4.4	Zum selbstbestimmten Umgang mit Beanspruchungen	227

7. Bewegen auf dem Wasser — **229**

7.1	Wassersport *–Bewegen auf dem Wasser*	229

7.2   *Bewegen auf dem Wasser* – Ein unbekanntes
       Erfahrungsfeld   231
  7.2.1 Sich auf dem Wasser bewegen   232
  7.2.2 Sich auf dem Wasser den verändernden
         Umweltbedingungen stellen   233
  7.2.3 Sich auf dem Wasser orientieren   233

7.3   *Bewegen auf dem Wasser* – Ein besonderes Lehrlernfeld   234
  7.3.1 Grundorientierung zu Lehrlernwegen beim
         Bewegen auf dem Wasser   236
  7.3.2 Zur Sicherheit beim *Bewegen auf dem Wasser*   237
  7.3.3 Schülerseite: Helfen – Sichern – Retten   237
  7.3.4 Lehrerseite: Qualifikationen und Zertifikate   238

7.4   *Bewegen auf dem Wasser* – Pädagogische Chancen   238
  7.4.1 Selbsterfahrung   238
  7.4.2 Verantwortungsbewusstsein   239
  7.4.3 Naturbegegnung & Umwelterziehung   239
  7.4.4 Fächerverbindendes / -übergreifendes Verständnis   239

C. Bewegungsthemen   241

1. Sich wagen   243

1.1   Zur Konjunktur der Erlebnisorientierung   243
  1.1.1 Grenzen der Erlebnis- und Wagnispädagogik   244

1.2   Zur Frage nach den Inhaltsbezügen   245
  1.2.1 *Fun* oder *in eine Sache vertiefen*?   246
  1.2.2 Bedeutung der Erfahrung   247

1.3   Zum wagnisbezogenen Engagement der Kinder   247
  1.3.1 Ein Fallbeispiel   248
  1.3.2 Ansatzpunkte zur Inszenierung von Wagnisgelegenheiten   249

1.4   Zum Wagnis   250
  1.4.1 Lernen und *Ab-wägen* – Eine Annäherung   251
  1.4.2 Aufgaben zum wagnishaltigen Sportunterricht   252

1.5   Fallbeispiel aus dem Sportunterricht von Anne und Sophie   253
  1.5.1 Interpretationen zum raumgebundenen kindlichen
         Bewegungsinteresse   254
  1.5.2 Zum wagnishaltigen Dialog im *Sich-Bewegen*   255

1.5.3	Bewegen und Wahrnehmen	256
1.5.4	Wie das Wahrnehmen kindliches Bewegen herausfordert	257

2. Balancieren – Das Spiel mit dem Gleichgewicht — 259

2.1	Das motorische Gleichgewicht in der kindlichen Entwicklung	259
2.2	Gleichgewicht: Eine begriffliche Annäherung	260
2.2.1	Gleichgewicht und *Bewegen*	261
2.3	Zum Abwägen in der kindlichen Bewegungspraxis	262
2.3.1	Suchen von Differenzen	263
2.4	Gleichgewicht als lebenslanges Lernthema	264
2.4.1	Grenzerweiterungen im Spiel mit dem Gleichgewicht	264
2.5	Sport als herausforderndes Gleichgewichtsthema	265
2.6	Zum Kern der Gleichgewichtsthematik	266
2.6.1	Physikalischer Ansatz: Schwerkraft	266
2.6.2	Bewegungspädagogischer Fokus	267
2.6.3	Sensibilität und Körpererfahrung	268
2.7	Bestimmung des Bewegungsproblems	268
2.7.1	Ein Beispiel zur Problemanalyse	269
2.8	Eine Beobachtungsstudie und Problemanalyse aus dem Bewegungsunterricht	269
2.8.1	Vielfältiges Balancieren	270
	Lisa balanciert am Barren in die Höhe	271
	Erdbeben	272
	Esther riskiert den Gang über die Rollbank	273
	Rudi und Ahmet wagen sich auf den Schwebebalken	274
	Tuncay und die anderen kosten den Schwung des Rollbretts aus	275
	Bernd wagt sich auf die hohe Reckstange	276
	Ismael spielt mit dem Wackelkasten	277
	Paul und Tim schaukeln durch den Seilbarren	278
	Lukas begegnet der Widerständigkeit des Pedalos	279
2.8.2	Zusammenfassung: Orientierung am Bewegungsproblem	280

3. Rollen, Gleiten & Fliegen — 283

3.1	Das Gleit-Gleichgewicht als Bewegungserlebnis	283
3.1.1	Die Lust am flüssigen Vorankommen	283
3.2	Gleiten als ungewohnte Bewegungsdimension	284
3.2.1	Aktivität und Passivität verbinden	284
3.2.2	Beispiel Mattenrutschen	285

3.3	Bewegungs- und Funktionslust	287
3.3.1	Stichwort *reibungslos*	287
3.4	Folgerungen für unterrichtliche Inszenierungen	288
3.4.1	Gleiten	288
3.4.2	Rollen	289
3.4.3	Fliegen	289
3.4.4	Vom Gleiten zum *Wasserski* im Schwimmunterricht	290
3.5	Ein Vorschlag für eine schülerorientierte Ein- und Weiterführung des Gleitens im Waser	291
3.5.1	Zum (Übungs-)Prinzip der Variation	292
3.5.2	Geschwindigkeit im Wasser spüren	292
3.5.2.1	Aufgaben für Fußsprünge	293
3.5.2.2	Aufgaben für Startsprünge	293
3.5.3	Verlängern der Gleitphase durch Beinschlag und Armzug	294
3.5.3.1	Aufgaben zum Thema *Gleiten mit Flosseneinsatz*	295
3.5.4	Aufgaben zum *Wasserski*	295
3.5.4.1	Aufgabenblatt zum *Wasserski*	296

4. Double Dutch – rhythmisch springen 297

4.1	Beim Double Dutch einen Rhythmus entdecken und ausgestalten	297
4.2	Rhythmus – Bewegungsrhythmus, Rhythmisierungsfähigkeit und Rhythmisierung	297
4.2.1	Warum dem Rhythmus folgen und was hat das mit Double Dutch zu tun?	299
4.3	Konsequenzen für die Unterrichtspraxis	300
4.3.1	Das Springen im selbst geschwungenen Seil	301
4.3.2	Das Springen in einem geschwungenen Seil	302
4.3.3	Double Dutch	304

5. Werfen & Fangen 311

5.1	Über das *Erziehliche* im dialogisierenden *Hin und Zurück*	311
5.1.1	*Ich und der Ball*	311
5.1.2	*Ich, du und der Ball*	313
5.1.3	*Wir und der Ball*	313
5.2	Vom Reiz dieser Sache (...)	315
5.3	(...) zur pädagogischen Auslegung des *Werfen & Fangens*	316
5.3.1	Vom allein zum gemeinsamen *Werfen & Fangen*	317
5.3.2	Akzent: Exploration	318

5.4		Perspektiven für die Inszenierung von Sportunterricht	319
	5.4.1	Kooperation	320
	5.4.1.1	In Kontakt zueinander kommen	320
	5.4.1.2	Miteinander kommunizieren	320
	5.4.1.3	Entwicklung und Ausgestaltung von Rollen	321
	5.4.4.2	Aus- und Eindruck	321
	5.4.3	Suchen, Finden und Lösen von Bewegungslernproblemen	322
	5.4.3.1	Vom *nur Werfen* und vom *nur Fangen* (...)	323
	5.4.3.2	(...) zum *Werfen & Fangen*	324
	5.4.3.3	Ein Flugobjekt mit Schwung in eine Flugbahn bringen	324
	5.4.3.4	Den Schwung eines fliegenden Gegenstandes auf- und herausnehmen	325
	5.4.3.5	In einen fließenden Rhythmus des *Werfen & Fangens* gelangen	326

6. Kämpfen als Thema für den Sportunterricht — 327

6.1		Fragen an das Phänomen *Kämpfen*	329
	6.1.1	Zur Unwägbarkeit einer Thematik	329
	6.1.2	Zwielichtigkeit pädagogischer Bewertungen	330
	6.1.3	Vom *Spiel* zum *Ernst* und dann wieder zurück?	332
	6.1.3.1	Zwei Mädchen auf dem Spielplatz	333
	6.1.3.2	Vier Jungen auf dem Schulhof	334
	6.1.4	Die Leichtigkeit des *Kinderspiels* (...)	335
	6.1.5	(...) als Orientierungsgröße für sportpädagogisches Handeln	335
6.2		Sachliche Zugänge zum *Kämpfen*	336
	6.2.1	Wettkämpfen: Spannungsgeber im Sport	337
	6.2.2	Um *etwas* wettkämpfen	338
	6.2.3	Bedingungen sportlicher *Wettkämpfe*	339
	6.2.4	Zum *Kämpferischen* im Spiel	340
	6.2.5	Zweikämpfen im Sport	341
	6.2.6	Zweikämpfen: Spannungsgeber im Sport	342
	6.2.7	Aufgaben für den Lehrer	343
6.3		Einschlägige Lernmöglichkeiten	344
	6.3.1	Bewegungsproblem: Die Widerständigkeit des Gegenüber einschätzen lernen	345
	6.3.2	Zum Umgang mit eigenen Grenzen	346
	6.3.3	Perspektive: Eigenverantwortete Risikobereitschaft zeigen können	346
	6.3.4	*Urwüchsige Lust*	347
	6.3.5	Kämpfen als Wagnis	348
	6.3.6	Identitätsfindung und Körpererfahrung	349
	6.3.7	Kontaktaufnahme und Kommunikationsanlass	349

6.3.8 Gewaltprävention ... 351
6.4 Perspektiven für den Sportunterricht ... 351

7. Zweikämpfen ... 355

7.1 Zweikämpfen im Fußball – Lern- und Erfahrungsfeld
Kämpfen ... 355
    7.1.1 Ausgangssituation ... 355
    7.1.2 Grundlegende Orientierungen für Lehrlernverfahren ... 356
    7.1.3 Sich dem Problem erstmals stellen ... 357

7.2 Durchführung einer Lehrlernreihe zum Thema
Zweikämpfen im Fußball ... 358
    7.2.1 Auftakt ... 358
    7.2.2 Partnerkämpfe ohne Ball ... 359
    7.2.3 1:1-Situationen mit dem Fußball ... 361
    7.2.4 Zwischenfazit ... 363
    7.2.5 Einzelne Kriterien vertiefen ... 364

7.3 Fazit und Überleitung zu weiteren Vertiefungen ... 365

D. Ausblick ... 367

1. Innovative Lehrlernformen ... 367

1.1 Ausgangssituation ... 368
    1.1.1 Was muss ein Lehrlernkonzept leisten? ... 369
1.2 Wie lassen sich innovative Lehrlernformen arrangieren? ... 370
    1.2.1 Konzeptionelle Orientierung ... 371
1.3 Hinweise zur konstruktiven Herangehensweise ... 374

2. Lehrkunst im Sport ... 377

2.1 *Liebe Leser, seid gegrüßt! Didaktik heißt Lehrkunst* ... 377
    2.1.1 Lehrkunst und *gute Schule* ... 377
2.2 Lehrkunst ist lehrerorientiert ... 378
    2.2.1 Bezug zur Wagenschein-Didaktik ... 378
    2.2.2 Lehrkunst und Bildung ... 379

2.3	Ein Beispiel aus dem Sportunterricht	380
2.3.1	Fußball	381
2.3.2	Passen, Passen, Passen (…)	381
2.3.3	Analyse	382
2.4	Wie entwickle ich Lehrkunst?	383
2.4.1	Orientierung an Bewegungsproblemen	384
2.4.2	Beispiel: Wie sich ein Lehrkunststück entwickelt	385
2.4.3	Schwimmunterricht in der neunten Klasse	385
2.4.4	Immer wieder: Grundlagen schaffen	385
2.4.5	Herausfinden des Bewegungslernproblems	386
2.4.6	Differenzierte Aufgaben zum *Abdrücken* und *Gleiten* erarbeiten	388
2.4.7	Interpretation des Schwimmunterrichts	389
2.5	Ausblick	390

E. Literaturverzeichnis   **393**

F. Abbildungsverzeichnis   **425**

A. Bewegungspädagogische Einleitung

Die im vorliegenden Buch gebündelten Analysen zum Gegenstand bewegungspädagogischen Handelns werden im Zuge der folgenden Einführung in theoretischer Hinsicht orientiert. Dabei werden zentrale Begriffe, relevante Theorien und ausgewählte konzeptionelle Eckpunkte der Bewegungstheorie und Bewegungsforschung aufgegriffen und in eine stimmige Ordnung gebracht.

Da der Zugang ein fachdidaktischer ist, werden die hierfür relevanten bildungs-, bewegungs- und unterrichtstheoretischen Wissens- und Theoriebestände jeweils im Hinblick auf die zentralen sportdidaktischen Grundannahmen skizziert und zueinander in Verhältnis gesetzt.[1] Dabei versteht es sich von selbst, dass im Zuge dieser Aufarbeitung durchgängig auf das darüber hinausgehende, relevante Wissen verwiesen wird. Dies gilt insbesondere für die verfügbaren Wissenshintergründe aus den Bereichen der bildungstheoretisch orientierten, anthropologisch, phänomenologisch und gestalttheoretisch fundierten Bewegungsforschung.[2] Auf diese Weise wird ein Theorierahmen entwickelt, der dabei behilflich sein wird, die zahlreichen Themen bewegungsbezogener Bildungsprozesse in didaktischer Absicht zu ordnen und verstehbar zu machen. Der dabei interessierende inhaltliche Fundus der Bewegungspädagogik wird im vorliegenden Buch auf knapp 400 Seiten bearbeitet und in systematischer Hinsicht in 14 Grundthemen des *Sich-Bewegens* differenziert untersucht.

Die theoretische Grundlegung erfolgt unter der Überschrift *Bewegungspädagogik*. Diese Entscheidung leitet sich aus dem hier zugrunde liegenden Gegenstandsverständnis ab und soll keineswegs als ideologieverdächtiger

---

[1] Die vorliegende bewegungspädagogische Einleitung baut auf eine Überarbeitung, Kombination und differenzierte Weiterentwicklung von Arbeiten, die in den zurückliegenden Jahren entstanden sind. Vgl. v.a. Lange, H. (2005f). Problemanriss zu den Facetten einer qualitativen Bewegungslehre. In H. Lange, *Facetten qualitativen Bewegungslernens. Ausgewählte Schlüsselbegriffe, konzeptionelle Orientierungen und bewegungspädagogische Leitlinien.* Band 24 der Schriftenreihe *Bewegungslehre & Bewegungsforschung* (S. 12 – 38). Immenhausen bei Kassel: Prolog Verlag.
[2] Vgl. hierzu im Überblick den von Bietz, Laging & Roscher (2005) herausgegebenen Sammelband. Darüber hinaus v. a. auch Grupe (1976), (1982), (2003); Tholey (1980), (1987); Volger (1997a), (1997b).

Positionsbegriff missverstanden werden.³ Die Begründung für die Wahl dieses Terminus ergibt sich aus der Reichweite der in diesem Buch berücksichtigten Themen fachdidaktischer Analysen. Diese gehen nämlich in den allermeisten Fällen weit über die Grenzen des Sportbegriffs und des damit einhergehenden Sportverständnisses hinaus, weshalb dieser Tatsache auch auf der semantischen Ebene entsprochen wird.

Beim vorliegenden Buch handelt es sich um den zweiten Teil eines fachdidaktischen Forschungszusammenhangs,⁴ in dem wir der Frage nach dem *Wie* gelingender Lehrlernprozesse nachgegangen sind. Der Fokus wird also auch im Folgenden auf die Bearbeitung der Frage gerichtet, wie und warum sich Themen im Sport- und Bewegungsunterricht konstituieren. Wir haben die dabei gewonnenen Erkenntnisse einerseits mit dem Kanon normativer Anforderungen und Erwartungen, so wie sie im aktuellen sportpädagogischen Diskurs entwickelt werden (vgl. im Überblick: Lange & Sinning 2008a), und andererseits mit dem Spektrum vorhandener Lehrhilfen sowie Unterrichts- und Themenreflexionen konfrontiert und diskutiert, um Facetten einer konstruktiven Sportdidaktik in die fachdidaktische Diskussion einzubringen. Vor diesem Hintergrund konnten wir zahlreiche Modelle sportunterrichtlicher Wirklichkeiten (re-)konstruieren, diese teilweise auch in Heuristiken unterrichtlicher Prozesse überführen, um auf dieser Grundlage konkrete Beratungsleistungen für die Inszenierung und Reflexion von Sportunterricht zu entwerfen. Auf diese Weise wurden die Ergebnisse von Unterrichtsbeobachtungen und die persönlichen Erfahrungen der Unterrichtsplanung, -inszenierung und -auswertung im Horizont eines begründeten Bildungs-, Unterrichts- und Bewegungsverständnisses zu einer Vielzahl kleinerer Studien und Erfahrungsberichte verdichtet, die in konstruktiver Absicht als Modelle und Vorschläge für die Planung weiterer Stunden vorgestellt wurden. Die Weiterführung der begonnenen fachdidaktischen Diskussionen mündete unmittelbar in die Konzeption und Verwirklichung der beiden vorliegenden Bücher.

Die Struktur der vorliegenden Einleitung folgt einem Argumentationsbogen, der in sechs Schritten aufgespannt wird: Im ersten Schritt wird der wissenschaftssystematische Rahmen des bewegungspädagogischen Ansatzes im

---

³ Die Wahl des Leitbegriffs steht keinesfalls nur im Zusammenhang mit der Debatte um die vermeintlich prägnante Benennung des Unterrichtsfaches und der für dieses Fach zuständigen Wissenschaft. Vgl. Balz (2000); Funke-Wienecke (2000); Gissel (2000); Krüger & Grupe (1998); Volkamer (1999); Zschorlich (2000).
⁴ Vgl. zum ersten Teil und Buch: Lange, H. & Sinning, S. (2008b). *Themenkonstitution des Sport- und Bewegungsunterrichts. Pädagogische Analysen und Erläuterungen zum Implikationszusammenhang aus Zielen, Inhalten und Methoden.* Baltmannsweiler: Schneider.

Spektrum der verschiedenen bewegungswissenschaftlichen Betrachtungsweisen abgesteckt (1). Dabei wird der Zusammenhang zwischen dem *Bewegungsbegriff* und dem *Methodischen Konzept* herausgearbeitet. Im darauf folgenden Schritt werden die Aufgaben der Bewegungsdidaktik in Anlehnung an das klassische Modell des didaktischen Dreiecks skizziert, anhand einer Bewegungslerngeschichte und deren Interpretation konkretisiert und mit der Analyse ausgewiesener Grundlagen bzw. -themen abgeschlossen (2). Diese Themen werden im dritten Schritt im Spiegel des Zusammenhangs zwischen *Bildungsidee*, *Menschenbild* und *Weltbezug* in bildungstheoretischer Absicht (3) und im vierten Schritt im Hinblick auf die hierzu kompatiblen bewegungs- und unterrichtskonzeptionellen Verankerungen beleuchtet (4). Im fünften Schritt wird schließlich der Zusammenhang zwischen den Raummodalitäten und dem *Sich-Bewegen* zum Thema gemacht und hinsichtlich der Frage nach der kind- und bewegungsangemessenen Lernraumgestaltung konkretisiert (5). Abgeschlossen wird diese bewegungspädagogische Einführung mit einem Ausblick auf die 14 thematischen Felder, die in den anschließenden Kapiteln im Lichte dieses bewegungspädagogischen Zugangs bearbeitet werden (6).

1. Zur Vielfalt bewegungswissenschaftlicher Betrachtungsweisen

Wenn sich Bewegungslehrer[5] in dem weit abgesteckten und äußerst facettenreichen Spektrum bewegungswissenschaftlicher Publikationen zurechtfinden möchten und darüber hinaus die Konturen einer qualitativ akzentuierten, für die Belange schulischen Sportunterrichts relevanten Bewegungslehre abzustecken gedenken, stehen sie gegenwärtig vor einem großen Problem (vgl. Lange 2005a, 22). Das Publikationsaufkommen kann kaum noch umfassend zur Kenntnis genommen und höchstens selektiv in den Bahnen der verschiedenen wissenschaftssystematischen Kontexte und mutterwissenschaftlichen Theoriehorizonte zurückverfolgt werden. Dieses Rezeptionsproblem wird auch nur unwesentlich durch den Service der jüngst entstandenen Überblicksbände gemildert. Denn sowohl im Handbuch *Bewegungswissenschaft* (Mechling & Munzert 2003) als auch in der von Klaus Moegling (2001a; 2001b; 2002) herausgegebenen dreibändigen *Integrativen Bewegungslehre* steht die Präsentation verschiedener Ansätze mit unterschiedlichen Ausgangspunkten und Zieldimensionen im Vordergrund. Die Aussicht auf eine Integration der vielen bewegungswissenschaftlichen Ansätze, wie sie von Moegling anvisiert und in den Auswertungen und Zusammenfassungen der zahlreichen Beiträge seines imposanten Herausgeberwerkes aus seinem Blickwinkel heraus auch geleistet wird, mutet zwar in wissenssoziologischer Hinsicht durchaus versöhnlich an, reduziert aber keineswegs das Orientierungsproblem, dem sich die Studierenden in den gegenwärtigen Bewegungswissenschaften gegenübergestellt sehen.[6] Möglicherweise lässt sich dieses Problem aber auch gar nicht verringern, denn die Vieldeutigkeit und Komplexität der menschlichen Bewegung fordert unterschiedliche Zugänge aus verschiedenen wissenschaftlichen Disziplinen geradezu heraus. Und jede Wissenschaft verfügt über einen je eigenen Kanon spezieller Methoden, aber auch über unterschiedliche Interessen und Betrachtungsweisen. Von daher gesehen wäre es im Bemühen um eine Integration zunächst wünschenswert, wenn Auswertungen, wie sie Moegling

---

[5] Alle generischen Maskulina (wie *Sportlehrer*, *Schüler*, *Forscher* usw.) werden im vorliegenden Buch als geschlechtsunspezifische Allgemeinbegriffe gebraucht.
[6] Vgl. hierzu auch das Review zu dem Fundus vorhandener Lehrbücher der Bewegungswissenschaften: Lange, H. (2004e). Sich-Bewegen, Bewegungslernen und Bewegungswissenschaft. Positionsbestimmungen im Spannungsfeld zwischen wissenschaftlichen Spezialthemen und Anwendungsbezügen. Sammelbesprechung. *Sportpraxis*, 45, (2), 46 – 51.

(2001a; 2001b; 2002) vorgenommen hat, auch von anderen Bewegungswissenschaftlern versucht würden. Was allerdings bislang bleibt und praktiziert wird, ist in den meisten Fällen eine Aufzählung unterschiedlicher Betrachtungsweisen bzw. wissenschaftlicher Zugänge, die seit Meinel (1960) von verschiedenen Autoren immer wieder neu zusammengestellt wurden (vgl. u.a. Hotz 1997a, 45; Roth & Willimczik 1999; Loosch 1999, 22f.). Derartige Unterschiede und die sich daraus ergebenden bewegungswissenschaftlichen Differenzen müssen allerdings noch nicht als Defizit bewegungswissenschaftlicher Theoriebildung aufgefasst werden. In diesem Sinne hält zumindest Loosch (1999, 21) Folgendes fest:

„Sie ist durchaus wünschenswert und bewahrt davor, das geniale Instrument, mit dem uns die Natur ausgestattet hat, dogmatisch, vereinseitigend und fehlerhaft zu erklären und letztlich ein Verstehen derselben zunichte zu machen. Keineswegs ist damit gemeint, dass vielfältige Betrachtungsweisen uns schneller ans Ziel einer wie auch immer gearteten absoluten Wahrheit bringen. Sie verdeutlichen uns aber in gewisser Weise die Relativität von Erkenntnissen im Geflecht der Widersprüche, die die Bewegung ausmachen."

1.1 Fokus: Sportpädagogisches Interesse

Das versöhnliche Fazit, das Loosch zur Vielfalt bewegungstheoretischer Ansätze zieht, gefällt vor allem in bilanzierender, wissenschaftssystematischer Hinsicht. Wenn es jedoch – wie im sportpädagogischem Interesse – darum gehen soll, praxis- und handlungsleitende Ideen zum Thema *Bewegungslernen* mit einem pädagogisch und sachlich angemessenen wie auch treffenden Gegenstandsverständnis zum Zusammenhang aus Schule, Bildung, Bewegung und Unterricht hervorzubringen (vgl. hierzu v.a. Scherer 2008) und in den Fokus des bewegungswissenschaftlichen Zugangs zu stellen, dann muss die Vielfalt wissenschaftlicher Widersprüche, die sich aus den unterschiedlichen Zugängen und Ansätzen im Feld der Bewegungswissenschaften ergibt, durchaus auch als Ausdruck von Unverbindlichkeit verstanden werden. Die Formen und Konsequenzen dieser gegenstandsbezogenen Beliebigkeit führen nämlich dazu, dass die Beratungsleistungen, die die Bewegungswissenschaften für den Schulsport erbringen, schwerer einzuordnen sind. Wenn sich die Qualitätssicherung in der Unterrichtspraxis auch an wissenschaftlich geleiteten Reflexionen und Beratungen orientieren will, muss klar sein, worauf sich diese Beratungen beziehen. Wenn also das – zugegebenermaßen – weit auslegbare Phänomen menschlichen Sich-

Bewegens bzw. das ebenfalls differenziert bestimmbare naturwissenschaftliche Thema *Bewegung* in einen bestimmten Kontext gestellt wird (hier: in den schulischen) und sich deshalb durch einen einschlägigen Gegenstandsbezug ausweist, dann mag man auch die Vielfalt der bewegungswissenschaftlichen Betrachtungsweisen als Indiz für wissenschaftlichen Stillstand ansehen, wie Prohl (1991, 369) feststellt:

> *„Die mit der Disparität der Auffassungen einhergehende Unverbindlichkeit hat die Tendenz gefördert, zugrunde liegende Vorannahmen (Menschenbilder) von Bewegungstheorien geradezu beliebig zu formulieren. Gefördert wird diese Tendenz durch die Multidisziplinarität der Sportwissenschaften (s. hierzu Prohl 1990), die dazu geführt hat, die Auffassungen von `Bewegung´ in den verschiedenen Teildisziplinen dem Methodenkanon der jeweiligen Mutterwissenschaft anzupassen (z.B. physikalische Methoden in der Biomechanik, biologisch-physiologische Methoden in Sportmedizin und Trainingslehre, phänomenologisch-hermeneutische Methoden in der Sportpädagogik)."*

Paradoxerweise scheint es sogar so zu sein, dass das Methodenproblem durch die beobachtbare Tendenz zunehmender wissenschaftlicher Spezialisierung innerhalb der verschiedenen sportwissenschaftlichen Teildisziplinen noch weiter vergrößert wird. Die speziellen Methoden- und Wissensbestände der an dieser Polarisierung beteiligten sportwissenschaftlichen Teildisziplinen driften immer weiter auseinander, weshalb auch die Konturen des gegenseitigen *Nicht-Verstehens* sogar innerhalb dieser Mikroebene immer deutlicher sichtbar werden.

Da die differenzierte Aufarbeitung der zahlreichen Zugänge den hier zur Verfügung stehenden Rahmen übersteigen und andererseits auch die didaktisch akzentuierte Argumentationslinie verwässern würde, soll an dieser Stelle der Verweis auf verschiedene Strukturierungsversuche genügen (vgl. Leist 1993; Fikus 2001; Gröben & Prohl 2002).[7] Stattdessen soll die Vielfalt an bewegungswissenschaftlichen Deutungsmöglichkeiten durch das Abstecken des fachdidaktischen Horizonts ein Stück weit fokussiert werden.

---

[7] Die Vielzahl bewegungswissenschaftlicher Betrachtungsweisen lässt sich auch übersichtlich in zwei verschiedene Richtungen differenzieren. Beispielsweise in der Art, wie es Scherer (2001) unter dem polar orientierten Titel „Zwischen *Bewegungslernen* und *Sich-bewegen-Lernen*" in einem entsprechenden Übersichtsbeitrag für die Zeitschrift *Sportpädagogik* unternommen hat.

1.1.1 Bewegungsdidaktische Implikationen und Ansprüche (...)

Didaktik trägt andere Implikationen an die Bewegungsthematik heran, als es die Grundlagenforschung der Medizin, Biomechanik oder Trainingswissenschaft tun würde.[8] Sie schürt aber auch andere Erwartungen, als es eine traditionelle, historisch-systematisch verfahrene philosophische, beispielsweise phänomenologische Herangehensweise tun würde. Sie muss aber dennoch – will sie wirklich wissenschaftlichen Maßstäben gerecht werden – Position beziehen und erläutern, wie sie Bewegung, Bewegungsphänomene oder sich in einem bestimmten Kontext bewegende Menschen sieht und wie sie das, was sie als ihren Gegenstand bestimmt, zu beforschen gedenkt. Die hieraus abzuleitenden Begriffe, Theorien und Forschungsweisen mögen sich von denen anderer bewegungswissenschaftlicher Zugänge unterscheiden, tragen aber dennoch dazu bei, Ursachen und Zusammenhänge menschlichen *Sich-Bewegens* zu hinterfragen und aufzuklären.

Didaktisches Forschen und Handeln ist deshalb im Vergleich zu den Standards, die in den Mutterwissenschaften quantitativ ausgerichteter Bewegungsforschung Geltung beanspruchen, als *weich* einzustufen, aber keineswegs beliebig und vom Zufall geleitet.[9] Im Gegenteil, schließlich herrscht ein unmittelbarer Handlungsdruck, denn in der Sportdidaktik interessieren wirkliche Fragen und Probleme, die im Zusammenhang mit der Betreuung und Beratung von Bewegungslernprozessen auftreten. Die beiden verschiedenen Forschungskonzeptionen lassen sich eindrücklich gegeneinander abgrenzen (vgl. Abb. 1). Während es in der quantitativ orientierten Motorikforschung auf die Kontrolle und gezielte Manipulation einzelner Parameter ankommt, wird in der qualitativen Ausrichtung (ebenso wie in der Bewegungspraxis) der Versuch unternommen, immer wieder neue Momente und Auffälligkeiten in dem komplexen Geschehen der Bewegungspraxis zu entdecken, um sie schließlich im Zuge der Gesamtschau auf diese Praxis relational zu fassen, zu beschreiben und letztlich auch verstehbar zu machen.[10]

---

[8] Vgl. hierzu aus bewegungs- und trainingswissenschaftlicher Perspektive vor allem Hotz (1997b) sowie aus sportdidaktischer Sicht Lange (2008d).
[9] Vgl. zum Forschungsprofil einer unterrichtsnahen Sportdidaktik u.a. Ehni (2002); Lange & Sinning (2008d).
[10] Vgl. zur hochschuldidaktischen Konkretisierung und Unterstützung dieses Ansatzes die Werkzeuge, Literaturangaben, Rezensionen, Texte und Hintergründe der beiden folgenden Homepages.
Erstens: http://www.ph-ludwigsburg.de/wp/lange/qualitativeforschungsmethoden.html . Zugriff am 1. Februar 2008. Hier wird Studierenden für die Konzeption eigener Forschungsarbeiten ein sieben Bände umfassendes Readersystem mit Hintergrundtexten zu

Bewegungswissenschaftliche Betrachtungsweisen 23

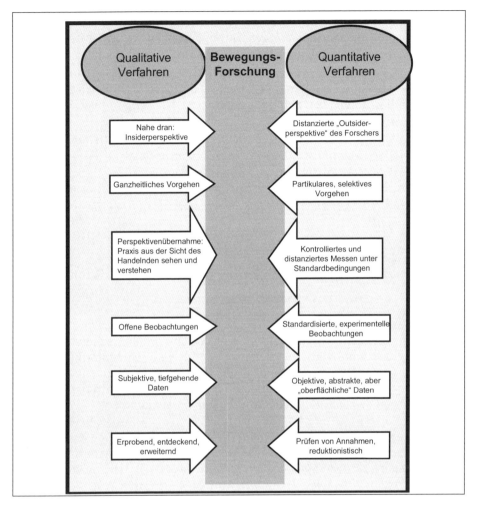

Abb. 1: Akzente qualitativer und quantitativer Bewegungsforschung (vgl. Lange 2005a, 16)

20 verschiedenen Themen qualitativer Forschungsmethoden bereitgestellt. Zweitens: http://www.ph-freiburg.de/quasus . Zugriff am 1. Februar 2008. *Quasus* ist ein Internetportal der PH Freiburg, auf dem Zugänge und Informationswege zu den Methoden der qualitativen Sozial-, Unterrichts- und Schulforschung zugängig gemacht werden. Neben Erläuterungen zu verschiedenen Methoden und Hintergründen der qualitativen Forschung finden sich dort zahlreiche kommentierte Literaturhinweise und weiterführende Links. Dieses Projekt zielt darauf ab, Studierenden bei der Konzeption und Begründung eigener empirisch angelegter Qualifikationsarbeiten (Examens-/ Masterarbeiten; Dissertationen) über Kurztexte eine erste Einführung zu geben.

Aus diesen Gründen sind Didaktiker und Pädagogen möglicherweise auch ganz nah dran an den *leibhaftigen* Bewegungsphänomenen. Man mag in diesem Sinne auch Gefallen an der Formulierung Jürgen Funkes (1989, 11) finden, der der pädagogischen Bewegungslehre eine gewisse Vorreiterstellung gegenüber allen anderen sportwissenschaftlichen Disziplinen zuerkennt und deshalb zu folgendem Schluss gelangt:

> *„Der Pädagoge ist z. Z. wohl der einzige, der wohl einen einigermaßen tragfähigen Begriff von der menschlichen Bewegung im Rahmen der Sportwissenschaft entwickeln kann. [...]"* Schließlich, so fährt Funke fort: *„[...] Nur der Sportpädagoge sieht noch, was wirklich ist, nicht Bewegungen, sondern sich bewegende Menschen."*

1.1.2 (…) und deren Relativierung durch die Motorikforschung

Ob Sportpädagogen tatsächlich das sehen können, *was wirklich ist,* wird nicht nur von Sportwissenschaftlern anderer Disziplinen, sondern auch in der Pädagogenzunft selbst zu prüfen sein.[11] Im Feld der Motorikforschung kümmert sich jedenfalls niemand in ernstzunehmender Weise um die Bewegungsbegriffe von Sportpädagogen. Im Gegenteil, dort wird die subjektive Dimension des *Sich-Bewegens* konsequent ausgeklammert.

> *„Im erklärten Selbstverständnis des Faches bildet die Ortsveränderung des Körpers nach wie vor die sachliche Ausgangsbasis, die dann selbstverständlich durch hinzukommende bzw. funktional abhängige Phänomene ergänzt werden muss"* (Fikus & Schürmann 2004, 32).

Mechling & Munzert (2003, 14) bringen diesen Sachverhalt aus der Sicht der Motorikforschung folgendermaßen auf den Punkt:

---

[11] In Hinblick auf die erkenntnistheoretische Fundierung des Methodendiskurses (Kaiser 1972) darf in diesem Zusammenhang angemerkt werden, dass es mit Blick auf die Konstitution von Methoden des Vermittelns gar nicht darauf ankommt, *was wirklich ist.* Was immer auch von welchem Lehrer im und am *sich bewegenden Menschen* gesehen werden mag; letztlich kommt es darauf an, wie Bewegungslehrer *es* zum Thema machen und wie sie darüber hinaus die Interessen der Lernenden und die situativen Bedingungen des (schulischen) Umfeldes in das komplexe Gefüge der Themenkonstitution einbeziehen.

"Die sportwissenschaftliche Bewegungswissenschaft hat sich von ihren Ursprüngen zumindest teilweise emanzipiert. Pädagogische und geisteswissenschaftliche Wurzeln der Sportwissenschaft spielen bei der Analyse bewegungswissenschaftlicher Probleme zurzeit praktisch keine Rolle mehr. Der Schwerpunkt liegt auf verhaltens- und neurowissenschaftlichen Fragestellungen und Methoden. Die Bezugsfächer sind Neurophysiologie, Biomechanik und experimentelle kognitive Psychologie einschließlich der Neuropsychologie."

Wenn sich die *sportwissenschaftliche Bewegungswissenschaft* tatsächlich von ihren pädagogischen Ursprüngen *emanzipiert* haben sollte, so wie es Mechling & Munzert formulieren, dann tut sich mit dem Schulsport ein Lehr-, Forschungs- und Beratungsfeld auf, zu dem diese Bewegungswissenschaft nichts zu sagen hat. Angesichts der hier gegebenen Sprachlosigkeit müssen die notwendigen bewegungstheoretischen und -konzeptionellen Hintergründe anderswo thematisiert und erforscht werden. Naheliegenderweise in der Disziplin, die sich mit schulischem Sportunterricht befasst. Aus diesem Grund macht es Sinn, die hieran gebundene inhaltliche und theoretische Vertiefung der Sportpädagogik und -didaktik auch in der Bezeichnung der Disziplin zum Ausdruck zu bringen und deshalb treffenderweise von Bewegungspädagogik und -didaktik zu sprechen. Damit steht denn auch das theoretische, begriffliche, forschungsmethodische und konzeptionelle Inventar der Sportpädagogik für die (unterrichtsrelevante) Bearbeitung von Bewegungsthemen und -phänomenen zur Verfügung. Deshalb wären an dieser Stelle auch neben der Aussicht, pädagogisch gehaltvolle Forschungs- und Beratungsleistungen für die Entwicklung schulischen Sportunterrichts generieren zu können, einschlägige hochschuldidaktische Konsequenzen zu erwarten. Die gegebene Unübersichtlichkeit im Feld der Bewegungswissenschaften und das dazu passende Nebeneinander verschiedener Ansätze und Zugänge zum Bewegungsthema würden durch die Orientierung an pädagogischen Leitbegriffen in einem ersten Schritt bewertbar und im zweiten Schritt selektierbar. Es ginge dann nämlich nicht mehr um Zugänge zu irgendwelchen Bewegungsthemen, sondern grundsätzlich um Zugänge zu einem pädagogisch verfassten Bewegungsthema.

Die Differenzen zwischen der *sportwissenschaftlichen Bewegungswissenschaft* und den Ansprüchen und Aufgaben einer pädagogischen Bewegungslehre werden schnell sichtbar. Im Lichte pädagogischer Standards reicht es nämlich nicht aus, die Bewegungen von Kindern einfach nur als Ortsveränderungen im physikalischen Sinne ansehen und erklären zu wollen.[12] Aus

---

[12] Fikus & Schürmann (2004, 32) belegen ihre diesbezügliche Einschätzung der bewegungswissenschaftlichen Gegenstandsbestimmung mit dem folgenden Zitat, das sie einem aktuellen Lehrbuch dieser Disziplin entnommen haben: *„Die Bewegung des Menschen als [...] Gegenstand der Bewegungswissenschaft und -lehre beinhaltet alle produ-*

pädagogischer Sicht irritieren deshalb auch die Entwicklungen im Feld der *sportwissenschaftlichen Bewegungswissenschaft*, so wie sie im oben angeführten Handbuch von Mechling & Munzert zusammengestellt und auf den Punkt gebracht wurden. Diese Irritationen verweisen auf einen gegebenen Klärungsbedarf, der in den folgenden Teilkapiteln (1.1.3 und 1.1.4) im Spannungsfeld zwischen akademischem *Glasperlenspiel* und dem Orientierungsbedürfnis unterrichtlichen Handlungsdrucks bearbeitet wird.

1.1.3 Sportwissenschaftliche *Glasperlenspiele*

Die metaphorische Bezugnahme zu Hermann Hesses (1877 – 1962) letztem großen Prosawerk *Das Glasperlenspiel* (1994. Original: 1943) findet den von uns intendierten Sinn nur, wenn es gelingt, die im Folgenden unter dieser Titelgebung gebündelten Ausführungen in Zusammenhang mit der im anschließenden Teilkapitel (1.1.4) dargestellten Problemlage zu verstehen. In der Gesamtschau geht es nämlich einerseits um das akademisch inszenierte *Spiel* zweier sportwissenschaftlicher Disziplinen im Hinblick auf deren Aufgaben, Gegenstandsbestimmungen und Leistungsvermögen. Demgegenüber fordern in der Unterrichtspraxis konkrete Problemlagen des Vermittelns, Lehrens und Lernens zum Handeln und Verantworten auf. Letztlich sind beide Sphären miteinander verbunden. Allerdings werden diese Verbindungen im Fachdiskurs viel zu selten sichtbar. Zuweilen scheinen sie sogar im Zuge der eigenen, weitgehend isoliert stattfindenden Beschäftigkeit mit der jeweils eigenen Problemlage in Vergessenheit zu geraten.[13] Wenn wir an dieser Stelle den auf Hesse zurückgehenden Begriff der *Glasperlenspiele* als (provozierende) Metapher verwenden, dann möchten wir damit die Bedeutung der wechselseitigen Bezugnahme zwischen der fachwissenschaftlichen Standort- und Gegenstandsbestimmung auf der einen und der fachdidaktischen bzw. unterrichtspraktischen Problemlage auf der anderen Seite unterstreichen. Die hier anvisierte wechselseitige Bezugnahme soll uns zur Entwicklung eines Bewegungsbegriffs führen, der päda-

---

zierten Phänomene sowie alle funktionalen Teilsysteme und -prozesse, die bei der Ortsveränderung des Körpers auftreten" (Olivier & Rockmann 2003, 19).
[13] Hesse entwirft in diesem Roman einen zukünftigen Kulturzustand, in dem Spieler sich im Dienste des Geistes dazu verpflichten, in den Sphären von Kunst und Wissenschaft tiefgehende Verbindungen zwischen Gegenständen und Gebieten zu ergründen, die auf den ersten Blick wenig bis gar nichts miteinander gemein haben. Sie tun dies unter anderem deshalb, weil in dieser Welt nichts Neues und Abenteuerliches mehr entdeckt und geschaffen werden kann. Alltagssprachlich werden deshalb selbstzweckhafte, eitle oder wenig schöpferische Gedanken- und Theoriespiele unter dem Terminus *Glasperlenspiele* verstanden (vgl. ausführlich: Michels 1993).

1.1.3.1 Naive Positionen zu Erziehungs- und Bildungsfragen

Aussagen, Werturteile und Empfehlungen zu Erziehungsfragen werden in unserer gegenwärtigen Gesellschaft gern und selbstbewusst vorgetragen. Ziel und Gegenstand solcher Äußerungen sind dabei immer wieder auch erziehungswissenschaftliche Belange, die nur allzu oft aus den unbedarften Blickwinkeln von Laien beurteilt und wertend kommentiert werden.[14] Dabei wird – bei fehlendem Fachwissen – nicht selten eigene wissenschaftliche bzw. erzieherische Expertise, die man in anderen Feldern und Kontexten erworben hat, in die Waagschale des Argumentierens geworfen, um bestimmten Forderungen Nachdruck zu verleihen. Verwiesen sei in diesem Zusammenhang beispielsweise auf die amüsante Debatte um das *Lob der Disziplin*. Bernhard Bueb (2006), der ehemalige Direktor des Internats Schloss Salem, legte kurz nach seiner Pensionierung eine Streitschrift mit dem gleichnamigen Titel vor, die von der Bildzeitung, in prägnanten Thesen übersetzt, auf ihre Titelseiten gebracht und dadurch zum überaus populären Bestseller wurde. In dieser Schrift ist unter anderem von *vorbehaltloser Unterordnung*, *physisch erfahrbaren Grenzen* und *kurzem Prozess* die Rede. Daraufhin erwiderten Autoren aus Wissenschaft und Publizistik in einem Herausgeberband (Brumlik 2007) die von Bueb vertretenen Ansichten zur Erziehung. Das zugrunde liegende Gesellschafts- und Geschichtsbild Buebs wurde ebenso analysiert und geprüft wie sein Bild von Kindern- und Jugendlichen, um deutlich zu machen, was die *Kasernenhofpädagogik* von *guter Autorität* unterscheidet. Derartige Widerreden sind auch in Bildungs- und Erziehungsfragen überall dort notwendig, wo parolenhafte Lösungsvorschläge anstelle theoriebasierter und kriteriengeleiteter Argumentation gebraucht werden. Sie verweisen auf die Notwendigkeit, dass wir die Leitbilder und Eckpunkte unserer Bildungsangebote, Erziehungssysteme und -maßnahmen immer wieder in einem komplexen, sich ständig verändernden gesellschaftlichen Bedingungsgefüge prüfen und reflektieren müssen. Das ist zweifelsohne ebenso aufwendig wie anstrengend, sollte aber nicht nur im Hinblick auf die Verantwortung, die Erzieher und Lehrer durch ihre Arbeit

---

[14] Ein eindrückliches Beispiel findet sich in der Wochenzeitung *Die Zeit* Nr. 11 vom 10. März 2005. Dort polemisieren Reinhard Kahl und Martin Spiewak unter dem vielsagenden Titel „*Nur bedingt wissenschaftlich*" über die Situation in den Erziehungswissenschaften, denen sie attestieren, in der Forschung und Lehrerausbildung versagt zu haben.

auf sich nehmen, in den seriösen, nachvollziehbaren Bahnen pädagogischer Wissenschaften zum Prinzip erhoben werden[15].

Mit Blick auf die Belange der Sportpädagogik nehmen derartige *Einmischungen* zuweilen noch viel schärfere Konturen an. Fehlendes sportpädagogisches Fach- und Theoriewissen wird nicht selten durch persönliche Sporterfahrungen und Expertise in anderen sportwissenschaftlichen Disziplinen ersetzt. Dabei erweist sich das sportdidaktische Problem der Themenkonstitution abermals als Gradmesser, denn genau diese Problematik wird in derartigen Forderungen und Positionsbestimmungen in aller Regel schlichtweg ignoriert. Der Implikationszusammenhang zwischen Zielen, Inhalten und Methoden wird durch das simple Primat des Inhalts ersetzt.[16] Hierzu ein Beispiel:

> *„Wenn wir mit Sportunterricht nicht zu den Kernelementen sportlicher Belastung - Intensität, Umfang und Häufigkeit - zurückkehren, werden wir auch weiterhin keine gesundheitspolitisch akzeptablen Lösungsangebote unterbreiten können. Mit einer klaren Entscheidung dafür, dass im Sportunterricht Bewegungsfertigkeiten gelernt und minimale Trainingsziele erreicht werden müssen, werden andere mit dem Sportunterricht verbundene Lernziele doch nicht automatisch aufgegeben. Wenn allerdings die `Olympische Idee´ und gleichzeitig die `Suchtprävention´ und die `Ausländerintegration´ oder gar das `Spazierengehen im Regen´ und das `Rutschen wie im Aqualand´ im Mittelpunkt unseres Sportunterrichts stehen (vgl. meinen Beitrag zur Jahrestagung der dvs-Sektion Sportpädagogik 2000 in Frankfurt), dann hat aus meiner Sicht die Sportpädagogik die oben gekennzeichnete Kernaufgabe – körperliche Aktivität, sportliche Bewegung, Bewegungslernen und Leistung – aus den Augen verloren."* Mechling (2005, 53)

Wenn Inhaltsfragen zum Maß aller pädagogischen Belange avancieren, dann läuft die Argumentation Gefahr, in Beliebigkeit und Ideologie zu gerinnen. Aus diesem Grund kann in solchen Fällen auch nur von naiven Positionen zu Bildungs- und Erziehungsfragen gesprochen werden. Die sind in sportbezogenen Kontexten allerdings durchaus en vogue.[17] Auch hier bietet

---

[15] Nicht zuletzt aus diesem Grund findet die Ausbildung von Lehrern im Zuge der sogenannten *ersten Phase* auch an wissenschaftlichen Hochschulen statt.
[16] Nebenbei bemerkt: Die Diskussion um die vermeintlich rechten Inhalte des Sport- und Bewegungsunterrichts erinnert zuweilen an das Ringen um Ideologien und Glaubensbekenntnisse.
[17] So hat beispielsweise Digel (2007) kein Problem damit, seinen fachdidaktischen Zugang, mit dem er in einer – wie er es nennt – *„essayistischen Betrachtung zum Schulsport"* zehn Fragen an die Sportdidaktik richtet, als *altmodisch* auszuweisen! Es gelingt

sich wiederum Mechling (2001b; 2005) als Beispielgeber an. Dessen Kritik an einem Erfahrungsbericht von Jakob (2000), in dem die Auseinandersetzung mit dem feuchten Naturelement (Regen) im Hinblick auf die Inszenierung von Spiel- und Bewegungsmöglichkeiten auf dem nassen Schulhof zum Thema gemacht wird, avanciert zum Evergreen seiner Kritik an der Sportpädagogik. Dabei scheint offensichtlich die von Jakob angeführte ästhetische Qualität des *Durch-den-Regen-Laufens* den Stein des Anstoßes auszumachen. Durch die Brille einer *Alltagsdidaktik*, die das Problem der Themenkonstitution durch das Primat des Inhalts ersetzt hat, wird die Genese dieses komplexen Prozesses schlichtweg übersehen. Dabei beginnt genau an dieser Stelle anspruchsvolle fachdidaktische Konzept- und Theoriearbeit, der man im Lichte der naiven Positionierungen – verständlicherweise – lieber ausweicht.

1.1.3.2 Konsequenz: Didaktik reduzierter Ansprüche

Ebenso wie die populistischen – durch die Bildzeitung transportierten – Thesen von Bernhard Bueb (2006) zu einer einfachen, den Erziehungs- und Bildungsanspruch hintergehenden Konzeption von Schule führen, so laufen die von einem technologischen Wissenschaftsverständnis inspirierten Positionsbestimmungen aus den Reihen der Motorikforschung auf die Idee eines Sportunterrichts hinaus, in dem die motorische Konditionierung an die Stelle des Erziehungs- und Bildungsanspruchs tritt. Folglich resultiert hieraus die Forderung einer Bewegungs- und Sportpädagogik, die ihre Ansprüche in diesem Feld zugunsten anderer (einfacher) Funktionen hinten anstellt. Die notwendigen Fragen nach dem *Wie von Bildung* werden deshalb ohne bildungstheoretische Fundierung und ohne das Beabsichtigen eines erziehenden Sportunterrichts gestellt.[18]

„Die Mehrzahl der Sportpädagogen beschäftigt sich zur Zeit mit der Frage nach dem `Wozu?´ und weniger mit den Fragen nach

---

ihm zudem, dieses Werturteil eindrucksvoll zu unterstreichen, denn er ist – wie ihm Neuber (2007) in entlarvender Weise vorwerfen kann - offensichtlich nicht über den aktuellen Wissensstand der Sportdidaktik im Bilde. So gesehen wundert es denn auch nicht, wenn er Söll als Vertreter eines traditionellen bildungstheoretischen Schulsportkonzepts ausweist. Auch wenn sein Anliegen, einen Anstoß zur Entwicklung einer tragfähigen Didaktik des Schulsports zu geben, gut gemeint ist, so bleibt doch auch in diesem Zusammenhang festzuhalten, dass eine dermaßen offensive Aufgabe aller wissenschaftlichen Standards und Ansprüche in anderen Feldern der Wissenschaften (bspw. in der Medizin oder den Ingenieurwissenschaften) ihresgleichen sucht.

[18] Vgl. auch die hierzu kompatible Ablehnung des in der Sportpädagogik geführten Bildungsdiskurses durch Hummel (2001) sowie Hummel & Krüger (2006).

dem 'Was?' und dem 'Wie?'. In der Sportpädagogik scheinen demnach die Experten für allgemeine und spezielle Didaktiken zu fehlen, die als 'knowlege-linkers' in der Lage sind, bewegungswissenschaftliche Ergebnisse in Praxisüberlegungen zu integrieren" Mechling (1999, 42).

Die Perspektive, sportdidaktisches Forschen auf die Funktionen des *knowlege-linkings* und dienlicher Praxisumsetzung reduzieren zu wollen, wurde aus didaktischer Sicht bereits unter der Überschrift *Didaktik als Magd* kritisiert und abgewiesen (vgl. Schierz 1996). Trotzdem machen Vertreter aus den Reihen der technologisch orientierten Bewegungswissenschaften im Zuge ihrer Wissenschaftssystematiken unmissverständlich klar, dass sie weder an einer systematisch konzeptionellen Bearbeitung der Bewegungsthematik, wie sie in der Sportdidaktik betrieben wird, noch an einer geisteswissenschaftlich orientierten Bearbeitung der Bewegungsthematik, wie wir sie in der Sportphilosophie und Sportpädagogik betreiben, Interesse haben. Folglich werden im Handbuch *Bewegungswissenschaft und Bewegungslehre* (Mechling & Munzert 2004) geisteswissenschaftliche Zugänge konsequent ausgespart. Mechling (2001b) gab dem Sportpädagogen sogar die Empfehlung, jegliche Subjektorientierung aufzugeben. Letztlich habe genau diese Orientierung dazu geführt, dass sich die Sportpädagogik in wissenschaftstheoretischer Hinsicht in einem – wie er es benennt – Ozonloch befinde, womit er die Sportpädagogik als ein *aus den Fugen geratenes Fach* charakterisierte. Es versteht sich von selbst, dass derartige Analysen Einsprüche und Widerreden aus den Reihen der Sportpädagogik nach sich ziehen (vgl. hierzu z.B. Bockrath 2006 sowie Schmidt-Millard 2007), womit sich ein Kreis schließt und wir wiederum bei Hesses *Glasperlenspielen* angelangt wären.[19] Auch wenn derartige Positionsbestimmungen und Diskussionen aus sportpädagogischer Sicht herausfordernd, reizvoll und wichtig erscheinen, so vermögen sie doch nicht darüber hinwegzutäuschen, dass – mit Blick auf die Arbeit und Verantwortlichkeit in der Unterrichtspraxis – noch ein anderer Zugang zum Problem der Bewegungsvermittlung möglich ist.

---

[19] Es ist nicht beabsichtigt der soeben wiedergegebenen Diskussion durch die Verbindung zu den *Glasperlenspielen* eine despektierliche Bewertung zu unterlegen. Dies wäre auch nur im ausschließlich alltagssprachlichen Verständnis dieses Terminus denkbar. Die Glasperlenspiele in der Ordensprovinz Kastalien legen eine andere Bedeutungsauslegung nahe: „*In Verbindung mit dem pädagogischen Eros indessen wird das Spiel zum Sinnbild des Lebens: ‚Dieser sinnvoll-sinnlose Rundlauf von Meister und Schüler, dieses Werben der Weisheit um die Jugend, der Jugend um die Weisheit […] war das Symbol Kastaliens, ja, war das Spiel des Lebens überhaupt'*" (Nölle 1996, Band 7, 793).

1.1.4 (...) zum Orientierungsbedürfnis des unterrichtlichen Handlungsdrucks

Je nachdem wie fundiert und überzeugend die Argumentationsketten aus den Anstrengungen des *akademischen Glasperlenspiels* um den treffenden Bewegungsbegriff und die sinnvolle Ausrichtung schulischen Sportunterricht ausfällt, so treffend und sinnvoll erweisen sich die daraus abzuleitenden Orientierungsleistungen für die Unterrichtspraxis. Dort soll und kann nach unserer Auffassung allerdings nicht einfach nur das, was Wissenschaftler entwickeln, aufgenommen und umgesetzt werden. Nein, Anregungen können auch von der Praxis aus kommen und auf die *Spiele* der Wissenschaft wirken, womit wir bei der oben geforderten *wechselseitigen Bezugnahme zwischen der fachwissenschaftlichen Standort- und Gegenstandsbestimmung auf der einen und der fachdidaktischen bzw. unterrichtspraktischen Problemlage auf der anderen Seite* angelangt wären (vgl. 1.1.2). Im Spektrum unterrichtspraktischer Arbeit und Verantwortlichkeit gibt es auch im Hinblick auf die empirische Unterfütterung des oben skizzierten Diskurses um die Aufgaben und Bewegungsbegriffe der Sportpädagogik viel *Neues* und *Abenteuerliches*[20] zu entdecken. Schüler setzen sich im Sportunterricht mit konkreten Bewegungsaufgaben auseinander, entwickeln dabei mal mehr und mal weniger Interesse; greifen bestimmte Themen immer wieder auf und finden in der bewegten Auseinandersetzung Wege der Vertiefung; sie spielen mit den Schwierigkeiten und Widerständen, die der Sport ihnen zu bieten hat, und machen sich bestimmte Bewegungskompetenzen zu eigen. Auf die Sport- und Bewegungspädagogik kommt deshalb die Aufgabe zu, die Fragen zu klären, warum und vor allem wie Kinder so etwas im schulischen Sportunterricht tun sollen. Das bewegte Geschehen im Sportunterricht muss also genau beschrieben und hinsichtlich seiner denkbaren Folgen und Wirkungen mit den Bildungs- und Erziehungsansprüchen abgeglichen werden, bevor Bewegungspädagogen Hinweise zur Konstruktion der (in diesem komplexen Sinne) angemessenen Lehrlernwege, Inszenierungsweisen und Vermittlungsmethoden vorschlagen können. Die sich hieraus ergebende exponierte Bedeutung der Vermittlungsmethode soll im Weiteren zum Anlass genommen werden, das unterrichtliche Methodenproblem als Grundlage für die Diskussion und Entfaltung eines angemessenen Bewegungsbegriffes zu wählen.

---

[20] Vgl. hierzu wiederum die metaphorische Bezugnahme zur Welt der Glasperlenspieler Kastaliens, in der es nichts *Neues* und *Abenteuerliches* mehr zu entdecken gab, weshalb die Sinnsuche in diesem Spiel interessant wurde.

1.2 Zum Zusammenhang zwischen Bewegungsbegriff und methodischem Konzept

Die Tragweite der Bewegungsbegriffe von Sportpädagogen wird ebenso wie die Tragweite der Bewegungsbegriffe anderer Sportwissenschaftler (z.b. Mediziner, Motorikforscher, Psychologen, Soziologen oder Trainingswissenschaftler) in den fachdidaktischen und methodischen Kontext der Lehrlernpraxis sicht- und spürbar.[21]

Trotz der beachtlichen Bedeutung, die dem Methodenthema im Kontext bewegungsbezogener Lehrlernsituationen zukommt, lassen sich methodische Fragen und Probleme im Lichte der fachdidaktischen Modell- und Theorieentwicklung längst nicht so stringent und einvernehmlich klären, wie es das Anwendungsinteresse in der Praxis einfordern würde. Dort müssen Methodenfragen nämlich im Kontext der die methodische Position konstituierenden Lernbegriffe, Bildungs- und Erziehungs- sowie Bewegungs- und Unterrichtskonzepte verstanden werden. Je nach Ausrichtung dieser konzeptionellen Orientierungen resultieren entsprechend unterschiedlich verfasste Vermittlungsstrategien bzw. Inszenierungsweisen. In diesem Sinne resultiert beispielsweise als Konsequenz des sogenannten *Dialogischen Bewegungskonzepts* (Gordijn u.a. 1975; Tamboer 1979; 1997; Trebels 2001) ein völlig anderes Vermittlungskonzept als es beim *programm- und informationstheoretischen Ansatz* (vgl. u.a. Roth 1991; 1998) der Fall wäre. Die Analyse der aus dem Umfeld dieser lerntheoretischen Konzeptionen abzuleitenden Methodenentscheidungen zeigt unmissverständlich auf, dass hier jeweils auch von unterschiedlichen Bewegungs-, Bildungs-, Erziehungs- und Unterrichtsbegriffen ausgegangen wird. Mehr noch, wie Jan Tamboer (1994) eindrucksvoll gezeigt hat, verbergen sich hinter den verschiedenen Bewegungsbildern auch sehr verschiedene Menschenbilder.

---

[21] In die folgenden Ausführungen wurden unter anderem Auszüge einer überarbeiteten und erheblich erweiterten Fassung der folgenden Beiträge eingearbeitet: Lange, H. (2005f). Problemanriss zu den Facetten einer qualitativen Bewegungslehre. In H. Lange, *Facetten qualitativen Bewegungslernens. Ausgewählte Schlüsselbegriffe, konzeptionelle Orientierungen und bewegungspädagogische Leitlinien*. Band 24 der Schriftenreihe *Bewegungslehre & Bewegungsforschung* (S. 12 – 38). Immenhausen bei Kassel: Prolog. Sowie: Lange, H. (2008d). Methoden im Sportunterricht. Lehrlernprozesse anleiten, öffnen und einfallsreich inszenieren. In H. Lange & S. Sinning. (Hrsg.), *Handbuch Sportdidaktik* (S. 294 – 318). Balingen: Spitta.

1.2.1 Zur Differenzierung *physikalischer* und *relationaler* Betrachtungsweisen

Da die bereits einleitend angeführte Vielfalt bewegungswissenschaftlicher Betrachtungsweisen (vgl. 1.1) für die Belange dieses einführenden und orientierenden Theoriekapitels ein Stück weit bewertet und geordnet werden muss, bedarf es neben der Ausrichtung an ordnungsstiftenden Parametern (hier: Bewegungsdidaktische Implikationen; vgl. 1.2) eines strukturierenden Vorgehens. Die hieran gebundene Konzeptionsarbeit erfolgt mit Blick auf die Bewegungslehre des niederländischen Anthropologen Frederik Jacobus Johannes Buytendijk (1887 – 1974). In der sportwissenschaftlichen Bewegungsforschung unterscheidet man spätestens seit dem Erscheinen seines Buches *Allgemeine Theorie der menschlichen Haltung und Bewegung* (1956) zwischen der physikalischen und der funktionellen Betrachtungsweise von *Bewegung* (vgl. Gordijn 1968; Tamboer 1979; 1994, 1997; Prohl 1996).

1.3 Zur physikalischen Betrachtungsweise

In der physikalischen Betrachtungsweise, die wegen des zugrunde liegenden kausalistischen Erklärungsschemas ganz in der galileischen Tradition verstanden wird, werden Ortsveränderungen des Körpers in Raum und Zeit gemessen und analysiert. Demzufolge spielen in solchen Forschungszusammenhängen einfache Motoriktests, mit deren Hilfe Fähigkeitskonstrukte gemessen werden, eine wichtige Rolle (vgl. v.a. Bös & Tittelbach 2002; Bös 2001). Menschliches Bewegungsverhalten wird dort als Folge von Ursachen begriffen, die der Zeit nach vorangehen.

Solche Sichtweisen zum Bewegungslernen sind in der bewegungswissenschaftlichen und vor allem methodisch orientierten, praxisanleitenden Literatur weit verbreitet. Sie passen ganz ausgezeichnet zu den Alltagstheorien von Lehrern, Trainern und Übungsleitern, die es sich nicht leisten können und/oder wollen, bei der Planung und Betreuung der von ihnen zu verantwortenden Lernprozesse auf Offenheit zu setzen und stattdessen lieber die *Sicherheit gebende* Logik von *Methodischen Übungsreihen* (MÜR) bevorzugen.

1.3.1 Konsequenzen für die Methodik

„Erst das Leichte, dann das Schwere – stufenweise richtig lehre." Mit diesem Zitat von Schubert (1981, 212), der zwölf Regeln des Trainingserfolgs beschreibt, greift Roth (1991) eine Alltagstheorie zur Methodik des Bewegungslernens auf, die er einem Aufsatz als Überschrift voranstellt, in dem er das *Neulernen von Bewegungstechniken* thematisiert. Der zugrunde liegende lerntheoretische Bezugsrahmen degradiert den Lernenden auf die Stufe einer Rechenmaschine bzw. auf die eines Plattenspielers, denn der Sportler wird als *informationsumsetzendes System* charakterisiert:

> *„Er nimmt kontinuierlich Meldungen aus der Umwelt und von seinem eigenen (sich bewegenden) Körper auf, führt komplizierte Zusammenfassungen und Verrechnungen durch und wählt schließlich eine angemessene motorische Handlung aus [...]. Der Sportler greift dabei auf weitgehend vorformulierte, festgeschriebene Bewegungsentwürfe im Gehirn – sogenannte Repräsentationen – zurück"* (Roth 1998, 28f.).

Wer dieser Bestimmung des Lernenden zustimmen kann, für den sollte es dann in der Tat auch möglich sein, der hierzu passenden Methodik etwas Praktisches abzugewinnen. Deren Logik wird von Roth (1998, 28) nämlich folgendermaßen charakterisiert:

> *„Der überforderte Schüler wird dadurch unterstützt, dass der Schwierigkeitsgrad der Aufgabenstellung in sinnvoller und wirksamer Weise reduziert wird. Er übt zunächst vereinfachte Probleme, die nach einer angemessenen Zeit zur Gesamtaufgabe aufgeschaltet bzw. erweitert werden."*

1.3.2 Lerntheoretischer Bezug – Programmtheorien

Der lerntheoretische Hintergrund dieses bewegungswissenschaftlichen Zugangs lässt sich im Spektrum der sogenannten Programmtheorien ausfindig machen. Deren Vertreter (vgl. zusammenfassend: Wiemeyer 1992) gehen davon aus, dass die im Labor bzw. in der sportbezogenen Praxis beobachtbaren und sichtbaren Bewegungen Entsprechungen interner Repräsentationen (z.B. Bewegungsschemata; generalisierte motorische Programme) sind. Zu diesen Annahmen passt auch die Metapher eines Computers, der ein motorisches Programm mit generalisierten Merkmalen bestimmter Bewegungsklassen enthält. Diese werden bei Bedarf situationsspezifisch abgerufen und können während der Bewegungsausführung auch noch – in einem kleinen Intervall von ca. 200 Millisekunden – verändert und korrigiert werden. Programmtheoretiker erklären vor diesem Hintergrund das Neulernen von Bewegungen konsequenterweise als einen Erwerb eines neuen motorischen Programms. Gesteuert werden die Bewegungen durch Kraft- und Zeitinformationen, die vom motorischen Programm ausgehend an die Muskulatur gesendet werden. Da die Speicherkapazität des Systems überfordert wäre, wenn für jede Situation und für jede denkbare Bewegung spezielle Programme zur Verfügung stehen müssten, liegt die Vermutung nahe, dass diese Programme weniger feste, invariante Parameter, sondern stattdessen mehr variable Parameter enthalten, die je nach Situation angepasst werden können. Organisiert werden die vielen variablen Anteile in zwei Schemata. Dem Recall-Schema, das all die Daten enthält, die notwendig sind, um eine Bewegung in die Wege zu leiten. Als Zweites steht ein sogenanntes Recognition-Schema zu Verfügung, das während der Bewegungsausführung Vergleichsmöglichkeiten bereitstellt. Wenn also Bewegungen im Zuge von Übungsprozessen wiederholt werden, verdichten sich nach der Auffassung von Programmtheoretikern auch im sportbezogenen Bewegungslernen in beiden Schemata einzelne Parameter zu Schemaregeln. Dieser Mechanismus aus Programm- und Schemabestandteilen erlaubt den *Zusammenbau* komplexer Bewegungen. Bewegungen werden demnach zentral initiiert und gesteuert, so ähnlich, wie wir es von Maschinen und Computern her kennen. Das zugrunde liegende Theoriegebäude und die umfangreichen empirischen Befunde gelten allerdings nur für überaus eingeschränkte Bewegungen. Sie stießen während der zurückliegenden Jahre in der experimentellen Überprüfung immer dann an Grenzen, wenn Bewegungen untersucht wurden, die großräumig angelegt sind und über mehrere Gelenke erfolgen und somit der Komplexität sportlicher Bewegungen, wie wir sie aus dem Sportunterricht her kennen, nahe kommen. Aber auch auf der Ebene der *kleingestückelten* empirischen Bewegungsforschung wurden immer wieder Widersprüche und Grenzen aufgezeigt (vgl. Loosch, Prohl & Gröben 1996). Spätestens seit Mitte der neunziger Jahre des vergangenen Jahrhunderts ist man dabei, sich von der *Programmtheoretischen Position* zu verabschieden. In diesem Zusammenhang wurde sogar schon von einem Paradigmenwechsel in den Bewegungswissenschaften gesprochen (vgl. Daugs, 1994), der aber auf der Ebene der Unterrichtsmethodik entweder noch gar nicht angekommen ist oder aber bereits durch andere Orientierungen wie z.B. das modular organisierte Baukastensystem (Kröger & Roth 1999) oder den Koordinations-Anforderungs-Regler (Neumaier, Mechling & Strauß 2002) ersetzt wurde.

1.3.2.1 Zur programmgestützten Lehrarbeit in der Unterrichtspraxis

In der Methodik der Sportarten wird vielerorts immer noch im programmtheoretischen Sinne weitergedacht und argumentiert. Möglicherweise auch deshalb, weil man dort zuweilen auf eine wissenschaftliche Begründung methodischer Entscheidungen gut und gerne verzichten kann. Zumindest dann, wenn die zugrunde gelegte Orientierung an motorischen Programmen und die Konkretisierung in Form von methodischen Übungsreihen das Gefühl von Sicherheit aufkommen lässt. In diesem Sinne laufen die methodischen Konsequenzen zunächst einmal darauf hinaus, Wege zu finden, auf denen diese Programme und Schemata für den Lern- und Übungsprozess vereinfacht werden.

Roth (1998) schlägt hierfür die Verkürzung der Programmlänge sowie die der Programmbreite vor. Die erste Verkürzung soll dann erfolgen, wenn die Gesamtbewegung, wie beim leichtathletischen Weitsprung oder der Kraulwende im Schwimmen, zu lang ist, d.h., wenn zu viele Teile zeitlich nacheinander bewältigt werden müssen und den Lernenden deshalb überfordern. Die Lernenden müssen im Sinne der Programmlängenverkürzung also nur noch Teilbewegungen üben, die nach ihrem Beherrschen zu einer Gesamtbewegung zusammengebaut werden. Die zweite Verkürzung kommt dann zum Einsatz, wenn zu viele Teile einer Bewegung gleichzeitig erfolgen und die Gesamtbewegung deshalb zu breit ist. In diesem Sinne werden z.B. beim Schwimmen zunächst nur die Armbewegung und anschließend nur die Beinbewegung geschult, und beim Nackenüberschlag im Turnen werden Beinschlag und Armschub getrennt voneinander trainiert.

Neben diesen beiden Prinzipien der Programmmanipulation weist Roth (1998) auch noch auf die Möglichkeit hin, weitere Parameter der Bewegungsaufgabe zu verändern. Gemeint sind *Überforderungsfälle* wie z.B. die *zu hohe Anlaufgeschwindigkeit, zu kurze Bewegungsdauer* oder *zu hohe Kraftanforderungen* mancher Disziplinen und Sportarten. Als methodische Lösungen werden beispielsweise sogenannte *Slow-Motion-Übungen* vorgeschlagen, in denen die Lernenden einfach langsamer üben sollen. Darüber hinaus werden erhöhte Absprungflächen oder Sprunghilfen eingesetzt, um den Zeitdruck bei manchen Sprüngen zu mindern, oder es werden, z.B. in der Leichtathletik, leichtere Wurfgeräte genutzt, um die Kraftanforderungen zu reduzieren.

1.3.3 Zur Relevanz technologisch implizierter Methoden

Entgegen der bis hierher vorgetragenen Kritik weisen sich die technologischen Anteile der Sportmethodik in vielen Feldern des Sports aber auch als überaus erfolgreich aus. Sie werden deshalb unter anderem als pragmatische Elemente von Gesundheitskonzeptionen, als effiziente Trainings- und Einübungsformen sportlicher Techniken oder als Elemente von Fitnesskonzeptionen in den schulischen Sportunterricht importiert. Deren Aussagen gründen auf ebenso klar nachvollziehbaren wie effizient wirksamen biowissenschaftlichen Prinzipien, deren Wissensgrundlagen in der Trainingslehre gebündelt sind und für die Anwendung in der Praxis zur Verfügung stehen.[22] In diesem Sinne ist z.b. bekannt, dass das Wachstum einzelner Muskeln über die Manipulation der Intensität, Dauer und Dichte einer bestimmten Anzahl an Wiederholungen, die den Muskel belasten, exakt modelliert werden kann. Sei es für therapeutische Notwendigkeiten in der Rehabilitation oder für ästhetische Zwecke der Körperformung (z.B. Bodybuilding). Um die in diesen Feldern möglichen Ziele erreichen zu können, muss sich der Sportler diesen Normen anpassen bzw. unterordnen können, was – wie die messbaren Leistungsfortschritte in den oben benannten Feldern deutlich belegen – sehr gut gelingen kann. Vor allem im Therapie-, Fitness-, Gesundheitssport und nicht zuletzt im leistungssportlich ausgerichteten Training beweisen Trainierende und Lernende doch sehr eindrücklich und im wahrsten Sinne des Wortes, wie *techno-logisch* sich Menschen hinsichtlich der methodischen Dimension ihres Sich-Bewegens verhalten können. Auch wenn man in der Sportdidaktik solchen Wissensbeständen traditionellerweise sehr skeptisch gegenübersteht (vgl. Dietrich & Landau 1999, 164f.; Größing, 1997, 131), ist nicht von der Hand zu weisen, wie zielorientiert und treffend sich die technologisch orientierten Trainings- und Lehrmethoden einsetzen lassen.

Diese Funktionalität genügt für sich allein genommen selbstverständlich noch nicht, um die Methodik eines erziehenden Sportunterrichts daran auszurichten. Diese technologischen Wissensbestände müssen deshalb im pädagogischen Sinne gebrochen und in den Bahnen einer am Bildungsdenken orientierten Trainingspädagogik gebündelt werden (vgl. Baschta & Lange 2007). Für die Lernenden ergibt sich an dieser Stelle die Perspektive, herauszufinden, wie man selbstbestimmt mit solchen technologischen Möglichkeiten umzugehen vermag. Wird dieses auf konzeptioneller Ebene nicht berücksichtigt, dann darf getrost von einer Selbstbeschränkung technolo-

---

[22] Vgl. hierzu als Beispiel einer – in diesem Sinne – konsequenten Verwendung eines technologisch geprägten Methodenbegriffes in einem aktuellen Lehrbuch der Trainingswissenschaft: Olivier, Marschall & Büsch (2008, 199ff.).

gisch implizierten Methodendenkens gesprochen werden, wie wir es beispielsweise aus dem Konzept der qualifikatorischen Sportdidaktik (Hummel 1997) und der dort angelegten Skepsis gegenüber dem in der neueren Bewegungspädagogik üblichen Bildungsdenken her kennen (Hummel, 2001).

Die konzeptionellen Eckpfeiler der qualifikatorischen Sportdidaktik passen zunächst sicherlich nicht zum Mainstream bewegungspädagogischen und bildungstheoretischen Denkens (vgl. z.B. Funke – Wienecke 2004). Wie auch? Eine nach technologischen Regeln verlaufende Mechanisierung der Methode und damit auch die Mechanisierung der Bewegungspraxis des Menschen erinnern an eine Erziehungspraxis, die auf konzeptioneller Ebene gerade nicht an Begriffen wie Mündigkeit oder Selbstbestimmung ausgerichtet wird. Aus diesem Grund weisen sich solche methodischen Ansätze auch durch eine weitaus größere Nähe zu einer qualifikatorisch ausgerichteten Sportdidaktik aus, deren Wurzeln in der Methodentradition der ehemaligen DDR-Sportwissenschaft zu finden sind. Deren Vertreter bekennen sich inzwischen auch folgerichtig zur Abkehr des in der Sport- und Bewegungspädagogik etablierten Bildungsdenkens (Hummel 2001; Hummel & Krüger 2006). Stattdessen wird in den Bahnen dieser bildungskritischen Konzeptionen Gefallen an der technologischen Effizienz und Machbarkeit motorischer Leistungsproduktion gefunden. Die reicht sogar bis hin zu Fragen der Evaluation und Qualitätssicherung, wo die mithilfe von Pulsfrequenzmessgeräten ermittelte Beanspruchung als Qualitätskriterium für den Sportunterricht vorgeschlagen wird (Adler, Ertl & Hummel 2006).

1.3.4 Klassische Position: Lehren als *Lernenmachen*

Mit Blick auf die Methodendiskussion, wie sie während der zurückliegenden Jahrzehnte betrieben wurde (vgl. v.a. Stiehler 1966; 1974; Fetz 1979; Kurz 1998), scheint es nahe liegend wie auch verlockend, Methoden im Sinne des Bildes einer aufsteigenden Treppe verstehen zu wollen. Dabei wird davon ausgegangen, dass die Lernenden auf dieser Treppe Schritt für Schritt über einen vermeintlich idealen Weg zu den Zielen des Unterrichts geführt werden.

„Die Methode wird im eigentlichen Sinne des Wortes als <Weg> verstanden, als eine Reihe von Schritten, die man gehen muss, wenn man ein bestimmtes Ziel erreichen will. Das Bild, das dem methodischen Denken durchweg zugrunde liegt, ist das einer Treppe: das geistige Fortschreiten des Schülers stellt sich als ein Hinaufschreiten von Stufe zu Stufe dar. Es wird so zu einem Hauptanliegen des methodischen Denkens, durch Analyse der geistigen Prozesse die

Stufen dieses geistigen Hinaufschreitens zu erkennen, und dementsprechend den Aufbau des Unterrichts zu planen" (Geißler zit. nach Aschersleben 1991, 18).

Methoden werden demnach im Sinne von Vermittlungsstrategien, einfacher Rezepte, Wegbeschreibungen und Verfahrensweisen aufgefasst. Diese Metaphern sind überaus praxisnah und alltagstauglich angelegt, denn Lehrer möchten durch ihre Planungs-, Ordnungs- und Steuerungsfunktionen seit jeher bei den Schülern etwas bewirken. Aus diesem Grund neigen sie auch dazu, Unterricht von diesen Lehrintentionen ausgehend zu konstruieren, was wiederum ausgezeichnet zu der Treppenmetapher passt. In diesem Sinne liegt es denn auch nahe, Lehren tatsächlich als eine Form von *Lernenmachen* zu verstehen, weshalb sich Lernprozesse der vermeintlichen Logik des zu vermittelnden Unterrichtsstoffes unterordnen müssen. Zusammengefasst: Unterrichtsmethoden beschäftigen sich demnach mit den Verfahren zur Vermittlung von Lerninhalten (vgl. Aschersleben 1991, 11). Historisch gesehen erinnert diese Sichtweise an das Schritt- und Stufendenken der Herbartianer. Während die Unterrichtsmethodik bei Herbart noch auf einen Erkenntnisprozess ausgelegt war, so verkam sie bei seinen Schülern zu einem recht formalisierten System, das in der zu Beginn des 20. Jahrhunderts einsetzenden reformpädagogischen Gegenbewegung treffend als Tyrannei der Formalstufen bezeichnet wurde.

Die oben skizzierte enge Auslegung des Methodenverständnisses lässt sich auch auf etymologischem Wege rekonstruieren. Die Wortbedeutung (gr. méthodos: der Weg auf ein Ziel hin) verweist dabei zunächst auf die enger gefasste Bedeutung, die sich in Fragen nach den jeweiligen Lehr- und Lernwegen ausdrückt (wie?). In diesem Sinne definiert Stadler (2003, 366) den Terminus im Sportwissenschaftlichen Lexikon folgendermaßen:

„Unter Methodik versteht man die Lehre vom zielgerichteten Vorgehen beim Unterrichten mit den aufeinander bezogenen Schritten der lang-, mittel- und kurzfristigen Unterrichtsplanung, der Durchführung und Auswertung."

An dieser Stelle sind wir wieder bei der Metapher der Treppe bzw. bei dem zu einem Ziel führenden Weg angelangt, womit in methodischer Hinsicht Folgendes impliziert wird: Letztlich weiß der Lehrer ganz genau um die Passgenauigkeit der Schritte, um das Tempo, mögliche Abkürzungen oder Umwege, weshalb es ihm folgerichtig auch zugestanden wird, den Lernprozess in allen relevanten Parametern zu steuern. Zu dieser Lehr- und Lernauffassung passen deshalb auch Methodenbegriffe wie z.B. Beibringen, Einpauken, Einbläuen, Dozieren, Konditionieren, Belehren, Anweisen, Unterweisen, Anleiten, Anlernen, Drillen, Dressieren, Eintrichtern, Formen, Unterweisen, Schulen u.s.w.

1.3.4.1 Lernerbilder und Lehrerbilder

Die zuletzt benannten Methodenbegriffe implizieren allesamt einschlägige Bilder vom Lehrer, vom Lernenden und von der zu vermittelnden Sache. Im Zuge der klassischen Sachanalyse wird die *Sache* als etwas Feststehendes verstanden, deren Struktur von den Lernenden übernommen werden muss. Deshalb baut man hier zunächst auch auf die detaillierte Beschreibung der formalen Strukturen und Abläufe sportlicher Techniken. Solche Anforderungsanalysen und die daran gebundenen Unterrichtsmethoden haben sich vor allem im Verlauf der zurückliegenden drei bis vier Jahrzehnte enorm ausdifferenziert. Sie wurden bis in die neunziger Jahre des vergangenen Jahrhunderts hinein vor allem durch die Orientierung an biomechanisch validen Technikleitbildern geprägt. Inzwischen wurde das an der objektivistischen Außensicht orientierte sachanalytische Vorgehen durch weitere Modelle ergänzt, von denen an dieser Stelle zwei besonders erfolgreiche benannt werden sollen: Dabei handelt es sich erstens, um den von Neumaier (2002) konzipierten Koordinationsanforderungsregeler (KAR) sowie zweitens um ein sogenanntes Baukastensystem, das auf Modulvorstellungen zur Organisation der menschlichen Motorik zurückgeht und vor allem im Feld der Sportspielvermittlung weite Verbreitung findet (Kröger & Roth 1999; Hossner 1997).

1.3.5 Zur Kritik an den *Methodischen Übungsreihen*

Die Kritik an den bis hierher skizzierten Konzeptionen *Methodischer Übungsreihen* nimmt bereits im zugrunde liegenden Bewegungsbegriff ihren Ausgang. Gerhardt & Lämmer (1993, 1) stigmatisieren die bewegungswissenschaftliche Beschränkung des physikalischen Bewegungsbegriffs für solche Kontexte folgendermaßen:

> *„Wer im Sport nur einen Vollzug körperlicher Bewegungen sieht, der wird nie verstehen, worum es im Spiel und Wettkampf eigentlich geht."*

Aber auch die aus diesem Bewegungsverständnis abgeleitete methodische Konkretisierung ist wegen ihrer Anspruchslosigkeit zu kritisieren. Im Kern lässt sich diese Methodik nämlich in der Sprache alltagstheoretischer Lehrformeln ausdrücken, wie z.b. *vom Leichten zum Schweren* oder *vom Einfachen zum Komplexen.* Diese Einfachheit scheint aus pädagogischer Sicht natürlich sehr bedenklich, weshalb Laging (2000, 2) mit Recht fragt: „*Was ist für den Einzelnen aus seiner Lern- und Lebensgeschichte ‚leicht' oder ‚schwer'?*" Immerhin kommen Kinder mit individuellen Erfahrungen, Bedürfnissen und Interessen in die Schule, weshalb die ausschließlich an der Sachlogik der Inhalte ausgerichtete Methodik ganz erheblich von pädagogischen Ansprüchen der Vermittlung abweicht. Vom pädagogischen Standort aus gesehen werden die Themen für das Bewegungslernen und den Bewegungsunterricht nicht allein durch die Ziele oder Inhalte, sondern durch das wechselseitige Zusammenwirken von Zielen, Inhalten und Methoden bestimmt.

Die Gängelung des Lernens durch die Tradierung solcher ordnenden Methoden wurde von Fritsch & Maraun (1992, 36) treffend als „*[...] die Behinderung von Lernen durch Lehrhilfen*" charakterisiert. Die Kritik der Frankfurter Sportpädagoginnen richtete sich schon damals gegen die Verselbstständigung von Methoden im Sportunterricht und scheint angesichts der skizzierten Problemlage immer noch aktuell.

„*Bewegungserfahrungen sind nicht mehr Folge einer selbsttätigen Auseinandersetzung mit einem bestimmten Bewegungsproblem, sondern eine Ansammlung nachvollzogener Muster fremder Urheberschaft. Erfahrung ist reduziert auf instrumentell erzeugte Aneignungsmuster, mit einem Begriff von H. v. Hentig (1984), Erfahrung wird `enteignet'*" (Fritsch & Maraun 1992, 36f.).

Im Lichte dieser Kritik wird klar, dass der Wert von Methodischen Übungsreihen (MÜR) nicht in der produktiven Ansteuerung von Lernerfolgen, sondern in erster Linie in den Möglichkeiten begründet liegt, Unterrichtsabläufe zu ordnen und sie für den verantwortlichen Lehrer übersichtlich und sicher zu gestalten bzw. ablaufen zu lassen. Da aber nicht die Ordnung an sich, sondern der Prozess des Ordnens als bildsam angesehen wird, wäre es falsch, die MÜR als Bedingung und Ursache von motorischen Lernprozessen verstehen zu wollen. Wir sollten viel lieber danach fragen, wie dieses Ordnen aus der Perspektive der Lernenden vonstatten gehen kann, wie also Schüler Zugänge zur Welt, den Mitmenschen und deren Objektivationen schaffen und wie Bildung letztlich möglich wird. So gesehen soll auch Sportunterricht als Gelegenheit verstanden werden,

„*[...] Zugänge zur Welt und zum Leben der Menschen zu gewinnen und Aufschlüsselungen von zunächst Verschlossenem (in Fächern wie in fachübergreifenden Lernbereichen) zu leisten"* [...]. *So gedacht und inszeniert [...] „hat Bildung, verstanden als fragende und wissende Verfasstheit des Individuums zur Welt, zu den Menschen und ihren Objektivationen, immer wieder eine Chance, Kompetenz, Verantwortung und Engagement zu entfalten"* (Bönsch 2006, 170).

Da allerdings die organisatorische Struktur und der traditionelle Takt von Schule diesen Bildungsabsichten nur allzu oft entgegenstehen, reduzieren sich die Ansprüche von Unterricht oftmals schlicht auf die Ausgestaltung von Routinen und finden ihre Übersetzung in einer methodisch lancierten Beschäftigkeit.[23] Die scheint nach Ansicht von Laging (2006, 29) im Sportunterricht fest etabliert zu sein, wie man seiner Bilanz zur Methodenfrage in der Sportpädagogik entnehmen kann:

„Die gängige Methodik des Sportunterrichts verbleibt in der Regel auf der untersten Reflexionsebene einer `Theorie´ und Systematisierung von Unterrichtsmethoden, nämlich dort, wo Methoden als Weg der Zielerreichung von Bewegungsfertigkeiten verstanden werden. Ein schlüssiges, auf das Lehren und Lernen von Bewegungen gerichtetes und erziehungs- sowie bildungstheoretisch fundiertes Methodenkonzept für den schulischen Bewegungs- und Sportunterricht liegt bisher nicht vor."

1.4 Zur relationalen Betrachtungsweise

Die Konsequenz der zuletzt vorgetragenen Kritik läuft darauf hinaus, die bildungstheoretische Klärung des Gegenstandes (hier: Bewegung) mit der Weise seiner Vermittlung theoretisch und konzeptionell zu verbinden. Wir müssen uns also mit der Frage nach dem *Wie* von Bewegungsbildung auseinandersetzen, damit das Geschehen im Sportunterricht auch über die Perspektive *Schüler zu bewegen und zu beschäftigen* hinausgeht und die Funktionen eines erziehenden Sportunterrichts erfüllen kann. Deshalb soll die Methodendiskussion im Folgenden im Lichte eines relationalen Bewegungsverständnisses fortgeführt werden.

---

[23] Vgl. hierzu in allgemeindidaktischer Hinsicht auch die von Gruschka vorgebrachten elf Einsprüche gegen den didaktischen Betrieb. *„Wo die Didaktisierung der Stoffe nicht nur Mittel zum Zweck ist, sondern zum Selbstzweck des Unterrichts gerät, die Sache damit hinter der didaktischen Inszenierung verschwindet, ist nichts anderes als didaktische Betriebsamkeit festzustellen"* (Gruschka 2002, 402).

In der funktionellen (bzw. relationalen) *Lesart* von Bewegung wird davon ausgegangen, dass menschliches Bewegen immer einen Zweck erfüllen soll. Es ist situativ gebunden, sinnerfüllt und die Lernenden erschließen sich über ihr *Sich-Bewegen* die Welt, in der sie leben. Deshalb soll diese Betrachtungsweise hier auch als *relationale* bezeichnet werden. Des Weiteren wird das menschliche *Sich-Bewegen* im Kontext der in diesem Buch vorgelegten bewegungswissenschaftlichen Position als Phänomen verstanden (vgl. Prohl & Seewald 1995; Müller & Trebels 1996; Scherer 1997), weshalb das *Sich-Bewegen* in seiner Ganzheit und in seinem Facettenreichtum vor allem aus einer wahrnehmungsbezogenen Perspektive heraus beleuchtet und beforscht werden soll. Bewegung wird als etwas Lebendiges verstanden und ist demnach auch im wissenschaftlichen Kontext nur begreifbar zu machen, wenn man sie in Relation zu drei Bedingungen setzt und versteht (vgl. Tamboer 1979; Trebels 1992; 2001).

1) Die Bewegung muss demnach erstens in Bezug auf einen Aktor verstanden werden, der das Subjekt der Bewegung ist.
2) Darüber hinaus findet die Bewegung zweitens immer in einer konkreten Situation statt.
3) Schließlich gilt es drittens die jeweilige Bewegungsbedeutung zu berücksichtigen, die vom jeweiligen Aktor in der entsprechenden Situation handelnd in Erfahrung gebracht werden muss und die die Bewegungsaktion leitet.

Im Unterschied zur physikalischen Betrachtungsweise werden also bei der relationalen Betrachtungsweise nicht bloß Bewegungen, sondern sich in einem bestimmten situativen Kontext bewegende Menschen wahrgenommen. Darüber hinaus setzt das Verstehen von Bewegung immer eine Einsicht in den Sinn des Bezugs von Individuum und Umwelt voraus. Sich-Bewegen ist also ein Verhalten der Menschen in einem *persönlich-situativen Bezug* (vgl. Abb. 2).[24]

---

[24] An dieser Stelle sollen die primär bewegungstheoretisch orientierten Ausführungen enden. Ab dem folgenden zweiten Teilkapitel werden die Erörterungen stärker fachdidaktisch orientiert.

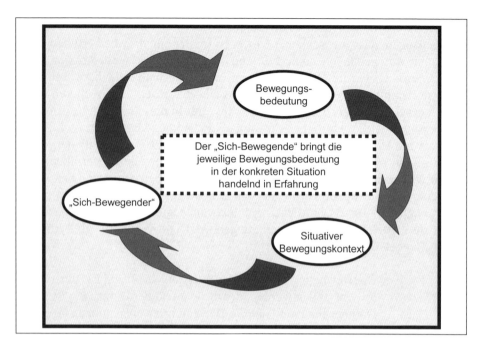

Abb. 2: Relationalität menschlichen *Sich-Bewegens* (vgl. Lange 2005a)

1.4.1 Anstoß einer mathetischen Sichtweise auf Vermittlung

Die Frage nach dem vermeintlich rechten Beibringen, Vermitteln oder Inszenieren im Sport soll mit Blick auf einen Auszug eines Statements des wohl bekanntesten Schulreformers unserer Zeit erfolgen. Hartmut von Hentig (1999) gab für die *Frankfurter Rundschau* anlässlich des 25-jährigen Bestehens der von ihm gegründeten Bielefelder Reformschulprojekte zu insgesamt acht Stichworten der gegenwärtigen bildungspolitischen und pädagogischen Diskussion einen Kommentar ab. Das unten angeführte Zitat findet sich unter dem Stichwort *Didaktik*. Die hierin erkennbare Positionierung interessiert auch für die Methodendiskussion im Sport, denn der Erfolg der Schulreform wird am didaktischen Wandel festgemacht. Und dieser Wandel verläuft offensichtlich in einem Spannungsfeld zwischen Didaktik und Mathetik, also zwischen den Eckpunkten der Lehre des richtigen Lehrens und denen des richtigen Lernens. Wenn nun also im Sport die *Sachen geklärt* und die *Personen gestärkt* werden sollen, ist darauf zu achten, ob und wie diese Sachen zu den Schülern und der jeweiligen Situation passen, wie man sie also als Lehrer vergegenwärtigt und wie sie in einen Bezug mit dem Schüler verwickelt werden und wie sie deshalb Bedeutung erhalten. Genau diese Perspektive unterscheidet den Sportunterricht (gemeinsam mit einigen weiteren leiblichen Fächern) vom übrigen Kanon der Schulfächer, denn im Sport, im Spiel und im Sich-Bewegen ist die Verwicklung mit und die Vertiefung in den Gegenstand (Bewegung) leiblich verfasst. Was genau im Zuge dieses Prozesses für den Lernenden thematisch wird, hängt wiederum von der Art und Weise seines Zugangs (also vom *Wie*) ab. Letztlich konstituiert nämlich die Methode den Gegenstand.

> *„[...] Aber das, was den Tätern ihren Namen gibt, das Lehren, hat sich bei all dem Wandel kaum geändert. Auch wer die Laborschule und das Oberstufen-Kolleg besucht, sieht zuerst und zumeist Gruppen von Kindern oder jungen Leuten um einen Erwachsenen geschart, der ihnen etwas erzählt oder erklärt, sie also in einer `Sache´, wie wir sagen, unterrichtet. Er bemüht sich vermutlich, dies in Formen zu tun, die dem pädagogischen Zweck der Einrichtung entsprechen: die kleine Person zu stärken – sie urteilsfähig, selbstständig, verantwortungsbewusst, hilfsbereit, aufmerksam, verlässlich, ausdauernd, empfindsam und so fort zu machen. Aber die Sache will dazu nicht immer passen, zumal sie meist nicht gegenwärtig, sondern nur vorgestellt ist und mit der Person des Schülers bisher nichts zu tun hat. Die Schulprojekte lehren mich, dass der pädagogische Wandel der Schule sich erst mit dem didaktischen Wandel erfüllt. Dabei wird aus Didaktik – einer Lehre vom richtigen Lehren – oft mit Notwendigkeit Mathetik – eine Lehre vom richtigen Lernen. Und diese wiederum hat so andere Gesetze als die der geordneten kollektiven Belehrung, dass man im Rahmen der alten Schulorganisation nur geringe und langsame Fortschritte machen kann"* (Hartmut von Hentig 1999).

2. Ideen-, Bild- und Konzeptentwicklung als Aufgabe der Bewegungsdidaktik

Wenn Sportlehrer Kindern, Jugendlichen oder Erwachsenen beim Erlernen oder Vertiefen von Bewegungen behilflich sein wollen, dann sind sie auf innovative bzw. schöpferische Ideen zum Prozess des Bewegungslernens angewiesen. Es muss klar sein, was Lehrende im Zuge der Sport- bzw. Bewegungsvermittlung[25] zu tun oder zu lassen haben, um die Lernenden sinnvoll unterstützen und voranbringen zu können. Da sowohl die innovativen Ideen als auch die daraus abzuleitenden konstruktiven Unterstützungsleistungen im Feld der Vermittlung mehrere Dimensionen betreffen und deshalb für entsprechende Unübersichtlichkeit sorgen mögen, lässt sich dieses bewegungspädagogische Feld in einem ersten Schritt – mit Blick auf das klassische Modell des *Didaktischen Dreiecks* – in vier Richtungen ordnen.

1) Da wären zunächst Annahmen, Fragen und Ideen zum Lernenden zu nennen: Warum möchte er eine Bewegung erlernen? Über welche Vorerfahrungen verfügt er? Wie ausgeprägt ist sein Engagement beim Üben und Trainieren? (...?).
2) Des Weiteren ist der Bewegungslehrer selbst Thema solcher Ideen: Von welchem Menschenbild geht er aus? Wie spricht er den Lernenden (deshalb) an? Wie viel Distanz und wie viel Nähe sucht er im Zuge der methodischen Anbahnung von Bewegungslernprozessen? (...?).
3) Den dritten Eckpunkt markieren schließlich Aspekte, die sich auf die Sache und Sachlage beziehen: Was genau soll denn eigentlich gelernt werden? Lassen sich kennzeichnende Struk-

---

[25] Im sport- und bewegungspädagogischen Diskurs der zurückliegenden Jahrzehnte hat sich gezeigt, dass eine enge Bindung an den Sportbegriff nicht mehr ausreicht, um die grundlegenden Fragen und Probleme zur Vermittlung in den verschiedenen Feldern unserer Sport-, Spiel- und Bewegungskulturen angemessen und grundlegend bearbeiten zu können. Für die wissenschaftlich differenzierte Bearbeitung ist die präzise Bestimmung des Gegenstandes Voraussetzung, weshalb die enge Orientierung an alltagstheoretischen und allgemeinverständlichen Sportverständnissen in dieser Hinsicht als antiquiert gilt. Die Vielfältigkeit bewegungsbezogener Praxis (z.B. in den Feldern der Bewegungstherapie, des Freizeit-, Vereins- und Leistungssports) legt eine bewegungspädagogische Thematisierung und Erforschung nahe (vgl. hierzu u.a. Trebels 1992; Größing 1993; Balz u.a. 1997; Becker & Fritsch 1998; Prohl 2001; Moegling 2001a; b; 2002; Bietz 2002; Lange 2005a).

turen der zu erlernenden Bewegung bzw. der zu vermittelnden Sache erkennen? Welche Wirkungen und Anziehungen mögen von dieser Sachstruktur ausgehen? Wie verändert sich die Sachstruktur im Verlauf des Lehrlernprozesses? (...?).

4) Schließlich gibt es viertens noch das Feld zu hinterfragen, in dem diese Lehrlernprozesse stattfinden: Welche kulturell gefärbten Bedeutungsauslegungen beeinflussen die zu erlernende Sachlage? Welche Lehr- und welche Lerntraditionen bestimmen die Ebene methodischer Entscheidungen? Wie spiegelt sich das Lehrlernthema im Kontext gesellschaftlicher Bedeutungsauslegungen und Trends wider (...?)?

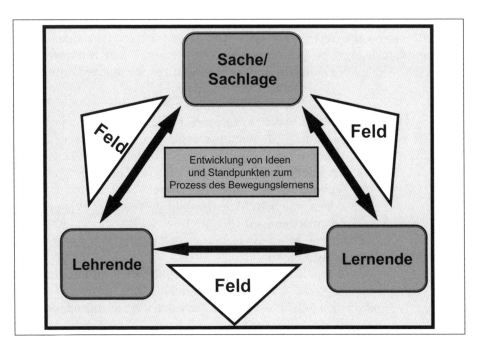

Abb. 3: Bewegungsdidaktisches Dreieck

Bei diesem bewegungsdidaktischen Dreieck handelt es sich letztlich lediglich um ein Ordnungsschema, dessen Eckpunkte dabei helfen können, die verschiedenen Perspektiven, die in der Praxis des Bewegungslernens von Bedeutung sind, konturierend hervorzuheben. In diesem Sinne konstituieren sich die Themen des Bewegungslernens vom Standpunkt des Lehrers auf andere Weise als von denen des Schülers, der vermeintlichen Sachstruktur oder des Umfeldes aus betrachtet. Das Wissen um die an dieser Stelle gegebene Mehrperspektivität ist sowohl in wissenschaftlicher wie auch in lehrpraktischer Hinsicht von Bedeutung, weil sich sowohl die Lernenden und Lehrenden wie auch die Forscher in diesem komplexen Gefüge zurechtfinden müssen. Die komplexe Problematik soll im Folgenden anhand eines Beispiels einer Bewegungsszene zum Lehren und Lernen des Fahrradfahrens veranschaulicht werden, die wir im Sommer 2007 beobachtet und verschriftet haben.

2.1 Ein Beispiel zur Bewegungsvermittlung

„Es ist ein sonniger Samstagvormittag, und ich beobachte gerade meinen Nachbarn Hubert (46 Jahre, Geschäftsmann), wie er seinem Sohn Kevin (4 Jahre) das Fahrradfahren beibringen möchte. Sie bewegen sich beide auf der Straße vor unseren Häusern, der Vater zu Fuß und Kevin auf seinem roten Kinderfahrrad sitzend. Der Vater hält das Fahrrad am Sattel im Gleichgewicht, der Sohn sitzt drauf und lässt sich schieben. Die Szene wirkt durchaus spektakulär, denn Kevin kommentiert das Bemühen des Vaters sehr lautstark. Aus dem Fundus der verschiedenen Wortfetzen kann ich immer wieder sehr deutlich 'nicht loslassen, nicht loslassen' entnehmen. Kevin gibt durch schwungvolle Lenkbewegungen eine Zickzack-Fahrtstrecke vor, und Hubert folgt eiligen Schrittes diesem Kurs. Sobald der Vater loslässt und stehen bleibt, steigt Kevin ab oder fällt mitsamt dem Fahrrad um. Ich habe während der zurückliegenden fünf bis zehn Minuten bereits vier solcher Fahrtunterbrechungen beobachten können. Beim ersten Mal sind Kevin und das Fahrrad auf den Asphalt gefallen, beim zweiten Mal ist er abgesprungen, lief ein paar Meter in dieselbe Richtung wie sein Fahrrad rollte, kam zum sicheren Stand und schaute zu, wie das Rad zu Boden fiel. Beim dritten Mal hat er es geschafft, halbwegs sicher abzusteigen und das Rad am Lenker festhaltend neben sich zum Stand zu bringen. Schließlich wirkte das vierte Mal wie eine Kombination aus den Versuchen eins und zwei, Fahrrad und Kevin kamen nach mehr oder weniger langen Roll- bzw. Stolperwegen zu Boden.
Der Vater hat diese Szenen jeweils mit allerlei Zureden, Tipps und Aufforderungen kommentiert. Dabei ist es ihm ganz offensichtlich gelungen, seinen Sohn zum Weitermachen zu bewegen, denn er schob ihn immer wieder aufs Neue an. Es schien auch so zu sein, dass der Vater im Verlauf dieser Lernsequenz auch auf seinen Sohn

hörte und für dessen Bedürfnisse sensibilisiert war, denn der vermeintlich kritische Moment des Loslassens wurde von ihm immer weiter herausgezögert. Er lief nun nach dem Loslassen immer ein Stück mit und begleitete seinen Sohn während dieser Rollphase. Da Kevin inzwischen offensichtlich auch verstanden hatte, wie er sich und das Fahrrad nach dem spürbaren Loslassen des Vaters in den sicheren Stand bringen konnte, verliefen die folgenden Fahrten an diesem Samstag vergleichsweise kontrolliert. Ob die Rollphasen nun länger oder kürzer waren, Kevin schien mehr und mehr die Kontrolle über das Verhalten des Vaters und des Fahrrads zu gewinnen. So brachte er es nach dem Loslassen des Vaters beispielsweise immer häufiger in den sicheren Stand und absolvierte in manchen Versuchen beachtliche Fahrtstrecken. Im Hinblick auf das Lehrerverhalten des Vaters fiel dem Beobachter auf, dass er im Zuge des Lehrlernprozesses nach dem Loslassen immer häufiger und immer länger mitgelaufen ist. Dabei war seine Hand zumeist in der Nähe des Sattels, und manchmal fasste er auch wieder zu, unterstützte kurzzeitig das Gleichgewicht des Fahrrads, um es dann wieder für einige Momente freizugeben."

2.2 Grundannahme für die Interpretation: Menschenbild

Die Interpretation dieses Beispiels soll in zwei aufeinander aufbauenden Schritten erfolgen. Dabei übernimmt die Orientierung an einem Menschenbild die richtungsweisende Funktion, von der letztlich alle weiteren bewegungspädagogischen Auslegungen abhängen. Das Menschenbild bestimmt deshalb auch die Gegenstandsfrage der Sportpädagogik, weshalb wir die in dieser Hinsicht bestehende Metaphern, Bilder und Analogien herausarbeiten, aufdecken und kritisch prüfen müssen. Für die kriteriengeleitete Prüfung bieten sich im Kanon der Sport- und Bewegungswissenschaften unterschiedliche wissenschaftliche Bezüge an. Neben geisteswissenschaftlichen Theorien sind auch Anlehnungen und Begründungen im Feld der Naturwissenschaften denkbar, was dementsprechend zu divergierenden Menschenbildern und damit auch zu unterschiedlichen Gegenstandsverständnissen führt. Wenn wir den Menschen beispielsweise in einem technologischen Sinn als Maschine, Computer oder Schallplattenspieler sehen, wirkt sich das dementsprechend anders auf die Ideen zum Lehren und Lernen von Bewegungen aus, als wenn wir ihn als ein organisches, im Werden begriffenes sensibles und sich selbst bestimmendes Wesen auffassen. Da die notwendige Diskussion um die Begründung eines anthropologisch fundierten und sportpädagogisch relevanten Menschenbildes an dieser Stelle nicht in der gebotenen Ausführlichkeit zu leisten ist, soll ein Verweis auf die einschlägige Literaturlage vorerst genügen.²⁶ Aus diesem Horizont heraus lässt sich jedoch auch an dieser Stelle eine gewisse Heuristik hinsichtlich der Menschenbildfrage entwerfen, die für die folgenden Ausführungen orientierende Funktionen übernimmt: Kinder werden von uns nämlich als Wesen verstanden, die sich ihre Welt tatsächlich aus eigenem Antrieb, aus Interesse und Neugierde heraus sinnlich erschließen wollen und dies auch können (vgl. Abb. 4).

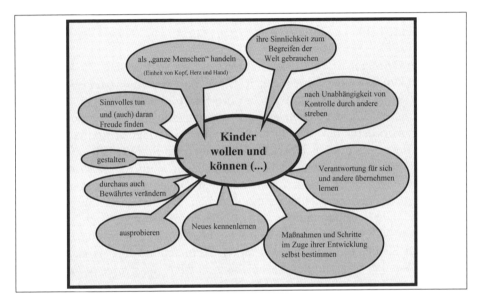

Abb. 4: Heuristik zu dem hier zugrunde liegenden Menschenbild

---

[26] In der Sportpädagogik verfügen wir in dieser Hinsicht spätestens seit Grupe (1982; 1985) und Meinberg (1987) über eine differenzierte anthropologische Tradition, deren aktuelle Grenzen und Perspektiven in der Zusammenschau beispielsweise von Drexel (2003) mit Blick auf die Arbeiten Grupes diskutiert und von Grupe selbst (2003) bzw. Meinberg (2003) aktualisiert werden. Der Fortgang der Diskussion wird einerseits in der Auseinandersetzung mit mehr oder weniger tradierten, einschlägig sport- und wettkampfbezogenen Hintergründen, wie z.B. *Olympische Ideale* (Lenk 2005) bzw. *Olympische Erziehung* (Geßmann 2004), betrieben. Darüber hinaus werden gegenwärtig aber auch sportanthropologische Positionsbestimmungen im Horizont jüngerer Entwicklungen und Probleme im Feld der Anthropologie vorgenommen (vgl. v.a. Thiele (2001; 2004). Kaulitz (2005) diskutiert die Menschenbildthematik im Kontext der Bedeutungen zunehmender, den Sport durchdringender Technisierungen, während Gissel (2007) die Auswirkungen neuerer Befunde zur Gehirnforschung in den Kontext der Diskussion um die Menschenbildthematik stellt.

2.2.1 Das Bild vom Fahrradfahren lernenden Jungen

Beispiele und Bewegungslerngeschichten wie die, die oben zum Prozess des Fahrradfahrenlernens skizziert wurde, geschehen an jedem Tag und überall dort, wo Kinder allein, mit Freunden, ihren Eltern oder anderen Menschen unterwegs sind. Sie lassen sich allerdings nur dann in einer oben vergleichbaren Weise beschreiben und festhalten, wenn die Beobachter solcher Szenen bzw. die Autoren solcher Lerngeschichten Bewegungsphänomene in den Kontexten der oben angeführten Heuristiken und Theorien zur Menschenbildthematik einzuordnen vermögen.

Das *Sich-Bewegen* ist zweifelsohne der zentrale Weltzugang für Kinder[27], weshalb Kinderwelten immer auch Bewegungswelten sind (vgl. Lange 2007i)[28]. Im Bewegen vergrößern sie ihre Streifräume, entdecken die Welt um sich herum und verstehen es, sich selbstständig mit den Widerständen und Herausforderungen, die diese Welt ihnen aufzugeben vermag, auseinanderzusetzen. Sie sind dabei vor allem auf ihre Sinnlichkeit und Wahrnehmung angewiesen, indem sie die Dinge ihrer Welt im wahrsten Sinne des Wortes *be-greifen*. Dabei verwickeln sich Kinder regelrecht in die Sachlagen, sodass ihnen die Dinge nahe kommen, sie begegnen ihnen, lassen sich von ihnen berühren und werden von ihnen betroffen gemacht. Im oben skizzierten Fallbeispiel wird diese Begegnung bzw. Verwicklung zwischen Kind und Sachlage durch die lautstarken Kommentare Kevins sicht- bzw. hörbar. Wenn er während des Anschiebens „*nicht loslassen, nicht loslassen*"

---

[27] Vgl. hierzu vor allem die Phänomenologie von Merleau-Ponty (1966), in der sich unsere Weltbezogenheit nicht mehr über das Bewusstsein, sondern über unsere leibliche Existenz konstituiert. Dabei avanciert die Wahrnehmung zu einem Grundphänomen, da unsere Existenz durch unsere leibliche Wahrnehmung durchsetzt ist. So spricht Merleau-Ponty beispielsweise im Hinblick auf das Erfahren des anderen auch von einer *Zwischenleiblichkeit*.

[28] Vgl. hierzu vor allem die facettenreiche Aufarbeitung relevanter Hintergründe in den Beiträgen der folgend aufgeführten fünf Sammelbände: Funke-Wieneke, J. & Moegling, K. (Hrsg.) (2001). *Stadt und Bewegung. Knut Dietrich zur Emeritierung gewidmet.* Band: 12 der Reihe: *Bewegungslehre und Bewegungsforschung.* Kassel: Prolog. Dietrich, K. & Mögling, K. (Hrsg.) (2001). *Spiel und Bewegungsräume im Leben der Stadt. Sozial- und erziehungswissenschaftliche Untersuchungen und Projekte.* Butzbach-Griedel: Afra. Schmidt, W. (Hrsg.) (1996). *Kindheit und Sport - gestern und heute.* Tagung der dvs-Sektion Sportpädagogik vom 8. - 11.06.1995 in Schnepfenthal. Hamburg: Czwalina. Eichberg, H. & Hansen, J. (Hrsg.) (1996). *Bewegungsräume. Körperanthropologische Beiträge.* Butzbach-Griedel: Afra. Podlich, C. & Kleine, W. (Hrsg.) (2003). *Kinder auf der Straße, Bewegung zwischen Begeisterung und Bedrohung.* Sankt Augustin: Academia.

ruft, dann signalisiert er damit einerseits, dass ihn der Vater durch weiteres Halten noch in der bekannten Sachlage festzuhalten vermag und andererseits aber auch, dass er im Hinblick auf die anstehende Verwicklung mit der neuen Sachlage sehr aufgeregt, vielleicht auch noch nicht bereit ist. Nach dem Loslassen des Vaters tastet sich Kevin *durch schwungvolle Lenkbewegungen* in einer *Zickzack-Fahrtstrecke* voran und macht sich sinnessicher im Wechselspiel aus Spüren und Bewirken[29] mit der für ihn bis dahin ungewohnten, neuen Sachlage vertraut. Im Lichte des angeführten theoretischen Hintergrundes (Phänomenologie; Leiblichkeitstheorie; Anthropologie der Kindheit) darf vermutet werden, dass Kevin die Kombination der beiden Bewegungsprobleme des Fahrradfahrens, *Gleichgewicht* und *Dynamik* (Schwung holen und steuern), durch das Wechselspiel aus sensiblem Erspüren der Situation und gleichzeitigem Einwirken auf diese Situation herausfindet. Für den Beobachter bleibt das Gelingen dieses Prozesses zunächst weitgehend unsichtbar, während das Misslingen sehr gut zu sehen und zu beschreiben ist: *Sobald der Vater loslässt und stehen bleibt, steigt Kevin ab oder fällt mitsamt dem Fahrrad um.* Im Zuge der weiteren Versuche wird allerdings auch das Gelingen dieses Prozesses mehr und mehr sichtbar, weil Kevin dort mitunter längere Strecken geradeaus oder im Zickzack fährt, mehr oder weniger kontrolliert abspringt oder nach kürzeren oder längeren Fahrtstrecken gemeinsam mit seinem Fahrrad zum Stehen kommt. Es scheint, als würde Kevin immer vertrauter mit dem Bewegungsproblem des Fahrradfahrens, als würde er die Materialeigenschaften dieses Gerätes (vergleichsweise schmale Räder als Laufflächen; flexible Lenkmöglichkeiten usw.) und die Bedingungen der Schwerkraft immer besser auf sein Bewegen hin abstimmen können.

2.3 Variablen der bewegungspädagogischen Interpretation

Diese Vermittlung von *Welt* bzw. *Bewegungswelt* lässt sich im bewegungspädagogischen Sinne aus verschiedenen Perspektiven heraus betrachten, beschreiben und analysieren (vgl. Abb. 3). Mit Blick auf das oben skizzierte *Didaktische Dreieck* lässt sich der Fokus deshalb auch in vier verschiedenen Richtungen konkretisieren. Erstens entwickelt der Lernende (Kevin) Interesse am Fahrradfahren, weshalb er sich in die gegebenen Schwierigkeiten der bewegungsbezogenen Sachlage zu vertiefen beginnt. Zweitens wäre die

---

[29] Vgl. zum Zusammenhang aus *Spüren und Bewirken* den Beitrag von Trebels (1990): Bewegungsgefühl: Der Zusammenhang aus Spüren und Bewirken.

Sache *an sich* hervorzuheben, denn ihre strukturelle Beschaffenheit stellt letztlich dem Lernenden einschlägige Bewegungsprobleme (z.B. ein dynamisches Gleichgewichtsproblem), die es zuweilen wert sind, um ihrer selbst willen ausgehalten, gelöst und auf neue Weise erschwert und vertieft zu werden. Drittens ist dann noch der Lehrer (in diesem Fall der Vater) zu nennen, der seinem Sohn eine Bewegungstechnik beibringen bzw. einen Zugang zu den Bewegungsmöglichkeiten des Radfahrens zeigen möchte. Schließlich ist viertens das kulturell und gesellschaftlich geprägte Feld von Bedeutung, in dem das Fahrradfahren einschlägige Zwecke erfüllt, Räume erschließen hilft, auf den bestimmten Gebrauch von Geräten angewiesen ist oder weitere Bedeutungsauslegungen erfährt. Auch wenn diese vier Perspektiven jeweils nur akzentuierte Zugänge zum Prozess des Bewegungslernens darstellen, scheint klar zu sein, dass die beachtliche Komplexität und die facettenreiche Vielfalt an Bedeutungskonstruktionen selbstverständlich nicht auf einem Weg allein angemessen wiedergegeben werden können.

2.4 Konzeptionell-systematische Grundlagen einer Bewegungsdidaktik

Genau an dieser Stelle ist deshalb die konzeptionell-systematische Arbeit der Sport- und Bewegungsdidaktik gefragt. Hier kommt es nämlich darauf an, die Relationen der vier denkbaren Perspektiven systematisch aufeinander zu beziehen und zu einem stimmigen Bild des Bewegungslehr- und -lernprozesses zu verdichten. Für das Herstellen solcher Stimmigkeiten bedarf es geeigneter Orientierungen, die als übergeordnete begriffliche, konzeptionelle und theoretische Klammern ordnungsstiftende Schnittmengen zwischen den vier verschiedenen Zugängen zu beschreiben vermögen. Wir müssen deshalb aus jeder dieser vier Perspektiven kommend nach übergeordneten Orientierungen fragen, die letztlich für die Beschreibung jeder einzelnen Perspektive und in der Summe damit auch für die (Re-)Konstruktion des ganzheitlich betrachteten und verstandenen Lehrlernprozesses stehen. Mit Blick auf das oben skizzierte und interpretierte Beispiel bieten sich hierfür vier konzeptionelle bewegungspädagogische Orientierungen an, die sich selbstverständlich gegenseitig bedingen und im Folgenden vertiefend aufgearbeitet und für die Belange der Bewegungsdidaktik ausgelegt werden:

1) Das Bild vom Lernenden und seinem Zugang zu den Dingen der Welt (Menschenbild)

2) Der Begriff und die Theorie von der Erziehung und Bildung (Bildungskonzept)
3) Der Bewegungsbegriff und das Bewegungsverständnis
4) Der Begriff und die Theorie von der arrangierten Lehrlernsituation (Unterrichtskonzept)

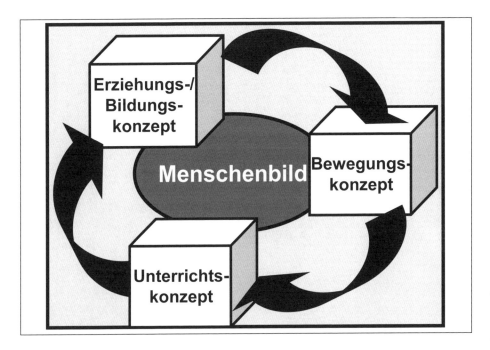

Abb. 5: Bewegungsdidaktisches Konzept

3. Weltbezug des Lernenden: Bewegungsdidaktische Relevanz

Im Folgenden soll auf die theoretische Grundlegung der Bewegungsdidaktik verwiesen werden, indem der Zusammenhang zwischen den Begriffen *Weltbezug*, *Menschenbild* und *Bildung* hergestellt wird. Dabei versteht es sich auch in diesem Zusammenhang von selbst, dass die hierfür erforderliche bildungstheoretische Vertiefung im Zuge dieses orientierenden und einleitenden Kapitels nicht in aller Ausführlichkeit und dem damit verbundenen differenzierten philosophischen Tiefgang geschehen kann. Die Skizzierung des orientierenden Rahmens muss an dieser Stelle ausreichen, weshalb auch hier auf einschlägige Hintergrundliteratur aus der allgemeinen bildungstheoretischen Diskussion[30] bzw. ihrer sportpädagogischen Rezeption und Konkretisierung[31] verwiesen wird.

Die Geschichte bildungstheoretischer Ideen und Theorien zeigt unmissverständlich auf, dass die Frage nach den Prozessen der Bildung immer in einem expliziten oder impliziten Kontext zu bestimmten Menschenbildern stand (vgl. Bilstein 2004).[32]

3.1 Menschenbild und Weltbezug

Darüber hinaus baut die Frage nach dem Menschenbild im anthropologischen und phänomenologischen Sinn immer auf der Klärung des Weltbezuges der Lernenden auf. Wie genau sieht die Relation zwischen Mensch und Welt aus? Wie wird aus der physikalisch beschreibbaren Umgebung eine bedeutungsgeladene Bewegungswelt? Wie geht der Lernende mit den Veränderungen in dieser Bewegungswelt um? Vermag er sie selbstbestimmt (mit-)zugestalten oder ist er ihnen rezeptiv ausgeliefert? Wie und weshalb

---

[30] Vgl. hierzu v.a. Dietrich & Müller 2000; Dörpinghaus u.a. 2006; Ehrenspeck 2002; von Hentig 2007; Langewand 1989; Lenzen, 1997; Mayer-Drawe 1998; 1999; Molenhauer 1993; 1996; Reichenbach 2007.
[31] Vgl. hierzu v.a. Becker, 2003; 2005; Beckers 1997; 2000a; 2000b; 2003b; Bietz 2005; Franke 1998; Größing, 1997; Hildenbrandt, 2000; 2005; Leist, 2005; Meinberg, 2003; Prohl, 2006; Scherer, 2005; Schmidt-Millard, 1998; 2005.
[32] So wurde der sich bildende Mensch beispielsweise als Verkörperung eines göttlichen Bildes oder in Gestalt eines adligen *Gentleman* verstanden.

greift er in seine Bewegungswelt ein? Welche Bedeutung kommt dem Sich-Bewegen beim Begreifen und Aneignen von Welt zu? Welche Konsequenzen ergeben sich aus der Klärung dieser Fragen für die Bewegungserziehung? (...?).

Der Fragenkanon ließe sich ohne Weiteres noch um eine Vielzahl weiterer Fragen ergänzen. Außerdem legten die Theorie- und Wissensbestände aus dem Spektrum der Anthropologie und Kindheitsforschung eine umfassende und differenzierte Abhandlung nahe. Da die ausführliche Rezeption dieser Hintergründe auch an dieser Stelle den Rahmen der vorliegenden bewegungspädagogischen Einführung übersteigen würde, soll der Verweis auf einschlägige Schriften ausreichen.[33]

Die aus anthropologischer Sicht bedeutsame Frage nach dem Menschenbild soll deshalb in anderer Weise bearbeitet werden, weshalb nochmals auf das Beispiel des Fahrradfahren lernenden Kevin Bezug genommen werden wird. Die an diesem exemplarischen Fall gewonnenen Einsichten werden im Folgenden nochmals verdichtet und generalisiert. Hierfür wird das Augenmerk auf drei Aspekte der oben skizzierten Bewegungslerngeschichte und deren Interpretation gerichtet.

1) Die Bedeutungen und die Herausforderungen der die Lernenden umgebenden und betreffenden Bewegungswelt
2) Das auf die Herausforderungen dieser Bewegungsräume gerichtete Interesse der Lernenden
3) Die Veränderlichkeit des Raumes und der ihn konstituierenden Personen, Dinge und Sachlagen

Diese drei Aspekte sind aufs Engste aufeinander bezogen und lassen sich als ein Wechselspiel zwischen den Bedingungen des Raumes und den darauf gerichteten Interessen des Lernenden verstehen. Im oben skizzierten Beispiel läuft diese Bezugnahme auf das Zusammenspiel zwischen den dynamischen Gleichgewichtsanforderungen, die die Situation stellt, und den Gleichgewichtsempfindungen, die von Kevin wahrgenommen werden, hinaus. Der sich an dieser Stelle bereits andeutende Zusammenhang zwischen *Wahrnehmen* und *Welt* wird im Folgenden vertieft.

---

[33] Vgl. zur pädagogischen Anthropologie vor allem: Bock (2001); Hamann (1998); Wulf (1994) und zur Anthropologie der Kindheit: Kluge (2003); Langeveld (1964³); Liegle (2003); Pohlmann (2000). Darüber hinaus zur Anthropologie des Lernens im Schulalter bzw. zur Schulkindheit: Duncker, Scheunpflug & Schultheis (2004).

3.2 Wahrnehmung und Weltkonstruktion

Das Bild eines aktiven, sich selbst entwickelnden Kindes kennzeichnet beispielsweise auch die moderne Wahrnehmungs- und Gehirnforschung (vgl. Caspary 2008; Spitzer 2006). Das Wahrnehmen übersteigt nämlich die Sphäre des passiven Aufnehmens und Zusammenstellens von Sinneseindrücken zu Abbildern einer vermeintlich gegebenen Wirklichkeit. Stattdessen wird von einem aktiven Konstruktionsprozess ausgegangen: Kinder erzeugen die Bilder der sie umgebenden und betreffenden Welt im Zuge ihrer Denk- und Wahrnehmungsprozesse. Dabei gebrauchen sie die Integration ihrer Sinnessysteme,[34] sodass auf allen Ebenen des Verarbeitungsprozesses von einer Verknüpfung ausgegangen werden kann. Die verschiedenen Wahrnehmungsweisen beeinflussen sich sogar während des Wahrnehmungsprozesses, sodass sich die Informationen verschiedener sensorischer Modalitäten integrativ ergänzen können. Darüber hinaus werden auch noch emotionale Marker in die Wahrnehmung und in das Denken integriert. Diese Emotionen bestimmen maßgeblich den Grad der Aufmerksamkeit, verleihen dem Wahrgenommenen subjektive Bedeutung und beeinflussen deshalb auch die Auswahl dessen, was wir in unserer Welt wahrnehmen und wie und als was wir es wahrnehmen.

3.2.1 Konsequenzen für das Konstruieren von Bewegungswelt

Mit Blick auf die Bewegungslerngeschichte des Fahrradfahren lernenden Kevin folgt aus den bis hierher angeführten Wissensgrundlagen, dass er als aktiver Gestalter seiner (Bewegungs-)Welt sehr wohl in der Lage ist, die Schwierigkeiten der ihn konfrontierenden Bewegungsprobleme zu erkennen und als Lernherausforderung anzunehmen. Dabei erlaubt ihm die Integration seiner sinnlichen Wahrnehmung, die Veränderungen des Gleichge-

---

[34] Damit ist die auch heute noch gebräuchliche Idee bzw. Metapher der verschiedenen Sinneskanäle hinfällig. Ein Kanal würde die Informationen einer Sinnesmodalität weitgehend isoliert von den übrigen Kanälen mehr oder weniger sicher und weitgehend original (im Sinne von Byte) bis zu einem Zielort (Gehirn) befördern. Alternativ sollte daher vom Vorhandensein gemeinsamer Leitungs- und Verarbeitungsnetze der verschiedenen Sinnesmodalitäten ausgegangen werden. Diese Annahme passt zu den Aussagen der Wahrnehmungs- und der Polyästhetischen Erziehung (vgl. Roscher 1976; 1993). Polyästhetik wird als vielgestaltige sinnliche Wahrnehmung oder als *sinnliche Mehrwahrnehmung* verstanden (Roscher 1976, 10). Vgl. weiterhin v. a. Harrison (2007); o. A. Spektrum Dossier (2006).

wichtszustandes treffend zu bestimmen und sein Verhalten darauf abzustimmen. Dabei geht er durchaus mutig vor, denn er riskiert im Zuge der Auseinandersetzung mit der neuen, für ihn ungewohnten Gleichgewichtssituation einige Stürze. Genau die nimmt er aber in Kauf, weil er jenseits der durch den väterlichen Haltegriff am Fahrradsattel gegebenen Sicherheit neue und ihn interessierende Bewegungserlebnisse vermutet. Dabei handelt es sich um den Modus einer (anthropologisch bedingten) Weltoffenheit, die sich sehr treffend durch den Terminus *Bewegungsneugierde* kennzeichnen lässt. Dieser neugierige Bewegungsprozess erinnert denn auch in vielerlei Hinsicht an ein Spiel. Kevin setzt dabei jeweils sein mehr oder weniger sicheres Gleichgewicht aufs Spiel und gewinnt mal mehr und mal weniger interessante Bewegungserlebnisse. Die beobachtete Bewegungsszene auf der Straße vor unserem Haus wird somit zu einem attraktiven Spielraum. Dieser Zusammenhang zwischen Bewegung und Spiel wird auch von dem Hamburger Sportpädagogen Knut Dietrich (1998, 14) mithilfe einer eindrucksvollen Metapher auf den Punkt gebracht:

> *„Bei der Bestimmung des Begriffs Spielraum will ich von dem Begriff Spiel im alltäglichen Sprachgebrauch ausgehen. Wenn ein Tischler eine Schublade in einen Tisch oder einen Schrank einbaut, dann sorgt er dafür, dass diese Schublade `Spiel´ hat, das heißt: Zwischen der Führungsleiste und den Wänden des Möbelstücks muss ein Stück unbenutzter Raum bleiben, damit die Schublade beweglich ist. Die Bewegung der Schublade ist gebunden an einen Zwischenraum. Ihre auf den Millimeter genaue Einpassung dagegen würde sie funktionslos machen."*

Im Zuge der Deutung dieser Metapher kommt heraus, dass die Begriffe *Spiel*, *Raum* und *Bewegung* bzw. *Beweglichkeit* eng miteinander verbunden sind. Dieser Zusammenhang lässt sich auch treffend auf die zuvor skizzierte Bewegungsszene übertragen. Auch dort ließ die Bewegungsaufgabe ein bestimmtes Spiel zu. Kevin musste die Gleichgewichtsanforderungen des *freien Radfahrens* interpretieren, um in der Zickzack lenkenden und fahrenden Auseinandersetzung mit dem labilen und für das Umfallen sehr anfälligen Fahrrad die persönlichen Einwirkungs- und Steuerungsmöglichkeiten erproben zu können. Dabei ist er durchaus feinfühlig und differenziert vorgegangen: So hat er beispielsweise gleich nach dem zweiten Versuch herausgefunden, dass er die Balancieranforderungen durch den Einsatz von Lenkbewegungen und das Ausschöpfen von Schwungmöglichkeiten (in die Pedale treten) viel besser bewältigen kann. Je mehr er dabei aufs Spiel setzen konnte, desto interessanter wurde die Aufgabe und Auseinandersetzung. Wenn er einmal zu weit gegangen war, wurde diese Grenzüberschreitung durch die

Erdanziehung eindeutig rückgemeldet, denn wenn das riskierte Gleichgewicht erst einmal verloren und nicht noch schnell wieder zurückgeholt und wiedergefunden werden konnte, folgte ein unwiderrufliches Umfallen.

3.3 Folgerungen für den Bildungsbegriff

Die bis hierhin erläuterten Hintergründe lassen sich in bildungstheoretischer Hinsicht durchaus auf die Grundannahmen der kategorialen Bildung beziehen, wie sie von dem Allgemeindidaktiker Wolfgang Klafki (1996, 96) formuliert wurde. In seinem Versuch, materiale und formale Bildungsaspekte zusammenzuführen, stellt er die Perspektive heraus, den *Sinn der Sache* mit dem Bestreben des Schülers, diese Sache zu erlernen, zu verbinden. Schülerinteressen und Sachstruktur müssen also doppelseitig erschlossen werden. Bezogen auf das Sich-Bewegen folgt hieraus, dass Lernende und Lehrende weitaus mehr tun müssen, als nur vorgedachte oder fertige Stundenkonzepte bzw. Methodische Übungsreihen nachahmen und absolvieren. Sie müssen vielmehr ihre Interessen und vor allem ihre Erfahrungen konstruktiv in den Prozess des Bewegungslernens einbinden, womit die Momente des Selbstfindens, der Selbstentscheidung und der Selbstentfaltung gewährleistet sind. Allesamt zentrale Begriffe, die Klafki (1964, 74) bereits vor mehr als vier Jahrzehnten im Hinblick auf die bildungstheoretische Orientierung des Sporttreibens in der Schule hervorgehoben hatte. Die Betonung dieses *Selbst* und damit einhergehend das Interesse an den Subjekten (v.a. Lernende) und am Subjektiven zieht sich als roter Faden durch den Fundus bildungstheoretischer Entwürfe, was im Folgenden exemplarisch gezeigt wird.

3.3.1 Zum Bildungsbegriff

Bildung meint den *„Prozess der Formung eines Menschen, die Herausbildung einer Gesamtverfassung nach Vorstellungen, die Menschen selbst entwickelt haben"* (Lassahn 1993, 10).

> *„In dieser Auslegung meint Bildung einerseits das Formziel von Erziehungsmaßnahmen, die erwachsene, mündige Menschen heranwachsenden, noch unmündigen Menschen angedeihen lassen; andererseits wird der Prozess der Persönlichkeitsformung nach Abschluss von Erziehungsmaßnahmen dem Subjekt in eigener Verant-*

wortung aufgegeben. Dies meint das geflügelte Wort vom Gebildeten als Werk seiner selbst, das Wilhelm v. Humboldt im 18. Jahrhundert geprägt hat" (Prohl 2004).

In diesem Sinne bieten die verschiedenen Felder, in denen sich Kinder und Jugendliche bewegen und Bewegungen lernen, ausgezeichnete Möglichkeiten, Menschen erziehlich *zu formen*. Und zwar durchaus im Geiste unseres Bildungsdenkens, wenn es denn gelingen kann, Schülerinnen und Schüler tatsächlich auch mündig werden zu lassen. Sie müssen in diesem Sinne zusehends aus der Obhut und Bevormundung entlassen werden, damit sie ihre Zugänge zu der sie umgebenden Bewegungswelt selbstbestimmt finden und vertiefen können. Auch auf die Gefahr hin, dass sie dabei Fehler machen, indem sie wie Kevin im oben skizzierten Beispiel vom Fahrrad fallen, stürzen oder einfach im Zickzackkurs eine andere Fahrtrichtung nehmen, als sie (und ihre Bewegungslehrer) ursprünglich geplant hatten. Möglicherweise sind es gerade solche ungewohnten Erfahrungen und Konsequenzen, die zur Bildung von Bewegungserfahrung dazugehören.

3.3.2 Zum Bildungspotenzial bewegungsbezogener Schwierigkeiten

Da Bildung niemals in den *Sachen an sich* steckt, sondern immer nur im Zusammenhang mit Menschen verstanden werden kann, die sich in diese Sachlagen verwickeln bzw. für diese Sachen interessieren und deshalb an und mit ihnen arbeiten, muss auch das einschlägige Bildungspotenzial des Sich-Bewegens innerhalb der Grenzen solcher Verwicklungen gesucht und eingegrenzt werden. In diesem Zusammenhang interessieren die charakteristischen Widerstände und Schwierigkeiten, auf die Lernende stoßen, wenn sie z.B. Fahrrad fahren, laufen, springen, werfen, spielen, tanzen oder turnen. Die Lernenden bzw. sporttreibenden Kinder tasten sich im Spektrum der Anforderungen der jeweiligen Disziplin immer weiter an persönliche Grenzen heran bzw. versuchen, mithilfe innovativer bzw. schöpferischer Ideen und Entscheidungen diese Grenzen zu überwinden und weiter zu stecken. Der Umgang mit diesen Grenzen avanciert somit zu einem bewegungsbezogenen Wechselspiel, in dem der Sich-Bewegende versucht, die Gesetzmäßigkeiten seiner Leiblichkeit in Abhängigkeit zu den Anforderungen der jeweiligen Sportart bzw. Bewegungsaufgabe herauszuspüren. Solche Prozesse lassen sich auch trefflich als Ordnungsversuche umschreiben, womit eine Brücke zu einer allgemein gehaltenen Bildungsdefinition hergestellt ist, die von Theodor Litt (1963, 11) formuliert wurde: Bildung kann nämlich umschrieben werden als „*jene Verfassung des Menschen [...], die ihn in den Stand setzt, sowohl sich selbst als auch seine Beziehungen zur Welt 'in Ordnung zu bringen'*". Die sich im Spektrum der gegebenen Bewegungswelten stellenden Ordnungsaufgaben fallen den Sich-Bewegenden nicht immer leicht. Im Gegenteil, sie werden nur allzu oft von Schmerzen, Fehlversuchen und Misserfolgen begleitet und sind auch im Erfolgsfall zuweilen überaus schwierig und problembehaftet, womit wir an einem Punkt angelangt wären, an dem die bisher gebrauchten Bildungsdefinitionen noch weitergehend präzisiert werden können.

> „*Bildung hat mit Auffassung und Wahrnehmung, darauf bezogen mit Geschmack und Urteilskraft zu tun, die nur langwierig aufgebaut werden können, Umwege gehen müssen und sich nicht mit einem Instant-Produkt besorgen lassen. In diesem Sinne verlangt Bildung viele vergebliche Anstrengungen und stellt erst allmählich Könnensbewußtsein zur Verfügung. Der Grund dafür ist, dass der Zugang nicht sofort und nicht unmittelbar möglich ist, vielmehr voraussetzungsreich gelernt werden muss, während triviale Lernmedien unmittelbar Zuwachs verschaffen, weil besondere Hürden gar nicht gegeben sind*" (Oelkers 2004, 5).

3.3.3 Zum besonderen Reiz bewegungsbezogener Schwierigkeiten (...)

In den allermeisten Fällen gewinnen sport- bzw. *bewegungsbezogene Ordnungsaufgaben* durch das Spiel mit den einschlägigen Schwierigkeiten der jeweiligen Bewegungsaufgaben erst ihren besonderen Reiz und vermögen deshalb Bewegungsinteresse bei den Lernenden zu wecken. So findet beispielsweise ein fußballspielender Junge durch variantenreiches und differenziertes Üben und Wiederholen im Zuge vieler Trainingseinheiten und Fußballspiele heraus, wie er den Ball in einer bestimmten Situation erfolgversprechend auf das Tor schießen muss. Auch wenn ihm kluge Lehrer, Eltern oder erfahrene Trainer tausendundeinmal gut gemeinte Tipps geben, so lernt er seine Fußballkunst doch erst im Verlauf herausfordernder, anstrengender und schwieriger Trainingseinheiten und Fußballspiele. Damit er diese immer wieder mit Neugierde und Leidenschaft auf sich nimmt, muss es ihm möglich sein, einen lustvollen bzw. erfüllenden Zugang zu den besonderen Schwierigkeiten des Fußballspiels zu finden. Andernfalls würde er sich im seichten *Dahinspielen* mit schwachen Gegnern und in unterfordernden Spiel- und Leistungssituationen mit seinem aktuellen fußballerischen

Niveau verlieren und sein Spiel würde auf eine simple *Beschäftigkeit* hinauslaufen und keineswegs über das Niveau des *sicher Gekonnten* hinausgehen. Doch genau darauf käme es in einem spannenden Fußballspiel an, weshalb er beispielsweise gute Torhüter oder andere Gegenspieler als Herausforderung und Faszination seines Fußballspiels erkennen und die von ihnen ausgehenden Widerstände annehmen muss. Sie machen nämlich das Spiel schwierig und gleichzeitig interessant, denn der Fußballer, der sein Spiel durch das Üben, Spielen und Trainieren *zu ordnen* gedenkt, muss das Verhalten starker Gegner im Fußballspiel sensibel wahrnehmen und verstehen lernen, um letztlich seine persönlichen Spielaktionen treffend darauf abstimmen zu können. Er variiert sein Spiel im Zuge zahlreicher Trainings- und Übungseinheiten also nicht beliebig, sondern überaus sensibel und differenziert, um am Ende dieses Lern- bzw. Bewegungsbildungsprozesses seine Perspektiven auf das Fußballspiel erweitern zu können. Für das Fußballspiel heißt das, dass es dem Fußballer früher oder später gelingen wird, dieses komplexe Geschehen immer mehr und immer kompetenter zu seiner Sache zu machen, um irgendwann in der Lage zu sein, Bälle mit hoher Treffsicherheit im gegnerischen Tor unterzubringen.

3.3.4 (...) und der Relevanz der ästhetischen Perspektive

Zurzeit lassen sich aus dem Spektrum des sportpädagogischen Schrifttums einige Orientierungen entnehmen, die zeigen, wodurch sich die Prozesse der Bewegungsbildung auszeichnen. Im Hinblick auf die ästhetische Perspektive der Bewegungsbildung hebt Beckers (1997) die Tatsache hervor, dass der Lernende ein Problem sinnlich wahrnehmen können muss. Das heißt, er muss das Bewegungsproblem *am eigenen Leibe* erfahren und es im Zuge dieser Betroffenheit zu seinem leiblichen Problem und zu seiner ureigenen Sache machen. Das meint auch, dass die Wahrnehmung immer mit einer gewissen Affektivität verbunden ist. Wir benötigen beispielsweise Anstöße, um gewohnte Muster unserer Wahrnehmung durchbrechen und vertraute Dinge mit neuen Augen sehen zu können.

> *„Zur Erfahrung wird das Wahrgenommene erst dann, wenn es einen Widerspruch zum Erwarteten oder Gewohnten enthält"* (Beckers 1997, 23).

Mit Blick auf das oben angeführte Beispiel zur Bildung fußballerischer Spielkompetenz kann man in diesem Zusammenhang übertragen, dass möglicherweise die meisten authentischen Fußballerfahrungen, die ja gleichzeitig auch die jeweiligen Lernfortschritte markieren, im Zuge sogenannter *Aha-Erlebnisse* gebildet werden. Auf einmal passiert im Spiel etwas Unerwartetes, und genau dieser Widerspruch markiert letztlich den Gegenstand der Erfahrung. Fußballspieler und andere Lernende müssen sich also während ihrer fußballbezogenen Bildungsprozesse immer wieder in für sie bedeutungsvolle Ereigniszusammenhänge des Spiels hineinbegeben, sie müssen dabei die Offenheit für plötzliche Veränderungen und Widersprüche bewahren und deshalb durchaus auch gewohnte Wahrnehmungs- und Deutungsmuster, die ihnen möglicherweise von ihren Trainern oder Sportlehrern anerzogen wurden, durchbrechen können. Dabei ist jedoch darauf zu achten, dass dieses Spiel aus Wahrnehmen, Entscheiden und Handeln nicht in Beliebigkeit gerinnt, sondern ganz im Sinne der oben angeführten Bildungsdefinition Theodor Litts von den Fußballspielern bzw. Lernenden sensibel geordnet wird. Beckers (1997, 24) hält in diesem Zusammenhang fest:

„Wahrnehmungen können nur dann zur Veränderung und Identitätsbildung führen, wenn sie zu Erfahrungen verarbeitet und in eine Ordnung gebracht werden."

Und dieses Ordnen beginnt in aller Regel mit der Verarbeitung des Erfahrenen durch subjektive Bedeutungszuschreibungen.

Das Erziehliche im Umfeld solcher Bewegungsbildungsprozesse zeigt sich in der Art und Weise, wie der Sportlehrer dem Lernenden (z.B. Fahrradfahrer oder Fußballspieler) während dieses Prozesses begegnet, wie er ihn anspricht, was er ihm zeigt, wie er ihn tröstet, berät, herausfordert, aber auch reglementiert und zurücknimmt. Dabei muss der betroffene Pädagoge sich sowohl in die Komplexität der jeweiligen Bewegungssituation als auch in die Lage des Lernenden hineinversetzen können. Er muss dabei auch normative Setzungen verankern, die in unserer abendländischen Pädagogiktradition dem Gedanken der humanen Gestaltung in demokratischer Verfassung verpflichtet sind.

3.4 Felder bewegungsbezogener Bildungsgelegenheiten

Derartige Befunde passen zu den Skizzen der Bildungspotenziale, die Beckers (1997, 15) auf den Sportunterricht hin auszulegen versteht, wenn er meint, dass solche Bildungsprozesse durch die Sensibilisierung bzw. Lenkung der Wahrnehmung eingeleitet werden. Er kennzeichnet solche Prozesse als aisthetische Bildung, in der das Subjekt, sein Körper und die Bewegung im Mittelpunkt stehen. Im weiteren Verlauf seiner Ausführungen gelangt Beckers schließlich in Anlehnung an Klafki (1994, 138) zu den epochaltypischen Schlüsselproblemen der modernen Welt, die die Erziehung und die Erziehungswissenschaften vor neue, große Aufgaben stellt. Durch diese Bezugnahme wird die vergleichsweise enge Sphäre, die durch die Orientierung am gesellschaftlichen Phänomen *Sport* vorgegeben ist, deutlich überstiegen. An dieser Stelle ist nämlich danach zu fragen, welchen Zugang der Schulsport den Kindern im Hinblick auf die Auseinandersetzung mit diesen Schlüsselproblemen zu schaffen vermag. Schließlich besteht eine Aufgabe schulischer Erziehung darin,

„Heranwachsenden ‚Schlüsselqualifikationen' zu vermitteln, die sie befähigen, diese alltäglichen Lernsituationen bewältigen und mit Widersprüchen umgehen zu können" (Beckers 1997, 16).

So weit zum normativen Anspruch schulischer Bewegungsbildung, der zugleich auf eine Forschungslücke verweist. Im Spektrum der sportpädagogischen Publikationen fehlt bislang nämlich noch die konkrete Übersetzung solcher bildungstheoretischer Vorstellungen (vgl. Lange 2006d). Die Frage nach dem *Wie* von Bildung bleibt im gegenwärtigen Diskurs um die Bildungspotenziale weitgehend ausgeklammert. Es fehlt an präzisen phänomenologischen Beschreibungen und Analysen zu konkreten und authentischen Situationen aus dem Sportunterricht, die das vermutete und eingeforderte Bildungspotenzial sichtbar werden lassen. Im sportpädagogischen Fachdiskurs ist viel zu wenig über Situationen bekannt, in denen sich fruchtbare Bewegungsbildungsprozesse ganz offensichtlich ereignen. Aus diesem Grund haben wir im vorliegenden Buch ausgewählte Arbeiten zusammengestellt, in denen wir während der zurückliegenden Jahren genau dieser Problematik nachgegangen sind. Dabei haben wir das weite Feld bewegungsbezogener Praxis untersucht, um in interpretativer Weise die prägnanten Strukturen der bewegungsbildenden Potenziale herauszuarbeiten und festzuhalten. Im Ergebnis ist eine Struktur von 14 verschiedenen Bewegungsfeldern und Grundthemen des Sich-Bewegens herausgekommen, in denen wir ausgewählte bewegungspädagogische Grundlagen und bewegungsdidaktische Konsequenzen mithilfe von Beobachtungsstudien und den daraus resultierenden Portraits konkreter Beispiele und Bewegungslerngeschichten herausgearbeitet haben. Dabei wurden die vergleichsweise engen Grenzen des Sportbegriffs in verschiedene Richtungen überschritten, sodass die gewonnenen Erkenntnisse unter den entsprechend weitergehenden Kapitelüberschriften verdichtet wurden (vgl. Abb. 6).

Weltbezug und Bildung 67

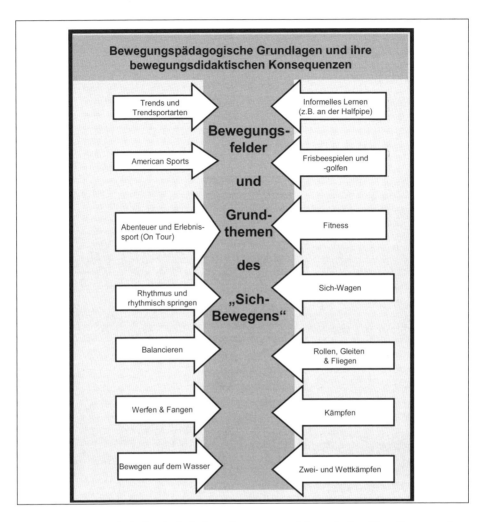

Abb. 6: Exemplarische Aufarbeitung bewegungspädagogischer Grundlagen und bewegungsdidaktischer Konsequenzen

4. Bewegungs- und Unterrichtskonzept

Da die grundlegenden Orientierungen des hier verwendeten Bewegungsbegriffes bereits oben (1.) expliziert wurden, tragen die folgenden Ausführungen vor allem ergänzenden Charakter. In diesem Sinne werden die konzeptionellen Konsequenzen zu dem bis hierher entfalteten bewegungspädagogischen Ansatz in die Erläuterungen zu einem Bewegungs- und Unterrichtskonzept überführt. Dabei geht es zunächst um die Vertiefung der entsprechenden Hintergründe zum Ansatz des problemorientierten Unterrichts sowie um die Eckpunkte des dialogischen Bewegungskonzepts.

4.1 Problemorientierter Unterricht

Die Konsequenz des hier zugrunde gelegten Bildungs- und des dazu kompatiblen Bewegungskonzepts läuft auf die Etablierung eines problemorientierten Unterrichtskonzepts (vgl. Lange 2006a; 2006c) hinaus. Problemorientierter Unterricht baut auf zwei Grundannahmen auf: Erstens, die Lernenden müssen in der Lage sein, Probleme als solche für sich erkennen zu können und zweitens, sie müssen in der gegebenen Situation Lösungen entwickeln und hinsichtlich ihrer Erfolgswahrscheinlichkeit ausprobieren wollen und können. Wenn Lehrer auf diese Weise unterrichten wollen, dann geht es also zunächst darum, Betroffenheiten auszulösen und Interesse zu wecken, um zweitens in dieser *neugierigen Atmosphäre* das Nachdenken über mögliche Lösungsansätze und erste Versuche zur Lösung des zündelnden Problems anzustoßen.

„Problemorientierter Unterricht versteht sich demzufolge als ein Unterricht, der Probleme als Lernausgang virulent macht, um nach der Problemidentifikation (Relevanz, Inhaltlichkeit) Problemlöseaktivitäten zu erreichen mit dem Ziel der Problemlösung" (Bönsch 2004b, 348).

Dieses Unterrichtskonzept weist enge Bezüge zum sogenannten *Entdeckenden Lernen* auf, das in den sechziger Jahren des vergangenen Jahrhunderts von Bruner (1981) propagiert wurde. Er baut mit seinen Ideen letztlich auf ein Grundaxiom jeglichen Erkenntniszuwachses, denn Lernprozesse beinhalten immer Momente des Entdeckens. Diese *neuen* Momente laufen allerdings Gefahr, im Strudel schulischer Routine und fremdbestimmter Wissensvermittlung unterzugehen. Sie gehen immer dann verloren, wenn die Belehrung an die Stelle des neugierigen Entdeckens tritt. Entdeckendes Lernen zielt auf den Erwerb von Wissensbeständen, Ordnungen und Beziehungen, die für den Lernenden von subjektiver Neuartigkeit sind und eigenständig erworben werden. Sie werden also nicht von einem Wissenden vermittelt (vgl. Bönsch 2004a, 114). Selbstverständlich bedarf es angemessener Suchanlässe, denn je besser sich jemand in einem Feld auskennt, desto größer ist die Wahrscheinlichkeit, dass ihn Fragen und Neugierde zum Entdecken drängen. Das *Entdeckende Lernen* zeichnet sich laut Bruner (1981) durch drei Eigenschaften aus:

1) Die Lernenden sollen sich aktiv mit einem Problem auseinandersetzen.
2) Sie sollen selbstständig Erfahrungen machen.
3) Sie sollen mit den sich stellenden Problemen und Sachlagen auch experimentell umgehen, um auf diese Weise Einsichten in die komplexen Sachverhalte und der jeweils zugrunde liegenden Prinzipien gewinnen zu können.

4.1.1 Bewegungsproblem

Wie oben bereits erörtert wurde, nehmen Bildungsprozesse ihren Ausgang immer in der Auseinandersetzung mit Schwierigkeiten und Bewegungsproblemen. Fragt sich also was genau ein Problem ist bzw. sein kann. Der Begriff kommt aus dem griechischen. *Problema* (gr. das Vorgelegte) und meint eine ungelöste Aufgabe bzw. Frage, was sich mit Blick auf sportbezogene Situationen in folgenden Fragestellungen zeigen kann: „*Wie überwinde ich die Hochsprunglatte?*" „*Wie schaffe ich es, mit meinem schweren Körper entgegen der Schwerkraft durch die Luft und über diese Latte zu springen?*" Oder, „*wie komme ich an meinem Gegenspieler vorbei in den Strafraum?*" Vor allem, „*wie schaffe ich mir dabei zugleich genügend Raum, um von meinem Mitspieler angespielt werden zu können?*"

> „*Ein Problem ist gegeben, wenn ein Mensch ein Ziel hat, eine Aufgabe sieht, sich in einer Situation befindet, aber keine Möglichkeiten der Erreichung, der Lösung, der Bewältigung sieht*" (Bönsch 2004b, 348).

Folglich ist der Mensch gezwungen, in solchen unbeantworteten und zugleich zum Handeln drängenden Situationen nach Lösungen zu suchen. Er hofft darauf, etwas Neues, Erfolgversprechendes zu entdecken.

4.1.2 Zum bildenden Sinn bewegungsbezogener Schwierigkeiten

Der problemorientierte Ansatz geht mit dem bereits skizzierten Bildungsdenken (3.3) konform und hat immer etwas mit dem Aufsuchen, Auseinandersetzen und letztlich auch Überwinden bzw. Lösen einschlägiger Schwierigkeiten zu tun. Deshalb bietet sich an dieser Stelle nochmals ein Hinweis auf das Bildungsdenken von Oelkers (2004, 5) an:

> *„Bildung ist immer Zumutung und nicht einfach Bestätigung. Sie setzt Perplexität voraus, Fragestellungen, denen man nicht ausweichen, aber die man auch nicht unmittelbar beantworten kann und die auf weiterführende Bereiche des Wissens und Könnens verweisen, in die einzudringen Anstrengung verlangt, ohne dass die Belohnung gewiss wäre."*

Bewegungsbezogene Schwierigkeiten können also einen Sinn erfüllen und als Bildungsanlass verstanden werden, wenn es denn gelingt, sie zu einem persönlichen, bedeutungshaltigen Problem zu machen. Die Aufgabe der Didaktik besteht deshalb darin, für die Lernenden Zugänge zu bewegungsbezogenen Schwierigkeiten und ihrem Befragen zu ermöglichen, damit die betroffenen Lernenden die Auseinandersetzung mit den dort spürbaren Widerständen zu ihrem persönlichen Thema machen können. Im Gegensatz hierzu werden die Gegenstände des Sportunterrichts im Zuge der *Methodischen Übungsreihen* oftmals nur in kleine, leicht verdauliche Häppchen zergliedert. Die hieraus entstehenden Unterrichtsphasen, in denen die einzelnen Happen eingeübt werden, zeichnen sich gerade dadurch aus, dass der Lehrer und die verwendeten Methoden sämtliche Schwierigkeiten aus dem Weg räumen wollen. Die Sachlage wird also von jeglichen Schwierigkeiten befreit. Der Lehrer leistet hier somit genau das Gegenteil von dem, was als Konsequenz des problemorientierten Ansatzes zu leisten wäre. Wenn also Schüler in einem Sportunterricht, in dem das Hürdenlaufen zum Thema gemacht werden soll, während solch einer Phase in Partnerarbeit lediglich ihr Nachziehbein in der wettkampftypischen Form über eine Hürde ziehen, dann sind die komplexen und spannenden Anforderungen des Hürdenlaufens derart abgeflacht und verfälscht, dass überhaupt gar keine einschlägigen Fragestellungen, geschweige denn Problemidentifikationen zum Hürdenlaufen aufkommen können. Der Unterricht degradiert zur sinnlosen Zwangsbeschäftigung, deren Logik von der Hoffnung lebt, dass das während der einzelnen aufeinander aufbauenden Phasen Erfahrene bzw. Absolvierte am Ende Stück um Stück zu einem wirklichen Hürdenlauf zusammengesetzt werden kann.

John Dewey, der exponierte Vertreter des Amerikanischen Pragmatismus, rechtfertigt in seinem 1910 erschienenen Buch *How We Think* den didaktischen Sinn von Schwierigkeiten.

> „[...] *The difficulties that present themselves within the Development of an experience are, however, to be cherished by the educator, not minimized, for they are the natural stimuli to reflective inquiry"* (Dewey 1985, 230; zit. nach Oelkers 2004).

Er bezieht in dieser Hinsicht Position gegen eine Selbstverständlichkeit didaktischen Denkens, denn dieses Denken zielt seit jeher darauf, Schwierigkeiten zu minimieren und vermeintliche Probleme zu didaktisieren, d.h. sie zu nehmen, um Unterricht in geordneten, einfachen und so gesehen schülergerechten Bahnen stattfinden zu lassen. Demgegenüber setzt die Idee des *Problemorientierten Unterrichts* auf das Gegenteil. Nämlich auf das Schaffen neuer Schwierigkeiten, die emotional akzeptiert werden müssen,

> „[...] *wenn produktives Lernen einsetzen soll (vgl. Dewey 1985, 236). Ohne Anstieg der Bewältigung von Schwierigkeiten entsteht weder ein Bewusstsein des persönlichen Könnens noch das Zutrauen, den Prozess trotz neuer und womöglich zunehmender Schwierigkeiten fortzusetzen"* (Oelkers 2004, 8).

4.1.3 Fragen in und an Bewegungssituationen stellen

Nun könnte man zu der Auffassung gelangen, dass es genügte, offene Lernarrangements bereitzustellen, in denen die Schüler selbstständig herausfinden, was in ihrer Bewegungswelt gerade problemhaltig ist.[35] Das stimmt insofern, als dass es tatsächlich nur die Lernenden selbst sein können, die in einer konkreten Situation etwas zu ihrem Problem machen oder nicht. Alles andere wäre ein Abarbeiten von Scheinwissen bzw. Scheinproblemen fremder Urheberschaft.

Das Befragen der Bewegungssituationen kann den Lernenden also nicht abgenommen werden. Demgegenüber mag der Lehrer Bewegungsanlässe

---

[35] Vgl. grundsätzlich zur Geschichte, den Konzepten und Problemen des *Offenen Sportunterrichts*: Döhring (2004).

schaffen, die aufgrund der dort gegebenen Widerstände und Schwierigkeiten ganz bestimmte Fragen an die Kinder stellen. Wenn beispielsweise Bananenkartons mit in die Sporthalle gebracht und vor einem Weichboden aufgebaut werden, darf in diesem Sinne erwartet werden, dass dieser Aufbau bei den Lernenden *zündelt*, Interesse weckt und deshalb Fragen wie die folgenden provoziert: *„Wie überwinde ich den Stapel Bananenkartons, die vor dem Weichboden aufgebaut sind und ein Sprunghindernis ausmachen?"* *„Wie schaffe ich es, meinen schweren Körper entgegen der Schwerkraft durch die Luft und über diese Kartons zu katapultieren?"* Sich-bewegende Kinder sind gezwungen, in solchen unbeantworteten und zugleich zum Handeln drängenden Situationen nach Lösungen zu suchen und hoffen darauf, etwas Neues, Erfolgversprechendes zu entdecken. Beispielsweise wie viel Schwung und Kraft sie aus dem Anlauf mit in den Absprung nehmen können, an welcher Stelle die Anlaufstrecke endet und der Ort des Absprungs sein muss, damit der Schwung aus dem Anlauf den Kinderkörper auch nach oben tragen kann. Die Identifikation des jeweiligen Bewegungsproblems kann aber noch weitaus präziser ausfallen: Beispielsweise wenn ein springendes Kind herausfindet, wie genau es seinen Fuß im Moment des Abspringens gegen den Untergrund drücken muss, welches Zeitintervall hierfür genutzt werden kann usw. Es wird deutlich, dass die Fragen, die Kinder in solchen Lernsituationen stellen, immer spezieller werden. Mit zunehmendem Können verschiebt sich also auch der Fokus des Problems, denn Kinder vermögen sich im Zuge der leiblich verfassten Auseinandersetzung mit den Schwierigkeiten durch das sensible Ausgestalten des Zusammenhangs zwischen Spüren und Bewirken immer weiter in die gegebene Sachlage (hier: Springen) zu verwickeln. Diesen Prozess benennen wir vorerst *Bewegungsbildung*.

4.1.4 Aufgaben für den Lehrer

Wie das knappe Beispiel zum Springen zeigt, hat der Lehrer die Chance und Aufgabe, im Zuge seiner Unterrichtsvorbereitung ein (aus seiner Sicht) besonders wichtiges oder interessantes Bewegungsproblem für die Kinder vorzubereiten und es durch die Konstruktion des Lernarrangements für alle Schüler thematisch werden zu lassen. Hierbei handelt es sich um eine überaus schwierige Angelegenheit, denn der Lehrer muss noch vor dem Unterrichtsbeginn zweierlei klären:

1) Er muss sich darüber im Klaren sein, welches denn nun ein wirklich lohnendes, fruchtbares oder wichtiges Bewegungslernproblem für die Kinder sein kann. Er muss dieses Problem also im Vorhinein seiner Unterrichtsplanung analysiert haben.

2) Des Weiteren muss er seine Planungslogik an der Faszination und dem Reiz dieses Problems ausrichten. Er muss ein Lernarrangement schaffen, in dem das Problem nicht verdidaktisiert und kleingemurkst wird, sondern als zentraler Gegenstand des Unterrichts feststeht. Variabel sind allein die Wege, die die Schüler in der Auseinandersetzung mit den Materialien, Geräten und Aufgaben in der Annäherung, Konfrontation, Begegnung und letztlich Verwicklung und Vertiefung in dieses Problem finden, ausprobieren und gehen.

4.1.5 Analyse von Bewegungslernproblemen

Im Sport wurde eine Reihe interessanter Bewegungsprobleme kultiviert, die es wert sind, zum Thema von Sportunterricht und Bildungsprozessen gemacht zu werden. Grundlegende Bewegungsprobleme, die im Zuge der motorischen Umweltbewältigung auftauchen, wurden in den Sportarten zu überaus komplexen Gebilden verdichtet. So wurde beispielsweise die motorische Schwierigkeit, einen Ball in ein Ziel zu treffen, in vielen Ballspielen wie Basketball, Fuß- oder Handball zu ausgeklügelten Sportspielsystemen mit einer Reihe weiterer nachgeordneter Bewegungsprobleme, wie z.B. einen Ball auf dem Weg zum Ziel prellen, passen oder zielgenau schießen, ausgebaut. Die hier angeschnittene Frage nach dem Sinn bzw. Kern des Sports kann im Rahmen dieses Beitrags leider nicht vertiefend erörtert werden (vgl. hierzu beispielsweise Volkamer 1996; 2003). Deshalb soll im Folgenden lediglich an einer hier enthaltenen Idee weitergearbeitet werden. Und zwar an der Vorstellung, dass sich in unseren Bewegungspraktiken und Sportarten interessante Bewegungsprobleme von weniger zentralen unterscheiden lassen und dass es möglicherweise gelingen kann, im Zuge einer phänomenologischen Sachanalyse bis zu einem zentralen Bewegungslernproblem einer Sportart bzw. eines bewegungsbezogenen Handlungsfeldes vorzudringen. Wie so etwas gelingen kann, wird im folgenden Exkurs zum *Sokratischen Gespräch* skizziert.

4.1.5.1 Sokratisches Gespräch

Da sich das vermeintlich zentrale Problem einer Sportart nicht im naturwissenschaftlichen Sinne exakt vermessen und bestimmen lässt, bedarf es einer angemessen offenen Methode. Im Zusammenhang mit einem Seminar in der Sportlehrerausbildung haben wir uns deshalb an der sogenannten Sokratischen Methode orientiert. Diese kommt im weitesten Sinne dort zur Anwendung, wenn Menschen durch gemeinsames Erwägen von Gründen versuchen, der Wahrheit in einer Frage näher zu kommen (Heckmann 1981, 24). Beispielsweise wenn Sportstudierende die Frage besprechen, wo denn das vermeintlich zentrale Problem im Hürdenlaufen zu sehen ist. Selbstverständlich könnte man zu dieser Frage diverse Expertenmeinungen aus den einschlägigen Lehrbüchern heranziehen und mithilfe dieser Autorität das eigene, auf Erfahrungen bauende Denken beenden. Stattdessen sollten die Seminarteilnehmer über ihre Erfahrungen mit dem Hürdenlaufen ins Gespräch kommen und sich zutrauen, Hypothesen zum vermeintlich zentralen Bewegungsproblem aufzustellen, die wiederum durch die übrigen Teilnehmer *in Frage* gestellt wurden und gegebenenfalls durch weitergehende oder entgegengesetzte Thesen konterkariert wurden. Gustav Heckmann (1981) schrieb zu dieser Methode:

„Das Ziel ist, dass die Teilnehmer Einsichten gewinnen, und das heißt: sie im eigenen Geist auffinden. Einsicht ist etwas anderes als durch Sinneswahrnehmung vermittelte Kenntnis oder ein Wissen, das mir durch einen anderen vermittelt wird. Jeder kann die Einsicht nur reflektierend im eigenen Geiste finden. Das Gespräch zwischen Partnern, unter denen keiner für den anderen Autorität ist, kann dazu wesentlich helfen."

Diese Gespräche, die übrigens durchgängig von kleineren Praxisversuchen und Probierphasen in der Turnhalle begleitet und unterbrochen wurden, verliefen in Anlehnung an eine idealtypische Vorlage für den Ablauf Sokratischer Gespräche nach Krohn, Neißer & Walter (1999, 133) in folgenden Schritten ab:

1) **Themenstellung**: Vor Beginn des Gesprächs wurde die Frage nach dem zentralen Bewegungsproblem im Hürdenlaufen gestellt.

2) **Beispielsuche**: Zum Einstieg suchten alle Teilnehmer nach persönlichen Erfahrungsbeispielen zum Hürdenlaufen und stellten diese vor. Die Beispiele wurden in Kleingruppen diskutiert, sie sollten authentisch sein, sodass die Zuhörer den Erlebnisgehalt hinterfragen konnten und der jeweilige Erzähler Gelegenheiten zum Vertiefen und Ausdeuten seines Beispiels hatte.

3) **Arbeit am Beispiel**: Innerhalb der Kleingruppe wurden auffällige Aspekte der vorgetragenen Beispiele herausgearbeitet

und miteinander verglichen. Gemeinsamkeiten und Unterschiede wurden aufgeschrieben.

4) **Regressive Abstraktion**: Von den konkreten Beispielschilderungen ausgehend sollten die Teilnehmer im Gespräch auf abstrakte, allgemeine Prinzipien des Themas schließen. Hierzu wurden aus dem Fundus des Erzählten besondere Fälle als solche gekennzeichnet und festgehalten, sodass sich im Zuge der Kleingruppenarbeit bald eine gewisse Ordnung und Struktur zur Sicht auf das vermeintlich zentrale Bewegungsproblem im Hürdenlaufen herausstellte.

5) **Prüfung in der Praxis**: Spätestens an dieser Stelle wurde im Zuge einer Praxiseinheit versucht, bestimmte Hypothesen und Vermutungen zum Hürdenlaufen zu überprüfen. Hierzu standen notwendige Geräte bereit. Es wurden Hürdenstrecken und Hindernisparcours aufgebaut, und die Teilnehmer versuchten die im Gespräch herausgearbeiteten Prinzipien hinsichtlich ihrer Reichweite und Gültigkeit zu überprüfen. Dabei wurden vor allem konträre Auffassungen miteinander verglichen und in der Praxis getestet.

6) **Erneute Sammlung**: Vor dem Hintergrund der gesammelten Praxiserfahrungen wurde der bis zu Punkt 4) erarbeitete Fundus an Vermutungen, Einsichten, Prinzipien und Hypothesen zum zentralen Bewegungsproblem beim Hürdenlaufen nochmals überarbeitet und diskutiert. Die Ergebnisse wurden in Protokollen festgehalten.

7) **Vorläufiger Konsens im Plenum**: Zum Abschluss wurden die Ergebnisse der Kleingruppenarbeit im Plenum vorgestellt und diskutiert. Der Seminarleiter moderierte diese Präsentationen und Diskussionen und versuchte – wie auch während der Kleingruppenarbeit –, auf Widersprüche hinzuweisen und dem Querdenken Raum zu geben. Die Ergebnisse wurden in einem Protokoll festgehalten.

8) **Hypothesenbildung**: Trotz allen bestehenden Harmoniestrebens sollte zum Ende der jeweiligen Einheit eine Hypothese zum zentralen Bewegungsproblem des Hürdenlaufens herausgearbeitet, argumentativ begründet und vertreten werden können. Dabei war es zwar nicht wichtig, dass alle Teilnehmer die gleiche Hypothese favorisierten, sie sollten allerdings für ihre These argumentativ überzeugend eintreten können.

Solche Hypothesen sind selbstverständlich nicht der Wahrheit letzter Schluss, aber gemessen am betriebenen Diskussionsaufwand und dem dabei eingegangenen und erörterten, teilweise auch praktisch überprüften und verglichenen Erfahrungsinput gewinnen sie dennoch eine gewisse Härte und Gültigkeit.

Wie auf der Basis solch einer Hypothese bzw. auf der Grundlage eines analysierten Bewegungsproblems Unterricht zum Hürdenlaufen geplant und inszeniert werden kann, wurde in einem Beitrag der Zeitschrift *Sportpraxis* vorgestellt.

4.2 Bewegungserfahrungen – Erfahrungslernen

Der neugierige Umgang mit bewegungsbezogenen Schwierigkeiten und das Entdecken von bzw. *Sich-Vertiefen* in persönlich bedeutungsvolle Bewegungsprobleme lässt sich auch treffend als Erfahrungslernen kennzeichnen.[36] Mit dem Erfahrungsbegriff liegt allerdings ein Monolith pädagogischer Forschung, Begriffs- und Theoriebildung vor, dessen Hintergründe im Kontext dieses Kapitels vor allem durch Verweise auf einschlägige Literatur zum Thema gemacht werden[37].

Die Auseinandersetzung mit dem Erfahrungsbegriff zählt seit Jahrzehnten zum Kerngeschäft sportpädagogischer Arbeit. Wir beziehen uns in der anschließenden Rezeption und Konzeption vor allem auf die bewegungspädagogischen Grundlegungen von Maraun (1983), Trebels (1984) und Landau (1991) sowie auf die leibanthropologisch fundierten Ausführungen bei Grupe (1982). Im Spektrum des sportpädagogischen Diskurses wären darüber hinaus auch Arbeiten anzuführen, mit denen die Autoren besondere theoretische Akzente wie auch praxisbezogene Aufmerksamkeiten der bewegungsbezogenen Erfahrungs(konstrukte) in den Mittelpunkt ihrer Analysen stellen. Beispielsweise eine sportkritische Richtung, deren Ursprung wir vorerst bei von Hentig (1972) ausmachen, der sich in einem Beitrag für die Zeitschrift *Sportwissenschaft* für eine *Entschulung der Leibeserziehung* und für ein Nebeneinander von offenen und geschlossenen Lerngelegenheiten

---

[36] Die Ausführungen im folgenden Teilkapitel bauen im Wesentlichen auf eine überarbeitete Fassung des folgenden Beitrags: Lange, H. (2002d): Erfahrung im Bewegen, Spielen und Trainieren. *Badminton-Sport,* 50 (4), 24 – 25.
[37] Vgl. zur geisteswissenschaftlichen bzw. pädagogischen Auseinandersetzung mit dem Erfahrungsbegriff: Böhme & Potyka, 1995; Bollnow, 1968; Buck, 1989; Dewey 2000; Dieckmann 1994a, 1994b; Duncker 1987; von Hentig, 1982; Vente 1974.

ausspricht.[38] Weiterhin sind das Konzept der materialen Erfahrung von Scherler (1975), die Arbeiten zur Ästhetischen Erfahrung (vgl. v.a. Bannmüller 2003; Franke 1998; 2003) und vor allem die Dissertationsschriften von Thiele (1996), Jakob (2003) und Giese (2007)[39] zu nennen. Während Thiele (1996) die Diskussion um den sportpädagogischen Erfahrungsbegriff von der distanzierten, praxisfernen Warte eines Erziehungswissenschaftlers ausgehend resümiert und immer wieder die theoretische Fundierung der in diesem Kontext verwendeten Begrifflichkeiten einfordert[40], verfolgt Jakob genau das Gegenteil und berichtet in seiner *praktischen Unterrichtslehre des Sport- und Bewegungsunterrichts* vor dem Hintergrund unscharf gefasster sportdidaktischer Positionen in umfangreichen Stücken aus konkreten Unterrichtsprojekten.

4.2.1 Zur Etymologie des Erfahrungsbegriffs

Erfahrung ist zweifellos ein Grundphänomen menschlicher Praxis, lässt sich aber begrifflich nur schwer eingrenzen und fassen. Deshalb zählt der Erfahrungsbegriff nach Gadamer (1965, 329) auch „*zu den unaufgeklärtesten*

---

[38] Vgl. hierzu auch Bauer (1983) sowie die aus diesem Anstoß hervorgegangenen bzw. mindestens davon beeinflussten Schriften von Funke zum Konzept der sogenannten *Körpererfahrung* (Funke 1980; 1983; 1991). Letzteres wurde im Anschluss an eine überaus kritische Bewertung durch Thiele (1997a) im Zuge eines hartnäckig geführten Diskurses im Spektrum der Sportwissenschaften (Funke Wienecke 1997; Thiele 1997b) hinsichtlich der konstituierenden Grundannahmen und der konzeptionellen Eckpunkte kontrovers konturiert. Vgl. darüber hinaus in diesem Kontext auch den Ansatz der sanften Körpererfahrung von Moegling & Moegling (1984) sowie Moegling (1986). Vgl. weiterhin auch die Arbeiten von Bielefeld (1991a, 1991b) zur Körpererfahrung, der es sich zur Aufgabe gemacht hat, die in diesem Umfeld bestehenden terminologischen Unschärfen zu entwirren.

[39] Giese (2007) interessiert sich ebenfalls für eine theoretische Grundlegung der Diskussion und Rezeption sportpädagogischer Erfahrungskonzepte. Im Schatten der in dieser Hinsicht von Thiele (1996), aber auch von Prohl (2006) geleisteten Arbeit bleibt ihm jedoch nicht mehr übrig als eine verdienstvolle Rezeption und Vertiefung symboltheoretischer Ansätze.

[40] Da das Einfordern weitergehender theoretischer Klärungen und der Anspruch um Fundierungen im Kontext von Wissenschaft auch aus erkenntnistheoretischer Sicht als nicht abzuschließendes Projekt angesehen werden kann und da solche Forderungen und Versuche mit Blick auf sportdidaktische Kontexte zugleich immer ein Stück weit blass ausschauen, wenn einer unterrichtspraktischen Konkretisierung ausgewichen wird, wäre es sicherlich ein Gewinn für den Fachdiskurs, wenn Thieles Analysen und Ausführungen eine konstruktive Wendung erfahren und für sportunterrichtliche Konzeptionen fruchtbar gemacht würden. Interessanterweise entwirft Thiele in seiner kritisch angelegten Monografie zum Thema der *leiblichen Erfahrung* kein einziges Praxisbeispiel.

*Begriffen [...], die wir besitzen".*⁴¹ Bollnow (1974, 19) kommentiert in diesem Zusammenhang, dass diese Behauptung geradezu ungeheuerlich sei, *„[...] im Angesicht der Tatsache, dass sich die gesamte neuzeitliche Wissenschaft als Erfahrungswissenschaft versteht."*

Da dieser Begriff für die Bewegungspädagogik von besonders zentraler Bedeutung ist, soll er im Folgenden trotz der gegebenen Bedeutungsweite annäherungsweise eingegrenzt werden. Allerdings ohne dass dabei die in diesem Zusammenhang aufkommenden philosophischen Probleme erörtert werden können. Deshalb beschränkt sich die begriffliche Annäherung auch auf die Beleuchtung des Bedeutungshintergrundes, was mithilfe der Etymologie (Lehre der Herkunft unserer Wörter) geschehen soll: Etymologisch kommt *Erfahren* vom mittelhochdeutschen *Ervarn* bzw. althochdeutschen *Irfarn* und bedeutete ursprünglich *durchreisen* und später dann *ein Land kennenlernen* bis es zum allgemeinen *Kennenlernen* ausgelegt wurde (vgl. Kluge 2002). Vor dem Hintergrund dieser Begriffsauslegung lässt sich auch nachvollziehen, weshalb jemand, der erfahren ist, auch als *bewandert* gilt. Schließlich bieten sich denjenigen, die auf Wanderschaft gehen, viele Gelegenheiten, Neues zu sehen, zu erleben, durchzustehen und eben immer wieder neue Aufgaben, Situationen und Probleme zu lösen. In früheren Zeiten waren solche Lebensperspektiven eine Domäne der Seefahrer, die sich auf weiter Fahrt auch in unbekannte Gewässer wagten und so zu einschlägigen Erfahrungen gelangen konnten. Und wer auf den großen Meeren dieser Welt auf Fahrt gegangen ist, dem passierte es zuweilen, dass er hier und da hineingefallen und auch wieder aufgetaucht ist. Die beim Hineinfallen und wieder Auftauchen gebildeten Erfahrungen werden in dem Sprichwort „*Der ist mit allen Wassern gewaschen"* zusammengefasst zum Ausdruck gebracht. Auf diesen wortgeschichtlichen Hintergrund stößt man auch in den Studien zur Erfahrung bei dem Pädagogen Bollnow (1974), denn Erfahrungen konnte ehemals nur der machen, der sich in weiter Fahrt drohenden Gefahren aussetzte, „*[...] sich auf die Widerständigkeiten unbekannter Wege einließ"*. An dieser Stelle der philosophischen Deutung kommt bereits ein existentielles Moment zum Vorschein: Denn dem Erfahrungsbegriff liegt auch etwas Unwägbares zugrunde, was durchaus zu Unbehaglichkeiten, Problemen, ja sogar Schmerzen und Leiden führen kann.⁴² Nach Bollnow (1974, 19f.) können

> *„[...] nur jene Ereignisse zu eigentlichen Erfahrungen werden, die Erwartungen rigoros durchkreuzen und den Betroffenen meist schmerzlich berühren. [...] Die Erfahrungen dringen auf ihn (den*

---

⁴¹ Gadamer formuliert in ‚Wahrheit und Methode' (1965, 329) folgendes: „*Der Begriff der Erfahrung scheint mir - so paradox es klingt - zu den unaufgeklärtesten Begriffen zu gehören, die wir besitzen.*"
⁴² Vgl. hierzu vor allem Fritsch & Maraun (1992).

Menschen H.L & SiSi.) ein [...]. Er kann sich ihrer nicht erwehren [...]. Das einzige, was er (der Mensch H.L & SiSi.) tun kann [...], ist sich der Möglichkeit der Erfahrungen auszusetzen, d.h. sich in Gefahr bringen."

Sich in Gefahr bringen meint letztlich auch immer, etwas aufs Spiel zu setzen. Im Sporttreiben kann dies auch das Gelingen eines Tricks, einer Technik oder einer anderen Lösung eines Bewegungsproblems sein. Auf die Verbindung zwischen Gefahr und Erfahrung stößt man auch in der Wortgeschichte von *Gefahr*, die sich im Lateinischen auf *experimentum* (Versuch, Prüfung) und im Griechischen eben auf *peìra* (Erfahrung) zurückführen lässt. Hier weist vor allem die Wurzel *per* auf das Durchdringen oder Hinübersetzen (Fahren) hin (vgl. Kluge 2002).

4.2.2 Erfahrungsbildung im Sportunterricht

Die Voraussetzung dafür, dass z.B. Spiel- oder Bewegungserfahrungen gebildet werden können, ist, dass sich Lernende überhaupt erst einmal dem Sammeln von Erfahrung aussetzen und sich in gewisser Weise in Gefahr begeben müssen. Schließlich können beim selbstbestimmten Erfahrungssammeln auch Fehler gemacht werden. Die Lernenden müssen also hinaus gehen, z.B. zur Halfpipe, neue Tricks wagen und dabei gegebenenfalls auch den einen oder anderen Sturz riskieren bzw. den sichern Stand auf dem Asphalt aufs Spiel setzen. Wenn es ihnen dabei gelingt, die Unberechenbarkeiten der Schwerkraft, die während ihrer Sprünge und Beschleunigungen auf sie einwirken, in den Griff zu bekommen und statt zu stürzen, den Trick zu stehen, dann kann davon ausgegangen werden, dass dort gerade Erfahrungen gebildet wurden. Im Kern enthält Erfahrung demnach immer einen aktiven und einen passiven Teil, was unter anderem von dem amerikanischen Philosophen John Dewey (1964, 186) hervorgehoben wurde:

„Die aktive Seite der Erfahrung ist Ausprobieren, Versuch – man macht Erfahrungen. Die passive Seite ist ein Erleiden, ein Hinnehmen. Wenn wir etwas erfahren, so wirken wir auf dieses etwas zugleich ein, so tun wir etwas damit, um dann die Folgen unseres Tuns zu erleiden. Wir wirken auf den Gegenstand ein und der Gegenstand wirkt auf uns zurück."

Wenn Lernende beispielsweise während der oben skizzierten Situation Anlauf zum Sprung über aufgestapelte Bananenkartons nehmen (4.1.3) und ihre Laufgeschwindigkeit von Schritt zu Schritt dosieren, dann erfahren sie im

Moment des Abspringens die einschlägigen Wirkungen ihrer Aktivität: Je nachdem wie schnell sie anlaufen und wie geschickt es ihnen auf den letzten Metern gelingt, von beschleunigenden Anlaufschritten in *den Absprung vorbereitende Schritte* zu wechseln, so kraft- und schwungvoll werden sie das Treffen ihres Absprungs erfahren. Und je nachdem wie hoch das Risiko des schnellen Anlaufs gewählt wurde, so weit werden sie die anschließende Flugphase erleben können. Die kennzeichnende Verbindung beider Elemente (aktiv und passiv) ist sicherlich auch ein Grund für den grundsätzlich einzigartigen Charakter, den Erfahrungen tragen. Deshalb kann man „*von seinen Erfahrungen zwar einem anderen berichten, aber man kann sie ihm nicht übertragen*" (Bollnow 1974). Man sammelt also Erfahrungen, indem man in die Welt hinausgeht und sich beispielsweise in sportbezogenen Zusammenhängen verschiedenen Bewegungsaufgaben aber auch Spielsituationen aussetzt. Um hierbei Lernfortschritte anzubahnen, müssen die Wirkungen, d.h. das, was während solcher Situationen passiert und wahrgenommen wird, in Verbindung mit der zuvor entwickelten Aktivität des *Sich-Einlassens* auf diese Situationen gebracht werden. Welche Situationen hierfür aufgesucht werden, hängt letztlich vom Fundus der bislang gemachten Erfahrungen ab. In diesem Sinne erlaubt die (bekannte) Materialeigenschaft der Pappkartons für das Riskieren des Springens ganz andere Handlungsentwürfe als harte Holzkästen. Und wenn – wie beim leichtathletischen Weitsprung – überhaupt kein zu überwindendes Hindernis im Weg steht, dann gehen auch von dieser Situationsmodalität einschlägige Aufforderungen aus bzw. eben nicht aus. Wer sich innerhalb seiner Bewegungsgrenzen erkundend zu bewegen versteht, der wird sicherlich auch die Neugierde kennen, die darauf zielt, die Grenzen des Bekannten auszuloten und zu überwinden. Auch auf die Gefahr hin bzw. gerade wegen des Wagnisses, sich in eine unbekannte und unter Umständen auch risikoreiche Situation zu begeben. Damit haben unsere Ausführungen einen Stand erreicht, von dem aus die Brücke zum sogenannten *Dialogischen Bewegungskonzept* gebaut werden kann. Dort werden die beschriebenen Dialoge, die der *Sich-Bewegende* in und mit den Gegenständen, Widerständen und Personen führt, konzeptionell gebündelt.

4.3 Zum Dialogischen Bewegungslernkonzept

Die Theorie des *Dialogischen Bewegungskonzepts* geht auf die Arbeiten des Niederländers Gordijn (1968) zurück, der in der Tradition der anthropologisch-phänomenologischen Bewegungslehre Buytendijks (1956) die Grundlagen eines dialogisch verfassten Konzepts menschlichen Sich-Bewegens verfasste. Im deutschen Sprachraum ist dieses Konzept vor allem durch den Gordijn-Schüler Jan Tamboer (1979; 1994), aber auch durch die Interpretationen und Weiterentwicklungen von Trebels (1992) bekannt geworden. Inzwischen zählt die Orientierung an den Aussagen und Hintergründen dieses Konzepts zum *state of the art* jeder Bewegungslerntheorie, deren Vertreter sich auch für das Erschließen und Fassen der Bedeutungsauslegungen im menschlichen *Sich-Bewegen* interessieren (vgl. z.b. Gröben 1995; Prohl 2006, Kap. 13.5). Anlässlich der Emeritierung des Bewegungspädagogen Andreas Trebels fand ein Kolloquium zu den Grundlagen der von Trebels angestoßenen sportpädagogischen und bewegungsphilosophischen Positionsbestimmungen statt. Die Ergebnisse wurden in einer Festschrift zusammengestellt (Bach & Siekmann, 2003), die immer noch als richtungsweisender Gradmesser zum Stand der Diskussion sowie als Basis für die kritische und konstruktive Weiterentwicklung des Dialogischen Bewegungslernkonzepts anzusehen ist.[43]

Gordijn begründet sein Konzept in Positionen der philosophischen Phänomenologie und stützt sich neben der Leibphänomenologie Buytendijks unter anderem auf die philosophischen Grundpositionen von Merleau-Ponty sowie auf Hintergründe der medizinischen Anthropologie von Viktor von Weizsäcker. In der Folge Buytendijks geht Gordijns Bewegungsbegriff vom *Subjekt* aus, weshalb er durchgängig von menschlichem *Sich-Bewegen* spricht. Entsprechend der funktionellen Betrachtungsweise wird dies verstanden als „*sinnvolles Verhalten [...], als Ereignis innerhalb eines sinnbezogenen Zusammenhangs*" (Tamboer 1979, 16). Des Weiteren werden konkrete Situationen zum Ausgangspunkt der Theorie gewählt, in denen der *Sich-Bewegende* Sinn und Bedeutung findet. Gordijn betrachtet also das Sich-Bewegen im Kontext der Mensch-Welt-Beziehung, da es hier als sinnvolles Geschehen in Erscheinung tritt. Er fokussiert also das *persönlich-situative Sich-Bewegen* (Trebels, 1992, 22). Auf die drei Bezugsgrößen des relationalen Bewegungskonzepts *Bewegungsaktor, Bewegungssituation* und *Bewegungsbedeutung* wurde bereits oben (1.4; insbes. Abb. 2) hingewiesen. Im Lichte dieses sich relational bedingenden Hintergrundes der drei Bedingungen wird menschliches Sich-Bewegen als „*ein Verhalten eines Aktors in einem persönlich-situativen Bezug*" verstanden (Trebels 2001, 200).

Die namensgebende Metapher des *Dialogs* wird in diesem Konzept verwendet, um die wechselseitige Bezogenheit der drei Bezugsgrößen hervorzuheben. Damit wird unter anderem dem relationalen Grundzug des *Sich-Bewegens* Rechnung getragen, denn:

---

[43] Vgl. für eine differenzierte Vertiefung des Dialogischen Bewegungskonzepts, die weit über den Umfang der vorliegenden Ausführungen hinausgehen, die in den letzten Zeilen angeführten Literaturangaben. In Hinblick auf die Weiterentwicklung des Konzepts vor allem den Beitrag von Dietrich (2003).

„*Verhalten setzt ein Subjekt voraus, das tatsächlich bezogen ist auf etwas, das außerhalb von mir ist [...] Verhaltend gehe ich auf etwas außerhalb von mir ein. Ich gebe darauf eine Antwort. Ich beantworte das, was mich in der Außenwelt anspricht*" *(Trebels 2001, 200).*

Darüber hinaus wird durch die Metapher des *Dialogs* aber auch die unverwechselbar individuelle Prägung des *Sich-Bewegens* unterstrichen: Die *Urheberschaft des Sich-Bewegens als mein Bewegen* wird hervorgehoben, weshalb Gordijn auch immer in der ersten Person Singular spricht: „*Ich werde angesprochen, ich gebe Antwort, ich verhalte mich*" (Trebels 2001, 200). Es versteht sich von selbst, dass sich die Dialogmetapher allein auf den skizzierten bewegungsbezogenen und nicht auf den gewöhnlichen Kommunikationskontext zweier im Gespräch befindlicher Menschen bezieht. Dabei sind der *Sich-Bewegende* und die Außenwelt wechselseitig aufeinander bezogen. Anstelle der Sprache tritt die Bewegung als das Medium, in dem sich Menschen mit ihrer Umwelt auseinandersetzen.

4.3.1 Sportdidaktische Konkretisierung

Durch die didaktische Absicht, *Bewegung* als einen Dialog verstehen zu wollen, wird der aus der Leibanthropologie bekannte wechselseitige Bezug zwischen Mensch und Welt in das Zentrum der pädagogischen Bewegungslerntheorie gerückt. Die hier vorausgesetzte *Weltoffenheit* des wahrnehmungsfähigen und sensiblen Menschen wird als Voraussetzung des *Sich-Erschließens* bzw. des *Sich-Einverleibens* von Bewegungswelt verstanden. Demnach führen Kinder im Bewegungsunterricht Dialoge mit und in den Gegenständen und Bewegungsräumen ihrer Umwelt. Wenn sie beispielsweise Anlauf zu einem Sprung über aufgestapelte Bananenkartons nehmen, befragen sie durch ihre (mal mehr und mal weniger) raumgreifenden und/oder schwungvollen Schritte die verschiedenen Konstellationen ihrer zeitlichen und dynamischen Raumaneignung. Dabei müssen sie sich mittels *Versuch und Irrtum* vergewissern, wie viel Schwung sie an welcher Stelle des Absprungortes mit in ihren Flug über die Kartons nehmen. Dabei finden sie mithilfe sensiblen Spürens immer treffender heraus, was mit ihnen und ihrem Sprung passiert, wenn sie ihren Anlauf verändern und variieren. Sie befragen durch variierendes Tun und Üben ihre Bewegungsumwelt, um Widerstände herauszuspüren und dem jeweiligen Bewegungsproblem auf die Spur zu kommen.

Sobald sie sich das Problem einverleibt haben, vermögen sie ihre Sprünge weitergehend zu gestalten. Und auch dabei liegt der Schlüssel zum Bewegungslernen in der Fähigkeit begründet, den Zusammenhang zwischen sensiblen Erspüren der Widerständigkeiten des Bewegungsproblems und den Konsequenzen des leiblichen Tuns herauszufinden und immer präziser einzugrenzen. Erst wenn Kinder herausgefunden haben, was genau die Widerstände aus ihrer Bewegungsumwelt mit ihnen machen, können sie Wege finden, die es ihnen erlauben, mit den Dingen, Widerständen und Bewegungsräumen so umzugehen, wie sie es wollen.

Im Zuge der bisherigen Ausführungen dieses einleitenden bewegungspädagogischen Hintergrundkapitels wurde auf die zuletzt genannten räumlichen Bezugsmodalitäten der *Sich-Bewegenden* höchstens randständig eingegangen. Deshalb soll der Zusammenhang zwischen Raum und *Sich-Bewegen* im folgenden fünften Abschnitt zum Thema gemacht werden.

5. Zur Gestaltung kind- und bewegungsgerechter Lernräume

Da Kinder nicht auf die gleiche Weise lernen wie Mechaniker Maschinen zum Laufen bzw. Funktionieren bringen oder Informatiker Computer programmieren, stellen sich Fragen nach der Qualität von Lernräumen.[44] In diesem Sinne: Welche Räume regen junge Menschen an? Wozu regen sie an? Wie müssen Räume beschaffen sein, damit sie über längere Zeiträume anregen können? Wie integrieren Lehrer die räumlichen Bedingungen in ihre didaktischen Konzeptionen? Welche Räume und welche Ausstattungen fördern die Inspiration und Kreativität der Kinder? Weshalb fühlen wir uns in manchen Räumen wohl und in anderen nicht? Wie viel Wärme und Wohlbehagen benötigen wir zum Lernen? Wie viel Sicherheit muss ein Raum ausstrahlen, um darin Welt und relevantes Wissen in Erfahrung bringen zu können? Wie genau verändern wir während unterschiedlicher Situationen die Räume bzw. die Raumwahrnehmung durch unser Bewegen? (...)?

5.1 Lernräume als anregendes Milieu

Die Liste solcher Fragen könnte noch viel weiter und differenzierter fortgeschrieben werden, denn bei der Frage nach der optimalen Beschaffenheit von Lernräumen handelt es sich zweifelsohne um eine Schlüsselfrage unserer pädagogischen Diskussion (vgl. Luley 2000). Lernen und *Sich-Bilden* bedürfen offensichtlich eines anregenden Milieus, das neben den Wirkungen, die von Lehrern und Mitschülern ausgehen, immer auch aus den Wirkungen, Angeboten, Anforderungen und Aufforderungen des Bewegungs- und Spielraumes gespeist wird (vgl. u.a. Hildebrandt 1993; Hildebrandt – Strahmann 2004). So zeigen beispielsweise Jackel & Jackel (2001), wie die pädagogische Interpretation und Berücksichtigung verschiedener Umwelteinflüsse für das Entstehen eines gedeihlichen Lernklimas (*Wohlfühl-Klimas*) verantwortlich gemacht werden können.

---

[44] Die Ausführungen im folgenden Teilkapitel bauen im Wesentlichen auf eine überarbeitete Fassung mehrerer Ausschnitte des folgenden Beitrags: Lange, H. (2007i). Kinderwelten sind Bewegungswelten. Zur Bedeutung des kindlichen *Sich-Bewegens* im Kontext der bewegungspädagogisch orientierten Schulentwicklungsarbeit. *Sportpraxis*, 48 (1), 4 – 10.

5.1.1 Lern- und Bildungsarchitektur

Die hier angesprochene Qualität der Lernorte muss aus bautechnischer Sicht vorbereitet werden, weshalb sich entsprechende pädagogische Erwartungen an die Architektur schulischer Lernräume entwickelt haben, was im deutschsprachigen Raum in den letzten Jahren ausgiebig diskutiert wurde. Im Anschluss an die in Beton gegossene Bildungseuphorie der späten sechziger und frühen siebziger Jahre des vergangenen Jahrhunderts, als überall in Deutschland neue Universitäts-, aber auch viele Schulbauten errichtet wurden, etablierte sich eine überaus kritische Diskussion in diesem Feld.

> *„Diese entzündete sich in erster Linie an der Tatsache, dass Schulen sich derzeit immer noch allzu häufig als seelenlose `Lernfabriken´, `Betonkästen´ oder `Baracken´ präsentieren"* (Rittelmeyer 1994, 9f.; Luley 2000, 8).

Die Schule soll ein Lebensraum sein, neuerdings wird sogar von einer Schulkultur gesprochen, um deutlich zu machen, dass sich Lehrende und Lernende dort wohlfühlen sollen. Die Orientierung am Kulturbegriff (vgl. Duncker 1992), wie wir sie aus der bewegten Schulkultur (Hildebrandt-Stramann 1999) kennen, beinhaltet letztlich die Suche nach einem Gegenbegriff gegen die Aufspaltung und Spezialisierung des Schulsystems und meint deshalb auch eine Hinwendung zur Lebenswelt der Schüler. Der daran gebundene Anspruch auf entsprechend ganzheitlich ausgerichtete Bildungskonzeptionen ist (als Gegenbewegung verstanden) mindestens ebenso alt wie das sich immer weiter spezialisierende und sich selbst einengende Schulwesen. Der angesprochene Bezug zur kindlichen Lebenswelt kann im vorliegenden Beitrag selbstverständlich nicht in der erforderlichen Gründlichkeit aufgearbeitet werden. Deshalb soll als Beispiel eine mehr als 100 Jahre alte Spur ausreichen. Dabei handelt es sich um die Begegnung eines Dichters mit einer der wichtigsten Wegbereiterinnen der Reformpädagogik des letzten Jahrhunderts.

5.1.2 Rainer Maria Rilke und Ellen Key

Der Dichter Rainer Maria Rilke stand zu Beginn des letzten Jahrhunderts im kulturellen und literarischen Kontakt zu der schwedischen Reformpädagogin Ellen Key (1849 – 1926), die mit ihrer in 1900 erschienenen Schrift *Barnets århundrade* (Deutsche Übersetzung: 1903: Das Jahrhundert des Kindes) als eine zentrale Wegbereiterin reformpädagogischen und kindheitsgewandten Denkens in der europäischen Erziehungstradition gilt. Offensichtlich hinterließ Ellen Key vielsagende Spuren, denn Rilke zeichnet in seinen Prosaschriften (in der Beschreibung einer schwedischen Schule, 1905) ein Bild einer idealen Schule, in dem die bis dahin eher ungewöhnliche Orientierung an den Bedürfnissen und Wünschen von Kindern sichtbar wird:

> *„Die Kinder sind in dieser Schule die Hauptsache. Man ist in einer Schule, in der es nicht nach Staub, Tinte und Angst riecht, sondern nach Sonne, blondem Holz und Kindheit. Die Zimmer sind wie die Zimmer in einem Landhaus. Mittelgroß mit klaren, einfarbigen Wänden und geräumigen Fenstern, in denen viele Blumen stehen. Die niedrigen, gelben, harzhellen Tische lassen sich, wenn es nötig ist, in der Art von Schulbänken aneinanderreihen, meist aber sind sie in der Mitte zu einem einzigen großen Tisch zusammengeschoben, wie in einer Wohnstube. Natürlich ist alles da, was in ein richtiges Schulhaus gehört: ein (übrigens nicht erhöhter) Lehrertisch, eine Tafel und alles andere. Aber diese Dinge repräsentieren nicht; sie ordnen sich ein."*

5.2 Kinderwelt ist Bewegungswelt!

Die Flexibilität der Schulmöbel, von denen bei Rilke die Rede ist, erinnert ein Stück weit an das mobile Klassenzimmer, wie es durch eine innovative Schulmöbelkonzeption von Gerhard Landau vorgeschlagen und entwickelt wurde (vgl. Sobczyk & Landau 2003). Allerdings scheint die in diesem Stück zum Ausdruck gebrachte Lebensweltorientierung immer noch sehr weit von der These entfernt zu sein, die meint, dass Kinderwelten zuallererst Bewegungswelten sind. Vor dem Hintergrund unseres aktuellen Wissens um die Bewegungsinteressen, aber auch um die Bewegungsbedürftigkeit von Kindern müssten die von Rilke beschriebene Geborgenheit und Ruhe des an die elterliche Wohnstube erinnernden Schulzimmers um Aspekte der Bewegungsthematik ergänzt werden. Auch wenn die meisten Ansätze aus dem Feld unserer inzwischen mehr als 100 Jahre andauernden reformpädagogischen Tradition immer wieder auf die Notwendigkeit des selbstständigen Handelns, auf Erfahrungsbezogenheit und auf die Erlebnisdimension von Schule, Lernen und Unterricht verweisen und dies auch in ihren Konzepten eindrucksvoll umzusetzen verstehen, so scheint es, als stünde das Bewegungsthema nicht immer im Zentrum dieser Reformvorschläge. Dabei bietet die Bewegungsthematik, wenn man sie über die sportive Dimension hinausgehend betrachtet und im Sinne der oben entfalteten anthropologischen Bewegungstheorie verstehen will, nahe liegende Möglichkeiten und Potenziale, die Ziele der Reformpädagogik nachhaltig zu unterstützen. Möglicherweise könnte das Bewegungsthema inzwischen sogar zum Kern der modernen Schulentwicklung avancieren.

5.2.1 Das Bewegungsthema als Kern moderner Schulentwicklung

Wer den Klassikern der Pädagogik im Hinblick auf die Bedeutung des Bewegungsthemas bislang keinen Glauben schenken mochte, wie beispielsweise der ganzheitlichen Trias Pestalozzis (*Kopf, Herz und Hand*), mag mit Blick auf die aktuelle Diskussion einerseits von den Gehirnforschern (Spitzer 2006; Roth 2004) und andererseits von den regen Aktivitäten in der Schulentwicklungsforschung (vgl. Stibbe 2004) und in der Praxis der sogenannten *Bewegten Schule* (Hildebrandt-Stramann 1999) auf den Weg und die Idee gebracht werden: Die Notwendigkeit, die Orte, die wir unseren Kindern als Lernräume zur Verfügung stellen, immer auch als Bewegungsräume zu definieren und sie entsprechend auszugestalten, geht längst über die Dimension der Prävention von Rückenschäden durch stundenlanges Sitzen im Klassenzimmer oder über die Dimension, durch den Sport Kompensationsgelegenheiten für die unbewegten Phasen des Schulvormittags zu schaffen, hinaus. Die aktuelle Befundlage der Neurowissenschaften, aber auch der Bewegungspädagogik (s.o.) stellt sich zurzeit derart verdichtet auf, dass wir von der These ausgehen können, dass das *Sich-Bewegen* der Kinder einen grundlegenden Beitrag zu deren Bildung und Entwicklung leistet. Folglich müssen sich auch moderne Konzepte der Schulreform und der Schulentwicklung daran bemessen lassen, ob und wie sie das Bewegungsthema im Hinblick auf die Gestaltung des Schullebens berücksichtigen. Vor allem dann, wenn es um die Konzeption von Ganztagsschulen gehen soll.

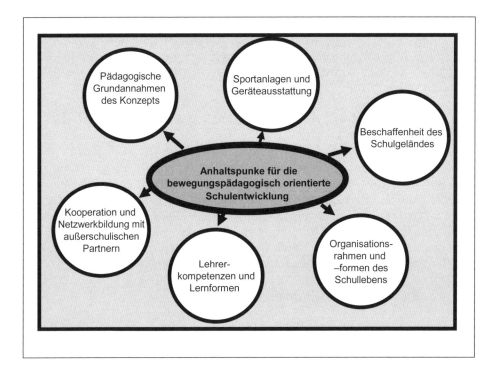

Abb. 7: Sechs Anhaltspunkte für die bewegungspädagogisch orientierte Schulentwicklung

5.3 Ausblick: Anhaltspunkte für die bewegungspädagogisch orientierte Schulentwicklung

Zum Abschluss dieses Teilkapitels werden sechs zentrale Anhaltspunkte skizziert, die bei der Planung und Reflexion der bewegungsorientierten Schulentwicklung zu bedenken sind. Da es sich hierbei um Anregungen und Reflexionsgelegenheiten handeln soll, werden die Hintergründe dieser Punkte zumeist in Frageform aufgezäumt.

1) Zu den pädagogischen Grundannahmen des Schulkonzepts

Je nachdem ob ein therapeutisch-kompensatorisches (z.B. Sport für Problemschüler), sportives (z.B. Partnerschulen des Leistungssports) oder ein an einem bewegungspädagogisch orientierten Bildungsverständnis ausgerichtetes Schulkonzept vorliegt, ergeben sich entsprechende Konsequenzen für die Planungen und Schwerpunktsetzungen im Bewegungsbereich. Dabei muss immer danach gefragt werden, an welchen Stellen das Arrangieren formeller (z.B. Sportunterricht), aber auch informeller Sport- und Bewegungsangebote (Schulgeländegestaltung, Arbeitsgemeinschaften) sowie das Inszenieren bewegungsbezogener Lernmöglichkeiten die Erziehungs- und Bildungsziele des vorliegenden Schulkonzepts nachhaltig stützen und befördern können.

2) *Zu den Anlagen für den schulischen Sport- und Bewegungsunterricht*

Da die Architektur von Sportanlagen letztlich immer als eine *in Beton gegossene Didaktik* verstanden werden muss, ergeben sich zahlreiche Fragen an die Grenzen der baulichen Gestaltungsmöglichkeiten. Räume und Geräteaufbauten wirken immer durch die Widerstände und Schwierigkeiten, die sie den Kindern aufzugeben vermögen. Sie wecken Interesse und Neugierde bei den Kindern und fordern deshalb zu einer selbstständigen und manchmal auch mutigen und spannenden Bewegungsbildung heraus.

3) *Zum Gelände und dessen Anbindung*

In welchem Gelände liegt die Schule? Welche Bewegungsmöglichkeiten bietet das Areal? Welche Möglichkeiten und Herausforderungen bieten die Gebäude bzw. die Architektur der Schule? Welche attraktiven Ziele und Bewegungsgelegenheiten lassen sich erkennen, die Interesse bei den Kindern wecken und Lust auf das selbstständige und eigenverantwortliche *Sich-Bewegen* machen?

4) *Zum organisatorischen Rahmen und dessen Bezüge zum pädagogischen Konzept*

Welche Organisationsformen werden in welchen Lernbereichen der Schule favorisiert, und mithilfe welcher materiellen und personellen Ausstattung wird gearbeitet? Wie passen diese Aufwendungen zu denen des Bewegungsthemas? In welchen Organisationsformen im formellen (AGs, Projekte, Wahlpflicht, Kurse usw.) und informellen Rahmen finden in welchem Umfang und welchem Verhältnis Bewegungs- und Sportaktivitäten statt?

5) *Lehrer-Kompetenzen und Lernformen*

Sind neben den Sportlehrerinnen und Sportlehrern auch andere Fachleute für Bewegung, Spiel und Sport an der Gestaltung eines bewegten Schullebens beteiligt? Welche Zugänge zum Bewegungsthema haben die übrigen Lehrer, und welche Kompetenzen sollen bei den Schülern entwickelt werden (bspw. im Hinblick auf die Gestaltung von gemeinsamen Sportangeboten)?

6) *Kooperation und Netzwerkbildung mit außerschulischen Partnern*

Welche Kooperationen und Netzwerke können sich zwischen der Schule und den orts- und betriebsnahen Einrichtungen des Sports, der Gesundheitsförderung, des Fitnessmarktes, einer bewegungsorientierten Jugendarbeit, anderen bewegungsorientierten Freizeitangeboten im schulnahen Umfeld oder in der Region ergeben?

6. Ausblick

Die bis hierher entfalteten konzeptionellen Eckpfeiler (v.a. Menschenbild; Bildungskonzept; Bewegungs- und Unterrichtskonzept, aber auch das Bewegungsraumkonzept) sind in der Bewegungspraxis untrennbar aufeinander bezogen und miteinander verschränkt. Sie lassen sich deshalb auch nicht ohne Weiteres isolieren und als alleiniger Bezugspunkt zur theoretischen Begründung des Bewegungslernens heranziehen. Unter dem wissenschaftssystematischen Dach der eingangs skizzierten Bewegungspädagogik (Punkt 1.) wurde der Zusammenhang zwischen Bewegung und Bildung während der zurückliegenden Jahrzehnte differenziert bearbeitet. Für die weitere Entwicklung des sport- und bewegungspädagogischen Diskurses scheint es jedoch als fruchtbar, darüber hinauszugehen, d.h. auch das Unterrichtskonzept und damit die Frage nach dem *Wie* von Bewegungsbildung stärker in diese Debatte mit einzubeziehen. Um die hieraus abzuleitende notwenige fachdidaktische Arbeit mit Leben und Authentizität zu füllen, wird es für die Zukunft erforderlich sein, die empirische Forschung zur Bewegungsthematik in den Kontexten kindlicher Weltzugänge, Entwicklung, Lehren und Lernen dahingehend zu bündeln, dass es gelingt, komplexe Bewegungssituationen, in denen Bildungsprozesse stattfinden, als solche zu beschreiben und zu interpretieren. Mithilfe qualitativer Beobachtungsverfahren (Portraitierung und Interpretation von Sportunterricht) sollte dies gelingen können. Andernfalls läuft die bildungstheoretische Begründung des Sportunterrichts Gefahr, das *Wie* von Bildung aus den Augen zu verlieren.

Die folgenden Erläuterungen, Reflexionen und Diskussionen zu 14 verschiedenen Bewegungsfeldern und Grundthemen des *Sich-Bewegens* (Kapitel B und C) weisen bereits in die geforderte Richtung. Die Auseinandersetzung mit den dort entwickelten und präsentierten bewegungsdidaktischen Zugängen will und soll sich ausdrücklich der Überprüfung der Idee und des Anspruchs der so benannten *Frage nach dem ‚Wie' von Bildung* stellen. Wenn es gelingt, die bewegungspädagogischen Ziele und Ansprüche an einen guten Sportunterricht in der Unterrichtspraxis sichtbar werden zu lassen, dann mag auch die Idee eines *Erziehenden Sportunterrichts* handfest werden können.

6.1 Innovation als Funktion des Bewegungsproblems

Innovation entsteht in der Regel immer dort, wo sich Probleme stellen. Im Sport werden beispielsweise immer wieder neue Techniken erfunden, mit deren Hilfe die Erfinder die gestellten Bewegungsprobleme besser lösen, als andere Sportler dies mithilfe ihrer (tradierten) Techniken bis dahin konnten. So hatte beispielsweise Dick Fosbury im Vorfeld der Olympischen Spiele von Mexiko (1968) den genialen Einfall, die Hochsprunglatte rücklings zu überqueren und den Körperschwerpunkt gewissermaßen zu überlisten, indem er ihn – bei ausreichender Bogenspannung – unterhalb der Latte durchführt. Seither wird diese *Problemlösungsstrategie* oder – wie man in der klassischen Sportterminologie zu sagen pflegt – *Flop-Technik* von fast allen Hochspringern weltweit angewandt. Interessanterweise müssen vielerorts auch Sportstudierende diese Technik erlernen und im Rahmen sportpraktischer Demonstrations- oder Leistungsprüfungen vorzeigen. Und mancherorts wird diese Technik sogar Kindern im Vereinstraining oder im Sportunterricht der Schule von fachkundigen Experten beigebracht. Dies geschieht selbst dann, wenn die besagten Studierenden oder Kinder im Hochspringen ganz andere Probleme haben, als sie der geniale Dick Fosbury seinerzeit im olympischen Finale von Mexiko hatte. An dieser Stelle wird ein offensichtlicher Widerspruch deutlich, hinter dem sich sogar das genaue Gegenteil von Innovation verbirgt, nämlich das unreflektierte Befolgen einer tradierten Methodenidee. Dieses Defizit ist es wert, in diesem Buchprojekt aufgegriffen zu werden, weil man es in so vielen Beispielen unserer Schulsportmethodik wiederfinden kann. Dieses Manko drückt aus pädagogischer Sicht umso mehr, weil es weitgehend verdeckt passiert. Schließlich lassen Sportlehrer und Übungsleiter Kinder ja nicht aus bösem Willen rücklings über Hochsprunglatten springen, Starts aus tiefen Startblöcken absolvieren oder andere Tricks und Techniken aus der *großen Welt des Sports* nachmachen, sondern sie tun dies, weil sie es *gut meinen* und dem festen Glauben anhängen, dass gerade dieser Weg der Beste für die Kinder sei.

Auflösen lässt sich dieses Missverständnis mit Blick auf die Unterscheidung zwischen der Bewegungsform und der Bewegungsfunktion: Die Form ist das sichtbare Produkt. Um beim Hochsprung zu verbleiben: Sie ist die Erfindung Dick Fosburys, so wie man sie als Technikleitbild heutzutage in jedem Lehrbuch zur Leichtathletik finden kann. Die Funktion geht hingegen weit darüber hinaus. Sie bezieht sich auf das Lösen der Bewegungsprobleme, denen sich der 2,24-Meter-Springer während seines Olympiasieges und im weiteren Verlauf seiner Karriere als Leistungssportler immer wieder gegenübergestellt sah. Wenn wir also von Innovation im Sport und später auch von den Möglichkeiten eines innovativen Sportunterrichts sprechen wollen, dann interessiert uns am *Vorbild* Dick Fosbury nicht seine abstrakte Technik, sondern zuallererst die Art und Weise, wie er damals eine problemhaltige Situation gelöst hat. Innovation hat also immer etwas mit Problemlösen zu tun, und wenn der Reiz – wie beim Sporttreiben – im Optimieren der persönlichen Möglichkeiten der motorischen Problembearbeitung gründet, dann interessieren wir uns als Lehrer, die solche Prozesse betreuen und verantworten wollen, für die Lösungen, die die Lernenden während der jeweils aktuellen Bewegungssituation herausbilden können. Dabei ist es wichtig, die entwickelten Lösungen immer in Relation zu dem jeweiligen Bewegungsproblem und vor dem Hintergrund der individuellen Bewegungserfahrungen und –möglichkeiten zu verstehen. Dieses relationale Finden eigener Lösungen darf keinesfalls mit dem Übernehmen von fremden Lösungen verwechselt werden, die sich andernorts bei anderen Sportlern im Kontext einer anderen Problemlage bewährt haben. So gut diese Lösungen auch ausschauen, sie bleiben dann, wenn sie z.B. in Form methodischer Übungsreihen lediglich übernommen und absolviert werden, immer nur Lösungen fremder Urheberschaft. Für die Inszenierung von innovativem Sportunterricht folgt hieraus also die Verpflichtung gegenüber dem Aufspüren bewegungsbezogener Problemlagen, was im folgenden zweiten Kapitel mit Blick auf die entsprechenden Bewegungs- und Lerngelegenheiten in den Feldern innovativen Sporttreibens (z.B. Trendsport) geschehen soll.

B. Felder innovativen Sporttreibens

1. Neue Inhaltsfelder – Trendsport

Trendsportarten passen ebenso wie andere innovative Bewegungspraktiken ganz ausgezeichnet in das aktuelle Bild der Sportpädagogik und des Sportunterrichts. Nicht nur weil die Schüler ihren *Freizeitsport* auch in der Schule betreiben möchten und weil ihre Lehrer ihnen solche Inhalte tatsächlich auch vermitteln wollen, wie Petra Sieland (2003) in ihrer Dissertation herausgefunden hat, sondern weil die von Offenheit, Innovation, Verspieltheit und Zukunftsorientierung geprägten Bewegungspraktiken der Kinder und Jugendlichen in die offenen Möglichkeitsräume passen, die uns von den aktuellen Bildungs- und Lehrplänen sowie der einschlägigen didaktischen Begleitliteratur zugestanden werden.

Petra Sieland hat unter anderem die Einstellungen von Lehrern zum Trendsport untersucht und dabei herausgefunden, dass die Lehrerschaft diesen neuen Inhalten ausgesprochen aufgeschlossen gegenübersteht:

- Nur 4 Prozent der Befragten geben eine negative Einstellung an.
- Demgegenüber liegen 63,5 Prozent mit ihrer Einschätzung im positiven oder sehr positiven Bereich.
- Ein Drittel der Befragten nimmt eine neutrale Haltung ein (vgl. Sieland 2003, 83).

Trotz des ausgesprochenen Interesses in der Lehrerschaft und der vermeintlichen Aktualität des Trendsports tun sich einige Hürden und Widersprüche auf, wenn diese neuen Inhalte zum Thema von Sportunterricht gemacht werden sollen. Dabei stellen sich sowohl auf der Begründungsebene als auch in sportdidaktischer und unterrichtspraktischer Hinsicht Fragen, die im Zuge dieses einleitenden Theoriekapitels bearbeitet werden sollen. Wenn die Vermittlung von Trendsport in der Schule zu begründen ist, dann müssen zunächst Antworten zu zwei Fragestellungen gefunden werden: Erstens, wird die jugendkulturell gefärbte Bewegungspraxis bei einem Import in die Schule verändert, verfälscht oder gar entstellt? Und zweitens, wie geht man als Lehrer mit der Gefahr der Verschulung um, in deren Verlauf aus spannenden Bewegungsthemen, wie z.B. dem selbstbestimmten Bewegungslernen an der Halfpipe, langweilige Unterrichtssequenzen mit Pflichtcharakter werden können? Wenn diese ersten beiden grundsätzlichen Fragen weitergedacht werden, dann gelangt man sehr bald in das Feld sportdidaktischen Denkens und Handelns. Hierzu werden im Folgenden weitere Akzente gesetzt, weshalb Fragen, Probleme und Aufgaben des Lehrens und Lernens bzw. des Vermittelns von Trendsportarten untersucht werden. Hierzu orientieren wir uns an Fragestellungen wie den folgenden:

- Wie sollen neue Sportarten im Unterricht inszeniert und vermittelt werden?
- Wie und was können Kinder im Feld der Trendsportarten lernen?
- Und worauf müssen Lehrer achten, damit solche Lernprozesse auch wirklich stattfinden können?
- Welche Verluste müssen Bildungsplanmacher fürchten?
- Oder welche Gewinne mögen sie erhoffen, wenn sie die Sicherheit gebende Orientierung fester Inhaltsbereiche (z.B. den tradierten Sportartenkanon) aufgeben und sich auf die ungewohnten Lernmöglichkeiten der Trendsportarten einlassen?

Diese Fragen ergeben in ihrer Perspektive einen bewegungspädagogischen Zugang, der im Folgenden entfaltet wird. Dabei interessieren einerseits die einschlägigen Bewegungserlebnisse, die die Schüler bzw. Trendsportler in der Ausübung dieser neuen Inhalte erfahren und entdecken können. Andererseits soll aber auch neugierig und zugleich kritisch untersucht werden, ob, an welchen Stellen und wie das besondere Flair des Trendsports verwischt und verloren geht, wenn er in den Bahnen des schulischen Sportunterrichts zum Thema gemacht wird (vgl. Abb. 8).

Neue Inhaltsfelder – Trendsport

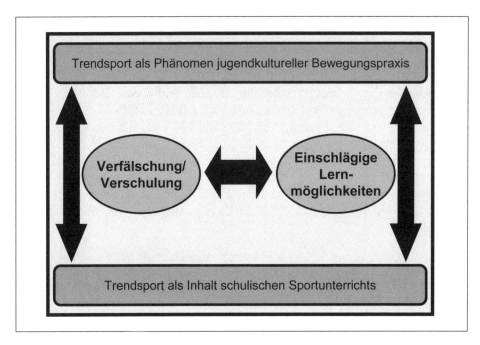

Abb. 8: Zum Spannungsfeld zwischen Verschulung und phänomenalen Lerngelegenheiten

1.1 Inszenierung von Trendsport in der Schule

Wer sich angesichts des anstehenden Imports jugendkulturell imprägnierter Bewegungsszenen in die erziehlichen Strukturen des Sportunterrichts vor dem Aufkeimen pädagogischer Orientierungslosigkeit fürchtet, der benötigt Ordnungs- und Entscheidungshilfen. Die werden im Folgenden hergeleitet, wobei von der Idee ausgegangen wird, dass in den Trendsportarten bzw. den innovativen Bewegungspraktiken der Kinder und Jugendlichen in der Tat etwas sehr Sinnvolles und Lehrreiches enthalten ist, das durchaus für den Sportunterricht fruchtbar gemacht werden kann, damit dort Bildungsprozesse in Gang gesetzt werden können. Wie dieser Prozess aussehen kann, soll im Folgenden in insgesamt fünf Schritten skizziert werden und mündet in die Formulierung von Anhaltspunkten für die Inszenierung von Trendsportarten und anderen neuen Inhalten im Sportunterricht.

Begonnen wird mit einer exemplarischen Annäherung an das Phänomen des *trendigen* Sporttreibens von Kindern und Jugendlichen (1.2), bevor in einem zweiten Schritt geklärt wird, was Trends und Trendsportarten sind und wie sie entstehen und sich entwickeln (1.3 und 1.4). Im dritten Abschnitt werden Bezüge, Herausforderungen und Konsequenzen für die Sportpädagogik skizziert (1.5), die in eine Heuristik auffälliger Kennzeichen des Bewegungserlebens im Trendsport überführt werden. Auf dieser Grundlage werden dann im vierten Schritt Grundsätze zum Lehren und Lernen im Trendsport abgeleitet (1.6), die zum Abschluss mit Blick auf die besonderen Bedingungen des Bewegungslernens begründet und am Begriff des *Bewegungserlebens* festgemacht (1.7). Im darauffolgenden Kapitel wird das bis dahin entworfene Modell zum Inszenieren von Trendsport und anderen neuen, gegebenenfalls auch jugendkulturell imprägnierten Inhalten im schulischen Sportunterricht am Beispiel des *Bewegungslernens an der Halfpipe* präzisiert.

1.2 Annäherung an das informelle Bewegen und Lernen von Kindern

Informell betriebene Bewegungspraktiken von Kindern und Jugendlichen, wie z.B. Streetballspielen, Inlinern, Skateboarden oder Tanzen (vor allem Hip-Hop), können durchaus als Schlüssel zum Verstehen der gegenwärtigen Entwicklungen im Bereich kindlicher Lebenswelten und Jugendkulturen angesehen werden. Entsprechend aufschlussreiche Zugänge mögen deshalb auch überall dort gefunden werden, wo sich Kinder und Jugendliche jenseits institutionalisierter Sport- und Erziehungseinrichtungen bewegen und spielen. Manchmal bemerkt man aber als Außenstehender zunächst *nur* auffällige Produkte, die diesen Lebenswelten entstammen. Z.B. die Graffitis an Hauswänden oder S-Bahnen oder man bleibt beim Zappen während eines Fernsehabends einmal zufällig bei MTV oder einem anderen Musiksender stehen und wundert sich über die dort gezeigten Aufführungen aus Tanz, Musik und Lifestile. Bewertungen dieser neuen Praxis fallen unterschiedlich aus. Aufgrund der gegebenen Differenzen zu den tradierten Modellen und Erscheinungsformen des Erwachsenensports wird vielem aus diesem Umfeld mit einer gewissen Skepsis begegnet. Genau darin gründet der Hemmschuh, der den neuen, z.T. durchaus innovativen Inhalten des Sporttreibens von Kindern und Jugendlichen den Weg in die Schulen und in den Sportunterricht versperrt.

1.2.1 Beispiel: Tanz und *MTV-Moves*

Beobachtungen in Sportstudios, auf Schulhöfen, öffentlichen Plätzen oder Straßen zeigen, dass bestimmte Spielarten des Tanzens boomen. Im Zuge der Medienwirkung diverser Pop-Sender, wie z.b. MTV oder Viva, scheinen die Choreografien von Britney Spears, den No Angels und anderen Popsternchen fast überall präsent. Vor allem für 12- bis 16-jährige Mädchen werden z.b. in Fitnessstudios seit langem sogenannte *Teeniemoves*, *MTV-Moves* oder *Fit-Kids* angeboten. Während dieser Trainingsstunden üben die Kinder unter der fachkundigen Anleitung von Aerobictrainern die Tanzschritte und Choreografien ihrer Popidole. Wer das als Erwachsener noch nicht gesehen hat und deshalb dabei vielleicht an so etwas wie eine klassische Tanzstunde denkt, der liegt grundfalsch. Die Abläufe bestechen durch Engagement, Interesse und Einsatz. Die tanzenden Teenies schwitzen, rackern, arbeiten und trainieren, und sie verausgaben sich dabei zuweilen noch mehr, als sie es jeweils am Tag der traditionellen Bundesjugendspiele tun.

Es darf angenommen werden, dass eine derart intensiv und engagiert betriebene Praxis auch in die übrigen Lebensbereiche dieser Kinder und Jugendlichen hineinwirkt, weshalb derartige Themen auch auf das grundsätzliche Interesse der Sportpädagogik stoßen. Die Musik, Kleidung, das Treffen mit Gleichaltrigen und die Freizeitgestaltung scheinen vielerorts von einer jugendlichen Bewegungskultur beeinflusst, in deren Rahmen der Tanz präsent und wichtig ist und die auf einen einschlägigen Kanon an Werten, Bildungsvorstellungen und kulturellen Orientierungen verweisen, die dieser Jugendkultur zugrunde liegen.

Diese Voraussetzungen müssen zunächst einmal herausgefunden und präzise beschrieben werden, um einerseits die Strukturen der Jugendkulturen und der in diesen Feldern zu beobachtenden Dynamiken verstehbar zu machen. Andererseits können im Lichte dieser Theoriefolien aber auch pädagogische Bewertungen der verschiedenen Bewegungspraktiken vorgenommen und Perspektiven für den Sportunterricht abgeleitet werden. Das Spannungsfeld dieser Bewertungen und nahe gelegten Konsequenzen für die Schule verläuft zwischen den Polen *Vorbild* und *Schreckensbild*. Dabei bieten das von Kindern und Jugendlichen in informellen Bewegungskontexten an den Tag gelegte Engagement und der beobachtbare Eifer im Üben und Lernen zahlreiche Ankerpunkte, die man aus pädagogischer Sicht als interessant und fruchtbar einstufen möchte, während die gegebene Kommerzialisierung des Fitnesssports, die hier zugrunde liegenden Körperbilder und das zuweilen zu beobachtende stumpfsinnige Konditionieren und Trainieren den Pädagogen eher an ein *Schreckgespenst* erinnern mag.

1.2.2 Tanzen mit dem *Drill-Master*

Wenn der Starchoreograf Detlef *Dee!* Soost in die Stadt kommt und mit den Kindern tanzen will, ist das so ähnlich, als würde Dieter Baumann mit ihnen laufen oder Michael Ballack mit ihnen Fußball trainieren. Vielleicht gäbe es nur einen Unterschied: Die Kids, die mit *Dee* tanzen, verausgaben sich bis aufs Letzte und behaupten hinterher nahezu einhellig: „*Das hat Spaß gemacht!*" Der geschäftstüchtige Choreograf hat längst ein eigenes Tanz- und Castingstudio in Berlin, bildet eigene Coaches aus, verteilt ein Lizenzsystem, das nach seinen inhaltlichen und methodischen Vorgaben funktioniert, und tourt immer wieder durch die Republik, um in Spezialveranstaltungen nach seiner Weise mit Kindern und Jugendlichen zu tanzen. In Kooperation mit Tchibo und dem Allgemeinen Deutschen Tanzlehrer-Verband (ADTV) führte der populäre Berliner im Sommer 2002 in 20 Städten Deutschlands unter dem Motto „*One... Two... Dee!* – *Tanzen wie Stars*" fünfstündige Workshops für Jugendliche ab zwölf Jahren durch, in denen er den Teenies für 49 Euro die Eckpunkte seiner *Tanz- und Show-Philosophie* präsentierte. In diesen Workshops geht es im wahrsten Sinne des Wortes an die Substanz. Die zahlenden Kinder absolvieren zunächst ein etwa 90-minütiges Aufwärmprogramm, in dem jedes Körperteil beansprucht wird. In diesem Kontext werden unter anderem auch 100 bis 150 Bauchaufzüge abverlangt. Vorher kündigt der Tanzmeister an, dass all diejenigen, die sich das nicht zutrauen, auch aussteigen können. Das ist wichtig, denn falls jemand während der Übung schlapp macht, müssen alle anderen zur Strafe noch mal ran (vgl. Habel 2002). Und wie könnte es anders sein, alle machen mit und alle halten durch, in einer Atmosphäre, die eine Mischung aus dem Big-Brother-Container, den Popstars Castings, Elementen eines Psycho-Managerseminars und einem Flair vom internationalen Big Business des Show- und Popgeschäfts in jeder Provinzturnhalle lebendig werden lässt. Die hier zugrunde liegende Machart wurde unter anderem in einem Interview, das Annette Langer für den Spiegel führte, unter dem antiquierten pädagogischen Motto *Zuckerbrot und Peitsche* zusammengefasst, was von *Dee* insofern bestätigt wurde, als dass er immer dann hart durchgreifen und – wie er es nennt – motivieren müsse, wenn die Teilnehmer den kritischen Punkt ihrer körperlichen Belastung erreicht hätten, an dem die Spannung nachlässt. So ähnlich hätte es in der Tat auch ein Feldwebel während der militärischen Grundausbildung benennen können, weshalb pädagogisch orientierte Kritik in solchen Feldern durchaus angeraten ist.

Jeder, der Kindern und Jugendlichen nachlassendes Interesse am Sport und Sich-Bewegen unterstellt hat, wird in vielen Szenen trendsportlicher Bewegungsinszenierungen das Gegenteil entdecken. Deren Engagement geht vielerorts so weit, dass die Interessen der Anbieter solcher Events und Veranstaltungen innerhalb und außerhalb von Schule einer kritischen Analyse und Prüfung unterzogen werden müssen.

1.2.3 Ambivalente sportpädagogische Ordnungsversuche

All diese Facetten könnten als Anschub und argumentative Steilvorlage für die Tanzerziehung aufgefasst werden. Andererseits – wegen der Kommerzialisierung, der zugrunde liegenden Körperbilder und der an stumpfsinniges Konditionieren und Trainieren erinnernden Aktionsformen – mag man als Tanzpädagoge hinter manchen dieser aktuellen Entwicklungen auch ein Schreckgespenst erkennen. Wie dem auch sei, die jugendkulturelle Tanzbewegung erinnert in der pädagogischen Reflexion derzeit an einen argumentativen Spannungsbogen, der zwischen den Polen der ästhetischen Erziehung und dem trainingsbezogenen Drill verortet ist. Es käme sicherlich nur einer oberflächlichen Augenwischerei gleich, wenn versucht würde, auf der didaktischen Ebene die verschiedenen Praxisperspektiven, die sich hinter den jeweiligen Polen verbergen, zwanghaft aufeinander zu beziehen und gewissermaßen als *gut* gepriesene Praxis gleichzuschalten. Deshalb beschränken sich die folgenden Ausführungen auch *nur* auf die Unterscheidung der beiden Pole (*Ästhetik* und *Training*). Wem es gelingt, diese Differenzierung auf seine Unterrichtssituation auszulegen und weiterzudenken, der sollte aus beiden Richtungen brauchbare, methodische Konsequenzen für den Tanzunterricht ziehen können.

1.2.3.1 Annäherung an ein weites Feld

Der Tanz hat im Rahmen unserer Bewegungs-, Sport- oder Ausdruckskultur eine herausgehobene Stellung, die es fast unmöglich macht, ihm ganz bestimmte Werte oder Kennzeichen zuzuschreiben – zumindest im Sinne eines ausschließlichen Entweder-oder-Charakters.

Betrachtet man hingegen ausgewählte Erscheinungsformen des Tanzes, beispielsweise bestimmte Richtungen der westeuropäischen Tanzpädagogik, Varianten der Tanztherapie, kulturell geprägte Erscheinungsformen wie Capoeira oder Salsa und deren Import in unser westliches Tanzschulen- und -kurssystem, religiös fundierte Tanzpraktiken oder sportive Varianten des Aerobic, dann gelangt man jeweils zu einem unterschiedlichen, aber zumeist mehr oder weniger einschlägigen Werte-, Normen- oder mindestens Kennzeichenkanon, der die im Blick befindliche Tanzpraxis charakterisiert. Von dort aus gedacht sollte es dann auch möglich sein, über entsprechende Pädagogiken nachzudenken und didaktisch-methodische Wege anzubahnen, die dafür garantieren können, dass bestimmte Formen des Tanzens im Kontext unserer Vorstellungen und Ideale von Erziehung und Bildung weitergegeben werden und somit auch Thema von Unterricht, Schule, Vereins- und Kinder- bzw. Jugendarbeit werden können. In unserer schulpädagogischen Tradition schwingen an dieser Stelle immer Vorstellungen zum *Ästhetischen* mit, auf deren Hintergrund an dieser Stelle nur knapp eingegangen und ansonsten auf einschlägige Literatur verwiesen wird (vgl. v.a. Bannmüller & Röthig Hrsg. 1990).

1.2.3.2 Zum ästhetischen Pol

Auch wenn das Ästhetische im Alltagsverstand zumeist mit diversen Vorstellungen des Schönen, Anmutigen oder Graziösen in Verbindung gebracht wird, geht die ästhetische Perspektive für den Tanz- und Sportunterricht darüber hinaus. Das Ästhetische wird dort nämlich im Sinne des griechischen *aisthesis* als Sinneswahrnehmung verstanden, die im Konzept der ästhetischen Erziehung als Verbindung von Wahrnehmung und Reflexion im Kontext einer Sinndeutung verstanden wird (vgl. v.a. Fritsch 1990). Deshalb kann es auch nicht Aufgabe der Tanzerziehung sein, sich lediglich auf das Einführen von Tanzschritten bzw. das Nachmachen irgendwelcher Popchoreografien zu reduzieren.

> *„Tanzenlernen soll die SchülerInnen in der Entwicklung ihrer Fähigkeiten unterstützen, die eigene Umwelt wahrzunehmen, zu verstehen, zu genießen, zu kritisieren und sie zu gestalten (Haselbach 1979, 80 und Drefke 1976, 47). Fachimmanente Ziele des Tanzenlernens verbinden sich also mit emanzipatorischen. Tanzenlernen wird also als Auseinandersetzung mit Tanztraditionen, aktuellen Tanzwelten und den Möglichkeiten individueller tänzerischer Ausdrucksweisen gesehen"* (Lange, He. 2001, 272f.).

Tanzenlernen ist nach dieser Auslegung also zuallererst eine Bildungsgelegenheit, in deren Konsequenz es darum geht, seine Bewegungswelt und seine Beziehung zur Mitwelt immer wieder selbst zu ordnen. Dieses Ordnen ist in aller Regel auch ein Improvisieren, denn es soll versucht werden, die eigenen Bewegungsgrenzen immer wieder zu verändern, sich in das Finden neuer Räume und Rhythmen vorzuwagen und die dabei notwendig werdenden Entscheidungen auf der Grundlage sensibler Körperwahrnehmungen vorzunehmen.

1.2.3.3 Zur Dissonanz zwischen Tanz- und Sporterziehung

Vor dem Hintergrund des soeben angedeuteten (ästhetischen) Bildungspotenzials werden bestimmte Sinnperspektiven für den Sportunterricht, wie z.b. Gestaltung, Kreativität oder Ästhetik, in aller Regel und aus gutem Grund zuerst mit dem Tanz und der Tanzerziehung in Verbindung gebracht. Bei näherer Betrachtung unseres aktuellen Sportunterrichts könnte man sogar zu dem Schluss gelangen, dass der Tanz in der Schule ein Gegengewicht zu der ansonsten sportiven, auf Leistung und Wettkampf ausgerichteten Sportkultur ausmachen kann und demnach entsprechend andere Bewegungs-, Erfahrungs- und Ausdrucksqualitäten zu betonen weiß: beispielsweise sich einen Raum (tanzend) einverleiben, dabei auch Geräte, Materialien oder Partner mit einbeziehen, sich einer Musik hingeben und die wahrgenommenen Sinneseindrücke über das Medium seiner eigenen Bewegung zum Ausdruck bringen oder gemeinsam mit den Mitschülern eine thematisch orientierte Choreografie entwickeln, verfeinern und verändern und schließlich irgendwann vorführen.

All das sind Bewegungserfahrungen, die sich doch deutlich von den Möglichkeiten abheben, die den Schülern im herkömmlichen Leichtathletik-, Fußball- oder Schwimmunterricht gegeben sind. Von daher gesehen wird das besondere Bildungs- und Erziehungspotenzial des Tanzens ein Stück weit vernachlässigt, wenn die Inszenierung, die Didaktik und Methodik des Tanzens der des Trainierens, Lernens und Übens gleichen, so wie wir sie aus dem klassischen Sportunterricht her kennen.

1.3 Was sind Trends?

Trend ist ein Zukunftsbegriff. Darauf deutet bereits die Wortbedeutung hin, denn im Kluge (2002) wird darauf verwiesen, dass der Trend eine Tendenz bzw. Richtung anzeigt. Diese Feststellung passt auch zum mathematischen Begriffsverständnis, denn in der Statistik meint ein Trend die Daten einer Zeitreihe, die eine Entwicklungstendenz anzeigen. In dieser Form kennen wir den Trend beispielsweise auch aus dem Politbarometer, wo auf der Grundlage aktuell erhobener Datenstichproben zum Wahlverhalten auf zukünftig stattfindende Wahlergebnisse geschlossen wird. Trends existieren aber nicht nur in der Statistik und in der Politik, sondern auch in der Mode, im Lifestyle, in der Wirtschaft und allen anderen gesellschaftlichen Bereichen, wo sich Menschen wünschen, zukünftige Entwicklungen in den Griff zu bekommen. Es ist überaus modern und mancherorts gilt es zuweilen auch als innovativ, wenn man im Trend liegt, sich *trendy* gibt und treffsicher bestimmen kann, was gerade angesagt und deshalb auch zu tun bzw. eben nicht mehr zu tun ist. Allerdings besteht zwischen modisch und trendy ein qualitativer Unterschied, denn Moden sind ebenso wie sogenannte *Hypes* zwar attraktiv, aber zumeist nur von kurzer Dauer, während Trends auch über längere Zeitspannen hinweg eine ansteigende bzw. stabile Wirkungsbreite aufweisen. In pädagogischer Hinsicht scheint also die Kontinuität echter Trendverläufe interessant, während die Kurzlebigkeit von Moden eher auf Oberflächlichkeit hinweist und deshalb nicht zum anvisierten Tiefgang passt, den man in Bildungs- und Erziehungsprozessen auf den Weg bringen will.

1.3.2 Gesellschaftliche *Trend-Zeit*

Das Suchen, Setzen und Orientieren an Trends kennzeichnet seit langem das Leben in westlichen Industrienationen, weshalb Gerken (1993) mit Recht vom Anbruch einer *Trend-Zeit* spricht, die unser gesellschaftliches und wirtschaftliches Leben bestimmt. Naisbitt und Aburdene (1990) machen sogar regelrechte Megatrends aus, wenn sie zehn Perspektiven für den Weg in das nächste Jahrtausend formulieren. Seiner Zeit voraus sein zu können ist in westlichen Gesellschaften und Wirtschaftssystemen von Vorteil, weshalb Zukunftswissenschaften und Trendforschung derzeit ein Renommee genießen, das dem der Astrologen und Orakel-Wächter früherer Zeiten vergleichbar scheint. Die Dimensionen unseres Wissensdurstes um Zukunftsthemen werden von Experten wie z.B. Matthias Horx regelmäßig mit Büchern bedient, die sich inzwischen sogar zu Bestsellern jenseits der Wissenschaftsdiskussion gemausert und eine breite Leserschaft gefunden haben. Demzufolge bewirbt der Campus-Verlag das neue Buch von Horx (2006) mit dem kennzeichnenden Titel: „*Wie wir leben werden. Unsere Zukunft beginnt jetzt*", entsprechend offensiv. Auf der Verlagshomepage und in Tageszeitungen, wie der Süddeutschen, wird Horx als der profilierteste Trendforscher Deutschlands ausgewiesen, dem es offensichtlich gelingt, in konkreten Szenarien ein fundiertes Bild unseres Lebens in den nächsten Jahrzehnten zu entwerfen. Die in diesem Zukunftsbuch thematisierten Fragen dürfen denn auch getrost zu den gesellschaftlichen Megafragen gerechnet werden:

- Wie sieht unsere Zukunft aus?
- Werden wir klonen?
- Entsteht ein neues Proletariat?
- Werden wir alle Singles?
- Wie entwickeln sich die Religionen?
- Werden wir den Tod besiegen?

1.3.3 Bezüge zum Sport

Im Lichte derartiger Megafragen erscheint der Sport zunächst als Nebensache. Dessen Entwicklung ist allerdings unmittelbar in die allgemeinen gesellschaftlichen Wandlungsprozesse eingebunden, weshalb es durchaus denkbar wäre, solche Prozesse mithilfe der Veränderungen im Sport nachzuzeichnen bzw. unter Umständen sogar auf der Basis sportsoziologischer Analysen fundierte Prognosen für unsere Zukunft aufzustellen. In diese Richtung tendiert die Arbeit von Anne Schildmacher (1998, 15f), die sich die allgemeinen Analysen des gesellschaftlichen Status quo differenzierter angeschaut hat. Sie hat dabei die einschlägigen Charakterisierungen, nach denen wir derzeit offensichtlich in einer Erlebnisgesellschaft (Schulze) oder gar in einer Risikogesellschaft (Opaschowski) leben, weitergedacht. Und zwar in sportbezogenem Interesse, denn die allgemeinen gesellschaftlichen Entwicklungen haben auch Spuren in den Jugendkulturen hinterlassen und vor allem in deren Bewegungspraxen immer wieder neue Trends, Stile und Orientierungen hervorgebracht (vgl. hierzu auch Schwier 1996; 1997). Schildmacher macht innerhalb der Vielzahl gesellschaftlicher Entwicklungstendenzen drei zentrale Trends aus, hinter denen sie eine besondere Relevanz für den Sport bzw. für die Entwicklung von Trendsportarten zu erkennen meint (Abb. 9):

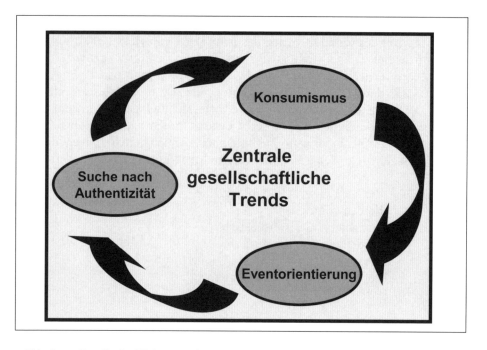

Abb. 9: Gesellschaftliche Trends nach Schildmacher (1998)

In dieser sozialwissenschaftlichen Lesart wird hinter der *Suche nach Authentizität* das Bedürfnis nach Halt, Sicherheit, Verbindlichkeit und Dauerhaftigkeit verstanden. Hierbei handelt es sich um eine Gegenbewegung zur gesellschaftlich bedingten Schnelllebigkeit und Unverbindlichkeit. Diese Wünsche werden auch auf den Körper und das *Sich-Bewegen* bezogen, weshalb in der so verstandenen Körperarbeit im Fitness-, Thai-Chi- oder Tanzstudio die Grundlagen für einen trainierten, entsprechend ausgebildeten Körper gelegt werden, der gewissermaßen als selbst modelliertes Werk für Gesundheit, Erfolg und verlässliche Leistungsfähigkeit garantieren soll. Diese Körper werden in hochwertige Markenprodukte verpackt und gekleidet bzw. mit mancherlei weiteren Zugaben aus dem Feld der angesagten Ernährung oder Wellnessbranchen versorgt. Der gesellschaftliche Trend zum *Konsumismus* macht diese Ausstaffierung verstehbar, denn im Sinne der konsumorientierten Modernität investieren Menschen beachtliche Ressourcen in an sich überflüssige Konsumgüter. Im Sport interessieren dabei vor allem hochwertige Markenkleidung und technologisch überragendes Equipment, weshalb sich so manche Produktbeschreibung von Sportschuhen oder Walkingstöcken wie eine Ausrüstungskennzeichnung für Astronauten liest. Schließlich werden Sport- und Bewegungsveranstaltungen nach den Regeln moderner Werbestrategien und des Erlebnishandels treffend inszeniert, was man in der Tendenz zur *Eventorientierung* zusammenfassen kann. Auf diese Weise führt man beispielsweise Stabhochsprungwettbewerbe in Einkaufszentren durch, Beachvolleyballturniere werden in die Innenstädte verlegt, Laufwettbewerbe werden in den Fußgängerzonen der großen Städte und Biathlonveranstaltungen in der Fußballarena auf Schalke inszeniert.

1.3.3.1 Red Bull Soulwave

In Feldern, in denen authentische Facetten des Sporttreibens zu Events stilisiert werden, verlaufen die Grenzen zu wirtschaftlichen Interessen fließend. Bestimmte Trendsportarten werden ganz gezielt ausgewählt, gesponsert und auf diese Weise geschickt mit dem Image eines bestimmten Produktes in Verbindung gebracht. So richtet beispielsweise die Hamburger Eventagentur *Lok Operations* für die Getränke-Firma *Red Bull* den sogenannten Soulwave aus. Dabei handelt es sich um einen Event, bei dem das Wellenreiten mit dem Windsurfen zu einer Art Duathlon verbunden wird. Diese Events werden von einem anspruchsvollen, sportiven Rahmenprogramm (z.B. Kite Surfing oder Skateboard-Wettbewerbe) begleitet und mit Auftritten der weltbesten Surfer, wie z.b. Francisco Goya, Robby Naish oder Robby Seeger, abgerundet. Das Image des Surfens und Skateboardens wird von den Veranstaltern ganz gezielt durch das Inszenieren einer außerordentlich entspannten Wettkampfatmosphäre unterstrichen. Dabei tritt das aus dem traditionellen Sport bekannte Gewinnen und Verlieren zugunsten des kreativen Gestaltens neuer Tricks in den Hintergrund. Der Soulwave dient in dieser gekonnten Inszenierung als Trendsetter für die Surfszene, der ganz nebenbei auch das Image des Energiegetränks *Red Bull* in dieser authentischen, lockeren und attraktiven Richtung verortet.

1.3.4 Veränderungen in den Strukturen des Sports

Für den Sport haben diese Trends weit reichende Konsequenzen, denn sie verändern die traditionellen Strukturen des Sporttreibens ganz grundlegend. In manchen Bereichen spricht man seit längerem sogar von regelrechten Krisen, z.B. wenn Leichtathletiksportfeste für Kinder und Jugendliche mangels Teilnehmer abgesagt werden müssen oder Fußballmannschaften es nicht mehr schaffen, die erforderlichen elf Spieler zusammenzubekommen. Demgegenüber boomen Konzepte wie z.B. *Fun in athletics*, Bewegungsangebote in Freizeitparks oder Sportspielvarianten, die unter der griffigen Bezeichnung *Street-* und *Beachball* in kleinen Mannschaften in einem an Karneval erinnernden Ambiente auf öffentlichen Plätzen inszeniert werden. Vor dem Hintergrund dieser Veränderungstendenzen arbeitet Schildmacher (1998, 16 f) in der weiteren Präzisierung ihres Ansatzes charakteristische Dynamiken innerhalb der beobachtbaren Trendsportkulturen heraus, die sie in Form von fünf kennzeichnenden Bewegungen formuliert:

1) vom Indoor-Sport zur Outdoor-Variante,
2) vom normierten zum unnormierten Sport,
3) vom großen Mannschafts- zum kleinen Gruppensport,
4) vom geschützten zum risikoreichen Sport,
5) vom verbindlichen zum unverbindlichen Sport.

1.4 Was sind Trendsportarten?

Obwohl der Begriff des Trendsports seit langem in aller Munde ist, fällt es ausgesprochen schwer, ihn exakt festzulegen. Jürgen Schwier (2000) stellt deshalb in Abwandlung eines Goethe-Zitats fest, dass das Beste am Wort Trendsport der Enthusiasmus ist, den es erregt. Trendsport steht für Innovation und Erneuerung. Aber auch für die jugendliche Freiheit, sich so zu bewegen, wie man gerade will und wie es möglicherweise gerade zum eigenen Style und zur aktuellen Lebenssituation passt. Trotz dieser definitorischen Schwierigkeiten gelangt der Gießener Sportsoziologe zu einer Kennzeichnung des Begriffs *Trendsportart*:

> *„Der Begriff der Trendsportart kennzeichnet dabei neuartige bzw. Lifestyle-gerecht aufbereitete Bewegungsformen, die als 'charismatische Produkte' (Lamprecht & Stamm 1998, 372) ein erhebliches Verbreitungspotenzial besitzen. Trends im Feld des Sports sind ferner dadurch gekennzeichnet, dass sie unsere eingewöhnten Sportvorstellungen überschreiten und zuvor unbekannte oder vernachlässigte Auslegungen des menschlichen Sich-Bewegens in unseren Horizont rücken" (Schwier 2000, 20).*

Für weitergehende oder alternative Eingrenzungen und Strukturierungsversuche der Bewegungspraktiken, die wir zurzeit unter dem Begriff des Trendsports zusammenfassen, haben sich in der Sportwissenschaft sogenannte Kennzeichenkataloge bewährt. Sie liegen in verschiedenen Ordnungsformen vor und weisen unterschiedliche Nähen zur Sportpädagogik auf. Während sich Balz, Brinkhoff & Wegner (1994, 17f.) mit der Orientierung an den Kurz'schen Sinnperspektiven (1990) sich ganz klassisch an einem vorhandenen Kategorienschema der pragmatischen Sportdidaktik ausrichten, betreiben Schwier (1998a, b) und auch Schildmacher (1998) recht originelle sozialwissenschaftlich orientierte Analysen dieses gesellschaftlichen Entwicklungsbereiches und gelangen demzufolge auch zu entsprechend innovativen Kennzeichenmodellen. Konkrete Listen von Trendsportarten finden sich beispielsweise bei Opaschowski 1997, 113 – 116) sowie bei Schwier (1998a, b), der auf der Grundlage eines themenzentrierten Scannings diverser Medien zu einem Katalog von insgesamt 46 Bewegungspraktiken gelangt, die er als Trendsportarten bezeichnet. In der Fortführung dieses Scannings und der daran gebundenen Plausibilitätsüberlegungen entwirft Schwier (2003) eine Liste von insgesamt 24 Praktiken, die er in drei übersichtliche Kategorien von Trendsportarten einteilt (vgl. Abb. 10):

FITNESSPRAKTIKEN	RISIKOSPORTARTEN	FUNSPORTARTEN
Aerobic	Base – Jumping	Snowboarding
Bodyworkout	Canyoning	Sandboarding
City – Jam	Freeclimbing	Mountainbiking
Neuromuscular Integrative Action (NIA)	Paragliding	Skateboarding
Inline – Aerobic	Rafting	Inline-Skating
Kick-O-Robic	Skyting/Kiteskiing	Kitesurfing
Spinning	Snowbiking	Streetball
Tae – Bo	Wakeboarding	Beach-Volleyball

(Schwier 2003)

Abb. 10: Differenzierung dreier Kategorien von Trendsportarten

1.4.1 Merkmale von Trendsportarten

Da eine Trendsportart unter Umständen bereits in dem Moment, in dem man sie als solche definieren kann, so viel ihres Innovationscharakters verloren hat, dass man sie schon gar nicht mehr als Beispiel innovativer Bewegungspraxis einordnen mag, macht es wenig Sinn, über die Gültigkeit und Reichweite der Listen von Trendsportarten zu streiten. Schließlich gibt es viele gute Argumente dafür, aus der Schwier'schen Liste (s.o. Abb. 10) Sportarten wie z.b. Inline-Skating oder Streetball wieder herauszustreichen und sie unter Umständen sogar als Beispiele des *konservativen Repertoires* zu klassifizieren. Solche Diskussionen mögen für Zukunftsforscher oder Werbestrategen von Bedeutung sein, wenn sie versuchen, den Innovationsgehalt bestimmter Praktiken mit Produkten aus der Wirtschaft und des Konsums in Verbindung zu bringen (siehe *Red Bull Soulwave*). In sportdidaktischer Hinsicht interessiert etwas anderes. Es geht darum, herauszufinden, welche Kennzeichen und Merkmale für Attraktivität im Sporttreiben garantieren können. Möglicherweise spiegeln sich im Spektrum der sogenannten Trendsportarten auffällige Merkmale wider, die bei den Anhängern dieser Praktiken die Lust auszulösen vermögen, immer weiter machen und sich in die bewegungsmäßigen Gesetzlichkeiten bestimmter neuer Sportarten bzw. Trendsportarten vertiefen zu wollen. Um dieser Frage auf den Grund gehen zu können, bietet sich erneut ein Blick auf die Arbeiten von Schwier (u.a. 1998a, 10f.; 2000, 81f.) an, der in einigen seiner Schriften charakteristische Merkmale von Trendsportarten herausgearbeitet hat. Er unterscheidet insgesamt sechs Trends im Feld dieser neuen Bewegungspraktiken, die in unterschiedlichen Gewichtungen und Kombinationen auftreten und auch dabei nicht für jede Trendsportart in gleicher Weise zutreffen. Trotzdem erlauben sie eine Charakterisierung der Bewegungsweisen, weshalb sie im Folgenden knapp skizziert und erläutert werden sollen (vgl. Abb. 11):

Neue Inhaltsfelder – Trendsport

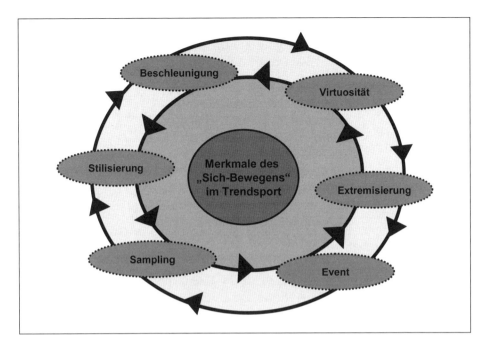

Abb. 11: Sechs Trends im Feld des Trendsports (in Anlehnung an Schwier 2000)

„Die Menschen der postkapitalistischen, postmaterialistischen, postmodernen Gesellschaft wollen einen Unterschied machen und fordern hierzu Dinge, die einen Unterschied machen. Entscheidend für den Verkaufserfolg ist deshalb: Draw a distinction that makes a difference!" (Bolz & Bosshart 1995, 193). Sich von anderen unterscheiden zu können, ist offensichtlich ein besonders auffälliges Kennzeichen, das sich im *Anderssein* und dem Finden eines individuellen Styles äußert. Dabei meint *Stilisierung*, dass die Ausübung von Trendsportarten weit über die motorische Dimension des *traditionellen Sporttreibens* hinausgeht und als selbstverständliches Element des Lebensstils erscheint und damit alle Bereiche des Alltags und manchmal sogar des Schul- und Berufslebens erfasst. In diesem Sinne gehen beispielsweise Skateboarder nicht in der gleichen Weise zur Halfpipe, um zu skaten, wie Fußballer zum Sportplatz gehen, um Fußball zu spielen, sondern sie führen das Leben von Skatern und zeigen ihren Style auch fernab von der Halfpipe!

Die Tendenz der *Beschleunigung* kann man beispielsweise in vielen der sogenannten Street- und Beach-Varianten der Großen Sportspiele, wie z.B. Streetball oder Beachvolleyball, erkennen. Die Trendvarianten dieser Spiele sind wegen der geringeren Spielerzahl und der kleineren Spielfelder schlichtweg viel schneller als ihre traditionellen Ursprünge im Basketball oder Volleyball, und die Akteure verwickeln sich deshalb in den Trendvarianten viel schneller in die attraktiven und entscheidenden Torszenen als die Spieler, die die klassischen Spiele spielen. Im Fußball wird die Beschleunigungstendenz auch durch das Einbeziehen von Banden und die *fliegenden Wechsel* der Spieler vergrößert, weshalb beispielsweise Hallenfußballturniere hinsichtlich der Spieldynamik oftmals an rasantes Kleinfeld-Eishockey erinnern.

Für die Trendsportarten lässt sich weiterhin ein Bedeutungsanstieg des subjektiven Bewegungserlebnisses und des Bewegungsgefühls ausmachen, der sich im Kennzeichen der sogenannten *Virtuosität* zeigt. Hiermit ist die kreative Auseinandersetzung mit der Bewegungsaufgabe gemeint, die in der Werteskala von Trendsportlern weit vor dem Streben nach sportlichem Erfolg rangiert. Man kann auch sagen, dass in Trendsportarten die traditionelle Hegemonie des binären Sieg-Niederlage-Codes, so wie wir ihn während der Olympischen Spiele und anderer sportlicher Großveranstaltungen eindrucksvoll erleben können, und die damit verbundene rationale Leistungsproduktion stilbildend überschritten wird.

Hinter dem Kennzeichen der *Extremisierung* verbirgt sich die Tendenz, dass sich Trendsportler durchaus in gefährliche Situationen begeben wollen und versuchen, die Grenzen ihrer Leistungsfähigkeit und ihre Risikobereitschaft immer weiter zu stecken. Aus diesem Grund sind Sportarten mit einem gewissen Gefahrenpotenzial wie z.B. Canyoning oder Bungee-Jumping sehr beliebt.

Die Tendenz zum *Event* kann man inzwischen daran erkennen, dass der Sport der Stadien flux auf die Marktplätze und in die Innenstädte verlegt wird. Denn dort werden in einem bunten, freudvollen, durchaus an Karneval erinnernden Ambiente sogar Beachvolleyball- oder Beachsoccer-Turniere ausgetragen.

Das *Sampling* kennen wir ja bereits aus dem Bereich der Pop-Musik, wo aus alten Hits immer wieder neue Songs gemacht werden. Das Sampling ist zugleich auch ein Kennzeichen der Trendsportarten, denn auch dort werden seit Jahren aus klassischen Einzelsportarten neue Sporttrends kombiniert, wie z.B. beim Triathlon, der aus den klassischen Ausdauerdisziplinen Schwimmen, Radfahren und Laufen zusammengesetzt wurde. Darüber hinaus werden aber auch manche Bewegungspraktiken aus ihrem kulturellen

Kontext herausgelöst und bei uns auf neue Weise inszeniert, wie das z.B. beim Thai Chi der Fall ist.

1.4.2 Wie entstehen und entwickeln sich Trendsportarten?

Obwohl jede Sportart ihre eigene Geschichte hat und verschiedene Praktiken im Feld des innovativen Trendsports in der Zukunft unterschiedliche Entwicklungsverläufe nehmen werden, lassen sich im Entstehungsprozess von Trendsportarten einige Anhaltspunkte herausheben, die auf Regelmäßigkeiten verweisen, und deshalb dabei helfen können, ein Modell zur Entwicklung von Trendsportarten zu entwerfen. Besonders gut gelingt diese Rekonstruktion am Beispiel von Sportarten, deren Entwicklung von Marketingexperten gestützt wurde.

In diesem Sinne haben beispielsweise die Manager der finnischen Firma Exel massiven Anteil an der Ausbreitung des neuen Volkssports *Nordic Walking*. Der Meyer- und Meyer-Verlag aus Aachen wirbt derzeit mit einem Nordic-Walking-Buch in seinem Verlagsprogramm, das den vielsagenden Titel trägt: „*Das Original. Vom Erfinder Marko Kantaneva. Nordic Walking*". Damit hebt sich das Werk deutlich von der Fülle der Konkurrenzbücher ab und macht neugierig darauf, zu erfahren, wer das Nordic Walking denn nun erfunden hat: Nach eigenen Angaben ist es Marko Kantaneva, der als finnischer Sportstudent sein zwischen 1994 und 1997 betriebenes Sportstudium im Jahre 1997 mit einer Diplomarbeit zum Nordic Walking abgeschlossen und parallel dazu auch schon einige Übungen und Trainingseinheiten zu dieser Sportart ausgedacht und entwickelt hat. Auf der Basis dieser Vorarbeiten verfasste er einen Aufsatz zum Thema für die Mitgliederzeitschrift von *Suomen Latu* (Zentralverband für Freiluftaktivität und sportliche Erholung in Finnland). In diesem Zusammenhang entstand ein Kontakt zu dem Leiter der Produktionsabteilung von Exel, die heutzutage als führender Hersteller von Nordic-Walking-Stöcken gelten. Kantaneva wurde beauftragt, Ideen zur Entwicklung eines speziellen Nordic-Walking-Stocks zu entwerfen, was er in einem ersten Schritt vor allem im Hinblick auf den Stockteller auch tat. Im nächsten Schritt galt es herauszufinden, wie lang die Stöcke sein sollten. Diese Arbeit hat der innovative Finne ganz nebenbei mit seinem Nachbarn im Hof erledigt, und wer jemals eine Diskussion zwischen Walkingexperten über die vermeintlich optimale Stocklänge mitangehört hat, der muss unbedingt die von Kantaneva erzählte Geschichte auf den Seiten 27 bis 29 seines Buches nachlesen. Die Standardlängen wurden einfach aus dem *guten Gefühl* der beiden Männer heraus auf 120, 125 und 130 Zentimeter festgelegt.

Nachdem dann im Spätsommer 1997 der erste Exel-Nordic-Walking-Stock auf den Markt kam, begann die systematische Verbreitung der neu erfundenen Sportart. Kursleiter wurden geschult, Ausbildungsmaterialien wurden erstellt und das notwendige Equipment wurde immer weiter entwickelt und zielgenau vermarktet. Die Zahl der finnischen Nordic Walker stieg von ca. 10.000 (1997) über 280.000 aus dem Jahre 1998 bis auf zuletzt 760.000 Menschen im Jahre 2004! Inzwischen rüsten die großen Discounter wie z.B. Lidl und Aldi die Massen mit Walkingstöcken aus, sodass davon ausgegangen werden kann, dass diese Sportart bald so weit verbreitet und akzeptiert sein wird, dass ihr Charakter als Trendsportart immer mehr in den Hintergrund rückt.

1.4.3 Ein idealtypisches Entwicklungsmuster von Trendsportarten

Die Entwicklung des Nordic Walking spiegelt sich im Modell von Lamprecht und Stamm (1998, 370ff.) prägnant wider. Die beiden Schweizer Sportsoziologen arbeiteten auf der Grundlage der Innovations- und Produktlebenszyklen ein idealtypisches Entwicklungsmuster von Trendsportarten heraus, indem sie die Trendsportarten mit marktwirtschaftlichen Produkten und Branchen gleichsetzten. Sie systematisieren und erklären nämlich den Entwicklungsverlauf von neuen Bewegungsformen auf die gleiche Weise, wie es Wirtschaftswissenschaftler mit neuen Produkten tun. Sport- bzw. Trendsport wird von den beiden Schweizern deshalb als Ware verstanden, die im Zuge ihrer Entwicklung fünf verschiedene, zeitlich begrenzte Phasen durchläuft (vgl. Abb. 12). Vor diesem Hintergrund gelangen Lamprecht und Stamm (1998, 370) denn auch zur folgenden Charakterisierung:

„Trendsportarten sind dadurch gekennzeichnet, dass sie nicht nur neue Bewegungsformen mit neuen Sportgeräten kreieren, sondern auch ein Sportverständnis propagieren, das teilweise quer zum traditionellen Sportbegriff steht. Statt Leistung wird Spaß proklamiert, an die Stelle der Vereine und Verbände tritt die informelle Gruppe, die Sprache ist Englisch und das Medienecho gewaltig"

Neue Inhaltsfelder – Trendsport

	Phase 1 Invention	Phase 2 Innovation	Phase 3 Entfaltung und Wachstum	Phase 4 Reife und Diffusion	Phase 5 Sättigung
Kennzeichen	Geburtsstunde; Erfindung	Entwicklung; Verbesserungen am Sportgerät	Aufbruch, Durchbruch; Trend als Absetz- und Gegenbewegung Exklusivität	Trend wird Allgemeingut; Institutionalisierung und Differenzierung	Von der Trendsportart zur etablierten „Normalsportart" interne Differenzierung und Spezialisierung
Träger	Einzelpersonen; „Pioniere", „Freaks"	Kleingruppen, Tüftler; „Bewegungsfreaks"	(Jugendliche) Subkulturen, Lebensstilgruppen	regelmäßige Sportler	alle (spezifische Adaptation für verschiedene Benutzergruppen)
Beachtungs-Grad	äußerst gering; auf Geburtsstätte begrenzt	auf lokale Zentren begrenzt; Geringschätzung durch etablierte Sportwelt	Konfrontation mit Etablierter Sportwelt; spez. Kommunikationsmittel (Szenemagazine); erstmalige Aufmerksamkeit der Massenmedien	starke Verbreitung; hohes Medieninteresse (auch außerhalb der Sportberichterstattung)	Interesse im Rahmen der „normalen" Sportberichterstattung
Kommerzialisierung	Unikate, Einzelanfertigungen	kleine, lokal begrenzte Serienproduktion Marktnischen	Entstehung spezifischer Märkte	Produktion von Massenartikeln; Spezialisierung, breite Palette von Anbietern	hoch, fester Bestandteil des Sportmarkts; Konzentrierung der Marktkräfte
Organisationsgrad	Unorganisiert	gering; lokal begrenzte Kleingruppen	Informelle Gruppen, erste wenig formelle Organisationen	Entstehung formeller Organisationen; Integration in Lehrpläne und Dachorganisationen	Vollwertiger Bestandteil der etablierten Sportorganisationen
Bedingungen für den Übertritt in die nächste Phase	Gute Idee, Herausforderung	Einpassung in bestehende Infrastruktur; Kultpotential; interessante Bewegungsform	Verwertungsinteresse; Marktchancen; relativ einfaches Erlernen der Bewegungsform	Potential zur internen Differenzierung und Spezialisierung	

Abb. 12: Phasen der Entwicklung von Trendsportarten (Lamprecht & Stamm 1998, 374)

1.4.4 Welchen Sport treiben wir in der Zukunft?

Auch wenn wir Zusammenhänge zwischen gesellschaftlichen Megatrends und ihren Auswirkungen auf das Feld des Sporttreibens und *Sich-Bewegens* erkennen mögen und obwohl wir wenigstens annäherungsweise bestimmen können, was Trendsportarten sind, welche Merkmale Trendsportarten kennzeichnen und wie Trendsportarten entstehen und wie sie sich entwickeln, so bleibt eine überaus spannende Frage trotz dieses beachtlichen Wissens noch unbeantwortet: *„Wie genau sieht der Sport der Zukunft aus?"* Antworten auf diese Frage mag man im Feld der Zukunfts- und Trendforschung finden, deren Programm und Methodik durchaus als innovativ und kreativ bezeichnet wird, die aber nicht immer nach wissenschaftlichen Maßstäben betrieben und bemessen werden kann. Schwier (1998a, 8) relativiert denn auch das Vorgehen des führenden Trendforschers Matthias Horx folgendermaßen:

„*Das von Horx (1993 und 1997) formulierte Programm der Trendforschung lässt sich eben allein mit wissenschaftlichen Mitteln gar nicht einlösen. Darüber hinaus kann festgestellt werden, dass jede Form von Prognostik, die den logischen Raum verlässt und sich lebensweltlichen Inhalten zuwendet, philosophisch fragwürdig und nach strengen wissenschaftlichen Kriterien immer angreifbar bleibt. Pädagogische, soziologische und sportwissenschaftliche Untersuchungen, die trotzdem Voraussagen über die Zukunft machen wollen, greifen in einer solchen methodologisch prekären Lage immer wieder von Horx proklamierte Trends auf und versuchen diese mit passenden Theorien zu unterfüttern.*"

Mit diesen Problemen muss sich auch Christian Wopp (2006) auseinandersetzen, der jüngst ein imposantes Buch zur Trendforschung im Sport vorgelegt hat und dort nach 500 Seiten akribisch aufgearbeiteter Wissens- und Forschungsgrundlagen der Trend- und Zukunftswissenschaften auch zu einer halbseitigen Prognose zum Sport der Zukunft gelangt. Unter der Überschrift „*Welchen Sport treiben wir morgen?*" wird zwar zunächst noch relativierend auf die gegebenen Schwierigkeiten verwiesen, die sämtlichen Vorhersagen im Wege stehen, um dann doch noch zu einer Prognose zu kommen, der er trotz aller methodischer Bedenken eine hohe Wahrscheinlichkeit einräumt:

„*Auch wenn die einzelnen Praxisformen nicht genau vorhergesagt werden können, so zeichnen sich Entwicklungskorridore ab, innerhalb derer die meisten Menschen aktiv sein werden. Angesichts des demografischen Wandels werden die meisten Aktivitäten innerhalb der großen Themenfelder Gesundheit, Fitness, Ausdauer oder Wellness liegen. Männer und Frauen werden gleichermaßen aktiv sein und dabei versuchen, Prozesse des Alterns mithilfe von Sportgeräten herauszuzögern, die leicht zu bedienen und ästhetisch anspruchsvoll gestaltet sind. Auch wenn zukünftig Selbstlernprozesse ebenso wie die Betonung der Individualität beim sportlichen Handeln im Mittelpunkt stehen, werden sich die Sportvereine als zahlenmäßig größter Sportanbieter behaupten. Denn angesichts sinkender realer Einkommen und nachlassender staatlicher Unterstützung werden kostengünstige Organisationsformen mit ehrenamtlichem Engagement zunehmend wichtiger. Der Sport wird voraussichtlich mehr noch als heute in der unmittelbaren Wohnumgebung ausgeübt und zu den Selbstverständlichkeiten des Alltags gehören*" (Wopp 2006, 498).

1.5 Sportpädagogische Herausforderungen und Perspektiven

Die verschiedenen Ordnungsversuche und Kennzeichensysteme von Trendsportarten und die Prognosen der Trend- bzw. Zukunftsforschung deuten zunächst einmal auf das Vorhandensein dynamischer Veränderungen hin, die alle gesellschaftlichen Teilbereiche und somit auch den Sport erfassen. Die für sportpädagogisches Denken und Handeln entscheidende Frage nach den schulischen Herausforderungen und Konsequenzen dieser gesellschaftlichen und jugendkulturellen Wandlungsprozesse bedarf weitergehender Überlegungen, in denen die Probleme, Ziele und Entwicklungstendenzen des schulischen Sportunterrichts einbezogen werden müssen. Dort bemerkt man seit Jahren eine Ausdifferenzierung des Inhaltsspektrums, das manche Kollegen in Sorge versetzt, weil möglicherweise der inhaltliche Kern des Faches verloren zu gehen droht (vgl. Aschebrock 2001).

Die klare und übersichtliche Orientierung an wenigen traditionellen Sportarten und den dazugehörigen sachlogischen Vermittlungskonzeptionen gehört längst der Vergangenheit an. An ihrer Stelle haben Grundthemen des Bewegens und Bewegungsfelder sowie erfahrungsoffene Vermittlungskonzeptionen das Inhalts- und Methodenspektrum des Sportunterrichts derart ausgeweitet, dass gegenwärtig niemand so recht in der Lage ist, unmissverständlich festzuhalten, was denn nun die wirklichen Bildungsstandards und Basiskompetenzen sind, die im Sportunterricht zum Thema für alle Kinder und Jugendlichen gemacht werden sollen. Möglicherweise hilft auch in diesem Zusammenhang eine Prognose aus dem Feld der sportbezogenen Zukunftsforschung. Hier gibt wiederum Christian Wopp (2006) eine ebenso nüchterne wie unmissverständliche Vorhersage für den Sportunterricht der Zukunft ab:

„Da die Schüler ihre Bewegungserfahrung und ihr Bewegungskönnen mit in den Unterricht einbringen, übernehmen Schüler auch die Rolle der Lehrenden. Lehrer sind in erster Linie Lernbegleiter in Form von Chaospiloten (Berufsbezeichnung in Dänemark), die den Schülern beim Navigieren durch das Leben behilflich sind. Die Lehrer ermutigen die lehrenden Schüler, ihre schon vorhandenen Qualifikationen durch die Teilnahme an Lehrgängen von Sportverbänden zur Übungsleiterfortbildung zu vertiefen" (Wopp 2006, 496).

Auch in dieser Frage versteht es der Autor, eine knappe, aber griffige Prognose auf einer halben Seite seines Buches unterzubringen. Dabei fallen die prägnanten Schlusssätze seiner Vorausschau besonders auf, weil sie sich auf die Rolle der Lehrenden und die der Schüler beziehen. Vielleicht mag man diese Ausführungen als Gedankenanstoß für die Entwicklung zukunftsfähiger Schul- und Unterrichtsmodelle gebrauchen können. Wie dem auch sei, auf jeden Fall dient diese Skizze als Einstieg in die Diskussion der Frage, was man in der Pädagogik als fortschrittlich und zukunftsfähig anzusehen hat. Möglicherweise ist das etwas völlig anderes als das, was Experten für den Sport als zukunftsweisend einstufen.

1.5.1 Differenzen zwischen Sport und Pädagogik

Angesichts der gegebenen Attraktivität sportiver Trends muss man sich sowohl als Sportler wie auch als Pädagoge fragen, wo denn die Trends im eigenen Feld liegen und ob und wie man ihnen zu folgen vermag. Dabei gilt es in der Sportpädagogik kritisch abzuwägen, ob man wirklich jedem vermeintlichen Trend hinterherlaufen will oder ob man zu manchen Trends vielleicht nicht auch ein Gegengewicht bilden muss. Diese Bereitschaft setzt allerdings voraus, dass wir als Sportlehrer wissen, was wir wollen, und dass wir nicht alles, was gerade modern ist, gutgläubig für unseren Sportunterricht übernehmen. Es gilt also herauszufinden und abzustimmen, welche Inhalte und Themen in den Vereinen, im Fitnessstudio, auf der Straße oder eben in der Schule behandelt, konsumiert, geklärt und vertieft werden sollen.

Im Zuge solcher Abstimmungsprozesse ist es durchaus möglich, dass Sportlehrer erkennen müssen, dass die Trendsetter im Feld der Freizeit und des Sporttreibens in ganz andere Richtungen verlaufen als die der Pädagogik. Folglich erwächst für Sportpädagogen die Verantwortung, dass sie das Spektrum der Bewegungsangebote und -möglichkeiten sowie die dahinter stehenden Interessen und Strategien erkennen und verstehen lernen müssen. Schließlich sollen sie entscheiden, ob, welche und wie sie neue Inhalte und bestimmte Trends in ihrem Unterricht thematisieren bzw. zu welchen Trends sie lieber Gegenbewegungen in Gang setzen wollen. An dieser Stelle wird letztlich auch die Erziehungsfunktion des Sportunterrichts sichtbar, denn es bleibt zu hoffen, dass es gelingen kann, die Schülerinnen und Schüler durch den Sportunterricht in die Lage zu versetzen bzw. mindestens dazu beizutragen, dass sie sich irgendwann einmal kritisch und zugleich konstruktiv mit den Trends im Sport auseinandersetzen können und für sich persönlich stimmige und erfüllende Wege im Umgang mit den Möglichkeiten und Angeboten im Feld des Sporttreibens und *Sich-Bewegens* finden können. Im Sinne eines erziehenden Verständnisses von Sportunterricht gilt es einerseits, die reizvollen und innovativen Potenziale sportiver Trends für sich entdecken und erschließen zu lernen. Andererseits geht es aber auch immer zugleich darum, eine kritische Distanz zu allen Angeboten einnehmen zu können, damit man nicht Gefahr läuft, jedem Trend und den sich dahinter verbergenden Interessen blind hinterherzulaufen.

1.5.2 Ambivalenz des Fortschrittdenkens

Da das Fortschrittdenken im Sport nicht mit dem in der Pädagogik deckungsgleich ist, kann es für den zeitgemäßen Sportunterricht letztlich nicht ausreichen, einfach nur Trendsportarten in die Schule hineinholen und dort zum Pflichtprogramm machen zu wollen. Trotzdem kann man auch für den Sportunterricht nur wünschen, dass er den Spuren des Zeitgeistes zu folgen vermag und dass die verantwortlichen Sportlehrer hinsichtlich der Inhalts-, Konzept- und Methodenauswahl *die Nase stets im Wind haben*, um innovativen und zugleich bildsamen Sportunterricht verantworten zu können. Damit sind die Herausforderungen für die Sportpädagogik angesprochen, denn zu diesen Fragen bestehen seit geraumer Zeit Erklärungsnöte. Die Diskussion fachdidaktischer Konzepte ist nach den Habilitationsschriften von Schierz (1997) und Elflein (2007) scheinbar zu Ende gegangen, und fachdidaktisch fundierte Methodendiskussionen werden seit langem nicht mehr gepflegt bzw. reduzieren sich auf die Verwaltung konzeptioneller Versatzstücke (vgl. Laging 2000). Folglich wird auch im Zusammenhang mit der Diskussion um die Schulrelevanz des Trendsports vieles einfach nur an der Inhaltsfrage festgemacht.

1.5.3 Herausforderung für die Sportpädagogik

Die Frage, ob neue Bewegungsfelder bzw. Trendsportarten zum Thema des Schulsports gemacht werden sollen, ist in der sportpädagogischen Diskussion hoch aktuell. Balz (1995, 35) attestierte dem Schulsport bis zum Beginn der 1990er Jahre, dass dieser – vor allem in der Sekundarstufe I – in einem *weitgehend festgeschriebenen Sportartenkanon* beschränkt ist, wodurch eine Differenz zur aktuellen Bewegungs-, Spiel- und Sportkultur besteht. Demnach besteht seit langem Reformbedarf (vgl. auch Schwier 2000b), worauf auch die jüngste Schulsportuntersuchung aussagekräftige Hinweise erlaubt. Die im Rahmen der sogenannten SPRINT-Studie des Deutschen Sportbundes durchgeführte Analyse der Lehrpläne aller 16 Bundesländer belegt nämlich immer noch eine gewisse Orientierungslosigkeit im Hinblick auf die Inhaltsdimension des Sportunterrichts. Die Schule scheint immer noch fernab der bewegungskulturellen Wirklichkeit von Kindern und Jugendlichen stattzufinden, was von Krick & Prohl (2005) im Zuge ihrer Lehrplanstudie empirisch bestätigt wird:

> *„Während in den Lehrplänen, die vor 1992 in Kraft getreten sind, durchschnittlich zwölf Sportarten benannt werden, sind es in den ab diesem Zeitpunkt gültigen Lehrplanwerken durchschnittlich bereits mehr als sechzehn, mit der Tendenz zunehmend auch sogenannte `Trendsportarten´ zu berücksichtigen. Eine grundlegende Veränderung der Lehrplaninhalte im Sinne einer Erweiterung des Spektrums und einer Anpassung an die bestehende Sport-, Spiel- und Bewegungskultur hat sich schließlich mit der neuen bewegungsfeldorientierten Lehrplangeneration seit der Jahrtausendwende vollzogen."*

1.5.4 Forderung nach neuen Inhalten

Passend zu dieser Bestandsaufnahme forderten bereits vor mehr als 10 Jahren die Bielefelder Sportpädagogen Balz, Brinkhoff und Wegner (1994) in ihrem Basisbeitrag zum Themenheft der Zeitschrift Sportpädagogik: *„Neue Sportarten in die Schule!"* Die Autoren geben ein Plädoyer dafür ab, dass sich der Schulsport den aktuellen Entwicklungen im Freizeitsport öffnen muss, zumal sich Kindheit und Jugend spür- und sichtbar verändert haben, was ihrer Auffassung nach noch bis Anfang der neunziger Jahre des vergangenen Jahrhunderts keinen Niederschlag im Inhaltsspektrum des Sportunterrichts gefunden hat:

> *„Gerade die neuen freizeitsportlichen Interessen sind allerdings im Kanon der typischen Schulsportarten überhaupt noch nicht berücksichtigt. Zwischen den Aktivitäten im Freizeitsport und denen im Schulsport können sich somit nachhaltige Differenzen auftun"* (Balz, Brinkhoff & Wegner 1994, 17).

Aufgrund dieser defizitären Situation fordern die Autoren vor dem Hintergrund eines soziologisch gefärbten Problemhorizonts konsequenterweise auch entsprechend neue fachdidaktische Akzente ein, deren Defizit sie mithilfe einer metaphorischen Formel auf den Punkt bringen (1994, 17):

„Dies trifft beispielsweise zu, wenn Neunjährige morgens Häschenhüpfsprünge turnen und nachmittags mit dem Skateboard und Hip-Hop-Musik in die Halfpipe steigen, wenn Dreizehnjährige im Sportunterricht weitspringen und am Wochenende mit ihresgleichen im `ultimativen Outfit´ Baseball spielen oder Mountainbike fahren, wenn Achtzehnjährige in der Schule die Feinform des Volleyballaufschlags lernen und abends im Squashcenter (an der Vitaminbar) oder im Fitnessstudio (an der `Eisernen Jungfrau´) aktiv sind" (Balz, Brinkhoff & Wegner 1994, 17).

1.5.5 Inhaltsauswahl: Innovativ oder konservativ?

Die Frage, ob neue Inhalte zum Thema von Sportunterricht gemacht werden sollen, ist mindestens ebenso alt wie der Sportunterricht selbst. Es geht dabei um das Problem, wie sich pädagogische Innovation und erziehlicher Konservativismus gegeneinander auspendeln. Innovativ wäre es beispielsweise, wenn es gelänge, Inhalte aus dem Feld der freizeitsportlichen Interessen von Kindern und Jugendlichen auch zum Thema des Sportunterrichts zu machen. Konservativ wäre es demgegenüber, solche Versuche von vornherein ins pädagogische Abseits zu verbannen. Wie bei jedem *Auspendeln* bzw. Ausgleichen zweier sich gegenüberstehender Pole und Positionen hat sich auch dieses Problem während der zurückliegenden Jahrzehnte als ein geduldig auszuhaltender Prozess dargestellt, in dem es bis in die siebziger Jahre des vergangenen Jahrhunderts hinein nur vergleichsweise wenige Veränderungen und Reformen gab. Diese Situation hat sich allerdings während der zurückliegenden zwei Jahrzehnte rasant zugunsten innovativer pädagogischer Herangehensweisen verändert, weshalb seither viele *bunte* Formen aus dem Feld der jugendkulturellen Bewegungspraxis, wie z.B. Trend-, Fun- oder Risikosportarten, in den Relevanzbereich der sportpädagogischen Diskussion eindringen (vgl. u.a. Schwier 1998a, b, 2000). Dabei weckt vor allem das im informellen Sport von Kindern und Jugendlichen beobachtbare Engagement und die ausgesprochene Bewegungslust der Kinder das Interesse von Sportpädagogen (vgl. Ehni 1998, Wopp 1999, Lange 2002a).

1.5.6 Wie beweglich ist das Schulsystem?

Im Verlauf der Sportgeschichte lassen sich deshalb auch zahlreiche Beispiele finden, die zeigen, dass es zu jeder Zeit gelungen ist, neue Inhalte und

Themen für den Turn- bzw. Sportunterricht zu gewinnen. Weiterhin ist auffällig, dass die neuen Themen in der Regel nicht reibungslos integriert werden konnten, sondern sich erst gegen hartnäckige Widerstände und im Zuge lang andauernder Debatten etablieren konnten. Dabei lassen sich die jeweiligen Argumente in der Regel zwei polar gegenüberstehenden Positionen zuordnen: Auf der einen Seite stehen Beispiele aus dem Feld innovativer Bewegungskulturen. Und demgegenüber positionieren sich Vertreter einer traditionell-konservativen Linie, die den Status quo des Sportunterrichts bewahren möchten und hinter neuen Inhalten zumeist die Gefahr einer Verwässerung ausmachen und sie deshalb durchaus ängstlich ablehnen. Jürgen Schwier (2000, 383) bestätigt diese Gleichzeitigkeit von Innovation und Konservativismus und weist darüber hinaus an dieser Stelle auf die statische und in gewisser Hinsicht sogar destruktive Funktion des Schulsystems hin:

„Die einsetzende Popularisierung innovativer Bewegungsformen und deren gleichzeitige Ablehnung durch die Pädagogen treten im Feld des Sports wohl zumeist gemeinsam auf, und letztlich kann das gesamte Schulsystem im Prozess bewegungskulturellen Wandels den statischen Kräften zugerechnet werden."

Die Eckpunkte dieser Diskussion lassen sich im Nachhinein am Beispiel einer Sportart klären, die vor 110 Jahren als neue Bewegungs- bzw. Spielform nach Deutschland importiert wurde und heute als selbstverständlicher Bestandteil unserer Sport- und Bewegungskultur gilt.

1.5.6.1 Vor 110 Jahren: Fußball als Trendsport?

Das Fußballspiel war um die Wende zwischen dem 19. und 20. Jahrhundert in Deutschland noch relativ unbekannt und dementsprechend weit entfernt von einer möglichen Thematisierung in der Schule. Beim sogenannten *Football* handelte es sich um eine Erfindung der Engländer, und die wurde vor mehr als 120 Jahren von Seeleuten und Studierenden nach Deutschland *eingeschmuggelt* (vgl. hierzu u.a. Broschkowski & Schneider 2005). In den Hafenstädten Bremen oder Hamburg führten denn auch Seemänner diesen – wie man heute sagen würde – neuen Trendsport zunächst dem staunenden und dann mitspielenden Publikum vor. Englische Studenten brachten das Spiel in die deutschen Universitätsstädte, z.B. nach Stuttgart. Broschkowski und Schneider (2005) berichten in diesem Zusammenhang von Spielen auf improvisierten Spielplätzen, von der aufkeimenden Begeisterung bei den Zuschauern, von der Erfindung der Regeln und der damit verbundenen

Schiedsrichterproblematik. Trotz aller Euphorie formierte sich gerade in dieser Anfangszeit eine hartnäckige Kritik und Opposition gegenüber diesem neuen Spiel. In konservativen Kreisen wurde das Fußballspiel als *Fußlümmelei* oder *englische Krankheit* stigmatisiert, während es aus der sozialdemokratischen Richtung als *bürgerliche Bauernfängerei* abgetan wurde (vgl. Broschkowski & Schneider 2005).

So veröffentlichte beispielsweise der Stuttgarter Gymnasialprofessor Karl Planck im Geiste der turnerischen, konservativen Kritik im Jahre 1898 ein Pamphlet, in dem er den Begriff der *Fußlümmelei* prägte (vgl. als Reprint: Planck 1982). Der schwäbische Gymnasiallehrer findet dort noch weitaus härtere Worte: Das Fußballspiel ist nämlich seiner Auffassung nach ein *englischer Aftersport*, den er als menschenunwürdig einstuft. Seine Argumentation baut dabei bezeichnenderweise auf Bewegungsbeobachtungen und -analysen: *„Das Einsinken des Standbeins ins Knie, die Wölbung des Schnitzbuckels, das tierische Vorstrecken des Kinns erniedrigt den Menschen zum Affen."* Die Anforderungen, Bewegungsweisen und Regeln dieses Spiels passten überhaupt nicht zum Formdenken und Ordnungsrahmen des damals etablierten Turnens. Und dieses traditionelle Turnen in seinen kontrollier- und exerzierbaren Möglichkeiten für die Körperertüchtigung war für Kritiker wie Planck etwas typisch Deutsches, das es unter anderem gegen die Konkurrenz derart sportiver *Trends* zu bewahren galt. Schließlich wurden im Fußball der damaligen Zeit ganz andere Bewegungsqualitäten und Anforderungen transportiert. Dort ging und geht es um einen durchaus engagierten, zuweilen wilden und über weite Strecken überhaupt nicht zu kontrollierenden Kampf um den Ball.

Letztlich spiegelt sich in Plancks Kritik am wilden, ungeordneten und methodisch freien Fußballspiel vor allem die Abneigung gegenüber der fehlenden Methodisierung wider. In der Tradition des Turn- und Sportunterrichts war es bislang überaus üblich, Inhalte zu verschulen. Zwischen der Sache und dem Schüler wurde also immer ein Ordnungsrahmen bzw. eine Methode zwischengeschaltet. Mit Blick auf das lustvolle Treiben auf den Fußballplätzen mögen deshalb bei dem schwäbischen Gymnasiallehrer Planck Zweifel an den Verschulungsmöglichkeiten des Fußballs aufgekommen sein. In der aktuellen sportdidaktischen Diskussion hat sich das Blatt in dieser Sache ein Stück weit gewendet, denn heute wird die Verschulung als Problem erkannt.

1.5.7 Zum Problem der Verschulung

Wer Skateboards in die Turnhalle, Streetball auf die Schulhöfe oder Hip-Hop-Rhythmen in die Schulaula holt, der läuft immer auch Gefahr, Inhalte jugendkultureller Bewegungspraxis in den tradierten Bahnen unserer Schulsportkonzepte zu vermethodisieren. Mit Blick auf das Inhaltsspektrum des Sports sieht auch Volkamer (2003, 41) eine Differenz zwischen dem Sport, den Kinder in ihrer Freizeit nachgehen, und dem, den sie im Sportunterricht betreiben.

„Schule ist eine pädagogische Veranstaltung, in der Schüler mit Lernstoffen konfrontiert werden, die sie selbst nicht ausgesucht haben. Vielleicht würden sie, wenn sie die Entscheidungsmöglichkeit hätten, manches von dem, was die Schule anbietet und fordert, auch von sich aus wählen. Das ist aber für die Schule prinzipiell unwichtig und allenfalls im Hinblick auf die Motivation der Schüler interessant" (Volkamer 2003, 41).

In diesem Sinne darf getrost davon ausgegangen werden, dass sich alle Inhaltsfelder wesentlich verändern, wenn sie aus den Vereins-, Freizeit- oder informellen Lebenswelten der Kinder und Jugendlichen heraus- und als pädagogische Pflichtveranstaltungen in die Schule hineingeholt werden.

Volkamer hatte das Problem der Vermethodisierung bereits vor knapp drei Jahrzehnten zum Thema gemacht. Also zu einer Zeit, in der der Kanon tradierter Schulsportarten vergleichsweise unhinterfragt die Lehrplanwerke und sportdidaktischen Entwürfe prägte. Die im Zuge seiner Kritik angesprochene Trennung zwischen Schüler und Sache muss auch heute noch kritisiert werden und gewinnt angesichts der aktuellen Situation des schulischen Sportunterrichts und der offensichtlich bestehenden Differenzen zu den jugendkulturell gefärbten Bewegungsszenen und -praktiken ganz besonders scharfe Konturen.

„Eine falsch verstandene Methodisierung des Sportunterrichts führt zu einer Verfälschung des Sports und nimmt dem Schüler eine Möglichkeit der ungebrochenen Selbsterfahrung im physischen wie auch im psychischen Bereich. [...] Schüler und Sache werden auseinander genommen und die Methode wird zwischengeschaltet; der Unterrichtsgegenstand wird versachlicht, verschult die Unmittelbarkeit und damit auch die Emotionalität bleibt unberücksichtigt, und die

Schüler werden möglicherweise auf ein Ziel hin manipuliert, mit dem sie sich nicht identifizieren." (Volkamer 1979, 19).

Was Volkamer einst auf die Verfälschung des Sports hin ausgelegt hat, wird von Michael Kolb zwei Jahrzehnte später im Hinblick auf die unangemessene Verschulung des Streetballs erneut thematisiert:

> *„Versucht man, Streetball in die Schule zu verpflanzen, so verliert es seine wesentlichen Entwicklungsfunktionen und -potenzen sowie seine Anziehungskraft für Jugendliche. Ein Import des Streetballspiels in den schulischen Sportunterricht würde unvermeidlich zu einer Verschulung bzw. Kolonialisierung dieser jugendkulturellen Lebenswelt führen und die beschriebenen Charakteristika und das besondere Straßenmilieu des Spiels zerstören"* (Kolb 1996, 420).

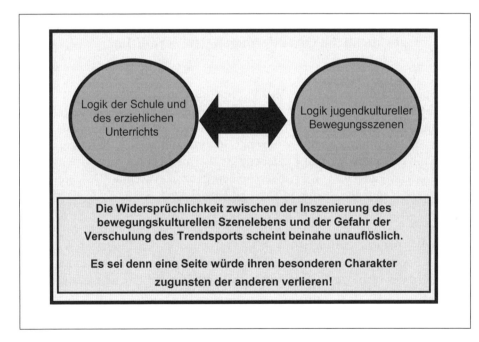

Abb. 13: Auflösung des Verschulungsproblems?

1.6 Trendsport lehren und lernen

Es steht wohl kaum außer Frage, dass sich die Sportpädagogik den neuen Entwicklungen im Feld des Sporttreibens öffnen muss und den Schülern Wege, Entscheidungshilfen und Alternativen zu den Feldern der komplexer werdenden Sport- und Bewegungspraxis aufzeigen soll. Wie das letztlich zu geschehen hat, d.h., wie Lehrer Trendsportarten lehren und Schüler sie im Kontext von Schule und Unterricht lernen sollen, berührt die Frage nach einer angemessenen Vermittlung. Trotz aller bestehender Schwierigkeiten (z.B. Problem der Vermethodisierung) wurden zu dieser Frage während der zurückliegenden Jahre zahlreiche Vorschläge gemacht (vgl. u.a. Ohlert 1998; Köppe & Schwier 2001; Balz 2001), die in dieser Hinsicht allerdings viele Fragen offen ließen. Deshalb lohnt es sich, die Frage nach der Vermittlung von Trendsport aufzugreifen und in handhabbare Konsequenzen zu überführen.

1.6.1 Gebräuchliche Orientierungen der Vermittlung

Das Spektrum der in der Literatur vorgeschlagenen Konsequenzen für die Vermittlung fällt mindestens ebenso breit aus wie die Grenzverläufe der Unterrichts- bzw. Lehrmethodik, die seit Jahrzehnten zu den traditionellen Inhalten des Sportunterrichts vorliegen. So orientieren sich beispielsweise Neumann & Kittsteiner und Laßleben (2004, 15ff.) bei der Vermittlung des Werfens und Fangens von Frisbeescheiben ganz klassisch an Beschreibungen von Bewegungen, Fehlerbildern und Korrekturhinweisen, wie sie an der Außensicht-orientierten Bewegungslehre der siebziger Jahre des vergangenen Jahrhunderts gebräuchlich waren, während Meyer, Schönberg & Wopp (2000, 35) sämtliche Eingriffe von Erwachsenen in den Prozess des informellen Sporttreibens sogar für *völlig unsinnig* halten und damit einen Gegenpol zu der sachlogisch ausgerichteten Vermittlungsstrategie markieren.

An dieser Stelle taucht erneut das Problem der Verschulung auf, denn offensichtlich besteht die Tendenz, dass neue Sportarten parallel zu ihrer Vereinnahmung im Kanon des schulischen Sportunterrichts durch das Zwischenschalten bewährter Unterrichtsmethodik verändert werden. Solche Vorwürfe treffen zunächst fast alle praxisnahen Veröffentlichungen aus diesem Bereich. So kritisiert beispielsweise Peter Neumann (2004, 46) das von Köppe & Schwier (2001) herausgegebene Buch zum Thema „*Grundschulsport und Neue Sportarten*", indem er es in ein kritikwürdiges Spannungsfeld einordnet, das sich zwischen den beiden Polen *unkritische Verschulung des Trendsports* und *didaktische Vortäuschung des Szenelebens im Sportunterricht* bewegt. Folglich bleibt auch zu diesem Buch der *Evergreen* aller Kritik an der Inhaltsauswahl für den Schulsport nicht aus. In den Worten Neumanns (2004, 46): „*Ohne Antwort bleibt allerdings die Frage, welche neuen Sportarten für den Grundschulsport pädagogisch verantwortbar sind und welche nicht.*"

1.6.2 Pragmatische Versuche

Die Bielefelder Sportpädagogen Balz, Brinkhoff & Wegner (1994, 17f.) verstehen *neue Sportarten* im didaktischen Licht der sechs Sinnperspektiven von Kurz (1990) und ordnen die Trendsportarten in ein bekanntes, bewährtes und vor allem überaus pragmatisches Schema der so benannten *Mehrperspektivität* ein. Ihrer Ansicht nach zeichnen sich die neuen Sportarten durch eine Aktualisierung und Übersteigerung der Sinnperspektiven Gesundheit, Miteinander, Leistung, Ausdruck, Eindruck und Spannung aus. Deshalb brauchen lediglich die bewährten Begrifflichkeiten des Kurz'schen Konzepts ersetzt werden, denn auch die Trendsportarten lassen sich allesamt mehr oder weniger schnörkellos in das Korsett von sechs Gruppen einordnen (vgl. auch Balz 1995):

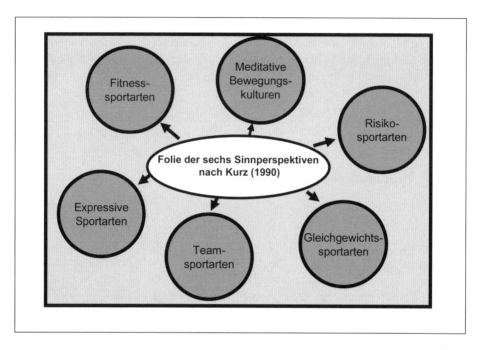

Abb. 14: Übersetzung der sechs Sinnperspektiven in ein Trendsportartenkonzept (in Anlehnung an Balz)

Im Zuge dieser didaktischen Aufarbeitung wird ein sportdidaktischer Zugriff auf die Trendsportarten möglich, was allerdings auf Kosten ihrer Spezifika und Besonderheiten geschieht. Ungeachtet dieser vermeintlichen Nachteile stand dieses Denken Vorbild bei dem Versuch von Gretlies Küßner (2002), ein von ihr so benanntes *Trendsportartenkonzept* für den Beachvolleyballunterricht zu entwerfen. Ähnlich verfährt auch Ullman (2002, 42), der sein Konzept für die Vermittlung des Kletterns im Schulsport treffend als *Mehrperspektivität der kleinen Schritte* charakterisiert.

1.6.3 Zum Problem des klassischen Methodendenkens

So sehr die erhofften Möglichkeitsräume der Mehrperspektivität auch reizen mögen, so wenig lösen sie das Methodenproblem, wenn Trendsportarten im Sportunterricht inszeniert werden sollen. Wie die oben angeführten konzeptionellen Verweise zeigen, werden Bewegungslernprozesse auch in den sogenannten Trendsportarten vielerorts immer noch im Geiste traditioneller, auf die Sachlogik reduzierter Vermittlungsansätze thematisiert. Dabei wird als Folge der Sachstruktur ein Lehrweg beschritten, von dem man meint, die meisten Schüler würden hiermit am schnellsten und effizientesten vorankommen. Mithilfe simpler Reihungs- und Vereinfachungsstrategien, die nach dem Motto *vom Leichten zum Schweren* oder *vom Einfachen zum Komplexen* funktionieren, bringt der Lehrer den Kindern die angesteuerten Fertigkeiten und Techniken regelrecht bei. Mit anderen Worten: *Lernen wird vom Lehrer gemacht.* In diesem Unterrichts- und Lehr-lernverständnis rangieren deshalb auch die Ziel- und Inhaltsfragen eindeutig vor der Methodenfrage, denn mithilfe der Methode soll praktisch jeder beliebige Inhalt – auch aus dem Feld jugendkulturell imprägnierter Bewegungspraktiken – jedem Lernenden beizubringen sein. Aufgrund der Dominanz der Inhalte werden die Methoden einfach angepasst, weshalb zu den verschiedenen zu erlernenden Fertigkeiten oder Techniken konsequenterweise auch unterschiedliche, vermeintlich spezialisierte Methoden bestehen. In der *Praxisanleitenden Literatur* spricht man beispielsweise von methodischen Übungsreihen, die in spezifischen Varianten mittlerweile zu allen Inhalten des Sportunterrichts und sogar zu neuen Bewegungspraktiken und Trendsportarten vorliegen. Mit anderen Worten: Selbst das Skateboarden wird verschult und vermethodisiert.

1.6.4 Zur Relationalität von Lehrlernverfahren

Dass festgeschriebene, vermethodisierte Lehrwege zwar zu allen möglichen Inhalten, nicht aber zu den Besonderheiten der vielen verschiedenen Kinder bestehen, stimmt nachdenklich und fordert pädagogisch motivierte Kritik geradezu heraus (vgl. Lange 2002a). Schließlich kommen Kinder mit individuellen Erfahrungen, Bedürfnissen und Interessen in die Schule, weshalb die an der Sachlogik der Inhalte ausgerichtete Methodik ganz erheblich von pädagogischen Ansprüchen der Vermittlung abweicht. Von einem pädagogischen Standort aus gesehen werden die Themen für das Bewegungslernen und den Bewegungsunterricht nicht durch die Inhalte, sondern durch das wechselseitige Zusammenwirken von Zielen, Interessen, Inhalten und Methoden bestimmt. Die sich aus diesen Voraussetzungen ergebenden Konsequenzen für die Vermittlung sind sicherlich unbequem, weil Lernen eben nicht einfach so durch Lehren gemacht werden kann. Angesichts der skizzierten Relationalität, die im Feld des Bewegungslernens besteht (Ziele, Inhalte, Interessen und Methoden), spricht vieles dafür, die simplen Reihungsstrategien, aber auch die eindimensionalen Fehlerkorrekturübungen und die an äußerlichen Beschreibungen angelehnten Bewegungsanweisungen und daraus abgeleiteten Methodiken zu überwinden (vgl. Lange 2004b).

Die pädagogische Diskussion um die Integration des Trendsports in den schulischen Sportunterricht belebt die Auseinandersetzung um das schulische Methoden- und Vermittlungsproblem. Dabei gewinnen erfahrungsoffene Konzeptionen ganz neue, vielversprechende Konturen

1.6.5 Überwindung althergebrachten Denkens

Wenn es gelingen kann, dieses althergebrachte Denken aufzulockern und alternative Ideen der Vermittlung zu realisieren, dann könnte die pädagogische Diskussion um die Integration der Trendsportarten in den schulischen Sportunterricht dazu beitragen, die Sportdidaktik insgesamt zu befruchten und weiterzubringen.

Eindrücke, die man im Zuge der Beobachtung von Bewegungslernprozessen in informellen Szenen, z.B. während des selbstbestimmten Lernens an der Half Pipe, sammeln kann, stützen die Vermutung, dass das Lehren nicht bloß *Lernen machen* ist (vgl. Maraun 1987, 382). Im Gegenteil, Lernen geschieht vielmehr durch Handeln und *Erfahrungen-Machen*. Während didaktisch-methodische Entscheidungen in der Schule traditionellerweise durch sachlogische Argumente abgesichert werden, finden viele Kinder in ihrer Freizeit von ganz allein Lösungen zu Bewegungsproblemen und -aufgaben, deren Attraktivität sie zudem selbst gesucht und entdeckt haben. Genau diese Phänomene stützen die Forderung, dass wir mit unseren tradierten Methoden und Lehrlernverständnis skeptisch umgehen und nach Alternativen und treffenderen Begrifflichkeiten Ausschau halten sollten. Spektakuläre Sprünge mit dem Skateboard, komplizierte Bewegungskombinationen mit den Inlinern oder die Bewältigung schwieriger Gleichgewichtsanforderungen auf dem BMX-Rad lassen einen außergewöhnlich differenzierten Schatz an Bewegungserfahrungen vermuten, den sich Kinder ohne Hilfe von Lehrern und Trainern selbstständig angeeignet haben. Vor diesem Hintergrund mag man sich für das Bewegungslernen der These anschließen, dass Lernen nicht durch den Lehrer oder die Methodik gemacht wird, sondern allein durch die Aktivität der Lernenden und die Wirkungen und Bedingungen der Inszenierung geschieht! Da diese Kompetenz an manchen Lernorten, wie z.B. der Halfpipe, besonders augenfällig ist, wird das im informellen Rahmen stattfindende Bewegungslernen für die Didaktik des Sportunterrichts ganz besonders interessant. Deshalb sollen, nach einer knapp gehaltenen Annäherung an das hier zugrunde liegende Verständnis zum Bewegungslernen (vgl. Lange 2005a), die Möglichkeiten zur Unterstützung von Lernprozessen praxisnah und in kritischer Distanz zum traditionellen Methodenverständnis abgesteckt werden.

1.7 Bewegungserleben und Bewegungslernen *in Szene setzen*

In dem hier zugrunde gelegten funktionellen (bzw. relationalen) Verständnis des *Sich-bewegen-Lernens* (vgl. ausführlich Lange 2005a) wird davon ausgegangen, dass menschliches Bewegen immer einen Zweck erfüllen soll. Skateboarder und andere Trendsportler stiften während ihrer Lern- und Übungsprozesse permanent neue, bedeutungshaltige Beziehungen zu ihrem Sportgerät und anderen Sportlern und sie lernen ihre Bewegungsräume bzw. die sie umgebende Bewegungswelt immer im Zuge echter Aktionen kennen. Ihr Bewegen ist also situativ gebunden, sinnerfüllt und überaus bedeutungshaltig. Deshalb wird diese Betrachtungsweise auch als *relationale* bezeichnet. Des Weiteren wird das menschliche *Sich-Bewegen* im Kontext jugendkultureller Bewegungspraxis bzw. des Trendsports als Phänomen verstanden (vgl. Müller & Trebels 1996), weshalb die in solchen Szenen beobachtbaren Bewegungslernprozesse in ihrer Ganzheit und ihrem Facettenreichtum beleuchtet und verstanden werden sollen. Bewegung wird als etwas Lebendiges angesehen und ist demnach auch im wissenschaftlichen Kontext nur begreifbar zu machen, wenn man sie in Relation zu drei Bedingungen setzt und versteht (vgl. Tamboer 1979; Trebels 2001).

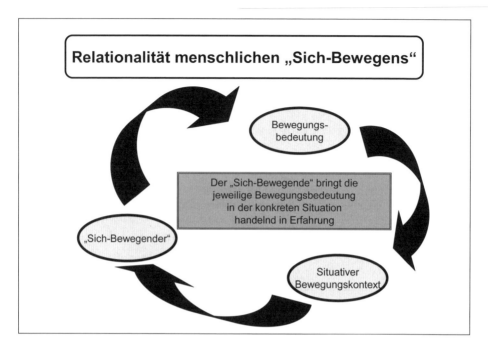

Abb. 15: Das hier zugrunde liegende Verständnis des *Sich-bewegen-Lernens*

Die Bewegung muss nach diesem bewegungstheoretischen Verständnis erstens in Bezug auf einen Aktor verstanden werden, der das Subjekt der Bewegung ist. Darüber hinaus findet die Bewegung zweitens immer in einer konkreten Situation statt. Schließlich gilt es drittens die jeweilige Bewegungsbedeutung zu berücksichtigen, die vom jeweiligen Aktor in der entsprechenden Situation handelnd in Erfahrung gebracht werden muss und die die Bewegungsaktion leitet. Im Unterschied zur physikalischen Betrachtungsweise werden also bei der funktionellen Betrachtungsweise nicht bloß Bewegungen, sondern sich in einem bestimmten situativen Kontext bewegende Menschen wahrgenommen. Darüber hinaus setzt das Verstehen von Bewegung immer eine Einsicht in den Sinn des Bezugs von Individuum und Umwelt voraus. *Sich-Bewegen* ist also ein Verhalten der Menschen in einem *persönlich-situativen Bezug* (vgl. Abb. 15).

1.7.1 Einschlägige Bewegungserlebnisse

Jenseits aller sozialwissenschaftlich relevanter Kennzeichen und Merkmale existieren in den Trendsportarten Akzeptanzkriterien, die die *sich bewegenden* Trendsportler unmittelbar an ihr Bewegungserleben festzumachen verstehen. Beim Inlinern, Skateboarden, Streetball- und Beachsoccerspielen oder vielen anderen Trendsportarten sind demnach einschlägige Bewegungserlebnisse und -erfahrungen möglich, die sich überaus prägnant von den Möglichkeiten, die z.b. die traditionellen Sportarten zu bieten haben, unterscheiden. Dabei handelt es sich selbstverständlich um keine völlig neuen Bewegungsqualitäten. Nein, Beschleunigungserlebnisse, wie wir sie aus der Halfpipe her kennen, sind in modifizierter Form selbstverständlich auch im leichtathletischen Sprint möglich. In der Halfpipe erleben wir sie jedoch anders, vielleicht sogar ein Stück weit ursprünglicher und direkter, aber auf jeden Fall in Verbindung mit einer feiner dosierten, zugleich komplexeren Bewegungskoordination und mit vergleichsweise geringerem Kraftaufwand als beim Sprinten. Derartige Unterschiede im Feld des Bewegungserlebens können an dieser Stelle in die These überführt werden, dass wir manche Bewegungsqualitäten aufgrund der gegebenen Anforderungsstruktur in den Trendsportarten auf besonders prägnante Weise erfahren können!

1.7.2 Kennzeichen des *Sich-Bewegens* im Trendsport (...)

Solche Qualitätsbeurteilungen lassen sich selbstverständlich nicht im Sinne eines naturwissenschaftlich abgesicherten Messverfahrens betreiben, sondern werden im Zuge erfahrungsgeronnener, subjektiver Einschätzungen ermittelt. Der systematischen Erforschung sind so gesehen von vornherein entsprechende Grenzen gesetzt. Trotzdem kann man diesen Bewegungsqualitäten auf die Spur kommen. Beispielsweise im Zuge narrativer Interviews mit Bewegungsexperten aus den einschlägigen Trendsportszenen. Trendsportler weisen in Gesprächen und Erzählungen immer wieder auf solche besonderen Bewegungserlebnisse hin und zeigen sich äußerst bemüht, sich in diesem Bereich immer weiter vertiefen zu wollen.

Im Folgenden sollen sechs auffällige Kennzeichen des *Sich-Bewegens* im Trendsport als heuristische Orientierung für die später erfolgende Ableitung von Hinweisen für die Inszenierung skizziert werden. Damit werden die im zweiten Abschnitt skizzierten soziologisch orientierten Kennzeichensysteme von Schwier (1998a, b) und Schildmacher (1998) in eine bewegungspädagogische Richtung weiter entwickelt. Dabei muss noch angemerkt werden, dass die in Abbildung 16 skizzierten bewegungspädagogischen Kennzeichen zwar durchaus auch in der Praxis des traditionellen Sporttreibens auftauchen. Sie charakterisieren allerdings das *Sich-Bewegen* in den Trendsportarten auf ganz besondere Weise.

---

1) Die Bewegungen sind schnell und beschleunigt.

2) Sie lassen sich besonders flüssig, rund und stimmig gestalten.

3) Häufig geht es um das Spiel mit dem Gleichgewicht.

4) Die Formen der Bewegungen sind überaus variabel und orientieren sich immer wieder um die gleichen Grundprobleme. Vor allem um die Themen „Gleichgewicht" und „Beschleunigen".

5) Die Bewegungen erlauben beachtliche Gestaltungspotenziale und zielen auf ästhetische Qualitäten

6) Die Bewegungen sind selten normgebunden und formal, sondern werden problemorientiert inszeniert.

Abb. 16: Bewegungspädagogische Kennzeichen des Trendsports

1.7.3 (…) und die Konsequenzen für ihre Inszenierung

Wenn Trendsportarten oder andere innovative Facetten jugendlicher Bewegungspraktiken zum Thema des Sportunterrichts gemacht werden sollen und dabei die Attraktivität des einschlägigen Bewegungserlebens im Zentrum der Vermittlungsidee steht, dann macht es Sinn, die Kennzeichen des trendsportlichen *Sich-Bewegens* angemessen *in Szene* zu setzen. Im Sinne der hier entfalteten Inszenierungsidee soll deshalb auf Versuche verzichtet werden, das jugendkulturelle Szenenleben in die Schulturnhallen hineinzuholen. Das geht sowieso nicht, weshalb es weitaus realistischer scheint, den didaktischen Fokus auf die reizvolle motorische Dimension der Trendsportarten zu konzentrieren.

Damit solche *Inszenierungen* gelingen können, müssen die in Abbildung 16 zusammengestellten, einschlägigen motorischen Kennzeichen in das Zentrum des Sportunterrichts gestellt werden. Im Zuge der Unterrichtsvorbereitung gilt es also sachlogisch herauszuarbeiten, wo diese Kennzeichen in den thematisierten Inhaltsfeldern auftauchen, bevor Aufgabenstellungen gefunden werden, die es erlauben, diese attraktiven Momente variantenreich *in Szene* zu setzen. In Abbildung 17 sind einige Beispielfragen angegeben, mit deren Hilfe es dem Lehrer gelingen mag, die Sachlogik der zu inszenierenden Inhalte des Sportunterrichts zu entschlüsseln.

> → Wie wird das Beschleunigen beim Inlinern deutlich?
>
> → Welche Rahmenbedingungen garantieren in den Sportspielen für schnell ablaufende, dynamischer Spielsituationen?
>
> → In welchen Spielen und Situationen werden besondere Gleichgewichtserlebnisse spürbar?
>
> → Wo lohnt es sich anzusetzen, wenn bereits bekannte Bewegungen kreativ bzw. unkonventionell gestaltet werden sollen?
>
> → Wie lassen sich zu dem ausgesuchten Bewegungsproblem weitere, sinnvolle Bewegungsvariationen finden?
>
> → Wie bemerkt man das eine Bewegung immer flüssiger und stimmiger wird?

Abb. 17: Beispielfragen, die bei der Sachanalyse helfen können

Bei diesem Vorgehen (*Inszenieren*) versteht es sich von selbst, dass die Schüler nicht mit irgendwelchen formallogischen Übungsreihen beschäftigt und aufgehalten werden, sondern dass ihnen Aufgaben gestellt und Lernsituationen arrangiert werden, die es ihnen ermöglichen, sich sofort mit den attraktiven und reizvollen Bewegungskennzeichen auseinanderzusetzen.

Dieses Vorgehen erinnert an erfahrungsoffene Vermittlungsansätze und lässt sich in lerntheoretischer Hinsicht auf konstruktivistische Auffassungen zurückführen, in denen das Lernen als aktiver und selbstbestimmter Suchprozess verstanden wird (vgl. Lange 2005a).

1.7.4 Strukturen des selbstbestimmten Such- und Lernprozesses

Auch wenn die subjektiven Strukturen des Bewegungslernens ein Stück weit im Verborgenen liegen bleiben und sich nicht in eine eindeutige Sprache einbinden lassen, sollte es möglich sein, das Ganze auch modellhaft zu begreifen. Mit Blick auf die bis hierhin entwickelte Theoriefolie liegt es unter anderem nahe, das Bewegungslernen als einen aktiven Suchprozess des Lernenden aufzufassen. Demnach suchen beispielsweise Skateboarder (und andere Bewegungslernende) während ihrer Übungssequenzen nach stimmigen Lösungen der sich stellenden Bewegungsprobleme. Dabei fungieren bestimmte Beschleunigungs-, Geschwindigkeits-, Brems- oder Flugerlebnisse als Referenzwerte, mit denen die aktuellen Sprünge, Fahrten oder Tricks abgeglichen werden. Wegen dieser subjektiven Referenz findet diese Form der Erfahrungsverarbeitung bei jedem Lernenden statt, unabhängig vom jeweiligen Könnensniveau. Jeder kann sich seinen Möglichkeiten entsprechend erproben, Erfahrungen machen und dabei die von ihm entdeckten Differenzen zwischen dem bereits Erfahrenen und dem Neuen in seinem Bewegungsrepertoire suchen. Dabei gilt, dass das Erfahren der Differenz lehrreich und bildsam ist (vgl. Lange 2004a; 2005b). In diesem Sinne darf beispielsweise erwartet werden, dass den erfahrenen Sportlern ganz andere Momente in der Bewegungsstruktur auffallen als den unerfahrenen. Gemeinsam ist hingegen allen Lernenden, dass sie diese Differenzen suchen.

Neue Inhaltsfelder – Trendsport 139

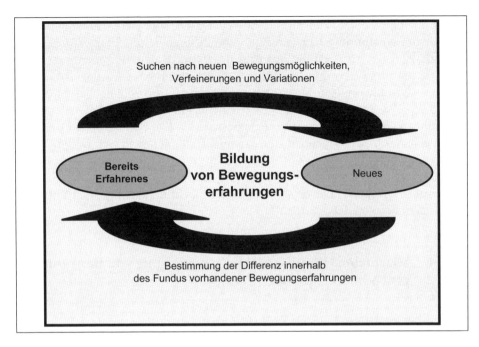

Abb. 18: Bewegungslernen als aktiven Suchprozess verstehen (vgl. Lange 2005a, 20)

1.7.5 Über Variieren die optimale Lösung finden

Eine zentrale methodische Botschaft, die sich aus erfahrungsbezogenen Lerntheorien ableiten lässt, kann so zusammengefasst werden, dass sich Bewegungen nicht einschleifen oder von einem äußerlich vorgegebenen idealen Abbild der Bewegung ausgehend in den Bewegungsschatz der Kinder und Jugendlichen hineinkopieren lassen. Bewegungen ereignen sich vielmehr in jedem Augenblick neu und sie sind immer einzigartig. D.h., ein und dieselbe Bewegung wird immer nur einmal hervorgebracht und lässt sich niemals ein zweites Mal identisch wiederholen. Aus diesem Grund macht es auch Sinn, Lern- und Übungsprozesse nach den Prinzipien der Variation und Vielseitigkeit auszurichten (vgl. Hotz 1994), was seit Jahren auch die methodische Basisaussage des Koordinationstrainings ist (vgl. u.a. Neumaier 2002). Die Variabilität von Bewegungen darf nicht einfach als Abweichen von einer idealen Norm und damit als Fehler missverstanden werden. Im Gegenteil, Abweichungen sind schlicht und einfach als Folge des oben skizzierten aktiven Suchprozesses aufzufassen. D.h., der Sportler setzt nicht einfach eine bestimmte Bewegung um, sondern sucht noch in der Bewegungsausführung bzw. im Zuge von differenzierten Übungsprozessen innerhalb mehrerer Ausführungen nach der treffenden Bewegungsantwort auf die jeweilige Bewegungssituation. Solche Phänomene wurden vor allem in der gestalttheoretisch ausgerichteten Bewegungsforschung beschrieben, wo beispielsweise Hoeth (1979) die Begriffe *Variabilität* und *Konstanz* als phänomenologische Kategorien gefasst hat. Und auch aus dem Feld der biomechanisch ausgerichteten Bewegungsforschung lassen sich Befunde anführen, die auf eine gewisse Streuung der Motorik hinweisen. So untersuchte beispielsweise Bernstein (1988, 243ff.) das Problem der Streuungsfunktionen der Bewegung, die er als eine aktive Suchfunktion im Spiel mit den optimalen Formen der Natur auffasste.

1.7.6 Allgemeine Hinweise für die Inszenierung von Bewegungslernen im Trendsport

Bevor zum Abschluss des Beitrags konkrete Anhaltspunkte für das Lehren und Lernen im Trendsport vorgestellt werden, soll an dieser Stelle noch einmal die erzieherische Perspektive für das Bewegungslernen im Sportunterricht ins Gedächtnis gerufen werden. Dies geschieht exemplarisch mit dem Blick auf einen Autor. Wir lehnen uns dabei an einigen Punkten an, die John Dewey (1964, 218) zur *Methode der bildenden Erfahrung* formuliert hat und die wir an anderer Stelle bereits einmal zur Begründung der Projektidee für den Sportunterricht herangezogen haben (vgl. Lange 2003d):

1) Für das Bewegungslernen müssen im Sportunterricht Situationen geschaffen werden, in denen die Schüler neue Bewegungserfahrungen sammeln bzw. weiterentwickeln können. Die unbekannten Möglichkeiten der Trendsportarten erlauben an dieser Stelle unter Umständen ganz neue Bewegungserfahrungen.

2) Herausfordernde Geräteaufbauten oder zwingende (Spiel-)-Situationen helfen dabei, zusammenhängende Tätigkeiten zu provozieren und Interesse zu wecken.

3) In den gestellten Aufgaben, konstruierten Situationen oder hergestellten Aufbauten müssen Bewegungslernprobleme erwachsen können. Deshalb sollen in den Inszenierungen von Sportunterricht keine Lösungen im Sinne methodischer Reihen, sondern herausfordernde Konfrontationen mit Bewegungslernproblemen arrangiert werden. An dieser Stelle wird

deutlich, dass das hier entworfene Vermittlungskonzept zum Trendsport mit dem bewährten Ansatz des problemorientierten Lernens konform geht.

4) Die zu lösenden Bewegungslernprobleme müssen zu den verfügbaren Bewegungserfahrungen (Fertigkeiten und Fähigkeiten) der Schüler passen.

5) Die Schüler sollen selbst mögliche Lösungen herausfinden und ihren Lernprozess in geordneter Weise entwickeln. D.h., sie sollen im Umgang mit den Wirkungen ihres Tuns auch Zusammenhänge zwischen *Spüren und Bewirken* (vgl. Trebels 1990) entdecken und individuelle Lernprinzipien entwickeln.

6) Sie sollen in einer (anregenden) Bewegungsumwelt immer wieder neue Bewegungsideen ausprobieren, neue Lösungen (Techniken, Kunststücke usw.) entwickeln und erproben und deren Sinn und Übungswert selbstständig entdecken können.

2. Bewegungslernen an der Halfpipe

Nachdem allgemeine Hinweise zur Inszenierung des Trendsports im Unterricht skizziert wurden, soll der Fokus im Folgenden konkretisiert werden. In diesem Zusammenhang wird der Frage nachgegangen, was die Bewegungslehre und Methodik des Sportunterrichts mit Blick auf das Spielen, Üben und Lernen der Skater an Halfpipes lernen kann.[45] Damit wird die in der Einführung diskutierte Methodenproblematik im Lichte empirischer Bezugnahmen zum Feld des Skateboardens und Inlinerns konkretisiert und im Hinblick auf das sportdidaktische Problem der Themenkonstitution interpretiert.

Mit Blick auf die Diskussion und die Ergebnisse aus dem ersten Kapitel (1.2.) wird im Folgenden das alltagstheoretische Methodenverständnis, in dem vergleichsweise unkritisch davon ausgegangen wird, dass das Lernen durch das Lehren gemacht wird, in Frage gestellt. Die Ergebnisse von Beobachtungsstudien, die während der zurückliegenden Jahre im Umfeld von Halfpipes in Göttingen, Frankfurt und Ludwigsburg durchgeführt wurden, widersprechen dieser methodischen Alltagstheorie. Die dort beobachteten und nachvollzogenen Lernprozesse scheinen derart kompliziert, dass die simplen lehralgorhythmischen Annahmen – trotz ihrer weiten Verbreitung – nicht weiterhin aufrecht zu halten sind. Da bereits diese knappe Einführung viele Fragen aufkommen lässt, wird der angedeutete Zweifel durch einen knappen empirischen Exkurs vertieft und mithilfe einer Bewegungslerngeschichte, die an einer Halfpipe aufgenommen wurde, konkretisiert. Die Deutung der Geschichte erfolgt in Anlehnung an einen Theoriehintergrund, in dem das Bewegungslernen im Sinne des Erfahrungslernens verstanden wird. Hierzu werden Bezugspunkte ausgearbeitet und Konsequenzen für die Inszenierung von Bewegungslernprozessen im Sportunterricht gezogen.

---

[45] Bei den folgenden Ausführungen handelt es sich um eine überarbeitete Fassung der folgenden Beiträge: Lange, H. (2007l). Üben und Bewegungslernen mit dem Skateboard. In H. Lange (Hrsg.), *Trendsport für die Schule* (S. 35 – 46) Wiebelsheim: Limpert. Sowie: Lange, H. (2002a). Bewegungslernen an der Halfpipe. Konsequenzen für die Methodik des Sportunterrichts? *Bewegungserziehung,* 57 (6), 3 – 11.

2.1 Zum Problem der Lehrlernmethodik im Sport

Bewegungslernprozesse werden vielerorts immer noch im Geiste traditioneller, auf die Sachlogik reduzierter Vermittlungsansätze thematisiert. Dabei wird als Folge der Sachstruktur ein Lehrweg beschritten, von dem man meint, die meisten Schüler würden hiermit am schnellsten und effizientesten vorankommen. Mithilfe simpler Reihungs- und Vereinfachungsstrategien, die nach dem Motto *vom Leichten zum Schweren* oder *vom Einfachen zum Komplexen* funktionieren, bringt der Lehrer den Kindern die angesteuerten Fertigkeiten und Techniken regelrecht bei. Mit anderen Worten: *Lernen wird vom Lehrer gemacht*. In diesem Unterrichts- und Lehrlernverständnis rangieren deshalb auch die Ziel- und Inhaltsfragen eindeutig vor der Methodenfrage, denn mithilfe der Methode soll praktisch jeder beliebige Inhalt jedem Lernenden beizubringen sein. Aufgrund der Dominanz von Inhalten werden Methoden angepasst, weshalb zu den verschiedenen zu erlernenden Fertigkeiten oder Techniken konsequenterweise auch unterschiedliche, vermeintlich spezialisierte Methoden bestehen. In der praxisanleitenden Literatur spricht man beispielsweise von *methodischen Übungsreihen*, die in spezifischen Varianten mittlerweile zu allen Inhalten des Sportunterrichts und sogar zu neuen Bewegungspraktiken und Trendsportarten vorliegen.

Dass solche Reihen zwar zu allen möglichen Inhalten, nicht aber zu den Besonderheiten der vielen verschiedenen Kinder bestehen, stimmt nachdenklich und fordert pädagogisch motivierte Kritik geradezu heraus. Schließlich verfügen die Lernenden über einen jeweils individuellen Fundus an Erfahrungen, Bedürfnissen und Interessen, weshalb die ausschließlich an der objektiven Sachlogik der Inhalte ausgerichtete Methodik eine beachtliche Differenz zu pädagogischen Ansprüchen der Vermittlung markiert. Von einem pädagogischen Standort aus gesehen, werden die Themen für das Bewegungslernen und den Bewegungsunterricht nicht durch die Inhalte, sondern durch das wechselseitige Zusammenwirken von Zielen, Inhalten und Methoden bestimmt. Die sich aus diesen Voraussetzungen ergebenden Konsequenzen für die Inszenierung sind sicherlich unbequem, weil Lernen eben nicht einfach so durch Lehren gemacht werden kann. Sie lassen sich aber in einem ernst gemeinten Unterrichtskonzept nicht vermeiden.

2.1.1 Perspektivenerweiterung durch informelle Bewegungsszenen

Eindrücke, die man im Zuge der Beobachtung von Bewegungslernprozessen in informellen Szenen, z.B. an der Halfpipe, sammeln kann (vgl. Lange 2001c), stützen die Vermutung, dass das Lehren nicht bloß *Lernenmachen* ist (vgl. Maraun 1987, 382). Im Gegenteil, Lernen geschieht vielmehr durch Handeln und *Erfahrungen machen*. Während didaktisch-methodische Entscheidungen in der Schule traditionellerweise durch sachlogische Argumente abgesichert werden, finden viele Kinder in ihrer Freizeit von ganz allein Lösungen zu Bewegungsproblemen und -aufgaben, deren Attraktivität sie zudem selbst gesucht und entdeckt haben. Genau diese Phänomene stützen die Forderung, dass wir mit unseren tradierten Methoden und Lehrlernverständnis kritisch umgehen und nach Alternativen und treffenderen Begrifflichkeiten Ausschau halten sollten. Spektakuläre Sprünge mit dem Skateboard, komplizierte Bewegungskombinationen mit den Inlinern oder die Bewältigung schwieriger Gleichgewichtsanforderungen auf dem BMX-Rad lassen einen außergewöhnlich differenzierten Schatz an Bewegungserfahrungen vermuten, den sich Kinder ohne Hilfe von Lehrern und Trainern selbstständig angeeignet haben. Vor diesem Hintergrund mag man sich für das Bewegungslernen der These anschließen, dass Lernen nicht durch den Lehrer oder die Methodik gemacht wird, sondern allein durch die Aktivität der Lernenden und die Wirkungen und Bedingungen der Inszenierung geschieht! Da diese Kompetenz an manchen Lernorten, wie z.B. der Halfpipe, besonders augenfällig ist, wird das im informellen Rahmen stattfindende Bewegungslernen für die Didaktik ganz besonders interessant. Deshalb sollen, nach einer knapp gehaltenen Annäherung an diese Lernorte, die Möglichkeiten zur Unterstützung von Lernprozessen praxisnah und in kritischer Distanz zum traditionellen Methodenverständnis abgesteckt werden.[46]

---

[46] Die Diskussion, ob es realistisch bzw. pädagogisch sinnvoll erscheint, die kennzeichnende Lebendigkeit der Straßenszenen in die Schule zu holen, wird in diesem Aufsatz nicht geführt. Sie wurde bereits mehrfach in ausführlicher Form diskutiert, worauf ich an dieser Stelle verweisen möchte: Vgl. u.a.: Söll, W. (2000). Zum pädagogischen Stellenwert von Trendsportarten. *Sportunterricht,* 49 (12), 377 – 382. Schwier, J. (2000). Schulsport zwischen Tradition und kultureller Dynamik. *Sportunterricht,* 49 (12), 383 – 387.

2.1.2 Skating-Szene als Bewegungslernort

Eine Folge des Skating-Booms der vergangenen Jahre war der Bau von Halfpipes und Skating-Anlagen, die mittlerweile in vielen Gemeinden und Stadtteilen stehen. Die Anlagen werden von Kindern als Treffpunkt und Freizeitangebot genutzt. Sie üben zwar weiterhin auch auf dem Weg zur Schule, auf Parkplätzen oder Straßen, treffen sich aber immer häufiger an zentraler Stelle, um ihr Können weiterzuentwickeln. Sie nutzen die Rampen und baulichen Arrangements, um mit ihren Inlinern, Skate- und Snake-Boards, aber auch mit BMX-Fahrrädern tagtäglich neue Kunststücke und Tricks auszuprobieren. Sie üben entweder allein oder tauschen sich mit Freunden aus der Clique, aber auch mit anderen Übenden aus. Vorbeikommende Passanten staunen nicht selten über die beachtliche Kreativität, über den Mut bei vielen Sprüngen, den Übungseifer und die Gelassenheit beim Ausprobieren und Üben. Kinder verbringen teilweise ganze Nachmittage an der Halfpipe, ohne dass Langeweile aufkommt. Das beachtliche Interesse der Kinder weckt die Neugierde von Pädagogen, die in anderen Feldern (Schule & Verein) Bewegungslernprozesse verantworten. Dabei beeindrucken nicht allein die Kunststücke, sondern auch das Engagement vieler Kinder, die es schaffen, sich in ihre Tricks und Übungen regelrecht zu vertiefen, um überaus feinfühlig und differenziert auszuprobieren und zu üben.

2.1.3 Zur Vereinnahmung durch die Sportwissenschaften

Die skizzierte Begeisterung und Hingabe der Kinder wurde längst von Schul- und Sportpädagogen bemerkt. Als Folge des wissenschaftlichen Interesses boomt das Thema Skaten derzeit in fast allen sportwissenschaftlichen Disziplinen. Dabei werden neben Aspekten zu Verletzungen, Belastungen oder jugendkulturellen Hintergründen immer wieder Überlegungen zu den Besonderheiten des Bewegungslernens (vgl. Pfeifer 2003) und Vorschläge zur Vermittlung thematisiert. Mancherorts wird sogar die Aufnahme in den Kanon der Schulsportarten[47] bzw. die Berücksichtigung des Skatens im

---

[47] In diesem Zusammenhang wird oftmals unkritisch davon ausgegangen, dass die Thematisierung von Trendsportarten dazu beitragen kann, bei Kindern die freiwillige Sportpartizipation zu fördern. Hänsel (1999) ging dieser Frage in einer empirischen Studie nach und konnte die Erwartung, dass das Angebot von Inline-Skating im Sportunterricht zu Motiv- und Aktivitätsänderungen führen würde, *nicht* bestätigen. Im Gegenteil, nach einer sechswöchigen Unterrichtsreihe zum Inline-Skating wurde sogar eine Verringe-

Rahmen der schulischen Bewegungsfelder gefordert. Mittlerweile liegen mehrere Handbücher und ausgearbeitete Lehrmaterialien, Curricula für die Lehrerweiterbildung sowie diverse Konzepte für die Übungsleiterausbildung[48] vor, die die schulische Vereinnahmung des Skatens auf der didaktisch-methodischen Ebene flankieren. Sollte es auf der Grundlage des derzeit verfügbaren methodischen Hintergrundes gelingen, auch die Freude und das Engagement der Kinder mit in die Schulturnhalle hineinzuholen, wäre das zweifelsohne ein begrüßenswerter Gewinn für den Schulsport. Die derzeit vorliegenden verschrifteten Lehr- und Lernwege geben allerdings Anlass für Zweifel.

2.1.4 Methodenkritik

Obwohl das Thema *Skaten* erst seit wenigen Jahren Gegenstand didaktisch-methodischer Überlegungen ist, lassen sich bereits polarisierende Ansätze erkennen. Die meisten Autoren beschreiben u.a. detaillierte Fertigkeiten sowie vermeintlich ökonomische Lehrwege und standardisierte Trainingsempfehlungen. Offene Inszenierungsansätze, wie z.B. der Vorschlag einer *Skater-Jeopardy* von Weidenhoff (2000), zählen zu den seltenen Ausnahmen, obwohl vorhandene Skizzen zu den Strukturen der Skater-Kultur offene Konzepte nahelegen.[49] Positionen wie die von Meyer, Schönberg und Wopp (2000, 35), die Eingriffe von Erwachsenen in den Prozess des informellen Sporttreibens sogar für *völlig unsinnig* halten, stehen dem Mainstream der gegenwärtig geführten Methodendiskussion fast allein gegenüber. Viele gängige Skating-Lehrgänge erinnern an sachreduzierte Vermittlungsstereotype[50], die bereits seit Jahrzehnten zum Kanon der traditionellen Sportarten vorliegen. Auch wenn Trendsportarten Gegenstand von

---

rung bei den Motiven *Ästhetische Erfahrung, Gesundheit/ Fitness* sowie *Attraktivität/Status* gemessen!
[48] Im Internet kann beispielsweise auf den Seiten des Deutschen Skiverbandes das Curriculum zur Ausbildung im *Nordic Blading* heruntergeladen werden. http://www.dsv-ausbildungszentrum.de/fileupload/files/neufassung_curriculum_nb_03_07.pdf . Zugriff: Am 3. Februar 2008. Vgl. in diesem Zusammenhang weiterhin die klar strukturierten Ausbildungs- und Kursangebote weiterer Inline-Skating-Schulen. Z.B. http://www.d-i-v.de/start.htm . In beiden Fällen kann bereits anhand der Auswahl der Ausbildungsthemen erkannt werden, dass Sachaspekten gegenüber pädagogischen Implikationen weitaus mehr Bedeutung beigemessen wird.
[49] Vgl. u.a. Janssen (1999) *Skater sind keine Vereinsmeier*.
[50] Vgl. zur Reduktion von Methoden auf die Sachlogik u.a. die Ausführungen von Laging (2000, 2) unter der Absatzüberschrift: Methoden I: Wege zum Ziel – die Reduktion auf die Sachlogik.

Unterricht sein sollen, dürfen die Wünsche und Bedürfnisse von Kindern nicht einfach den scheinbaren Attraktoren der Sache untergeordnet werden. Die Forderung nach subjektbezogenen, offenen Vermittlungsansätzen (vgl. u.a. Frankfurter Arbeitsgruppe 1982; 1994; Döring 2004) hat in der Sportpädagogik mittlerweile eine gewisse Tradition, weshalb an dieser Stelle kein Neuansatz formuliert werden muss. Im Gegenteil, die offensichtliche Distanz zwischen dem selbstbestimmten Bewegen im informellen Sport (z.B. Halfpipe) und den vorwiegend geschlossenen didaktisch-methodischen Inszenierungsvorschlägen verleiht dem Problem noch schärfere Konturen. Inline-Kurse, die im Geiste eines tradierten und durch Sachlogik verselbstständigten Methodenverständnisses durchgezogen werden, wirken auf Kinder nicht anders als gewöhnliche Stunden zu Elementen aus der Leichtathletik, zum Handball oder Schwimmen! Die Gängelung des Lernens durch diese Methodentradierung wurde bereits treffend als *die Behinderung von Lernen durch Lehrhilfen* charakterisiert (Fritsch & Maraun 1992, 36). Die Kritik der Frankfurter Sportpädagoginnen richtete sich schon damals gegen die Verselbstständigung von Methoden im Sportunterricht[51] und scheint angesichts der skizzierten Problemlage immer noch aktuell.

2.2 Lernen in Szenen informellen Sporttreibens – Ein Fallbeispiel

Wie bereits oben erwähnt, beeindruckt im Bewegen der Skater das vertiefte, konsequente Üben, dessen Ursachen von manchen Beobachtern zuweilen vorschnell mit dem tradierten Methodenkonzept und weniger mit dem offenen Erfahrungslernen in Verbindung gebracht wird. In diesem Sinne stellen beispielsweise die vom Übungseifer der Skater beeindruckten Kollegen Meyer, Schönberg und Wopp (2000, 35) fest: *„Scheinbar stumpfsinniges, sich ständig wiederholendes Üben kann offensichtlich faszinierend sein, wenn für die Übenden der Sinn der Anstrengung einsichtig ist."* (Ebd. 35). Sie beziehen sich in diesem Zusammenhang auf die *„Systematischen Beobachtungen"* von Rusch & Thiemann (1998, 43), *„[...] die ergeben, dass Kinder auf Inline-Skates zur Beherrschung von Sprüngen an Treppen ungefähr 15 Versuche pro Stunde machen"* (Ebd. 35). Dieses nüchterne Fazit

---

[51] *„Bewegungserfahrungen sind nicht mehr Folge einer selbsttätigen Auseinandersetzung mit einem bestimmten Bewegungsproblem, sondern eine Ansammlung nachvollzogener Muster fremder Urheberschaft. Erfahrung ist reduziert auf instrumentell erzeugte Aneignungsmuster, mit einem Begriff von H. v. Hentig (1984), Erfahrung wird ‚enteignet',,* Fritsch & Maraun (1992, 36f.).

lässt sich vor dem Hintergrund einer differenzierten Betrachtung solcher Sprünge und anderer Aktionsformen nicht weiter aufrechterhalten, wie das folgende Fallbeispiel, seine Deutung und die daraus abgeleiteten Konsequenzen zeigen werden:[52]

„Mit dem linken Bein auf dem Skateboard stehend und mit dem rechten dynamisch Anschwung holend fährt Benni zügig auf eine am Rand des Platzes stehende Bank zu. Zwei oder drei Meter vor der Bank nimmt er beide Beine auf das Board, hält das Gleichgewicht in der hohen Geschwindigkeit, und einen Augenblick später setzt er zu einem Sprung an. Irgendwie gelingt es ihm – auf dem Board stehend –, die Bank zu `erspringen´. Nach einem holzigen Krachen und Scheuern fällt das Rollbrett sogleich wieder herunter, und Benni wirkt einem möglichen Sturz durch mehrere schnelle Tippelschritte auf der Bank und dem Asphalt sowie geschickten Ausgleichsbewegungen entgegen. Nach dieser Aktion geht er langsam zur Bank zurück, zieht seine viel zu große Hose wieder bis über die Hüften hoch und bringt das rücklings auf dem Boden liegende Skateboard durch einen gezielten Tritt auf die hintere Kante wieder in Fahrtrichtung. Mit dreimal Schwungholen ist er wieder am Start, dreht sich um, fährt an, springt, es kracht und schabt, [...]. Dieser Zyklus setzt sich eine ganze Weile fort. Mal wird der Anlauf länger, mal aus einer Kurve heraus gewählt. Ein anderes Mal springt er höher ab, und manchmal sieht der Abgang von der Bank spektakulär aus. Zwei-, dreimal rollt er sich sogar auf dem Asphalt ab, ohne dass seine Hose Schaden nimmt! Unterbrochen wird diese selbstbestimmte Phase des Übens durch mehrere Pausen im Umfeld der unter einem schattigen Baum sitzenden Clique sowie sieben oder acht Kunststücken an der zentralen Rampe und einigen Sprüngen an weiteren Rampen und Übungsnischen der Anlage. An der Hauptrampe führt Benni jeweils auf dem Weg zur bzw. von der Bank einen mutigen Sprung mit anschließendem Gleiten auf einer Stahlstange vor, die in etwa 50 Zentimeter Höhe am Rand der Rampe (für solche Zwecke?) angebracht ist. Mit ähnlichen Konstruktionen sind auch die anderen in der Peripherie stehenden Rampen ausgestattet, die von Benni ebenfalls in unregelmäßigen Abständen für mehrere Sprungvariationen genutzt werden. Zum Üben an der Bank fällt

---

[52] Der Hintergrund dieser Skizze wurde aus Bewegungslernprotokollen abgeleitet, die im Verlauf des Sommers 2000 im Umfeld einer Halfpipe in der Nähe von Göttingen erhoben wurden.

schließlich im Laufe der Zeit auf, dass auch hier allmählich eine Gleitphase in den anfänglichen Zyklus aus Absprung, Landung, Fallen und Ausgleichen integriert wurde. Benni stellt das Brett in der Luft quer, landet auf der äußeren Kante der Bank und rutscht am späten Nachmittag in der Tat weiter als während der ersten Versuche. Nebenbei bemerkt, der Fokus des Beobachters hätte während dieser Szene auch auf andere Kinder, die sich im Umfeld der Halfpipe tummeln, gerichtet werden können. Sie probieren zwar jeweils unterschiedliche Tricks und Kunststücke aus, folgen dabei aber alle einer eigenen, selbstbestimmten Lernstrategie: Sie suchen sich attraktive Aufgaben, probieren, variieren und üben so lange, bis sie ein Kunststück können oder eine neue Herausforderung entdeckt haben. Dieses stundenlange Üben und Spielen mit differenzierten und eigenwilligen Sprung- und Ausgleichsbewegungen wirkt auch auf Beobachter faszinierend, weil sämtliche Lauf- bzw. Rollwege, Beschleunigungen, Sprünge, `Stürze´ und Gleitphasen nicht nur bei Benni, sondern auch bei jedem anderen Kind und in jeder Situation immer wieder neu aussehen."

2.2.1 Deutung

Das Fallbeispiel weist auf einige Anhaltspunkte zum Üben und Bewegungslernen hin, aus denen sich Konsequenzen für die Inszenierung von schülerorientiertem Sportunterricht ziehen lassen. Kinder üben im Umfeld der Halfpipe keineswegs stumpfsinnig, sondern variieren und gestalten im Verlauf des Nachmittags die beherrschten Lauf- und Rollwege sowie zahlreiche Sprünge und Gleichgewichtssituationen jedes Mal neu. Sie entdecken dabei offensichtlich unentwegt attraktive Formen (z.B. in Verbindung mit einem anderen Gerät) und üben diese unter ständig wechselnden Bedingungen. Sie verstehen es durch Verändern des Anschwungs, der Strecke, der Rampe, Stange, Bank oder der anderen Anforderungen die Aufgabe im Varianzbereich für beinahe jeden Versuch zu verändern, wodurch sie jeglicher Monotonie entgegenwirken. Aufgrund ihres vergleichsweise spezifisch ausgeprägten Schatzes an Bewegungserfahrungen findet auch das Sammeln neuer Erfahrungen in einem vergleichsweise eng abgesteckten Rahmen statt. Zumindest sind die Übungsprozesse und Bewegungsvariationen mit den Augen außenstehender Beobachter nur schwer in ihrer zugrundeliegenden Neuheit und Einzigartigkeit nachzuvollziehen, was sicherlich auch als Grund dafür ausgemacht werden darf, dass man dazu neigt, diese Lernprozesse mit stumpfsinnigem Üben oder Einschleifen vergleichen zu wollen.

2.2.2 Konsequenz: Von der Methodik zur Inszenierung

Trotz aller (gewohnheitsbedingter) Verlockungen, die darauf hinauslaufen, das Lernen lediglich als Folge einer inhalts- und lehrerzentrierten Methodik begreifen zu wollen, zeigen die Lerngeschichten von Skatern doch recht eindrucksvoll, dass Lernende durchaus begabt sind, sich allein in eine Sache zu vertiefen, dabei immer differenziertere Erfahrungen zu sammeln und auf diese Weise ihren Bewegungsschatz sensibel auszubauen. Ein derart verstandener Bewegungslernprozess passt ganz hervorragend zum Erziehungsanspruch des Sportunterrichts. Der scheint u.a. dann erfüllt, wenn es gelingt, angemessene methodische Entscheidungen für die Inszenierung von Bewegungsthemen zu treffen. Im Hinblick auf das Bewegungslernen bedeutet diese Angemessenheit, dass das Effizienzkriterium (vgl. u.a. Wiemeyer 2002) zugunsten der Subjektbezogenheit zu relativieren ist. Das heißt keineswegs, dass dadurch nicht weniger oder langsamer, sondern nur, dass auf andere Weise gelernt wird. Der Unterschied konkretisiert sich also auf der Ebene der Methodik bzw. in der Art der Inszenierung. Während nach eher traditionell verhafteten Bewegungslernauffassungen (vgl. u.a. Roth 1998) sach- und programmlogische Reihungen in einer für alle Lerner gleichen Methodik zum Lernerfolg führen sollen, geschieht dies im Sinne der bewegungspädagogischen Auslegung im Zuge immer neuer Inszenierungen. Da der Methodenbegriff im Sport im Geiste der erst genannten Bewegungslehre tradiert wurde und vor allem in der praxisanleitenden Literatur ganze Bibliotheken füllt, spricht aus pädagogischer Sicht einiges dafür, ihn durch den Begriff der Inszenierung zu ersetzen. Hiermit distanziert man sich zugleich auch von der Alltagstheorie, dass *Lernen durch das Lehren gemacht wird*. Demgegenüber werden Inszenierungen – wie im Film, der Musik oder dem Theater – von den Akteuren selbst gemacht, ebenso wie die Lernenden nur selbst Erfahrungen machen, lernen und ihren Bewegungsschatz ausbilden können. Eine naheliegende Konsequenz dieser pädagogisch orientierten Auffassung des Bewegungslernens läuft darauf hinaus, Lernmöglichkeiten so zu arrangieren, dass die Bewegungsanlässe zu den Bewegungserfahrungen der Kinder passen. Da diese nicht für alle Kinder gleich sind und die angestrebte Passung nur von den Lernenden selbst herausgefunden werden kann, braucht es hierfür offene Inszenierungsansätze.

2.2.3 Konkrete Anhaltspunkte für die Inszenierung von Bewegungslernen

Um zum Abschluss auch noch einige konkrete Praxisempfehlungen zu geben, möchten wir angesichts der beachtlichen und selbstverständlich scheinenden Gestaltungskompetenz die Kinder für das Bewegungslernen aufbringen können, auf die Bedeutung geeigneter Gerätekonstruktionen, aber auch auf die Relevanz erfahrungsoffener Situationsarrangements und Aufgabenstellungen verweisen. Mit Blick auf das angeführte Fallbeispiel und dessen Deutung lassen sich dabei vier thematische Akzente hervorheben, die nicht nur an der Halfpipe, sondern im Grunde auch in vielen anderen Situationen des Bewegungsunterrichts Gültigkeit haben.

2.2.3.1 Zum Üben und Vorführen im passenden Ambiente

Wie auch gute Architekten bei der Planung einer neuen bzw. beim Ausbau der vorhandenen Halfpipe darauf achten, dass das entstehende Bewegungsareal ein abwechslungsreiches und herausforderndes Ambiente bietet, sollen Bewegungspädagogen die Umgebung, in der der von ihnen zu verantwortende Sportunterricht stattfinden soll, in ihre Planungen mit einbeziehen. Ebenso wie Skater nicht nur verschiedene Rampen, Pipes oder Asphaltflächen, sondern auch Streetballkörbe, Rasenflächen, Bänke sowie diverse Turn- und Spielgeräte schätzen und unter Umständen auch als ungewöhnliche Übungsgelegenheiten interpretieren können, verfahren auch alle anderen Kinder, wenn sie auf den Sportplatz oder in ein Schwimmbad oder eine Turnhalle kommen. Neben vielen Bewegungsnischen kann an zentraler Stelle eine Gerätekonstruktion stehen, an der die zum Thema ausgewählten Inhalte gelernt werden sollen.

2.2.3.2 Abwechslung attraktiver Grundthemen

Die vermeintliche *Hartnäckigkeit*, mit der Kinder neue Sprünge oder Kunststücke üben, führt im informellen Sport nicht dazu, dass sie einzelne Fertigkeiten *einschleifen*. Hierfür fallen ihnen viel zu viele Variationen ein. Das Verändern und Gestalten beherrschter Techniken betrifft vor allem drei Grundthemen, die an jeder Halfpipe in hundertfachen Varianten ausprobiert und geübt werden: Sprünge, spezielle Gleichgewichtsaufgaben auf schmalen Kanten oder Stangen sowie Beschleunigungen. Gleiches gilt auch für andere Bereiche des Sportunterrichts, weshalb sich Bewegungspädagogen überlegen müssen, welche Grundthemen dort bestehen. Hierzu müssen dann einschlägige Aufgaben, Aufbauten und Situationen erdacht und geplant werden.

2.2.3.3 Entdecken neuer Kombinationen

Skateboards, Inliner oder BMX-Räder fordern wegen der gegebenen Gleichgewichtsanforderungen die gestalterischen Kompetenzen der Kinder geradezu heraus. Da sich Gleichgewicht während der verschiedenen Aufgaben und Übungen durch das Spiel zwischen Schwerkraft und Kompensation bzw. Ausgleichen immer wieder neu darstellt, entstehen bereits aus dem Kombinieren beherrschter Aufgaben und Abläufe ständig neue Anforderungen. Für die Kinder bedeutet dies einen Gewinn für ihren Bewegungsschatz. Solche Lernerfolge stützen das Interesse und schüren weitere Neugierde auf ungewohnte Kombinationen. Gleiches gilt auch für die Inszenierungen zu anderen Grundthemen des Sich-Bewegens. Durch Kombinationen können Bewegungslernprobleme mit Gegensatzerfahrungen kontrastiert werden.

2.2.3.4 Variieren

Von der Außensicht des Beobachters ausgehend, sieht das Üben fortgeschrittener Skater auf den ersten Blick tatsächlich so aus, als würden die Freiheitsgrade der Aktionsformen beschränkt und im Rahmen monotoner Übungsphasen ständig wiederholt. Hinsichtlich des Bewegungsumfanges mag dies durchaus zutreffen, weshalb die Übungsabläufe manchmal sogar als stumpfsinnig angesehen werden. Das gilt jedoch keinesfalls für die Qualität und Ökonomie dieser Tricks und Kunststücke. Bei genauerer Betrachtung können immer wieder feine Unterschiede zwischen den verschiedenen Sprüngen, Fahrten, Beschleunigungen oder Gleichgewichtssituationen identifiziert werden. Weil es sich hierbei lediglich um Nuancen handelt, darf davon ausgegangen werden, dass erfahrene Skater in der Lage sind, den Varianzbereich ihrer *Übungen* differenzierter zu interpretieren. Auf der Grundlage eines sich Tag für Tag weiter entwickelnden Bewegungsschatzes gelingt es den Kindern und Jugendlichen schließlich, jeden Sprung und jede Fahrt immer in einer gewissen Einzigartigkeit zu erleben. Die zunehmende Erweiterung der Bewegungskompetenz führt letztlich dazu, dass der Bereich, in dem feinkoordinierte Bewegungen wahrgenommen und kriteriengeleitet variiert werden können, immer präziser eingegrenzt wird. Wenn man den Kindern zugesteht, die Bewegungslernprobleme selbst zu entdecken und selbstständig an Lösungen zu arbeiten, dann werden sie sich unter Umständen auch in derart fein strukturierten Bereichen bewegen. Um dem Anspruch des Variierens zu folgen, müssen deshalb nicht immer die Grundthemen abgewechselt werden. Im Gegenteil, Variieren funktioniert auch, wenn sich Kinder mit einem Gegenstand intensiv auseinandersetzen und sich in die Sache vertiefen. Dabei handelt es sich sicherlich um eine individuelle Qualität, die von außen oftmals nur schwer nachzuvollziehen ist.

2.2.4 Zusammenfassung: Wie soll inszeniert werden?

Wie die Konsequenzen der bis hierher entworfenen Ideen zum Lehren, Lernen und Inszenieren von Trendsport in der Schule letztlich aussehen können, wird in den Praxisbeiträgen der Buchpublikation „*Trendsport für die Schule*" (Lange 2007a) aufgezeigt. Dort haben sich verschiedene Autoren im Zuge der Ausarbeitung didaktisch-methodischer Entwürfe zu verschiedenen Themen und Inhalten des Trendsports an vier Anhaltspunkten orientiert, die in Abbildung 19 zusammengefasst sind.

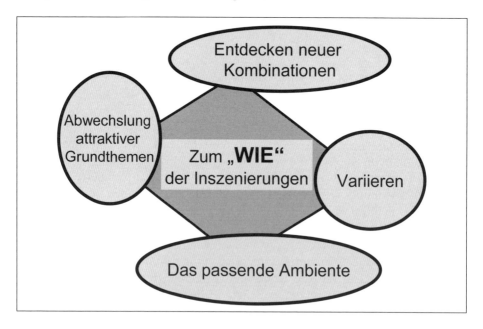

Abb. 19: Vier Anhaltspunkte zur Inszenierung neuer Sportarten im Unterricht

3 American Sports

Sportarten und Bewegungspraktiken sind immer gesellschaftlich verwurzelt und hinsichtlich verschiedener Bedeutungsauslegungen kulturell geprägt. Diese Gebundenheiten werden in den Prozessen interkultureller Transformation zuweilen als Differenzen sichtbar. In diesem Sinne bedeutet *Fußball* in den USA etwas anderes als in Deutschland oder anderen europäischen Ländern. Aber auch amerikanische Sportarten werden im Zuge ihres Imports in andere gesellschaftliche Kontexte in ihrem Bedeutungsgehalt transformiert. Dabei gehen manche der *ursprünglichen* Bedeutungen verloren, andere werden verändert und wieder andere werden in den neuen subkulturellen Kontexten der jeweiligen Bewegungsszene auf neue Weise entwickelt. Aus diesem Grund erinnern zwar viele importierten Gepflogenheiten und Bewegungen immer noch an die Bewegungsformen ihres Ursprungs, obwohl die sich bewegenden Akteure inzwischen andere (oder gar keinen) Botschaften oder Bedeutungsauslegungen mehr mit ihnen in Verbindung bringen. In diesem Sinne ist beispielsweise mit Blick auf die Subkultur des Hip-Hop anzunehmen, dass deutsche Kinder und Jugendliche in ihrem *Dresscode* gar nicht mehr wissen, weshalb New Yorker Altersgenossen in den siebziger und achtziger Jahren des vergangenen Jahrhunderts auf das Tragen von Schnürsenkeln und Gürteln verzichtet haben. Deshalb fallen auch in Deutschland seit Langem die (viel zu großen) herunterrutschenden Hosen und schlüpfrigen Schuhe als Markenzeichen jugendlicher Kleidung auf, ohne dass die modebewussten Teenager wüssten, dass gleichaltrige Amerikaner dadurch einst ihre Solidarität zu ihren inhaftierten Freunden und Gangmitgliedern symbolisiert haben, die in den New Yorker Gefängnissen, aus Sorge um Suizidgefahr, Gürtel und Schnürsenkel abgeben mussten.

Die Prozesse interkultureller Transformationen wirken sich auch in vielerlei Hinsicht auf das sportdidaktische Problem der Themenkonstitution aus, weshalb sie im Folgenden am Beispiel des Imports amerikanischer Sportarten und Bewegungspraktiken hinsichtlich des Implikationszusammenhangs zwischen Zielen, Inhalten und Methoden untersucht werden sollen.

3.1 Zum Import amerikanischen Sports

Sport und Bewegungskulturen sind in ihrer Geschichte von Entwicklungsprozessen und Transformationen geprägt.[53] Besonders bei ihrem Transfer in andere Kulturen machen sie Veränderungsprozesse und Anpassungserscheinungen durch. Michael Krüger versteht unter Transformation in Anlehnung an die angelsächsische sozialwissenschaftliche Literatur

> *„generell soziale und kulturelle Wandlungs- und Umbruchprozesse [...], die sich insbesondere auch auf die Veränderungen von Mentalitäten und des sozialen Habitus beziehen, also auf Veränderungen des Handelns, Denkens und Fühlens der Menschen in unterschiedlichen, je spezifischen Menschengruppen. Sie sind wiederum mit Werten, Normen, Haltungen, Einstellungen, Sinnmustern usw. verknüpft, die überindividuelle Gültigkeit haben [...]"* (Krüger 2001, 10).

Als Beispiel für Transformationen ist der amerikanische Sport anzuführen. Im 19. und frühen 20. Jahrhundert war dieser durch die zahlreichen, insbesondere europäischen, Einwanderergruppen geprägt, die ihre Bewegungskulturen in ihrem *cultural luggage* in Nordamerika einführten und damit die dortige Sportentwicklung beeinflussten. Aufzuzählen sind insbesondere die Leichtathletik und die Sportspiele aus England, das deutsche Turnen und die schwedische Gymnastik. Aber auch andere Kulturkreise waren an der Ausformung des amerikanischen Sports und Bewegungskultur beteiligt. Die Asiaten sind in Zusammenhang mit Kampfsportarten und die Afroamerikaner mit Tanzformen zu bringen. Vereinzelt wurden auch Spielformen der nordamerikanischen Ureinwohner, hier ist vor allem das Lacrosse zu nennen, von den Amerikanern und Kanadiern in ihren Sportartenkanon aufgenommen (vgl. Hofmann 2004).

In den USA, die sich 1776 durch ihre Unabhängigkeitserklärung von Europa und insbesondere Großbritannien löste und als eine eigene Nation konstituierte, konnten aber nicht nur die Bewegungskulturen und Sportarten der Einwanderer Fuß fassen, sondern im Zuge des politischen Lösungsprozesses von den Europäern wurden in den letzten 200 Jahren auch zahlreiche eigene Sportarten und Bewegungsformen entwickelt, die nicht zuletzt auf Trans-

---

[53] Bei den folgenden Ausführungen handelt es sich um eine überarbeitete Fassung des folgenden Beitrags: Hofmann, A & Sinning, S. (2006b). American Sports begreifen – Kulturelle Aspekte und didaktische Zugänge (Basisbeitrag für das Themenheft *American Sports*), *Sportpädagogik*, 30 (2), 4 – 10.

formationen schon bestehender zurückzuführen sind. Zu den wohl bekanntesten gehören die heute als amerikanische Nationalsportarten geltenden Mannschaftsspiele Baseball, Football und Basketball mit ihren eigenständigen Merkmalen, die sich nicht nur in den Sportarten an sich, sondern auch in einer spezifischen Fankultur mit eigenen Ritualen spiegeln. Allerdings sind auch bei diesen Sportarten verschiedene europäische Einflüsse erkennbar, wie zum Beispiel an der Verwandtschaft des Baseballs mit den englischen Kinderspielen Rounders und Stoolball oder Kricket und dem deutschen Schlagball sowie den Parallelitäten zwischen American Football und Rugby zu sehen ist (vgl. Hofmann 2004; Marcotvits & Hellermann 2002).

Betrachtet man das sportliche Treiben der letzten Jahrzehnte in Europa, so zeigt sich in den vergangenen Jahren auch ein sozialer Umbruchprozess bzw. eine Transformation in die andere Richtung, d.h. von der amerikanischen zur europäischen Kultur. Möglicherweise kommen dabei sogar von Europäern geprägte Anteile in transformierter Form wieder zurück. Insbesondere durch den Einfluss der amerikanischen Besatzung nach dem Zweiten Weltkrieg und im Zuge der Medialisierung und Globalisierung dringen amerikanische Sportarten immer tiefer in die europäische und damit auch deutsche Sportlandschaft ein. Dabei verbindet man in Deutschland mit dem amerikanischen Sport in der Regel erst einmal die oben aufgeführten *Big Three*, die drei Nationalsportarten (vgl. Marcovits & Hellermann 2002).[54]

Während Baseball und Football zu den neueren amerikanischen Sportattraktionen in Deutschland zählen, sind andere schon seit Jahrzehnten nicht nur institutionell etabliert, sondern haben auch ihren festen Platz im Schulsport und werden nicht mehr als amerikanisch wahrgenommen, so z.B. bei den an amerikanischen YMCAs entwickelten Sportarten Basketball und Volleyball oder auch Jazz- und Modern Dance (Hofmann 2004; Brettschneider & Brandl-Bredenbeck 1997). Selbst den Ursprung der unterschiedlichen Ausprägungsformen des Aerobics, Skate- und Snowboardens, Frisbeespiels, des Joggings und der verschiedenartigen Formen des Tanzes wie z.B. Hip-Hop und Breakdance, die mittlerweile in Deutschland eingebürgert sind, erkennt man heute – wenn überhaupt – nur noch an ihren amerikanischen Namen.

---

[54] Marcovits & Hellermann gehen von the Big 3,5 aus, d.h., sie ziehen Hockey noch als eine *halbe* Nationalsportart ein. Auffällig ist, dass es sich nur um Sportarten handelt, die überwiegend Männer ausüben.

3.2 Sport als Spiegelbild der amerikanischen Gesellschaft

Viele Werte und Symbole der amerikanischen Gesellschaft finden sich in ihrem Sport und im Sportverhalten wieder, wobei darauf hingewiesen werden muss, dass *sport* oder *sports* in den USA nicht mit unserem deutschen Begriff Sport gleichzusetzen ist. Zwar ist *sports* ein gängiger Begriff, aber in der Regel wird darunter das professionelle Baseball, Football und Basketball verstanden. Dagegen beinhalten die *athletics* auch andere Formen des Hochleistungssports, allerdings auf Ebene der Erziehungsinstitutionen. Es gibt noch weitere Bezeichnungen, die eigenständige Bereiche umfassen. So versteht man unter *recreational sport* den Breiten- und Gesundheitssport, der *exercise, physical activity* und *workout* beinhalten kann. Die *physical education* oder kurz PE ist der Sportunterricht an Schulen.

Auch die Struktur des amerikanischen Sports ist nicht mit der des deutschen vergleichbar. Beispielsweise baut der Wettkampfsport nicht auf einem Vereinswesen auf, sondern als wesentliche Säule gilt neben dem Sport an Erziehungsinstitutionen (high schools, colleges, universities), wo die *athletics* betrieben werden, der Profisport. Hier können Privatpersonen ganze Mannschaften besitzen. Der *recreational sport* wird vor allem von kommerziellen Sportanbietern, Country Clubs oder den vielen YMCA-Einrichtungen angeboten[55].

In den folgenden Abschnitten sollen einige ausgewählte Aspekte und Ausprägungsformen des amerikanischen Sports angeschnitten werden, die von Sport als einem identitätsstiftenden Symbol, als Bühne für verschiedene Formen der Inszenierung, als Multikulturalismus über den Gesundheits- und Fitnesssport bis hin zu alternativen Bewegungen der Köperkultur wie den New Games reichen. Diese Aspekte werden zum Teil auch in andere Länder übertragen und tragen zum *Image* des amerikanischen Sports bei, obwohl dieser eigentlich sehr vielseitig und facettenreich ist.

---

[55] Breitensport wird zum Teil auch in Turnvereinen, die auf die deutschen Einwanderer zurückgehen, oder den Sokol-Units mit slawischem Ursprung angeboten. Beide spielen aber nur eine sehr marginale Rolle und werden deshalb nicht weiter aufgegriffen (vgl. Hofmann 2004).

3.2.1 Sport als Identitätsstifter

Sport scheint in der amerikanischen Gesellschaft einen höheren Stellenwert einzunehmen als in der deutschen. Dies zeigt sich nicht nur daran, dass sich viele Bildungsinstitutionen wie High Schools, Colleges und Universitäten durch ihre Sportmannschaften, die häufig zur Verbreitung des Rufes ihrer Institution beitragen, identifizieren, sondern auch an der lockeren Umgangsart der Amerikanerinnen und Amerikaner, ihrer eher sportlichen Alltagskleidung, dem regelmäßigen Aufgreifen von Sport in Film und Literatur und den zahlreichen TV-Sportübertragungen wie z.b. die *Monday Night, Football Night*, die in Restaurants und Bars nicht fehlen dürfen. Aber auch amerikanische Präsidenten standen und stehen – und dies nicht nur erst seit neuerer Zeit – öffentlich zu ihren sportlichen Vorlieben, sei es nun der Football-Fan und Jagdliebhaber Theodor Roosevelt, der joggende Bill Clinton oder der golfspielende George Bush.

Wenn schon Staatsoberhäupter Sport in ihren Alltag integrieren, dann muss auch der Sport nationale Symbole aufgreifen. Für den deutschen Beobachter ist es allerdings ein wenig ungewohnt, dass z.b. die Nationalfahne, das rot-weiß-blaue Sternenbanner, bei kaum einer Sportveranstaltung fehlt oder die amerikanische Nationalhymne nicht nur bei sportlichen Großereignissen wie dem Endspiel der NFL, sondern auch bei vielen unbedeutenden Sportveranstaltungen oder Schulsportwettkämpfen erklingt. Diese Symbole sind Teil der sportlichen Inszenierung um das Geschehen auf dem Sportplatz oder in der Sporthalle und untermauern damit das National- und Zusammengehörigkeitsgefühl der Amerikaner. Auf Baseball bezogen spricht Peter Dewald (2005) sogar vom *heiligen Symbol*.

Des Weiteren ist das Einbeziehen der Zuschauer ein wichtiger Punkt im amerikanischen Sport. Diese Aufgabe wird gezielt von Cheerleadergruppen übernommen, die übrigens bis in die 1920er-Jahre männlichen Geschlechts waren. Heute sind die überwiegend weiblichen Cheerleader nicht mehr nur bei American Football-Spielen vorzufinden, sondern auch bei anderen Sportveranstaltungen, bei denen sie die Zuschauer zum einen durch ihre tänzerischen und artistischen Einlagen unterhalten, und zum anderen auch zum Anfeuern animieren. Ähnliches geschieht beim *Pep Rally* im Vorfeld eines wichtigen sportlichen Wettkampfes. Hierbei kommen an Schulen und Colleges Fans und Athleten unter der musikalischen Begleitung der Schulband zusammen. Es wird dann das gemeinsame Anfeuern geübt und Schlachtrufe zur Unterstützung der eigenen Mannschaft werden einstudiert. Dies alles, um die Athleten in ihrem Kampf um den Sieg optimal zu unterstützen. Zu diesen Schlachtrufen gehört u.a. auch der von den Zuschauern gesungene Song *Take me out to the Ball Game* beim 7. Inning eines Baseballspiels. Dies besitzt für die Beteiligten eine lange Tradition.

3.2.2 Melting Pot oder ethnischer Separatismus im Sport?

Durch ihre vielen Einwanderergruppen weist die USA eine multikulturelle Gesellschaftsstruktur auf. Die Auffassung, die amerikanische Gesellschaft sei ein Schmelztiegel (Melting Pot), d.h., es komme zur Verschmelzung der ethnischen Gruppen durch Mischehen, ist zwar weit verbreitet, lässt sich aber wissenschaftlich nicht belegen. Allerdings bestätigt sich die Melting-Pot-Theorie an einem Teil der amerikanischen Bevölkerung: den sogenannten European- oder White Americans (Alba 1990, 9).[56]

Auch der amerikanische Sport ist im Großen und Ganzen weiß geprägt. Hier kommt die weiße Hegemonialmacht noch immer zum Ausdruck, auch wenn der Sport für Außenseiter- oder Randgruppen, insbesondere für Afro-Amerikaner, als Sprungbrett für einen sozialen Aufstieg gesehen wird. Viele Sportarten sind allerdings – bis auf wenige Ausnahmen – der *established society* (Elias & Scotson 1990), den Weißen, vorbehalten. Dazu gehören zum Beispiel verschiedene Individualsportarten wie Schwimmen, Skifahren und Golf, aber auch einige Mannschaftssportarten, so z.B. Volleyball und Polo. Auch der Baseball zu einem gewissen Grad. Nur 17 Prozent der *Major League-Spieler* sind Afroamerikaner, was allerdings rund acht Prozent mehr sind als ihr Bevölkerungsanteil. In den *neueren* Nationalsportarten sieht die Situation ein wenig anders aus. Hier beherrschen die Afroamerikaner das Geschehen auf den Spielfeldern im Basketball und Football, ebenso in der Leichtathletik, dem Track and Field. Grundsätzlich haben die Weißen aber im Sport führende Positionen inne, wie die der Head Coaches, Manager oder Clubbesitzer. Asiaten und Hispanics sind hingegen nur sehr selten im Wettkampfsport.

---

[56] Schon 1963 schrieben Glazer & Moynihan, *„the point about the melting pot is that it did not happen"* (zit. in Gleason 1980, 39). Ethnische Gruppierungen wie die Afroamerikaner, Puertoricaner, Indianer und Asiaten werden auch als *unmeltable ethnics* bezeichnet (Martin & Bouvier 1992, 299).

3.2.3 Sport als Inszenierungsarena von Nationalgefühl und Männlichkeit

Auf die Inszenierung des Nationalgefühls durch Sport und bei Sportveranstaltungen wurde bereits hingewiesen. Eine weitere Form der Inszenierung ist die der Männlichkeit, was besonders bei einem Teil der amerikanischen National- und Mannschaftssportarten zu beobachten ist. Betrachtet man die Sportarten Football, Lacrosse und Eishockey, so präsentieren diese allein schon durch ihre Kleidung, d.h. die breiten Schulterpolster und Helme, aber auch durch das Spiel selbst, Kampfgeist und Härte, und damit Attribute, die vor allem Männern zugeschrieben werden. Nur wenige Frauen spielen Football, anstatt Baseball- gibt es für Frauen Softballligen und im Basketball spielen die Frauen mit einem kleineren Ball. Im amerikanischen Sportartenkanon werden ihnen vor allem die Aerobic-verwandten Fitnesssportarten und ästhetischen Sportarten wie Turnen, Tanzen oder Cheerleaden zugeschrieben. Besonders im Letzteren übernehmen die ständig lächelnden, gestylten, figurbetonten Girls die untergeordnete Aufgabe, Männer in ihrem Kampf um den Sieg durch ein (sexistisches) Anfeuern anzuspornen. Dazu kommt, dass diese Frauen selbst bei den hoch dotierten Spielen des Profi-Footballs ohne nennenswerten finanziellen Ausgleich die Athleten anfeuern.

Dies soll aber nicht heißen, dass Frauen keinen Mannschaftssport betreiben. Im Gegenteil – es gibt zahlreiche Beispiele. Insbesondere spielt das Fußballspiel eine wichtige Rolle im amerikanischen Frauensport. Im Gegensatz zu Deutschland ist diese Sportart in den USA bei Mädchen und Frauen sehr viel populärer als bei Jungen und Männern. Für eine gewisse Zeit gab es sogar eine Profiliga. Sicherlich liegt diese Popularität auch daran, dass Fußball – oder soccer – nicht zu den Nationalsportarten zählt, und Mädchen und Frauen hier eine Nische finden konnten.

In Verbindung mit dieser Männlichkeit steht auch der Sportheld, der das Produkt großer Leistungen in seinem Sport darstellt. Darüber hinaus verkörpert er die Ideale der amerikanischen Gesellschaft und dient ihr als Leitbild, das ihre Ideale und Sehnsüchte projiziert (Dewald 2005, 210-211). Sporthelden gab und gibt es in den USA zur Genüge. Bevorzugt ist natürlich der weiße männliche Held, der sich auch einige Ausschreitungen erlauben darf, denkt man nur an den Baseballhero Babe Ruth in der ersten Hälfte des 19. Jahrhunderts, dessen ausschweifendes Leben seiner Popularität kaum geschadet hat. Anders ist es mit farbigen Helden. Solange die amerikanischen Wertvorstellungen gewahrt bleiben, können auch sie diese göttergleiche Stelle belegen. Doch wird einer zum Beispiel des Dopings überführt, verliert er seine Vormachtstellung, wie dies beim mehrfachen Tour-de-France-Gewinner Armstrong wohl kaum der Fall sein wird.

3.2.4 Sport und der *New Frontier*-Mythos

Die Suche nach neuen Grenzen (Frontier) ist tief in der Geschichte der amerikanischen Gesellschaft verwurzelt und hat Symbolcharakter. Ihre territoriale Ausdehnung, besonders die Besiedlung des Westens, steht damit in Verbindung. Die *Frontier* galt als Grenze zwischen Zivilisation und Wildnis. Doch dieser Begriff trägt eine Doppeldeutigkeit in sich, wie Dewald erläutert. Für den amerikanischen Historiker Frederick Jackson Turner steht er nicht für eine Begrenzung, sondern er setzt ihn mit der individuellen Entfaltung gleich. Die letzte *Frontier* habe die USA mit der Industrialisierung verloren, wie er Ende des 19. Jahrhunderts schrieb (Dewald 2005, 75; 159).

Zu dieser Zeit wurde der Sport zu einer *national Pastime*, an der die männliche Bevölkerung als Akteure oder als Fans teilhaben konnten. Im Sport wurde eine neue *Frontier* gefunden. Diese zeigt sich zum einen an den landeinnehmenden Spielzügen einiger Sportspiele. So wird im Football Zone um Zone gewonnen, im Baseball ist ein *Home run* garantiert, wenn der Ball über die Grenzen des Spielfeldes geschlagen wird. Zum anderen müssen sich die Akteure in ihrem Sport immer wieder neu bewähren, nicht nur hinsichtlich ihrer Leistungen, sondern auch hinsichtlich ihrer Charakterstärken und Tugendhaftigkeit (Dewald 2005, 160). Man kann aber auch in der weltweiten Verbreitung des amerikanischen Sports *new Frontiers* erkennen. Ein Prozess, der sicherlich noch lange nicht abgeschlossen ist.

3.2.5 *Pursuit of Happiness* und Indiviualismus

In der amerikanischen Unabhängigkeitserklärung wird auf die Unabhängigkeit der Nation von Europa und die des einzelnen Bürgers hingewiesen. Es sind nicht nur alle Menschen (men) gleich, sondern sie haben auch das Recht auf Freiheit und streben nach dem individuellen Glück oder der Zufriedenheit. Dieses Glücksstreben des Einzelnen ist im amerikanischen Individualismus sehr ausgeprägt und zeigt sich z.B. an einem mangelnden Sozialsystem, aber auch an extravaganten Formen des Auftretens und vielen Gestaltungsformen des persönlichen Lebens und eben auch im Sport. Im Spiel setzen sich Spielertypen mit innovativen Finten, Gesten und Mimiken

– inner- und außerhalb des Spielfeldes – in Szene. Ein bis in unsere Regionen bekanntes Beispiel ist Dennis Rodmann, ehemaliger Spieler der Detroit Tigers. Den von Kopf bis Fuß tätowierten afroamerikanischen Basketballspieler konnte man außerhalb des Spielfeldes auch schon mal in Frauenkleidung antreffen.

Auch bei den Formen der Popkultur hat Individualität einen hohen Stellenwert. Vor allem im Tanz (Hip-Hop, Breakdance, Jazz, Modern Dance), der sich von den konformen Einflüssen der europäischen Tanzformen komplett abgrenzt, kann dies beobachtet werden (vgl. Klein 2006). Tänzerinnen und Tänzer, Sportlerinnen und Sportler versuchen sich durch *Coolness* abzuheben und werden mit ihren individuellen Inszenierungsformen vermarktet.

3.2.6 Health, Fitness und Exercise

Health, Fitness und Exercise sind Schlagwörter in der insgesamt immer *fülliger* werdenden amerikanischen Gesellschaft. Die Idealfigur ist *skinny*, und ein Waschbrettbauch für Männer wie auch Frauen versteht sich von selbst. Die in den 1970er- und 80er-Jahren in den USA aufgekommene Fitnessbewegung mit ihren unzähligen Ausprägungsformen konnte sich in aller Welt verbreiten. Dazu haben auch einzelne Personen beigetragen, so z.B. für die Joggingwelle der Arzt Kenneth H. Cooper und für die bis in die Gegenwart anhaltende Aerobic-Manie Jane Fonda und Sidney Rome. Dadurch wurde auch eine verstärkte Errichtung von Fitnessstudios ausgelöst, zumal es keine Sportvereine im deutschen Sinne gibt, wo man Sport treiben kann.

Das Gleichsetzen von Sport und Bewegung mit Gesundheit spiegelt sich auch stark in den amerikanischen Schulen. Wenn Sport oder Bewegung überhaupt angeboten wird, dann gleich täglich und häufig als Fitnessdrill. Anstatt Schulnoten wird die hoffentlich verbesserte Fitness der Schüler am Ende eines Schuljahres mit irgendwelchen nationalen Fitnesstests überprüft. Damit haben die Schüler nicht nur einen Vergleich untereinander, sondern man kann ganze Klassen, Schulen und Staaten vergleichen, sofern der gleiche Test herangezogen wird. Damit soll dem desolaten Fitnesszustand der Kinder und Jugendlichen entgegengewirkt werden und dem Übergewicht und seinen Folgen, wie z.B. Diabetes, entgegengewirkt werden (vgl. Hofmann 2006).

3.2.7 Konträre Bewegungen

Natürlich kann und darf man den amerikanischen Sport nicht pauschal in die vorgestellten Kategorien und Ausdrucksformen pressen. Die aufgeführten Punkte zeigen aber einige Wesenszüge auf. Demgegenüber existieren aber auch entgegengesetzte Charakterzüge des amerikanischen Sports und seiner Bewegungen. Diese sind beispielsweise in der *New Games*-Bewegung zu erkennen. Bei diesen Spielen geht es weniger um ein individuelles *Sich-in-Szene-Setzen*, sondern hier steht die Kooperation im Vordergrund. Es gibt keine Sieger, die verehrt werden, die Kleidung ist eher locker, alternativ, leger und wahrscheinlich ganz bewusst nicht zwingend sportiv. Teilweise können die Spiele als Wettkampf gespielt und damit körperliche als auch strategische Fähigkeiten eingebracht werden. Vorrangig haben sie aber *„[...] kein anderes Ziel, als Menschen zusammenzubringen und ihnen Gelegenheiten zu geben, sich miteinander zu freuen"*(Fluegelmann & Tembeck 1979, 1f.). Das Gemeinschaftsgefühl ist somit entscheidend, weshalb es keine festen Regeln gibt, sondern nur den auffordernden Hinweis, die Spielregeln so zu ändern, dass das Spielen allen Spaß bereitet. Ausgangspunkt dieser Spiele war eine von der Vereinigung der Kriegsdienstverweigerer ins Leben gerufene und von Stewart Brand organisierte öffentliche Veranstaltung am San Francisco State College. Es war ironischerweise der Vietnamkrieg, der ihn zur Entwicklung dieser Spiele anregte. Brand hatte das Gefühl, *„[...] dass Amerika den Krieg ans äußere Ende der Erde verdrängte und er (der Krieg) dadurch abstrakt und ungreifbar wurde"* (Fluegelman & Tembeck, 1979, 11). Das brachte ihn auf die Idee, dass der Umgang mit Konflikten irgendwie nicht stimmte, weshalb er zur Veranstaltung, die unter dem Namen *Vierter Weltkrieg* lief, Spiele wie *Gemetzel* oder *Schlacht um die Erde* erfand. Dabei war *Gemetzel* ein Spiel, bei dem alle Mitspieler sich auf einer Matte befanden und sich gegenseitig von dieser Matte schieben mussten, und bei der *Schlacht um die Erde* wurde ein großer Pezziball als Erdball über den Köpfen weitergeleitet. Die Veranstaltung bzw. ihre Spiele sollten *„[...] die Teilnehmer zu einem verbesserten Verständnis des Krieges führen – nicht ihre Ansichten verhärten, sondern sie den Ursprung des Krieges im eigenen Innern wahrnehmen und erfahren lassen"*. Außerdem sollte die Veranstaltung *„[...] Menschen zum Spielen zusammenbringen"* (Fluegelmann & Tembeck 1979, 11f.).

Auch Spiele und Bewegungsformen mit der Frisbeescheibe kann man eher den konträren Bewegungsangeboten zuordnen. Die Scheibe wird überall genutzt, im Park bzw. auf der Wiese, in der Gasse oder auf der Straße, sowohl drinnen als auch draußen. Auch hier sollen möglichst viele Menschen auf unkomplizierte Art und Weise eingebunden werden, mitmachen, sich einbringen und bewegen sowie miteinander kommunizieren. Beim einfachen Frisbeewerfen gibt es keine festen Regelvorgaben, lediglich bei Frisbeespielen wie Ultimate Frisbee ist nach und nach ein festes Regelwerk entstanden, um in Mannschaften gegeneinander anzutreten und einen Sieger bestimmen zu können. Allerdings ist es im Ultimate Frisbee auch heute noch üblich, auf die Leitung und Regelkontrolle durch *neutrale* Schiedsrichter zu verzichten. Das regeln die Mannschaften immer noch einvernehmlich untereinander.

3.3 Prägnante Beweggründe des amerikanischen Sports

Bestimmte Ausprägungsformen des amerikanischen Sports weisen insbesondere für Kinder und Jugendliche in Deutschland eine gewisse Attraktivität auf, was vor allem daran zu erkennen ist, dass einige der oben angeführten Sportarten und Bewegungsformen schon einen festen Platz im deutschen Sport und vor allem auch in der Freizeit Heranwachsender einnehmen.

Grundsätzlich stellt für Kinder und Jugendliche alles Neue und Unbekannte einen hohen Aufforderungscharakter dar, und die aus den USA stammenden Bewegungsangebote bieten eine Fülle von neuen, interessanten Facetten. Dazu zählen spezielle Sportgeräte, Spielfelder, die Sportkleidung, das Regelwerk und bei Tanzformen auch die Musik. Als Beispiel können die Eiform des Footballs, der Lacrosse- oder Baseballschläger, die Plüschen der Cheerleader wie auch das *Diamond*-förmige Spielfeld beim Baseball und die Sportkleidung von Football- und Baseballspielern oder Cheerleadern angeführt werden. Diese Sportarten und Bewegungsformen versprechen außerdem allen Akteuren, d.h. den Athleten wie den Zuschauern, viel Action, Dynamik und Identifikation. Und dies sowohl auf dem Spielfeld als auch außerhalb des Spielfeldes beim Anfeuern, der musikalischen Begleitung und beim Essen. Dies lässt sich u.a. an den musikalischen Vorlieben, der derzeitigen *In-Kleidung*, die häufig an die Hip-Hop-Szene erinnert, der Popularität des amerikanischen Fastfood und der Softdrinks, der Amerikanisierung der deutschen Sprache und dem Fernsehverhalten der deutschen Kinder und Jugendlichen beobachten. Das Ganze mündet in eine marktstrategisch intelligente Verbreitung der interessanten Aspekte rund um die amerikanischen Sportarten. So hat insbesondere die Sportartikel- und Spielwarenindustrie dafür gesorgt, dass die amerikanischen Sportgeräte wie z.B. Skateboards, BMX-Räder, Footballs und Frisbeescheiben und die dazu gehörende Kleidung über Baseballkappen zu Skateboardshorts in deutsche Kinder- und Jugendzimmer Einzug halten konnten. Die verschiedenen Facetten motivieren die Schüler zum Sporttreiben und präsentieren darüber hinaus ein Stück amerikanische Kultur, die derzeit in der Jugendkultur (vgl. Wopp 2001) einen hohen Stellenwert hat. Viele Kinder und vor allem Jugendliche identifizieren sich mit diesen kulturellen Eigenschaften aus den USA, die natürlich auch zu einem gewissen Teil in den amerikanischen Sportarten zum Vorschein kommen. Über die Identifizierung und den damit verbundenen äußeren Merkmalen drücken sie ihre *Coolness* aus und sind innerhalb ihrer Jugendkultur sozusagen *in*. Dies zeigen auch einige Publikationen und Examensarbeiten, die sich mit amerikanischen Sportarten im deutschen Schulsportunterricht auseinandergesetzt haben (vgl. Asmus, Görgner & Merwar 1998, Merwar & Asmus 1998, Görgner 1998, Bondzio 2002)

3.3.1 Pädagogische Zugänge

Für (Sport-)Pädagoginnen und Pädagogen an deutschen Schulen stellt sich im Zusammenhang mit der Planung und Durchführung der amerikanischen Sportarten und Bewegungsformen eine Reihe von Fragen.

- Inwieweit werden an deutschen Schulen amerikanische Sportarten durchgeführt und wie können diese grundsätzlich pädagogisch legitimiert werden?
- Kann und darf es im Sportunterricht nur um ein erstes Kennenlernen einer amerikanischen Sportart gehen oder kommt auch eine Intensivierung in Frage?
- Auf welche Probleme stößt die Lehrkraft bei der Durchführung von amerikanischen Sportarten und Bewegungsformen und wie können diese gelöst werden?
- Wie können die Bewegungsangebote aus dem amerikanischen Raum im Einzelnen umgesetzt werden?
- Wie sind kulturelle Aspekte zu berücksichtigen, die mit dem Habitus der Amerikaner zusammenhängen?
- (...)

Um die aufgeworfenen pädagogischen und didaktischen Fragen beantworten zu können, müssen einerseits die vorgestellten Besonderheiten der amerikanischen Sportarten und Bewegungsformen beachtet und andererseits unterschiedliche pädagogische Intentionen berücksichtigt werden. Die Durchführung amerikanischer Bewegungsformen im Sportunterricht der deutschen Schulen oder in einer AG kann nämlich verschiedenen pädagogischen

Zielsetzungen nachkommen und je nach Entscheidungsgrundlage spezifische pädagogische Teilziele fokussieren und damit entsprechende Konsequenzen bzw. Vor- und Nachteile ausweisen. Im Folgenden stellen wir einschlägige pädagogische Ziele vor.

3.3.2 Neues kennenlernen

Hierbei soll der Sportunterricht als Möglichkeit genutzt werden, den Schülern einen ersten Einblick in die verschiedenen amerikanischen Sportangebote zu verschaffen. Dabei geht es natürlich zum einen auch darum, den Kindern und Jugendlichen ein attraktives und möglicherweise dem Zeitgeist entsprechendes Angebot zu machen, zum anderen soll aus einem vertieften pädagogischen Verständnis das Augenmerk auf drei wesentliche Facetten gerichtet werden. Erstens sollen neue Bewegungsfelder oder auch Trends erschlossen werden, bei denen die Kinder herausfordernd ihre körperlichen Leistungen in Bereichen wie den Rotationen um Körperachsen, z.B. beim Breakdance, der Bewegungsdynamik bei fitnessorientierten Bewegungsformen oder der Ausdrucksstärke beim Tanzen verbessern können. Über neue Spiele und die dazugehörigen Regeln kann zweitens ein erster Eindruck über die typischen amerikanischen Bewegungsformen, z.B. den raumgreifenden Handlungen, gewonnen werden (vgl. Trömel 2006). Drittens können neue Geräte wie Baseballschläger und -handschuh im Unterricht eingeführt und eingesetzt werden, die eine Erweiterung des Handlungsrahmens ermöglichen. Insgesamt kann bei den Kindern und Jugendlichen über die neuen Elemente (Bewegung, Regeln, Gerät) Spannung und Freude erzeugt werden. Hier wäre allerdings sicherzustellen, ob diese Formen den pädagogischen Zielen des guten Sportunterrichts entsprechen bzw. in welcher Form solche attraktiven Kurzangebote sinnvoll auszugestalten sind (vgl. dazu auch Balz 2001).

3.3.3 Sich vertiefen – Differenzen erkennen und unterscheiden lernen

Soll die Sportart längerfristig in den Sportunterricht integriert und der *wahre* Gehalt bzw. die typisch amerikanischen Aspekte über einen ersten Eindruck hinaus ins Zentrum gerückt werden, so müssen sicherlich Vorurteile, Vor- und Nachteile, stereotype sowie kulturelle Einflüsse hinterfragt werden.

In diesem Zusammenhang sind Aspekte der *Interkulturellen Didaktik* zu berücksichtigen. Dazu sollten im Unterricht landeskundliche Kenntnisse eingebracht sowie Besonderheiten über kulturspezifische Kommunikations- und Lernformen vorgestellt werden. Darüber hinaus muss deutlich werden, welche zentralen Wertvorstellungen, Zeit- und Raumvorstellungen sowie Autoritätsstrukturen in der jeweiligen Kultur – hier Nordamerika – vorherrschen (vgl. Flechsig 2001, Giess-Stüber 2003), sodass bei den Schülern eine Sensibilität für kulturelle Kontexte entstehen kann. Vor dem Hintergrund eines interkulturellen pädagogischen Ansatzes müssen folgende Aspekte berücksichtigt werden:

- die Aufarbeitung kulturspezifischer Merkmale, wie der Hinweis auf nationale und sportspezifische Symbole, Rituale und Identifikationsformen, aber auch Hinweise auf die Entwicklung und Verbreitung der vermittelten Sportarten und die Rolle und Bedeutung des Sports in der amerikanischen Gesellschaft;
- das Aufgreifen amerikanischer Lernformen, wie zum Beispiel Drills, und die sprachlichen Besonderheiten einer Sportart;
- Herausstellen von spezifischen Merkmalen bestimmter Sportarten, die zum einen mit Männlichkeit vs. Weiblichkeit in Verbindung gebracht werden können, zum anderen im Zusammenhang mit landeinnehmenden Spielzügen und dem eher begrenzten Agitationsfeld von Frauen zu diskutieren sind;
- die Vielfältigkeit des amerikanischen Sports herausstellen. D.h., den Kontrast zwischen den mit Stars und Einzelspielern fokussierten Sportarten und den fitnessorientierten Bewegungsfeldern darlegen. Oder es können die Sportarten, die auf Einzelleistung konzentriert sind, den Bewegungen, die bewusst gemeinschaftlich und ohne Sieger/Verlierer ausgeführt werden (Football vs. New Games, Tanz), gegenüber gestellt werden.

Nach Möglichkeit sollten diese Themen sowohl auf der Inszenierungs- als auch auf der Bewegungsebene differenziert an die Schüler herangetragen werden.

3.3.4 Gesamtzusammenhänge erfassen

Um die zuvor bereits angeführten Punkte weiter vertiefen zu können, empfiehlt es sich, einen fächerübergreifenden oder -verbindenden Unterricht anzuvisieren. Dieser bietet die Möglichkeit, Gesamtzusammenhänge noch besser zu erfassen bzw. Anknüpfungspunkte zu Wissensbeständen aus anderen Fächern zu suchen bzw. zu finden. Insbesondere die Fächer Englisch, Geografie, Sozialkunde und Geschichte, aber auch Kunst und Musik eignen sich in besonderem Maße, die amerikanischen Sportarten und Bewegungsangebote nicht losgelöst von ihren kulturellen oder historischen Aussagen zu betrachten (vgl. Lange, A. & Sinning 2006b). Beispielsweise lassen sich Rituale, die über die Bewegung hinausgehen, z.B. die Essenskultur, Liedgesänge oder entsprechende Landesfahnen, im Kunst-, Musik- oder Geografieunterricht sowie in fächerübergreifenden Projekten oder AGs schülernah in den Mittelstufenklassen thematisieren. Den Themen Globalisierung, Amerikanisierung oder Medialisierung und deren Auswirkungen auf den Sport kann sich insbesondere ein fächerverbindender Unterricht, d.h. Englisch-, Sozialkunde- oder Geschichtsunterricht in Kombination mit dem Sportunterricht, widmen und dies sowohl in der Mittelstufe als auch in der Oberstufe.

Neben den pädagogischen Vertiefungen bzw. Leitkategorien sollten unserer Meinung nach auch didaktische Leitideen zum Thema *Amerikanischer Sport im deutschen Sportunterricht* Berücksichtigung finden. Diese werden im Folgenden näher ausgeführt.

3.4 Didaktische Zugänge und Leitideen

3.4.1 Zur Bedeutung der Spielgeräte, Bewegungen und Regeln

Die Besonderheiten der Geräte, Regeln oder auch Bewegungen werden vielfach zu oberflächlich thematisiert oder überhaupt nicht erkannt. Innerhalb der Vermittlung von amerikanischen Sportarten müssen diese aber in den Vordergrund gerückt werden, indem z.B. die kulturellen Bedeutungen kritisch reflektiert, auftretende Bewegungsprobleme analysiert und damit zusammenhängend die Attraktivität, die von der Bewegung oder dem Gerät ausgeht, beleuchtet werden. Insbesondere bei der Auseinandersetzung mit Baseball oder American Football lässt sich der Einsatz der Spielgeräte und die damit verbundenen Wurf-, Fang- oder Schlagtechniken hinterfragen. Auch die besondere Struktur des Spielraums führt dazu, dass sich die Schüler mit spezifischen Laufwegen und entsprechenden Lauftaktiken auseinandersetzen müssen.

3.4.2 Grenzen und Übergänge differenziert wahrnehmen lernen

Welche Handlungen, Kleidungen, Musik, Bewegungen, sprachliche Formulierungen, Rituale sind eigentlich typisch amerikanisch? Sind den Schülern diese als amerikanische Eigenschaften oder Besonderheiten bewusst oder identifizieren sie sich bereits so intensiv mit den einzelnen Facetten, die beispielsweise auch permanent in den Medien präsent sind, dass die Eigenheiten und Übergänge immer stärker verwischt werden? Die Kinder und Jugendlichen sollten *Deutsches* und *Amerikanisches* unterscheiden lernen und in der Umsetzung der Bewegung, der Sportart oder des Spiels dieses trennen können. Hierzu sind insbesondere die Gegensätze und Überschneidungen von *Deutschem* und *Amerikanischem* sowie die Ambivalenzen innerhalb der amerikanischen Sportarten und Bewegungsformen sowie deren Bedeutungen aufzuarbeiten (vgl. Baschta 2006). Die verschiedenen Tanzstile bieten sicherlich eine besonders gute Chance, mögliche Grenzen herauszuarbeiten. Mit Blick auf die Bewegungsausführung und den damit verbundenen Habitus des Tänzers können einerseits Kontraste und andererseits auch Verschmelzungen sichtbar gemacht werden.

3.4.3 Kommunikationsstrukturen und Lernformen offenlegen

Bei der Auseinandersetzung mit amerikanischen Bewegungsformen müssen die typischen Kommunikationsstrukturen und Lernformen offengelegt werden. Im Abgleich mit den verschiedenen Lernformen wie dem typischen Drill beim Fitness- bzw. teilweise auch beim Stationstraining oder den unter dem Ziel der Gesundheitsförderung abzuarbeitenden und immer wiederkehrenden Aufgaben verbergen sich Gelegenheiten zum Verstehen der eigenen wie auch der amerikanischen Kultur. Am Beispiel des Cheerleadings kann man unterschiedliche Lernformen gezielt thematisieren. Zum einen werden mit zentralen Merkmalen des Fitnesstrainings bestimmte Basisschritte einstudiert, zum anderen fließen turnerische und akrobatische Elemente sowie damit verbundene Lernformen ein, und schließlich hat diese Sportart auch noch einen hohen choreografischen Anteil, der entsprechend eingebettet werden muss (vgl. Dzikus & Brandt 2006).

3.4.4 Wertvorstellungen differenzieren und verstehen lernen

Nicht nur die Sportarten vermitteln und durchführen, sondern sie in einen Gesamtkontext stellen. D.h., die Schüler sollen erkennen, welche Bedeutungen die Handlungen, die Sprache oder die Kommunikationsstruktur für die Amerikaner haben und welche Normen, Werte und Ziele wir in unserer Kultur verfolgen. Hierzu könnte ein fächerübergreifender oder verbindender Unterricht die soziokulturellen Hintergründe aufdecken. Über das Kontrastieren der Spiele American Football und Frisbee oder Baseball und New Games können beispielsweise spezifische Wertvorstellungen innerhalb einer Kultur sichtbar gemacht werden. Bei der Bearbeitung von deutschen und amerikanischen Tänzen lassen sich hingegen die Gegensätze zwischen zwei Kulturen abzeichnen.

4. Frisbeespielen und -golfen

Mit dem *Frisbee-Golf* wird im Folgenden ein Beispiel des soeben erörterten *American Sports* vertieft. Dabei handelt es sich um eine Variante, die den oben skizzierten interkulturellen *Transformationsprozess* bereits seit mehr als 30 Jahren durchlaufen hat. Genauer formuliert: Es handelt sich um ein Beispiel des *Samplings*, wie es von Schwier (2000) im Zusammenhang mit den Kennzeichen unserer Trendsportarten beschrieben wurde. *Frisbee-Golf* lässt sich nämlich schon dem Namen nach auf zwei Spiele zurückführen, die zu den sogenannten *neuen* Sportarten zählen (vgl. Köppe & Schwier 2001). Während Frisbee neben dem freien Spiel in Parks, auf Wiesen oder am Strand vor allem in der Spielform *Ultimate* mittlerweile auch in Deutschland immer mehr Anhänger findet, war Golfspielen (von Schülern) vor allem während der vergangenen Jahre von einem regelrechten Boom betroffen. Die Kombination (Frisbee-Golf) hat also gute Voraussetzungen für den Einzug in den Kanon der Trendsportarten. Eine Eignung, die sie beispielsweise in Skandinavien und den USA längst erfüllt hat, denn dort existieren bereits Frisbee-Golf-Anlagen, auf denen man für ein paar Dollar spielen kann.

Im folgenden Teilkapitel soll, ausgehend vom Phänomen des Werfens, das Frisbee-Spielen der Kinder näher betrachtet werden, um die Aspekte des Werfens und Fangens herauszuarbeiten, die das Spiel mit den flachen Plastikscheiben so interessant und herausfordernd erscheinen lassen.[57] Hieraus werden methodische Ansatzpunkte für das Lehren und Lernen mit Frisbees abgeleitet, um schließlich eine didaktisch-methodische Struktur für die Inszenierung des Frisbee-Golfs für den schulischen Sportunterricht vorzuschlagen.[58]

Im Hinblick auf das sportdidaktische Problem der Themenkonstitution soll im Folgenden gezeigt werden, welchen Einfluss die phänomenale Interes-

---

[57] Bei den folgenden Ausführungen handelt es sich um eine überarbeitete Fassung des folgenden Beitrags: Lange, H. (2005b). Differenziertes Erfahrungssammeln bedingt Bewegungslernen. Die Eleganz des Frisbeefluges als Lernanlass. *Bewegungserziehung*, 60 (2), 23 – 27.
[58] Hierfür wurde auf Ausführungen zurückgegriffen, die in einer anderen Form und in einem anderen Kontext bereits erschienen sind: Lange, H. (2001a). Frisbee - Golf in der Grundschule. In G. Köppe & J. Schwier (Hrsg.), *Grundschulsport und Neue Sportarten* (S. 77-101). Baltmannsweiler: Schneider.

senbindung der Lernenden für die Konstitution von Bewegungsthemen nimmt.

4.1 Die Eleganz des Frisbeefluges als Lernanlass

Im folgenden Teilkapitel soll das Phänomen des kindlichen Werfens und Fangens während des Frisbeespielens näher betrachtet werden. Dabei wird einleitend versucht, die von den runden Flugscheiben ausgehende Faszination mithilfe eines Fallbeispiels zweier Jungen aus einer zweiten Grundschulklasse wiederzugeben. In einem anschließenden Schritt wird der Bezug zum Material, d.h. zur materialen Beschaffenheit der Frisbees, hergestellt. Das abwechslungsreiche Ausprobieren und differenzierte Erfahren dieser Eigenschaften lässt die Kinder den Zusammenhang zwischen *Wahrnehmen und Bewirken* herausfinden, womit die Brücke zum Bewegungslernen hergestellt ist.

4.1.1 Fallbeispiel zweier Grundschulkinder

„Paul und Christian sind gute Freunde und gehen morgens immer gemeinsam zur Grundschule. Auf dem heutigen Schulweg finden sie einen knallroten Deckel eines alten Farbeimers. Da er mitten auf dem Bürgersteig liegt und so auffallend leuchtet, hebt Christian ihn auf. `Den nehmen wir mit!´ Noch während des Aufhebens wissen die beiden, dass man damit nicht kicken kann, der Deckel ist zu flach. Und rollen kann er auch nicht gut, denn er ist leicht oval. Christian nimmt ihn in beide Hände; der Deckel ist aus hartem Plastik und fühlt sich glatt an. Er lässt sich gut biegen und scheint trotzdem derart stabil, dass man keine Angst haben muss, ihn beim Spielen kaputt zu machen. Paul weiß natürlich längst, wofür sich der Deckel eignet, rennt ein paar Schritte voraus und fordert Christian auf: `Wirf ihn mir zu!´ Genau das tut Christian auch, und der Deckel fliegt durch die Luft, beschreibt eine Kurve, die links neben Paul vorbeigeht und weitere 10 Schritte hinter ihm herunterkommt. Eilig rennt Paul dem landenden Deckel nach, hebt ihn auf und versucht seinen Freund mit einem gezielten Wurf zu erreichen. Das klappt nicht. Auch der nächste Wurf von Christian erreicht sein Ziel nicht, ebenso wie der übernächste von Paul knapp vorbeifliegt. Die beiden

Freunde haben schon ein paar Mal mit Frisbees gespielt und da klappte das Fangen weitaus besser. Irgendwie macht der ovale Deckel nach dem Abwerfen ein bisschen, was er will und landet nur selten in der Nähe des jeweiligen Fängers. Während des ca. fünf minütigen Ausprobierens bemerken die beiden Jungs jedoch, dass das Werfen dieses Deckels sehr gut gelingt und dass es spannend ist, dem Deckel und dessen eigenwilligem Flugweg nachzuschauen. Leider wird die Zeit knapp, und beide beenden ihr Spiel, weil sie ja zur Schule müssen."

4.2 Zum Reiz des Frisbeespielens

So wie Paul und Christian ergeht es auch vielen anderen Kindern. Frisbees und andere flache Wurfgegenstände (z.B. Farbeimerdeckel oder Pappteller) fordern zum Ausprobieren und Spielen heraus. Anders als beim leichtathletischen Werfen (z.B. mit dem Schlagball) gründet die Faszination nicht primär im Überwinden von Distanzen, sondern auch in den Rückmeldungen, die von gelungenen *Flügen* ausgehen. Nicht die Weite, sondern die sich im Schweben der Scheibe widerspiegelnde Eleganz sowie die Genauigkeit beim *langsamen* Treffen eines Zieles kennzeichnen das Gelingen eines Wurfes. Von diesen Qualitäten geht für Kinder ein hoher Aufforderungscharakter aus. Dabei liegt möglicherweise der gleiche Reiz zugrunde, den Kinder beim sogenannten *Steinchen-springen-Lassen* an Teichen oder Seen erfahren können. So wie flache Steine durch einen schwungvollen Hüftwurf zum *Tanzen* über der Wasseroberfläche gebracht werden können, kann man versuchen, Frisbees zum *Durch-die-Luft-Gleiten* zu bewegen. Dabei beschreiben die Scheiben aufgrund ihrer materiellen Beschaffenheit langsamere Flugbahnen als Steine oder Bälle. Außerdem können, je nach Abwurf- und Anstellwinkel, auch Kurven geworfen werden. Die Langsamkeit erinnert an das Flugverhalten von Papierfliegern. Frisbees haben darüber hinaus den Vorteil, dass Spielpartner mit geschickten Würfen – auch über weite Strecken hinweg – sicher erreicht werden können. Was dafür zu tun ist, d.h., in welchen Winkeln und mit welchen Beschleunigungen die Scheibe abgeworfen werden muss, um den Gegenüber auch zu treffen, finden Kinder in der Regel schnell von selbst heraus. Die *Fänger* haben wegen des langsamen Fluges der Scheibe genügend Zeit, ihr entgegenzulaufen, wodurch ungenaue Würfe im gemeinsamen Spiel immer wieder ausgeglichen werden können.

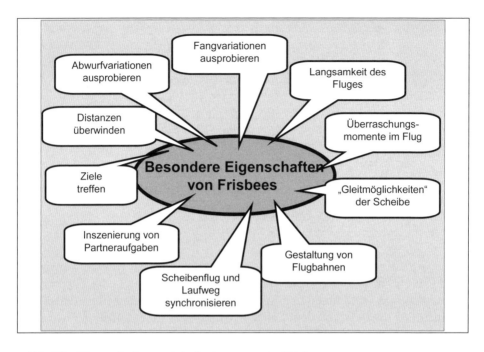

Abb. 20: Eigenschaften und Anforderungen von Frisbees

4.2.1 Zu den Ursprüngen des Frisbeespielens

Die skizzierten Eigenschaften von Frisbees lassen sich bis zu den Ursprüngen des Spiels zurückverfolgen. Trotzdem soll an dieser Stelle kein historischer Exkurs zu den Eckpunkten und Daten des Spiels auf den Weg gebracht werden. Schließlich erlauben aneinandergereihte Fakten weder einen Einblick in die originären Anziehungskräfte, noch geben sie Auskunft zu den möglichen pädagogischen Werten eines Spiels. Um dies herausfinden zu können, muss der zu Grunde liegende Spielgedanke und dessen Tradierung untersucht werden. Bei der Suche nach charakteristischen Herausforderungen und Reizen des Frisbees wird – mit Blick auf die vergangenen 60 Jahre – deutlich, dass die zu Grunde liegende Anziehungskraft immer an die einschlägige Konstruktion und besonderen Flugeigenschaften des Gerätes gekoppelt war.

In der Entstehungsgeschichte fällt auf, dass die Vorzüge der flachen Scheibe von Kindern und Jugendlichen zumeist im Umfeld der amerikanischen Fast-Food-Tradition entdeckt wurden. Kloen (1986, 44) sieht amerikanische Studenten am Beginn der Entwicklung, die bereits vor mehr als 50 Jahren die besonderen Flugeigenschaften von Aluminiumtellern ausprobierten, auf denen sie ihre Pizza serviert bekamen. Den Namen erhielt das Spiel schließlich von der Herstellerfirma der Einwegteller (*Frisbie Pie Company*). Bartel (1991, 147) holt im Rahmen dieses klischeebehafteten Ansatzes noch etwas weiter aus. Er rekonstruiert die Geschichte einer Kuchenfirma, die 1871 von William Russel Frisbie in Connecticut gegründet wurde. Nachdem der Sohn den väterlichen Betrieb übernahm (1903 – 1940), entstanden in vielen Städten Zweigstellen, und die Produkte wurden fast überall in den USA verkauft.

„Eine Besonderheit der Bäckerei war der Napfkuchen, der in flachen Metallformen gebacken wurde. Diese wurden nach dem Verzehr weggeworfen und spielende Kinder und verspielte Studenten entdeckten die guten Flugeigenschaften, indem sie sich die `Einwegverpackung´ mit der Öffnung nach unten zuwarfen" (Bartel 1991, 147).

Woran die *Erfinder* des Frisbeespielens vor mehr als 50 Jahren ihre helle Freude hatten, kann man auch heute noch auf fast jedem Kindergeburtstag beobachten. Wenn Eltern bei solchen Anlässen Pappteller anstele des zerbrechlichen Küchengeschirrs verwenden, bringt das für Kinder den Vorteil mit sich, dass sie – spätestens nachdem der Kuchen aufgegessen ist – damit hervorragend werfen können. Die beeindruckende Selbstverständlichkeit, die Kinder beim Erschließen besonderer Flugeigenschaften alltäglicher Gegenstände zeigen, muss auch in die Planung von Lehrlernprozessen zum Thema *Frisbee* einfließen. Für methodische Entscheidungen legt die Neugierde und der Erfindungsreichtum von Kindern nahe, vorgesehene Übungen und Spiele sowie die Art und Weise ihrer geplanten Inszenierung dahingehend zu überprüfen, ob sie die notwendigen Freiräume im Lernprozess zulassen können.

4.2.2 Feinfühlig werfen lernen

Im einleitend skizzierten Spiel zwischen Paul und Christian war das Fangen des Deckels von zweitrangiger Bedeutung. Die beiden Freunde waren von den gelingenden Flügen der Scheibe beeindruckt. Dabei wurde ihr Interesse vor allem durch die Tatsache geschürt, dass es ihre körperliche Schnelligkeit und Geschicklichkeit beim (Ab)werfen war, die den Deckel zu immer neuen Flügen brachte. Und diese Flüge sind – anders als bei Würfen mit Steinen oder Bällen – wegen des langsamen *Durch-die-Luft-Gleitens* der Scheibe besonders lange sicht- und deshalb einschlägig wahrnehmbar. Paul und Christian haben bei diesem Werfen also immer wieder deutlich gesehen, was sie mit ihrem jeweiligen Wurf (im Flugverhalten des Deckels) bewirkt haben. Mit zunehmender Erfahrung konnten also hierbei selbst kleinste Variationen in der Handhabung des Deckels beim Schwungholen oder Abwerfen deutlich erkannt werden. Und immer dann, wenn die Werfer den Zusammenhang zwischen ihrem körperlichen Tun und dem wahrgenommenen Verhalten des *gleitenden* Deckels verstehen und eingrenzen konnten, dann darf vermutet werden, dass sie dort gerade etwas gelernt haben. Allerdings passiert dieses Bewegungslernen nicht dauernd und es lässt sich auch nicht lehralgorithmisch planen und ausbilden. Auch Könner und Profis wissen nur zu genau, dass sich gelungene Würfe nicht einfach so abrufen lassen. Im Bewegungslernen von Grundschulkindern tauchen gelungene Würfe während des Übens nur hin und wieder auf. Trotzdem war das Spiel mit dem Farbeimerdeckel für Paul und Christian hoch spannend, denn das Interesse an der Sache *Frisbeespielen* wächst eben parallel zum Erkunden des skizzierten Zusammenhangs aus dem Wahrnehmen des eigenen körperlichen Tuns und den daraus resultierenden Wirkungen auf die Flugscheibe. Für solche Lernprozesse ist es wichtig, immer wieder neue Erfahrungen mit dem Material zu sammeln, um über das Erfahren der Differenzen (vgl. Lange 2004) Kompetenz in der Handhabung aufzubauen. Schlussendlich möchte man ja die flachen, leichten Scheiben sicher in den Griff bekommen.

4.3 Voraussetzungen des Lernprozesses

Die motorische Dimension dessen, was sich Paul und Christian auf dem Schulweg in der Auseinandersetzung mit dem flachen Deckel angeeignet haben, kann im Sportunterricht für alle Kinder überaus vielfältig und differenziert weitergeführt werden. Für die Inszenierung von abwechslungsreichem und spannendem Unterricht bieten Wurfgeräte, die einschlägige Rückmeldungen erlauben, besonders gute Möglichkeiten. Die Flugeigenschaften von Frisbees heben sich deutlich von denen anderer Gegenstände und Geräte ab, weshalb Kinder mit ihnen differenzierte und ungewohnte Wurferfahrungen sammeln können.

Kinder finden zumeist einen schnellen Zugang zum kreativen Spiel mit der Scheibe. Sie probieren verschiedene Würfe und Fangvarianten aus und entwickeln auf diese selbstbestimmte Weise einen einschlägigen Bewegungsschatz. Auf Bewegungsbeschreibungen, Fehlerdiagnosen, Korrekturhilfen und andere technische Erklärungen können sie während dieses Lernprozesses weitgehend verzichten. So etwas ist zwar vom Lehrer unter Umständen gut gemeint, würde aber möglicherweise nur ihre Aufmerksamkeit binden und vom Wesentlichen ablenken. Das liegt nämlich nicht darin, irgendeine Bewegungsform nachmachen zu wollen, sondern den Zusammenhang zwischen dem Wahrnehmen des körperlichen Tuns und dessen Konsequenzen in Erfahrung zu bringen. Hierfür benötigen Kinder herausfordernde Situationen, in denen sie sich diesbezüglich ausprobieren können. Die Techniken, die erforderlich sind, um ein Frisbee möglichst fest, weit oder genau werfen zu können, entdecken sie dabei nach und nach von ganz allein.

4.3.1 Verallgemeinerung: Wie Kinder werfen (...)

Überall, wo Kinder spielen und sich bewegen, kann man beobachten, mit welcher Freude sie auf unterschiedlichste Art und Weise werfen. Dabei geht von attraktiven Zielen eine besondere Anziehungskraft aus. Herumliegende Blechdosen animieren Kinder nicht nur zum Treten und Kicken, sondern geben auch hervorragende Ziele ab. Dabei finden Kinder u.a. im blechernen Krachen nach erfolgreichen Steinwürfen – ebenso wie im satten Plumpsen und weiten Spritzen eines ins Wasser geworfenen Steines – wohltuende Rückmeldungen. Deren Qualität wird möglicherweise nur noch vom Klirren zerspringender Gläser oder Fensterscheiben übertroffen. Da Straßenlaternen oder die Fensterscheiben der Nachbarschaft nicht für diese – zwar herausfordernde, aber kostspielige – Funktion gedacht sind, gewöhnen sich Kinder bereits frühzeitig daran, selbstständig spannende Alternativen zu erschließen (leere Einwegflaschen treffen, dicke Steine in einen Bach plumpsen lassen ...). Neben dem Motiv, Wirkung zu erzielen (s.o.), finden Kinder u.a. Gefallen daran, Spielkameraden mit Schneebällen zu treffen, sich Bälle oder andere Gegenstände zuzuwerfen, Papierflieger zum Gleiten zu bringen oder auf dem Weg liegenden Stöcke und Steine einfach nur aufzuheben und in verschiedenen Variationen wegzuschleudern. Langweilig wird ihnen nur dann, wenn die Aufgaben und Situationen immer konstant bleiben. D.h., wenn das Krachen der getroffenen Dose immer das Gleiche wäre, die Papierschwalbe immer die selbe Flugbahn nähme, die Schneeballschlacht immer wieder nach einheitlichem Schema abliefe und die Entfernungen und Wurfgeschwindigkeiten beim Werfen und Fangen monoton blieben. So etwas passiert Kindern allerdings nur ganz selten, denn sie besitzen die Kompetenz, Situationen und Aufgaben selbsttätig zu gestalten und immer wieder neu zu entwerfen. In diesem Sinn entdecken sie beispielsweise die Möglichkeiten, am Ufer liegende Steine entweder mit großer Freude ins Wasser (Plumpsen und Spritzen) oder auf vorbeischwimmende Gegenstände bzw. unterschiedlich weit entfernt liegende Ziele zu werfen. Kinder messen sich darin, wer mit den dicksten Steinen die größten Fontänen erzeugen oder mit flachen Steinen, aus dem Hüftwurf heraus, den schönsten *Tanz über der Wasseroberfläche* vorführen kann.

Wenn sich die Sport- und Bewegungserziehung an der skizzierten Kompetenz orientieren soll, müssen Kindern attraktive und ungewohnte Aufgaben, Spiele und Übungen zum Thema Werfen angeboten werden. Mithilfe solcher Anregungen sollte es gelingen, die Selbsttätigkeit der Kinder zu fördern und gleichzeitig den breiten Ausbau ihres Bewegungsschatzes zu sichern. Für die Inszenierung von abwechslungsreichem und spannendem Unterricht bieten Wurfgeräte, die einschlägige Rückmeldungen erlauben, besonders gute Möglichkeiten. Die Flugeigenschaften von Frisbees heben sich deutlich von denen anderer Gegenstände und Geräte ab, weshalb Kinder mit ihnen differenzierte und ungewohnte Wurferfahrungen sammeln können.

4.4 Bewegungspädagogische Perspektiven des Frisbeespielens

Die Möglichkeiten, die Papp- bzw. Kuchenteller im Hinblick auf differenziertes Sammeln von Wurferfahrungen zu bieten haben, sind seit Langem bekannt. Deshalb konnten findige Geschäftsleute in den vergangenen Jahrzehnten auch zahlreiche Frisbees und andere Wurfscheiben konstruieren und auf den Markt bringen. Der vorhandene Fundus an Material, Erfahrung und Wissen kann also von Sportpädagogen jederzeit für den Einsatz im Unterricht genutzt werden.

Um das Spiel für den Sportunterricht zu legitimieren, würde ohne Zweifel bereits die Freude, die Kinder hierbei empfinden und ausdrücken können, genügen. Darüber hinaus sprechen vor allem vier weitere Gründe für den Einsatz in der Schule, die im Folgenden erläutert und in bewegungspädagogischer Absicht begründet werden:

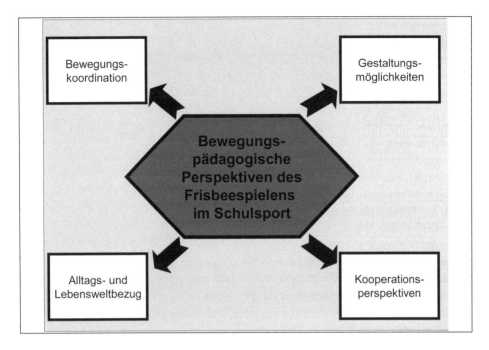

Abb. 21: Bewegungspädagogische Perspektiven des Frisbeespielens

4.4.1 Bewegungskoordination

Frisbees erlauben ganz besondere Wurferfahrungen, die mit anderen Wurfgeräten nicht möglich sind. Die Scheiben gleiten in der Regel langsam durch die Luft, sie verändern während des Fluges manchmal ihre Geschwindigkeit und beschreiben dort unterschiedliche Bögen und Kurven. Kinder lernen mit diesen Voraussetzungen umzugehen, d.h., sie entwickeln auf der Grundlage ihrer Wurf- und Fangerfahrungen differenzierte Handlungspläne, mit deren Hilfe sie u.a. das Flugverhalten der Scheiben in verschiedenen Situation – auch in Abhängigkeit zu den Windverhältnissen – antizipieren können. Dabei erweist sich die *Langsamkeit* des Fliegens als vereinfachendes Moment. Anders als beim Ballwurf bleibt mehr Zeit für das Beobachten und Erlaufen einer zugeworfenen Scheibe. Außerdem erhalten Werfer deutliche Rückmeldungen zu ihren Versuchen, denn Variationen der *Wurftechnik* wirken sich augenscheinlich lange auf beobachtbare Flugbahnen aus. Kinder lernen deshalb relativ bald die Konsequenzen ihrer Technik kennen, was sich u.a. darin ausdrückt, dass sie bereits beim Abwurf bemerken können, ob die Scheibe das anvisierte Ziel erreichen kann oder nicht.

Die angeführten bewegungsbezogenen Lernmöglichkeiten deuten darauf hin, dass sich das Spielen mit Frisbees bereits im Grundschulalter positiv auf die Entwicklung der Bewegungskoordination auswirken kann. Hierbei werden vor allem die sogenannte *Auge-Hand-Koordination* und die Antizipationsfähigkeit geschult, die nicht nur im Sport als wichtige Voraussetzungen – z.B. für die Entwicklung der Spielfähigkeiten in den sogenannten Großen Sportspielen – angesehen werden (Conzelmann & Gabler 2005), sondern auch im Alltag und im Straßenverkehr für Sicherheit garantieren können.

4.4.2 Gestaltungsmöglichkeiten

Kinder finden zumeist einen schnellen Zugang zum kreativen Spiel mit der Scheibe. Sie probieren verschiedene Würfe und Fangvarianten aus und entwickeln auf diese selbstbestimmte Weise ihren einschlägigen Bewegungsschatz. Auf Bewegungsbeschreibungen und Erklärungen können sie während dieses Lernprozesses weitgehend verzichten (Lange 2002a). Kinder benötigen demgegenüber herausfordernde Situationen, in denen sie sich ausprobieren können. Die Techniken, die erforderlich sind, um ein Frisbee möglichst fest, weit oder genau zu werfen, entdecken sie in aller Regel von ganz allein. Wie dieses kindliche Bewegungslernen in der Praxis aussehen kann, zeigt das folgende Fallbeispiel:

An einer Station sollten die Kinder Frisbees (aus Zeltstoff) aus drei bis vier Meter Entfernung durch ein aufgestelltes Kastenteil hindurch werfen. Ester (2. Klasse) kam auf die Idee, das Frisbee zu einem Knäuel zu falten und dieses dann aus sicherer Distanz durch das Ziel zu werfen. Sie probierte es aus und traf – wie erwartet – mehrmals hintereinander durch den Kasten. Die Aufgabe war im Grunde genommen pfiffig gelöst und trotzdem begann sie bereits nach dem dritten oder vierten Versuch damit, die Situation selbstständig zu erschweren. Das Knäuel wurde aufgelöst, und Ester versuchte die Scheibe wieder fliegen zu lassen. Hierbei variierte sie zunächst die Distanz zum Ziel und danach probierte sie gemeinsam mit Anna aus, sich die Scheibe durch das offene Kastenteil hindurch zuzuwerfen.

Kinder (und Jugendliche) empfinden sicher beherrschte Aufgabenlösungen recht bald als langweilig (Kiphard 1993). Sie experimentieren deshalb mit der Aufgabenstellung, um die Situation und das Bewegungsproblem schwieriger und damit herausfordernder für sich zu gestalten. Im oben vorgestellten Fallbeispiel entdeckten die beiden Mädchen im ungewissen Flugverhalten der Scheibe eine gute Möglichkeit, die Aufgabe spannend zu erweitern. Trotz zahlreicher Fehlwürfe fanden sie immer mehr Gefallen daran, ihre Versuche ständig zu verändern, um auf diese Weise eine Problemlösung herausfinden zu können, mit der sie das Ziel schließlich treffen.

4.4.3 Kooperationsperspektiven

Wenn es gelingt, das Frisbee im steilen Winkel (gegen den Wind) abzuwerfen, fliegt es wieder zum Abwurfort zurück. Wird diese Technik beherrscht, ist es auch möglich, die Scheibe – ähnlich wie einen Bumerang – selbst wieder zu fangen und sich ganz allein mit dem Gerät zu beschäftigen. Für (Grundschul-)Kinder bieten Frisbees demgegenüber im *Miteinanderspielen* weitaus mehr Möglichkeiten. Der Zyklus aus Werfen und Fangen (Lange & Sinning 2002; 2007c) erspart das Hinterherlaufen und Aufheben und sichert darüber hinaus die Herausforderung, einen Partner (Ziel) zu treffen. Diese Basisaufgabe lässt sich auf vielerlei Weise variieren. Davon ausgehend können unter anderem spannende Wettspiele gegen andere Paare bzw. Gruppen arrangiert werden. Durch die Akzentuierung des Zusammenhangs von *Werfen und Treffen* wird die Kooperationsperspektive des Frisbees ein Stück weit verschoben. Beim Spielen von Frisbee-Golf müssen nämlich feststehende Ziele getroffen werden. Der Kooperationsaspekt verändert sich dahingehend, dass die Kinder zwar jeweils allein werfen und treffen, aber immer die Versuche der Spielpartner verfolgen. Derartige Perspektivenwechsel bieten gute Möglichkeiten zur methodischen Auflockerung und inhaltlichen Abwechslung.

4.4.4 Alltags- und Lebensweltbezug

Aufgrund des hohen Freizeitwertes und der weiten Verbreitung darf davon ausgegangen werden, dass spätestens ab der zweiten oder dritten Klasse alle Kinder über einschlägige Erfahrungen mit Frisbees verfügen (Neumann, Kittsteiner & Laßleben 2004). Im Sportunterricht kann deshalb die Grundstruktur *Werfen und Fangen* recht bald in abwechslungsreichen Variationen gespielt werden. Frisbees gibt es in jeder Spielwarenabteilung für ein paar Mark zu kaufen, weshalb sie praktisch in jedem Haushalt für das Spielen zur Verfügung stehen. Kinder können also die im Unterricht kennengelernten Übungen und Spiele auch zu Hause, auf dem Spielplatz oder im Freibad spielen und weiterentwickeln. Somit übernehmen diese Kinder auch eine Multiplikatorenfunktion, da sie ihr Wissen und Können in einem alltäglichen Umfeld an Spielpartner weitergeben.

4.5 Perspektiven für die unterrichtliche Inszenierung

Spielen und Üben mit Frisbees wird von Kindern vergleichsweise schnell in Gang gesetzt und dauernd erweitert bzw. auf vielerlei Weise spannend verändert. Das Wurfgerät fordert zum Ausprobieren, Nachmachen und Experimentieren heraus, woran Kinder schnell Gefallen finden. Deshalb müssen im Unterricht durchgängig Gelegenheiten angeboten werden, die den natürlichen Bewegungsdrang und Gestaltungswillen von Kindern wecken und weiterentwickeln helfen. Hierfür eignen sich vor allem offene Aufgabenstellungen und abwechslungsreiche Geräte- bzw. Situationsarrangements. Durch das Ausprobieren verschiedener Würfe in unterschiedlichen Situationen entdecken Kinder individuelle und funktionelle Problemlösungen. Im Zuge dieses induktiven Vorgehens versteht es sich von selbst, dass die Kinder weder irgendwelchen Technikbeschreibungen noch konkreten Bewegungsvorbildern folgen müssen. Um die Erweiterung ihres Bewegungsschatzes dennoch kriteriengeleitet zu planen, bieten sich für das Lernniveau von Grundschülern Aufgaben bzw. Situationsarrangements an, die Kinder zum Treffen unterschiedlicher Ziele herausfordern. Die Treffsicherheit ist eine zentrale Kompetenz im Frisbee, die selbstständig erworben und verbessert werden und schließlich im Spielen von Frisbee-Golf ein attraktives Ziel für eine zusammenhängende Unterrichtsreihe finden kann.

4.5.1 Aufgaben für den Lehrer

Immer dann wenn den Schülern Gelegenheiten zum Ausprobieren und Gestalten eingeräumt werden sollen, übernimmt der Lehrer eine moderierende Rolle. In dieser Funktion muss er dafür Sorge tragen, dass die Kinder während der offenen und herausfordernden Situationsarrangements geeignete Problemlösungen bzw. funktionelles Bewegungsverhalten entwickeln können. Der Lehrer regt durchgängig zur aktiven Mitarbeit an, er unterstützt die

Kinder beim Experimentieren, indem er Anregungen zum Konstruieren und Interpretieren gibt.

4.6 Vorschlag zur unterrichtlichen Inszenierung

Zum Abschluss dieses Teilkapitels wird aus einer Unterrichtsreihe berichtet, in deren Verlauf sich die Kinder mit verschiedenen Schwerpunkten des Frisbeespielens auseinandergesetzt haben, bevor sie schließlich verschiedene Variationen des Frisbee-Golfs gelernt und gespielt haben. Auf dem Weg dorthin übten und spielten die Kinder im Rahmen von sechs thematischen Schwerpunkten, bei denen das Werfen und Treffen im didaktischen Zentrum stand. Die in diesem Verlauf erworbenen Kompetenzen werden auch für eine mögliche Erweiterung des Spiels, z.B. in Richtung der *Ultimate Version* (Spielen gegen eine andere Mannschaft), vorausgesetzt.

Die Struktur, nach der die folgenden Beispiele zusammengestellt wurden, folgt nur in Ansätzen einer zwingenden methodischen Folge. Dabei kennzeichnen die jeweiligen Überschriften didaktisch-methodische Schwerpunkte, die sich in der vorgeschlagenen Sequenz in der Praxis bewährt haben. Die jeweiligen Beispiele wurden zwar mit Blick auf diese sechs Akzente zugeordnet, können aber auch – im Sinne einer abwechslungsreichen Unterrichtsgestaltung – in Unterrichtssequenzen eingesetzt werden, die unter einem anderen Schwerpunkt geplant wurden. Je nach den Voraussetzungen vor Ort müssen unter Umständen einzelne Schwerpunkte weggelassen, neue hinzugenommen oder inhaltliche Vorschläge zusammengefasst werden. Die gewählte Gliederung darf also nicht als verbindlicher Fahrplan für die Planung des Lernprozesses missverstanden werden.

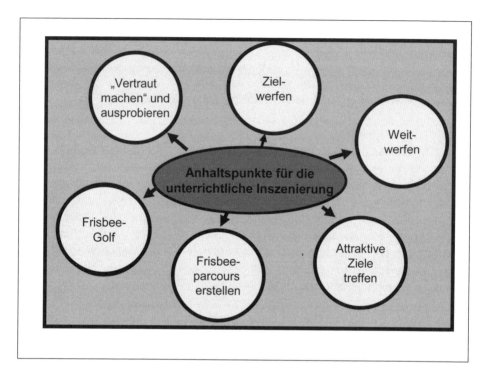

Abb. 22: Anhaltspunkte für die unterrichtliche Inszenierung

4.6.1 *Vertraut machen* und ausprobieren

Der Unterricht wurde damit eröffnet, dass der Lehrer einen mit Frisbees gefüllten Korb in die Mitte stellte. Die Kinder begannen von ganz allein, die Frisbees auszuprobieren und sich mit ihnen vertraut zu machen. Da jeder sofort eine Scheibe werfen wollte, verschwanden in den ersten Minuten alle Frisbees aus dem Korb und flogen kreuz und quer durch die Halle. Damit sich während dieser unübersichtlichen Eröffnungsphase niemand weh tat, wurden nur weiche Frisbees aus Schaum- oder Zeltstoff verwendet. Dem Beobachter des Unterrichts wurde sehr bald klar, wie schnell sich die Kinder in den Zusammenhang von *Werfen und Fangen* einarbeiten können. Sie haben nach vier bis fünf Würfen selbstständig Spielpaare bzw. Kleingruppen gebildet und gemeinsam geübt und gespielt. An dieser Stelle griff der Lehrer stärker über seine Moderatorentätigkeit in das Geschehen ein und regte die einzelnen Paare und Kleingruppen zu unterschiedlichen Spielen und Bewegungsaufgaben an.

Spiel- und Übungsbeispiele

Die Versuche der Kinder und die Hinweise des Lehrers deuteten darauf hin, dass während dieser ersten Spiele und Übungen der Zusammenhang zwischen *Werfen und Fangen* im methodischen Zentrum des Unterrichts stand. Es wurden ständig Variationsmöglichkeiten angeregt und von Schülern ausprobiert. Darüber hinaus fiel in sachlicher Hinsicht eine Art *Grundübung* auf, die durch abwechslungsreiche Aufgabenstellungen immer wieder auf neue Weise verändert und erschwert wurde. Im Folgenden einige Beispiele dieser Spiel- und Übungsphase:

- **Grundübung:** Die Scheiben wurden paarweise zugeworfen. Als Variationsmöglichkeiten boten sich z.B. die Wahl unterschiedlicher Entfernungen und die Integration von Zusatzaufgaben an. Die Schüler sollten versuchen, auch mit der linken Hand zu werfen oder die Scheibe mal beidhändig und ein anderes Mal mit der rechten oder der linken Hand zu fangen.
- **Doppeldecker:** Ein Frisbee aus Zeltstoff wurde auf ein Plastik- oder Schaumstoff-Frisbee gelegt. Beide Scheiben wurden gemeinsam abgeworfen. Sie trennten sich in der Luft und der Partner musste versuchen, beide aufzufangen.
- **Würfe erfinden und gestalten:** Um jeglicher Technik- und Übungsmonotonie von vornherein entgegenzuwirken, sollten die Kinder während der gesamten Unterrichtssequenz immer wieder versuchen, neue Würfe auszuprobieren bzw. gekonnte neu zu gestalten. Der Lehrer forderte auf: *„Versucht einmal um eine Ecke herum zu werfen"*; *„Wer schafft es, sein Frisbee eine Linkskurve oder eine Rechtskurve fliegen zu lassen?"*; *„Welches Frisbee kommt wieder zum Werfer zurück?"*; *„Welches Frisbee fliegt einen Halbkreis oder einmal im Kreis?"* (...)
- **Endloskette:** Die Paare stellten sich an der Grundlinie auf. Ein Kind stand auf der Linie (A), der Partner stand im Abstand von ca. 4 Metern entfernt (B). Auf ein Startsignal hin hatte A das Frisbee zu B geworfen, lief an ihm vorbei und erwartete den Wurf von B, der nach dem Wurf wiederum an A vorbeilief und den nächsten Wurf erwartete, (...). Der Lehrer fragte während dieses Spiels: *„Welches Paar erreicht zuerst die gegenüberliegende Wand?"*

4.6.2 Zielwerfen

Nachdem die Kinder einschlägige Wurf- und Fangerfahrungen gesammelt hatten, sollte das Treffen von (unbeweglichen) Zielen in den Vordergrund treten. Mit dem vom Lehrer erklärten Spiel *Frisbee-Orgel* wurde deshalb ein erster methodischer Schritt in diese Richtung unternommen, weil der Gymnastikreifen den Bewegungsradius des Fängers deutlich begrenzt. Dabei haben sich die Kinder die Frisbees immer noch paarweise zugeworfen. Allerdings waren sie aufgefordert, mit einem Bein immer in einem Gymnastikring stehen zu bleiben. Die Ringe wurden von Zeit zu Zeit (meistens nach mehreren erfolgreichen Hin- und Rückwürfen) um einen oder zwei Durchmesser weiter auseinandergelegt. Diese Aufgabenkonstellation *zwang* die Kinder zum genauen Treffen.

4.6.3 Weit werfen

Mit zunehmender Kompetenz im (treffsicheren) Werfen und Fangen wurde bei den meisten Kindern der Wunsch sichtbar, dass sie mit dem Frisbee auch weite Strecken überwinden wollten. Deshalb hat der Lehrer die Aufgabenstellung entsprechend verändert. Dabei wurde der bisherige methodische Schwerpunkt (*Werfen und Treffen*) durch die notwendige Dosierung und zielgerichtete Koordination des Krafteinsatzes erschwert. Hierfür haben sich die Kinder alle auf einer Grundlinie aufgestellt und nach dem Kommando des Lehrers versucht, ihr Frisbee so weit wie möglich nach vorn zu werfen (Frisbee-Weitwurf). Bei dieser Aufgabe sind die Scheiben wild durcheinander- und manchmal auch aneinandergeflogen und recht bald wieder zu Boden gegangen. Außerdem mussten die Kinder, deren Frisbee weit geflogen war, weit laufen, um es zurück zum Start zu holen. Dem Beobachter fiel auf, dass im Grunde nach zwei Versuchen niemand mehr Lust auf diese Kombination aus Werfen und Laufen hatte. Das hatte offensichtlich auch der Lehrer bemerkt, denn er transformierte seine Aufgabenstellung mit dem Ziel des weiten Werfens in eine andere Aufgabe.

- **Frisbee-Weitwurf durch einen Korridor:** Die Grundstruktur dieser Aufgabe war dieselbe wie beim Frisbee-Weitwurf. Allerdings wurde das Wurffeld durch einen Korridor begrenzt. In der Turnhalle wurden hierfür die von der Decke herunterhängenden Taue und Turnringe als linke und rechte Begrenzung genutzt. Die Kinder sollten dann aus circa 10 bis 15 Metern Entfernung durch das *Tor* hindurch möglichst weit in die Halle hinein werfen.

4.6.4 (Attraktive) Ziele treffen

In den einleitenden Ausführungen zum Thema *Wie Kinder werfen (...)* wurde herausgestellt, dass sie ausgesprochen viel Gefallen daran finden, verschiedene Ziele auszusuchen, um diese dann auch mit geschickten Würfen zu treffen. Diese Vermutung fand im Zuge der anschließenden Spielsequenz ihre eindrucksvolle Bestätigung. In der Turnhalle wurden nämlich von Schülern und dem Lehrer zahlreiche attraktive Ziele für die Frisbeewürfe aufgebaut. Den Schülern wurden allerlei Kleingeräte (Ringe, Kegel, Kartons usw.) zur Verfügung gestellt, und sie dachten sich recht schnell attraktive Aufbauten aus. Darüber hinaus regte der Lehrer die Konstruktionen der Schüler durch Beschreibungen, Skizzen oder Beispiele an. Auf diese Weise inspirierte er viele Schüler zu mutigen und ungewöhnlichen Aufbauten, auf die diese Kinder allein möglicherweise noch nicht gekommen wären. Im Folgenden werden mehrere Beispiele dieser Konstruktions- und Spielphase vorgestellt.

Vorschläge für attraktive Stationen

- Ester hing einen Gymnastikring mit einem Springseil an einem Tau auf und ließ ihn so in etwa 1,5 Metern Höhe über dem Hallenboden schweben. Zwei Mitschüler versuchten sich das Frisbee durch den Ring hindurch zuzuwerfen.
- Nachdem der *ruhig von der Decke herunterhängende Reifen* sicher getroffen wurde, setzte Maike das Tau in Schwingung, sodass die Kinder durch einen pendelnden Reifen hindurch werfen mussten.
- Daniel stellte auf zwei nebeneinanderstehenden großen Turnkästen sechs Kegel auf. Die Schüler versuchten daraufhin aus angemessener Entfernung (circa 3 Meter) die Kegel mit Frisbees abzuschießen.
- Fünf kleine Kästen oder Bananenkartons wurden von Manuel mit der Öffnung nach oben dicht neben- bzw. hintereinander aufgestellt. Die Schüler versuchten aus angemessener Entfernung (circa vier Meter) ihre Frisbees in die Kästen/Kartons hineinzuwerfen.

- Ein mittleres Element eines großen Turnkastens wurde von Samira aufrecht auf den Hallenboden gestellt, und die Kinder versuchten aus kurzer Entfernung hindurchzuwerfen. Nach einer Weile kamen Ester und Tim auf die Idee, sich ein Frisbee durch den Korridor, der vom Kastenteil vorgegeben wurde, zuzuwerfen. Diesen Aufbau haben sie nach weiteren drei bis vier Minuten nochmals verändert (das Kastenteil wurde im Querformat auf den zweiten Kasten gestellt).

4.6.5 Parcours erstellen – Biathlon und Brennball

Nachdem vergleichsweise viele Stationen von Schülern und Lehrern aufgebaut und ausprobiert wurden, bestimmte die Klasse die spannendsten Stationen und baute aus ihnen einen Parcours zusammen. In der Halle entstand auf diese Weise ein *Abwurf-Parcours* aus sechs verschiedenen Stationen, an denen mehrere Ziele aufgebaut waren.

Nachdem alles fertig aufgebaut war, absolvierten die Kinder nacheinander den Parcours. Dabei liefen bald alle Kinder durcheinander, und Tobias beschwerte sich lautstark, dass bereits alle Ziele umgefallen waren, als er an die Reihe kam. Daraufhin wurde jeweils ein Kind pro Station als *Zielaufbauer* bestimmt, und der Lehrer achtete darauf, dass die Kinder in regelmäßig geordneten Abständen nacheinander den Parcours durchliefen. Er hatte an dieser Stelle die offene Unterrichtsführung aufgegeben und erinnerte in seinen reglementierenden Anweisungen und Ansagen an einen Zirkusdompteur. Den Kindern schien aber auch dieser Methodenwechsel ausgesprochen gut zu gefallen, denn sie warteten geduldig, bis sie an der Reihe waren und führten ihre Versuche mit bemerkenswertem Eifer aus.

In der folgenden Sportstunde wurde die bis hierher erarbeitete Idee des Frisbeespielens durch das Spiel *Frisbee-Brennball* fortgeführt. Auch hier wurde von den Schülern zunächst ein Parcours aufgebaut. Zusätzlich wurden in regelmäßigen Abständen insgesamt sechs Turnmatten als Male ausgelegt. Außerdem wurden an jedem Mal, in Abständen von ca. fünf Metern, Kästen aufgestellt, von denen aus die Kinder, die den Parcours absolvierten, abgeworfen werden konnten. Die Klasse wurde in zwei Gruppen aufgeteilt, von denen eine den Parcours mit harten Plastik-Frisbees absolvierte. Dabei waren an jeder Station zwei Versuche erlaubt. Immer wenn ein Schüler die zweite Station erreicht hatte, durfte der nächste starten. Wenn ein Ziel nicht mit zwei Versuchen getroffen oder ein Spieler von einem weichen Frisbee abgeworfen wurde, musste er zum Start zurück und sich hinten anstellen. Wenn es einem Schüler gelang, an allen Stationen die Ziele mit dem ersten oder zweiten Versuch zu treffen, ohne selbst getroffen zu werden, erhielt seine Mannschaft einen Punkt. Die zweite Gruppe stand in der Halle verteilt und warf sich weiche Frisbees aus Zelt- oder Schaumstoff zu, mit denen sie die Schüler, die gerade den Parcours absolvierten, treffen durften. Dabei zählten allerdings nur die Würfe, die von den Kästen aus erfolgten. Die *Jäger* durften mit den Frisbees nicht laufen! Die Frisbees durften auch nicht länger als fünf Sekunden auf einem Kasten gehalten werden. Deshalb mussten diejenigen, die auf den Kästen standen, im richtigen Moment angespielt werden. Die Kästen mussten nicht alle besetzt werden. Wer kein Frisbee in der Hand hatte, durfte sich frei in der Halle bewegen, d.h. auch von Kasten zu Kasten laufen.

Dieses Spiel füllte die gesamte Sportstunde und wurde von den meisten Kindern nicht in all seinen vielen Regeln und Regelvariationen verstanden. Das führte immer wieder zu Streit und zu Unterbrechungen. Letztlich interessierte sich auch niemand (außer dem Lehrer) für das regelkonforme Auszählen der erlaufenen Mannschaftspunkte. Dafür schien es, als würden die verschiedenen Schüler jeweils an unterschiedlichen Situationen, Regeln und Bewegungsgelegenheiten, die sich ihnen während dieses Spiels boten, Gefallen finden. Möglicherweise hat der Unterricht deshalb auch allen viel Spaß bereitet.

4.6.6 Frisbee - Golf

In der darauf folgenden Sportstunde wurde schließlich *Frisbee-Golf* gespielt. Hierfür konstruierten die Schüler einen geräumigen Parcours, in dem – im Sinne des Minigolfs – verschiedene Stationen aufgebaut wurden. Um die verschiedenen Ziele mit möglichst wenigen Versuchen sicher zu treffen, mussten die Kinder weit und genau werfen können. Hierfür erlaubten die Spiele und Übungen, die im Rahmen der oben vorgestellten fünf Sequenzen skizziert wurden, eine entsprechend umfassende Vorbereitung. Der Lehrer hatte die Aufbauten nicht im Vorhinein festgelegt, und die Schüler wählten deshalb eigene Erfindungen bzw. Ideen, die sie in den vorangegangenen Stunden schon einmal ausprobiert hatten. Nach dem ersten Durchgang schlug der Lehrer vor, beim zweiten und dritten Durchgang alle absolvierten Würfe mitzuzählen und zu versuchen, mit möglichst wenigen Würfen auszukommen. Diese Aufgabe schien die Kinder zu motivieren, denn sie wollten zum Stundenende unbedingt noch einen Durchgang absolvieren und ihr *Handicap* verbessern.

Dieser Wunsch wurde allerdings auf die nächste Sportstunde verschoben, die auf dem Sportplatz stattfand und in der wiederum *Frisbee-Golf* zum Thema gemacht wurde. Die Schüler verteilten die vom Lehrer mitgebrachten Fahrradreifen und Gymnastikringe auf dem Sportgelände. Die Kinder starteten von einem vorher festgelegten Punkt aus und absolvieren den Parcours. Die Scheibe wurde immer von der Stelle aus geworfen, an der sie gelandet war. Die Versuche wurden addiert. Um dem Alleinsein vorzubeugen, empfahl der Lehrer, dass sich jeweils zwei oder drei Kinder auf einmal auf den Weg machen sollten. Auch wenn der Aufbau in dieser Stunde weitaus schlichter ausgefallen war als in der vorangegangenen Stunde, waren die Kinder augenfällig interessiert. Sie tauschten sich in ihren Dreiergruppen einfallsreich über die vermeintlich besten Lösungen zur Minimierung der Wurfanzahl aus und eiferten um das beste Handicap.

4.7 Bewegungspädagogische Einordnung

Während des Unterrichts zeigte sich recht bald, an welchen Wurfgelegenheiten Kinder Gefallen finden konnten. Darüber hinaus wurden aber immer auch die Grenzen im Spiel mit Frisbees deutlich. Auch wenn die besonderen Flugeigenschaften der flachen Scheiben Kinder zum Experimentieren herausforderten, bestand vor allem im Rahmen längerer Unterrichtssequenzen die Gefahr, dass das Üben und Spielen langweilig wurde. Dem konnte durch die Planung unterschiedlicher Schwerpunkte und dem entsprechenden Einsatz verschiedener Aufgaben bzw. Spiele und Übungen vorgebeugt werden. Darüber hinaus verstand es der Lehrer, die notwendige didaktisch-methodische Vielfalt durch die Verwendung alternativer Wurfgeräte noch weiter aufzulockern. Neben der Vielzahl der im Fachhandel erhältlichen Frisbees erlaubten in dieser Hinsicht vor allem Bälle und Wurfgeräte, die aus der Leichtathletik bekannt sind, eine Variation der Wurfgelegenheiten.

Neben all den eingebrachten Abwechslungen und Variationen wurde aber auch sichtbar, wie die Kinder den Sinn der Inszenierung für sich entdecken konnten. Das Treffen verschiedener Ziele zog sich als roter Faden durch die gesamte Unterrichtsreihe hindurch, und der Lehrer verstand es ausgezeichnet, die Wurfsituationen immer dann, wenn die Schüler die Ziele sicher treffen konnten, zu erschweren. Er ging dabei jedoch keineswegs nur Lehrerzentriert vor, denn er schaffte immer wieder genügend Raum und Anregungen für Ideen der Schüler, die zu einer Erweiterung und Erschwerung der Wurfaufgaben führten. Auf diese Weise war es schließlich gelungen, die selbstständige Auseinandersetzung mit dem Bewegungsproblem des *Frisbee-Golfs* (den Parcours mit möglichst wenigen Würfen absolvieren) auf den Weg zu bringen. Die Schüler hatten zum Abschluss der Unterrichtseinheit erkannt, um was es ging, hatten auch Interesse für diese Aufgabe entwickeln können und versuchten deshalb im Verlauf des vergleichsweise schlichten Parcours, der nur aus Fahrradreifen und Gymnastikringen aufgebaut war, ihr Handicap zu verbessern.

5. Abenteuer und Erlebnis

5.1 On Tour – abenteuerlich unterwegs sein

Erlebnisreiche und abenteuerliche Aktivitäten boomen seit Jahren in vielen Feldern der Freizeit sowie des Arbeitslebens und werden wegen der zugrunde liegenden Wirkungshoffnungen immer häufiger auch in Bildungszusammenhänge eingebaut.[59] So sollen beispielsweise die Mitarbeiter von Firmen durch das Absolvieren von *Survival*-Abenteuern in der Wildnis Islands ebenso Teamfähigkeiten entwickeln wie die Spieler verschiedener Profimannschaften, die vor dem Start in die Bundesligasaison oftmals mehrtägige erlebnispädagogische Maßnahme absolvieren. Erlebnisorientierter Sportunterricht soll zur Qualitätsverbesserung beitragen und die mancherorts unsportlich gewordene nachwachsende Generation wieder für Bewegungsthemen gewinnen und interessieren. Das Konglomerat an Erwartungen, Leistungen, Wirkungsversprechen und Angeboten des populären Erlebnismarktes ist derart unübersichtlich, dass es schwer fällt, herauszufinden, welche erlebnispädagogischen Maßnahmen aus welchen Gründen bei welchen Teilnehmern zu welchen Wirkungen führen oder eben nicht führen. Wegen der vielen offenen Fragen, die hinsichtlich der erziehlichen und bildenden Funktionen des Erlebnissports bestehen, sollen die ungeklärten Zusammenhänge im Folgenden ein Stück weit beleuchtet werden. Der Fokus wird dabei auf die Verbindung zwischen dem *Unterwegssein* (on Tour) und den vermeintlichen Bildungswirkungen und -potenzialen des Abenteuers konzentriert.

5.2 Zum Zusammenhang zwischen *Reisen* und *Erleben*

„Wenn einer eine Reise tut, so kann er was verzählen." Dieses Zitat steht am Beginn eines Gedichts von Matthias Claudius aus dem Jahr 1786 (*Urians Reise um die Welt*). Erzählen kann man natürlich vor allem dann,

---

[59] Bei den folgenden Ausführungen handelt es sich um die überarbeitete Fassung des folgenden Beitrags: Lange, H. (2005e). On Tour: Erlebnis- und abenteuerpädagogische Perspektiven des *Unterwegs-Seins* in der Schule und im Verein. In *Sportpraxis*, Themenheft *On Tour*. Sport- und erlebnispädagogische Ausflüge (S. 4 – 8). Wiebelsheim: Limpert.

wenn zuvor etwas erlebt wurde, was auf Reisen zweifelsohne vorkommt. Damit ist klar, dass der Zusammenhang aus Erleben und Reisen nicht erst seit der Erfindung von Trekkingtouren, *Survival*-Abenteuern oder anderen touristischen Erlebnisreisen existiert, sondern das Reisen und *Unterwegssein* schon immer gekennzeichnet hat. Heutzutage zählt die Tourismusindustrie zu den stärksten Wirtschaftsträgern der westlichen Welt und macht mit der Sehnsucht und Reiselust ihrer Kunden Milliardengewinne. Dieses Fernweh steckt nicht allein im Unbekannten der fernen Reiseziele, sondern zugleich auch im Bekannten des Zuhauses. Das Verreisen gewinnt nämlich auch deshalb an Reiz, weil sich die zu erwartenden Erlebnisse so deutlich von den Routinen und Belastungen der rational organisierten Produktionsabläufe unterscheiden, die wir aus unserem Arbeitsleben her kennen. Die Aussicht, *in den Urlaub fahren zu können*, verspricht immer auch, aus der gewohnten und manchmal als langweilig und bedrückend empfundenen Umgebung ausbrechen zu können. Im Urlaub kann man ein anderer Mensch sein, man ist frei, blüht auf und erlebt selbst die Dinge, die man von zu Hause her als Bestandteile des routinierten Tagesablaufes her kennt (z.B. das Essen, Trinken, Feiern und *Sich-Bewegen*) als etwas Neues. Damit sind Qualitäten angesprochen, die bereits Goethe in seiner *Italienischen Reise* erkannt und festgehalten hat:

> *„Das ist das Angenehme auf Reisen, dass auch das Gewöhnliche durch Neuheit und Überraschung das Ansehen eines Abenteuers gewinnt"* (Italienische Reise II, 9.3.1787).

Wer sich auf eine Reise begibt, gibt die Sicherheit der gewohnten Umgebung auf und sucht in der Fremde nach neuen Erlebnissen und Erfahrungen. Dabei weiß man zuweilen gar nicht ganz genau, was das ist, was man da sucht. Man weiß aber sehr wohl, dass die Wahrscheinlichkeit, *es* zu finden, groß ist, wenn man denn nur endlich die Monotonie der bekannten Umgebung verlassen und in die Unsicherheit des *Unterwegsseins* aufbrechen kann.

5.2.1 Zum Ansatz von Bildungspotenzialen beim *On-Tour-Sein*

Das *On-Tour-Sein* beinhaltet also immer zwei komplementäre Aspekte: Einerseits steht hinter dem *Aufbrechen in die Fremde* immer ein gewisses Risiko, und andererseits ist daran zugleich auch ein gewisses Maß an Vertrauen auf die eigenen Kompetenzen gebunden. Derjenige, der sich auf weite Fahrt begeben will, muss also abwägen zwischen dem Risiko des Fremden und dem Vertrauen auf seine eigenen Fähigkeiten, und genau dieser Prozess des Abwägens, Differenzierens und Bilanzierens lässt sich trefflich als Bildungsprozess beschreiben. Die dem Fernweh innewohnende Neugierde treibt Wanderer und Reisende dazu an, in die Welt hinauszugehen, um neue Erfahrungen zu sammeln. Sie werden dabei immer wieder vor ungewohnte Probleme gestellt, deren Lösungen dazu beitragen, dass einerseits der Schatz einschlägiger Erfahrungen vergrößert wird und andererseits auch die Bereitschaft steigt, weiterzugehen und neue Wege zu wagen. Dieses Wechselspiel lässt sich in den Lebensläufen vieler Abenteurer und Entdecker wie z.b. Christoph Columbus, Alexander von Humboldt oder Fridtjof Nansen wiedererkennen und kann getrost als Motor für Fortschritt und Innovation verstanden werden. Was liegt also näher als der Versuch, das Abenteuer auch als pädagogische Kategorie für die Schule und den Schulsport fruchtbar zu machen?

5.3 Abenteuer als pädagogische Kategorie

Damit wären wir bereits am Kern des Themas angelangt, denn das Abenteuer soll als pädagogische Orientierung für dieses Teilkapitel herangezogen und hinsichtlich seiner sporterzieherischen Möglichkeiten und Grenzen hinterfragt und sportdidaktisch ausgelegt werden. Dabei handelt es sich fürwahr um ein schwieriges Unterfangen, denn letztlich lassen sich auch an diesen Begriff weitaus mehr pädagogische Erwartungen oder therapeutische Wirkungsversprechen anknüpfen, als der Terminus zum gegenwärtigen Zeitpunkt der fachwissenschaftlichen Diskussion realistischerweise zu versprechen und einzuhalten in der Lage ist. Diese Relativierung soll jedoch nicht in Pessimismus münden, schließlich steckt im Abenteuer zumeist etwas Tiefgehendes, Berührendes und Bewegendes, was Veränderungen und vielleicht sogar auch Bildungsprozesse auf den Weg zu bringen vermag. Allerdings ist gerade auch bei derart reizvollen Begriffen die Gefahr der Manipulation, Verpackung und Inflation gegeben, weshalb eine kritische Auseinandersetzung mit dem Begriff und den sich dahinter verbergenden Bedeutungsauslegungen dabei helfen mag, das pädagogisch Wertvolle in klaren Konturen herauszuarbeiten und von den unfruchtbaren *Allerweltsversprechen* und unverbindlichen Oberflächlichkeiten abzugrenzen.

5.3.1 Abenteuer: Ein schillernder Begriff

Mit dem *Abenteuer* rückt ein schillernder Begriff in den Fokus dieses Teilkapitels, der zunächst einmal wenig mit unserer Pädagogiktradition zu tun hat. Er taucht demgegenüber in ganz anderen Feldern auf. Beispielsweise ist das Abenteuer eines der wichtigsten literarischen Grundmotive, das sich durch die gesamte Literaturgeschichte hindurchzieht. Es ist uns außerdem aus manchen Kindheitserinnerungen vertraut, wenn wir beispielsweise die Umgebung des elterlichen Hauses oder unseren Stadtteil erkundet haben und dabei eine Vielzahl ungewohnter Begegnungen und Erlebnisse hatten. Zuweilen besteht zwischen der Literaturgeschichte und den Kindheitserlebnissen auch ein wichtiger Zusammenhang, denn wer kennt sie nicht, die Helden von Karl May, Jules Verne, Mark Twain, Joanne Rowling oder Astrid Lindgren? Und wer hat sich nicht auch danach gesehnt, die gleichen Abenteuer erleben und bestehen zu können wie z.B. Winnetou, Old Shatterhand, Phileas Fogg, Pippi Langstrumpf oder Huckleberry Finn und Tom Sawyer? Warum waren diese Helden so wichtig? Vielleicht weil hier eine Gegenwelt zur wohl geordneten und akribisch geplanten, erzieherischen Welt der Eltern und Lehrer gefunden werden kann? Eine Welt, in die man zumindest zeitweise und gedanklich hineinschlüpfen kann und möchte, weil die Freiheit und Abenteuerlust unserer Helden aus den Kinder- und Jugendromanen sich so sehr von den reglementierten Abläufen im Elternhaus und vor allem in der Schule unterscheiden? Bevor dem pädagogischen Gehalt solcher Abenteuerwelten weiter nachgegangen wird, soll ein Exkurs zu einem Klassiker aller Abenteuergeschichten erfolgen, um davon ausgehend Anhaltspunkte für die Konzeption der Abenteuerpädagogik zu gewinnen.

5.3.2 Exkurs zum Klassiker des Abenteuerlichen: Robinson Crusoe (…)

Im Jahre 1709 erregte die Rettung des schottischen Seemannes Alexander Selkirk großes Aufsehen in England. Dieser hatte nach einem Schiffbruch viereinhalb Jahre auf der vor Chile gelegenen Insel Juan Fernandez verbracht und wurde durch den Kapitän Woodes Rogers gerettet. Dieser wiederum veröffentlichte drei Jahre später die abenteuerliche Überlebensgeschichte des Alexander Selkirk und lieferte damit die Basisinspiration für einen Bestsellerroman, mit dem Daniel Defoe (1660 – 1731) zu Weltruhm gelang. Im Alter von 60 Jahren schrieb Defoe diesen Roman, der übrigens sein Erstlingswerk war, mit dem Titel: *„The life and strange surprising adventures of Robinson Crusoe"* (zu Deutsch: Robinson Crusoe). Er berichtet darin in der Ich-Erzählform und mithilfe einer bis zu dieser Zeit ungebräuchlichen Reportagetechnik teilweise überaus faktentreu und authentisch über das einsame Leben eines auf einer Insel gestrandeten Abenteurers namens Robinson Crusoe.

Dieser war der Sohn eines aus Bremen gebürtigen Kaufmanns, der sich in York niedergelassen hatte. Die Lebensgeschichte des jungen Robinson ist von einem einzigartigen Abenteuerdrang gekennzeichnet, der kein Platz für Sicherheit, Ruhe und kaufmännischen Wohlstand lässt. So gibt Robinson gegen den gut gemeinten Rat des Vaters die Perspektive des mittelständischen Kaufmannsdaseins auf und folgt stattdessen seinem Abenteuerdrang, der ihn zunächst auf eine Seefahrt nach Afrika bringt. Dort treibt er regen und gewinnträchtigen Handel, was ihn nach seiner Rückkehr aber nicht davon abhält, sogleich eine weitere Reise zu unternehmen, auf der er von türkischen Korsaren gefangen und als Sklave nach Marokko verkauft wird. Ihm gelingt die Flucht in einem kleinen Boot, er wird von einem portugiesischen Kapitän aufgefischt und mit nach Brasilien genommen, wo er eine Plantage gründet und ebenfalls rasch zu Wohlstand kommt. Von dort aus unternimmt er abermals eine riskante Schiffsreise, die ihn nach Guinea führen soll, weil er dort für sich und seine Nachbarn Sklaven einkaufen möchte. So weit kommt es allerdings nicht, denn sein Schiff geht in einem schweren Orkan auf Grund, und Robinson kann sich als einziger Überlebender auf eine unbewohnte Insel retten. Glücklicherweise wird das Wrack des Schiffes unweit der Insel auf ein Riff getrieben, und es gelingt dem Gestrandeten, alles Brauchbare von diesem Schiff herunter auf seine Insel zu holen.

Alles weitere, was während der 28 Jahre, zwei Monate und 19 Tage des Insellebens geschieht und Robinson beschäftigt, wird akribisch in einem Tagebuch festgehalten. Hierin notiert er seine Erlebnisse und wägt auch in rationaler Argumentation das Für und Wider seiner Lage ab, sodass letztlich auch die Moral der ganzen Geschichte unmissverständlich zum Vorschein kommen kann, wie Wilfried Dittmar (1996, 482) bilanziert:

„Auf diese Weise gelangt er allmählich zu der Einsicht, dass Gottes unerforschliche Vorsehung dieses Schicksal über ihn verhängt hat, um ihn von seiner Torheit zu heilen und ihm die Augen für die Vollkommenheit der göttlichen Seinsordnung zu öffnen. Je mehr Robinson sein früheres Leben bereut und die Bibel zur Richtschnur seines Denkens und Handelns macht, desto freundli-

cher gestaltet sich sein Inseldasein."

Diese göttliche Seinsordnung wird von Robinson im Laufe der Jahre Schritt für Schritt und in einer überaus ursprünglichen Art und Weise erfahren, denn er entdeckt wilde Obstgärten, fängt und zähmt Ziegen, es gelingt ihm, mit zufällig gefundenen Körnern Ackerbau zu betreiben, sein Saatgut zu vermehren und Brot zu backen und schlussendlich findet er sogar in einem Eingeborenen, den er aus den Händen von Menschenfressern befreit, einen Freund und Partner.

5.3.3 (...) und die Ambivalenz der Abenteuerpädagogik

Der Exkurs zu Robinson Crusoe bot sich deshalb an, weil diese Geschichte bei den jugendlichen Lesern nicht nur zum Zeitvertreib dient, sondern auch dazu beitragen kann, Sehnsüchte aufzubauen und die dargebotene Botschaft und Moral zu transportieren. Deshalb nehmen Romane wie diese – bewusst oder unbewusst – auch Bildungsfunktionen wahr. Genau an dieser Stelle wird es pädagogisch brisant, denn im spannenden und attraktiven Flair des Abenteuerlichen lässt sich so einiges (mit)transportieren und verkaufen. An dieser Stelle machen denn auch Erwachsene bzw. Pädagogen den Wert von Büchern oder anderer Medien fest. So wurde beispielsweise Defoes Robinson Crusoe in dieser Hinsicht regelrecht geadelt, denn Rousseau gestattete in seinem Erziehungsroman *Emil* dem fiktiven Zögling bis zu dessen 13. Lebensjahr nur die Lektüre eines einzigen Buches: Defoes Robinson Crusoe! Diese Wertschätzung ist für Rousseau-Kenner sicherlich keine Überraschung, denn die abenteuerbezogenen, eigenaktiven und selbstverantwortlichen Wege, auf denen der Defoe'sche Robinson sein Leben bestreitet und zu Erfolg und Wohlstand gelangt (aktive Auseinandersetzung mit dem Fremden), passen sehr gut in die Pädagogikkonzeption Rousseaus. Dies war im Erziehungsdenken anderer Pädagogen selbstverständlich nicht immer in gleicher Weise gegeben, weshalb der Stoff von Erziehern, denen andere Ziele wichtig waren, kurzerhand zu sogenannten Robinsonaden umgeschrieben wurde. Auf diese Weise entstanden bis zum Beginn des 19. Jahrhunderts allein im deutschen Sprachraum 89 Versionen solcher erzieherischen Verschnitte des Robinsonstoffes (vgl. Fohrmann 1981).

5.3.4 Pädagogische Verzweckungsinteressen und das Recht auf Spaß

Dass auf einen der bedeutendsten Abenteuerromane der Literaturgeschichte hin derart hartnäckige pädagogische Verzweckungsinteressen ausgelegt wurden, interessiert selbstverständlich auch im Hinblick auf die Untersuchung der Abenteuerpädagogik. Immerhin kann davon ausgegangen werden, dass auch dort die Gefahr besteht, abenteuerliche Stimmungen oder andere erlebnisintensive Aktivitäten im Sinne von Verzweckungen zu gebrauchen. Beispielsweise um den Unterhaltungswert des Sportunterrichts zu steigern, die Zustimmung schwieriger Schüler zu finden, sie mit wohl dosierten *Häppchen* aus dem Erlebnismarkt einfach zu befriedigen und ruhig zu stellen oder aber erlebnisreiche Bewegungsaktivitäten als Reparaturinstrumente für aktuelle Zivilisationsdefizite (Bewegungsmangel, fehlende Bewegungslust usw.) zu gebrauchen. Um an dieser Stelle wegen des durchaus vorhandenen kritischen Untertones kein Missverständnis entstehen zu lassen, sei eine Nebenbemerkung eingefügt: Selbstverständlich handelt es sich auch bei solchen Maßnahmen um nichts Böses oder Schlechtes. Im Gegenteil, die meisten Angebote der Erlebnisindustrie machen einfach Spaß. Und trotzdem soll die Aufmerksamkeit im Folgenden auf einen anderen Zusammenhang konzentriert werden, weil der aus pädagogischer Sicht für die Abenteuerpädagogik im Allgemeinen und für das *Unterwegssein* (on Tour) im Besonderen interessant ist: der Zusammenhang zwischen dem Abenteuer und dem Erfahrungslernen.[60]

5.4 Abenteuerpädagogik und Erfahrungslernen

In diesem Zusammenhang spielt das pädagogische Interesse an der in Defoes Roman so eindrucksvoll widergespiegelten Abenteuerlust sicherlich eine wichtige Rolle. Der Mut des jungen Robinson, immer wieder seinen eigenen Weg draußen in der fernen Welt finden zu wollen, sich dabei selbstbestimmt und eigenverantwortlich Unsicherheiten auszusetzen und auf die eigenen Fähigkeiten vertrauend Lösungen zu allen sich stellenden Problemen zu entwickeln, weckt auch sportpädagogische Neugierde. Es wäre für Robinson sicherlich auch sehr behaglich gewe-

---

[60] Vgl. hierzu die grundlegenden und einführenden Ausführungen zum Problemorientierten Unterricht (Kap. A.; 4.1) sowie zum Erfahrungslernen (Kap. A.; 4.2)

sen, es sich im *Nest*, das der Vater ihm als Kaufmann gebaut hat, gut gehen zu lassen. Stattdessen setzt er immer dann, wenn sein Lebenslauf in eine sichere Bahn geraten ist, genau diese Sicherheit aufs Spiel, geht auf die Reise (*on Tour*) und wächst mit seinen Abenteuern. So hält es ihn beispielsweise im dritten Teil des Romans nach seiner *Rettung* von der Insel ebenfalls nicht lange in irgendeinem sicheren Hafen oder einer sicheren Existenz. Anstatt eine behagliche Altersruhe zu genießen, zieht es ihn wieder zur See und zu den dort zu findenden Abenteuern.

Die Beziehung zwischen dem *Etwas-aufs-Spiel-Setzen* und dem daraus resultierenden *Wachsen* soll im Folgenden näher beleuchtet werden. Die Analogien zum Erfahrungslernen sind dabei derart offensichtlich, weshalb der Fokus genau auf diese Stelle konzentriert wird.

5.4.1 Probleme lösen als didaktische Aufgabe der Abenteuerpädagogik

Die Voraussetzung dafür, dass z.B. Bewegungserfahrungen gebildet werden können, ist, dass sich Menschen überhaupt erst einmal dem Sammeln von Erfahrung aussetzen und sich in gewisser Weise in Gefahr begeben. Sie müssen also hinausgehen und z.B. eine Ruderwanderfahrt, Bergwanderung oder ein *Survival* auf sich nehmen, sich dabei mit den zwischenmenschlichen Problemen, den einschlägigen Bewegungsproblemen oder den persönlichen Schwierigkeiten und Konflikten auseinandersetzen, die aufkommen, wenn man das warme häusliche Bett gegen einen Schlafplatz im Wald, die komfortable Fahrt auf asphaltierten, mit Wegweisern versehenen Straßen gegen eine Wanderung im Gelände oder die gemütliche Mahlzeit am Mutters Esszimmertisch gegen die am Lagerfeuer zubereitete Verpflegung eingetauscht hat. Im Zuge derartiger Abenteuer muss man unbehagliche Begleitumstände wie z.B. die Kühle der Nacht, Zeckenbisse, Blasen in den Wanderschuhen, Orientierungsfehler und Umwege, Hunger oder gewöhnungsbedürftige Geschmäcker riskieren und auf sich nehmen. Wenn es dabei gelingt, sich aktiv mit diesen Widerständen auseinanderzusetzen und die aufkommenden Probleme zu lösen, dann hat man allerdings auch die Chance, hierin neue Qualitäten zu entdecken und seinen Horizont zu erweitern. Im Kern enthält Erfahrung demnach immer einen aktiven und einen passiven Teil, was unter anderem von dem amerikanischen Philosophen John Dewey (1964, 186) hervorgehoben wurde:

„Die aktive Seite der Erfahrung ist Ausprobieren, Versuch – man macht Erfahrungen. Die passive Seite ist ein Erleiden, ein Hinnehmen. Wenn wir etwas erfahren, so wirken wir auf dieses `Etwas´ zugleich ein, so tun wir etwas damit, um dann die Folgen unseres Tuns zu erleiden. Wir wirken auf den Gegenstand ein und der Gegenstand wirkt auf uns zurück."

5.4.2 Konsequenzen für das *On-Tour-Sein*

Aufgrund der kennzeichnenden Verbindung des aktiven mit dem passiven Element muss das erfahrungsbezogene Wandern, Reisen bzw. *Unterwegssein* von den Ansätzen und Vorschlägen der Erlebnispädagogik bzw. des Erlebnismarktes abgegrenzt werden, die den Lernenden auf eine dieser beiden Pole (aktiv/passiv) beschränkt sehen. Wenn sich beispielsweise die Aktivitäten, die man im Zuge einer Erlebnisreise eingeht, auf das Befolgen der Aufgaben und Abläufe reduziert, die sich ein Animateur für den Erlebnistouristen ausgedacht hat, ohne dass Spielräume zum Erfahren des Zusammenhangs aus *sich einlassen auf etwas* und *in Erfahrung bringen von etwas* zugestanden werden, dann sind die Gelegenheiten des Erfahrungsgewinns und damit die Bildungsaussichten erheblich eingeschränkt. Man könnte in solchen Fällen auch behaupten, dass der Erlebnisreisende in solchen Fällen auf die Ebene eines Spaßkonsumenten reduziert wird, der allein durch das oberflächliche Absolvieren belustigender Aktionen bei Laune gehalten wird. Das mag – vor allem im Bereich des sogenannten Erlebnistourismus – durchaus funktionieren und zu Zerstreuung und erlebnisreichem Wohlgefallen führen, was selbstverständlich auch jedem von Herzen gegönnt sei. Nur damit allein lösen z.B. Wanderer, Ruderer, Surfer, Kletterer oder andere Sportler, die *on Tour* sind, keine situativ aufkommenden Bewegungsprobleme, entwerfen schon gar keine kreativen Problemlösungen und wachsen erst recht nicht über sich hinaus, wenn es darauf ankäme.

Die erzieherische Perspektive für Klassen- und Wanderfahrten bzw. -tage liegt deshalb auf der Hand: Beim *On-Tour-Sein* muss mehr passieren als das weitgehend passive Konditionieren erlebnisreicher Animationsprodukte oder das wagnisarme Absolvieren sicherer Bewegungsprogramme und vorgefertigter methodischer Reihungen. Aufgrund der gegebenen Relationalität in der Abstimmung zwischen der aktiven und der passiven Seite der Erfahrungsbildung versteht es sich von selbst, dass sich Praxisempfehlungen nicht auf die Formulierung festgezurrter Übungen und konkreter Aufgaben beschränken können. Stattdessen kann der Ausblick auf mögliche Praxisvorschläge, wie sie z.b. in dem Themenheft *On Tour* (Lange 2005e) gegeben werden, lediglich im Hinblick auf die Perspektive erfolgen, dass sich die *Reisenden* in den jeweiligen Praxisfeldern in abenteuerliche Situationen verstricken sollen, dass sie dabei auf Probleme stoßen müssen, zu denen sie situativ variable Lösungen erarbeiten und ausprobieren können.

5.5   Inliner - Wanderung

1.5.1   Die Grundidee (...)

Tagestouren und Exkursionen sind feste Bestandteile im Bereich von Schule und Jugendarbeit und besitzen den besonderen pädagogischen Wert, neben dem motorischen auch das soziale Lernen ins Zentrum zu rücken. Dabei wünschen sich insbesondere die sportlicheren Kinder und jungen Erwachsenen zumeist einen engen Bezug zu den aktuellen Trendsportarten und damit möglichst viel Action. Dieser Wunsch scheitert aber oft am notwendigen Equipment bzw. an den Anschaffungskosten der Materialien oder den Ausleihgebühren, am hohen Betreuungsverhältnis (Lehrer zu Schüler) und damit verbunden an möglichen Gefahrenkomponenten.

Wenn Lehrer mit ihren Schülern auf Inlinern für einen oder mehrere Tage auf Fahrt gehen, dann bieten sich Möglichkeiten, pädagogische Wertvorstellungen mit dem Wunsch nach sportbetontem Erlebnis und Abenteuer sinnvoll zu verbinden.[61] Die Vorteile einer Inline-Tour liegen u.a. darin, dass sogar Anfänger nach einem dreitägigen Einstieg vor Ort (vgl. Sieland 2007) die elementaren Formen des Laufens und Bremsens relativ schnell erlernen können. Des Weiteren sind solche Lauf- und Fahrabenteuer im Vergleich zu anderen Exkursionsformen wie Snowboardfahren, Segeln, Mountainbiking oder Surfen mit weniger Materialaufwand verbunden und dadurch wesentlich günstiger und in Bezug auf die Örtlichkeiten (Gewässer, Gebirge) weniger voraussetzungsvoll. Geteerte Landstraßen und vor allem geteerte Radwege sind vielerorts auffindbar. Zudem hat sich das Fahren auf Inlinern als neuer Trend mit Breiten- und Dauerwirkung in seinen vielfältigen Erscheinungsformen etabliert, weshalb viele Schüler bereits gutes eigenes Ma-

---

[61] Schwarz H. H. & Sinning, S. (2003). Mit Inlinern auf dem Weserradweg – Ein Lauf- und Fahrabenteuer. *Sportpraxis*, 44 (2), 46 – 49.

terial besitzen bzw. viele Eltern einer solchen Anschaffung offener und positiver gegenüberstehen. Gleichwohl stellt die Nutzung von Inline-Skates für die Durchführung einer ein- oder mehrtägigen Tour von A nach B einen noch eher unerschlossenen Bereich dar.

Die vielen Vorteile unterstützten unseren Wunsch, eine solche Exkursion zu planen und durchzuführen. Eine Strecke war schnell ausgemacht – es sollte entlang der Weser von Minden nach Bremen geskatet werden, und auch die pädagogischen Zielperspektiven waren leicht zu finden.

5.5.2 (...) und wesentliche Zielperspektiven

Neben dem Erlernen und Verbessern der motorischen Fertigkeiten und der Auseinandersetzung mit einer Trendsportart standen bei unserer gemeinsamen Fahrt mit den Inlinern vor allem pädagogische Zielsetzungen im Mittelpunkt. Dazu gehörten insbesondere die positiven Wirkungen, die in enger Verbindung mit neu erworbenen *Könnenserfahrungen* stehen, d.h. die Stärkung des Selbstvertrauens, die Verbesserung der Kooperations- und Kommunikationsfähigkeit oder eine Sensibilisierung für die Bedürfnisse des eigenen Körpers.

Der zentrale Ausgangspunkt einer solchen Exkursion ist allerdings das sichere und ausdauernde Fahren auf Inline-Skates. Deshalb lernten die Exkursionsteilnehmer die Grundlagen des Inline-Skatens erst einmal vor Ort kennen. Das heißt, sie lernten das Geradeaus- und Kurvenfahren genauso wie das frühzeitige Ausweichen oder Abbremsen. Diese Grundfertigkeiten wurden dann im Verlauf einer Tagesfahrt weiter gefestigt.

Abgesehen von den motorischen Erfahrungen zum Inline-Skaten bieten eintägige und insbesondere mehrtägige Inline-Touren auch Gelegenheiten, die eigene körperliche Ausdauerleistungsfähigkeit und das individuelle Durchhaltevermögen zu erproben. Das bewusste Erleben verschiedener Anforderungen wie das Bergauf- oder Bergabfahren sowie das Fahren auf glattem oder holprigem Untergrund und die Auseinandersetzung mit den eigenen konditionellen Fähigkeiten stellen oftmals den Ausgangspunkt eines Erfahrungsaustausches dar. Die Ergebnisse dieser Gespräche nutzen wir deshalb als Grundlage, nachfolgende Teil- und Tagesstrecken noch einmal zielgerichtet zu überprüfen. Damit war gleichzeitig die Brücke zum sozialen Lernen geschlagen.

Außerdem erfuhren die Schüler bei den vielen interessanten Gesprächen, die sich bei einer Inline-Tour bereits während des aktiven Skatens und damit weitaus häufiger als beim Mountainbiken, Surfen oder Snowboardfahren ergeben, eine Fülle von Informationen über die mitskatenden Personen. Sie lernten grundsätzliche Vorlieben ihrer Mitskater kennen, erfuhren etwas über ihre langfristig geplanten Lebenswege sowie ihre aktuellen Bedürfnisse, diskutierten über schulpolitische, bewegungsbezogene oder soziale Themen und tauschten wichtige Erkenntnisse zur Inline-Tour aus, die wiederum in weitere Entscheidungen einfließen konnten. So wurden Gesamt- und Tagesplanung noch einmal durchgesprochen und auf mögliche Blessuren Einzelner oder eingeschränkte konditionelle Fähigkeiten anderer aufmerksam gemacht.

Neben diesen Erfahrungen schlossen sich Umwelterfahrungen sowohl hinsichtlich topografischer Besonderheiten als auch in Bezug auf die Abhängigkeit des Fahrstils von den jeweils unterschiedlichen Bodenbelägen, die sich von betonierten Feldwegen und Straßen bis hin zu Kopfsteinpflaster und Schotterwegen erstreckten, an. Überdies erlebten die Schüler, welche Auswirkungen unterschiedliche Witterungslagen – von sonnig heiß oder angenehm warm bis regnerisch kühl und auch fahrtechnisch gefährlich – auf ihr Lauf- und Fahrkönnen und ihre Fahrmotivation hatten. Besonders spannend war die Raum-Zeit-Erfahrung. Unsere Tagesetappen zwischen 25 und 35 Kilometer wurden von den Schülern in Bezug auf ihre erbrachte Leistung relativ hoch eingeschätzt. Rechnet man aber die durchschnittliche Geschwindigkeit aus, so gleicht die Fahrt eher einer Postkutschenreise als einem actionreichen Fahrabenteuer. Das Fahrerlebnis war trotz der großen Anstrengung also nicht vergleichbar mit den üblichen Fortbewegungsmitteln Bus, Bahn oder Auto und auch nicht mit den Erfahrungen bei mehrtägigen Radtouren oder Wanderungen. Besonders deutlich wurde dies den Schülern, als sie die sechstägige Strecke von durchschnittlich 32 Kilometern pro Tag am Tour-Ende mit der Bahn in knapp zwei Stunden zurücklegten und wieder am Ausgangspunkt ihrer Reise standen. Die Raum-Zeit-Erfahrung wurde dadurch noch einmal in besonders einprägsamer Weise kontrastiert.

Schließlich lassen sich in eine Tagestour oder Exkursion auch fächerübergreifende Erkenntnisse einbinden, beispielsweise historisch-kulturelle oder geografische Besonderheiten. So oft wie irgend möglich legten wir Fahrpausen ein, um fächerübergreifende Fragen zu klären, kulturelle Informationen auszutauschen und um uns auch ein wenig zu erholen.

5.6 Erste Planungsschritte (...)

Im Grunde eignen sich vor allem die Radfahrwege als Inlinerstrecken, die relativ geringe Steigungen bzw. Gefällstrecken aufweisen und überwiegend einen glatten Belag besitzen. In der Regel sollten deshalb insbesondere Fahrwege in der Nähe eines Flusslaufes oder rund um einen großen See bzw. entlang der Küste ausgewählt werden. Ferner sollte bei der Planung bedacht werden, dass der Radweg auch landschaftlich reizvolle Abwechslung und natürlich geeignete Rastplätze oder Zwischenstationen bietet. Es hat sich bewährt, wenn auf der Wegstrecke kleine Orte oder Städte liegen. Dort kann die Gruppe einerseits immer wieder kulturelle Besonderheiten ansteuern oder andererseits auch den täglichen Reiseproviant auffüllen. Um den genannten Punkten einigermaßen gerecht zu werden und von unserem Heimatort Bielefeld keinen zu großen Anfahrtsweg zum Ausgangspunkt zu haben, fiel unsere Entscheidung auf den Weserradweg, den wir von Minden bis nach Bremen fahren wollten.

Bei einer längeren Fahrt sollte die Schülergruppe bei zwei Begleitpersonen nicht größer als 15 Personen sein. Bei dieser Gruppengröße kann während der Fahrt eine gute Kommunikation und entsprechende Kooperationen zwischen den einzelnen Schülern gewährleistet werden. Außerdem gestaltet sich die Suche nach Übernachtungsmöglichkeiten leichter. Des Weiteren reicht ein größeres Transportfahrzeug aus, welches das Gepäck der Schüler jeweils an den Ort der Mittagspause oder an den jeweiligen Etappenort befördert. Eine rechtzeitige Buchung von preisgünstigen Übernachtungsquartieren in kleinen Hotels oder Jugendherbergen und die Beschaffung weiterer Informationen zu den einzelnen Orten lässt sich ohne großen Aufwand mithilfe des Internets realisieren. Im Internet findet man darüber hinaus Anregungen zu kulturellen Angeboten vor Ort, wichtige Hinweise über mögliche Streckenführungen und entsprechende Links mit Informationen zu Gaststätten, zur Post oder auch zu Apotheken und ihren Öffnungszeiten. Unsere Gruppe bestand aus 14 Schülern und zwei Lehrern, und die Gesamtkosten lagen bei 200 Euro pro Schüler. Davon wurden für fünf Übernachtungen mit Frühstück sowie eine Bahnfahrt knapp 140 Euro und für die täglichen Verpflegungskosten bei sechs Reisetagen jeweils zehn Euro berechnet.

Um eine tägliche Streckenlänge von 25 bis 35 Kilometer zurückzulegen, was ungefähr einer Laufzeit von fünf bis sechs Stunden entspricht, müssen die Schüler über eine solide Grundlagenausdauer verfügen. Diese Fahrzeit ermöglicht dann immer noch genügend Zeit, um eine längere Mittagspause, weitere kleine Rastpausen oder Zeit für kulturelle Sehenswürdigkeiten einzuplanen. Unsere Schülergruppe war ein Wahlfachkurs Sport, weshalb alle grundsätzlich ein hohes Interesse am Sport und am Inline-Skaten mitbrachten und auch über eine gewisse Grundlagenausdauer verfügten. Natürlich müssen die Schüler auch über Grundtechniken des Inline-Skatens verfügen. Viele unserer Schüler brachten diese Vorerfahrung zwar mit, dennoch machten wir vor Beginn der Fahrt eine Art Crashkurs, um uns davon zu überzeugen, dass sie alle auch wirklich umfangreiche Erfahrungen besaßen. Dabei wurde schon deutlich, dass beim Fahren in der Sporthalle und auf dem Schulhof zwar alle Schüler sowohl das Geradeaus- als auch das Kurvenfahren, das Bremsen und Ausweichen beherrschten, jedoch bei einer kleinen Fahrt durch die Stadt das Bergauf- und Bergabfahren sowie das Fahren auf eher ungeeignetem Untergrund bei einigen Schülern zu Problemen führten. Tilmann besaß als Fußballspieler die nötige Grundlagenausdauer, konnte – getrieben von seinem Ehrgeiz – auf dem Schulhof den Hindernissen noch gut ausweichen und auch das Bremsen klappte sehr ordentlich, aber beim Bergauflaufen wurde deutlich, dass seine Gleittechnik noch nicht ausgereift war und dass auch das Bremsen noch geübt werden musste. Alexander hatte große Probleme mit unebenem Untergrund. Entweder kam er aus dem Gleichgewicht und warf sich gleich in möglichst weiche Stellen am Rand der Fahrstrecken, oder er stakste wie ein Pelikan mit angezogenen Knien langatmig hinter den anderen her. Und bei Marlen wurde deutlich, dass sie ihre Inline-Skates sicherlich nicht sechs Tage nutzen kann, denn schon nach einer zweistündigen Fahrt hatte sie Druckstellen an den Füßen und dem Schienbein. Dadurch wurde aber für alle noch einmal sichtbar, wie wichtig eine geeignete Ausrüstung ist. Inline-Skates und Schutzkleidung besaßen zwar die meisten Schüler, aber die Materialien müssen eben auch eine entsprechende Qualität haben. Um unangenehme Blasen unter den Füßen oder an den Fersen sowie Druckstellen an den Schienbeinen zu verhindern, sollte darauf geachtet werden, dass die Schuhe auf keinen Fall zu eng oder zu groß sein dürfen. Nach unserer kurzen Tour durch die Stadt war vielen Schülern klar, dass sie doch lieber noch einmal bei ihren Freunden nachfragen wollten, ob diese ihnen bessere Inline-Skates ausleihen könnten. Eine Schülerin machte sich sogar auf den Weg und fand heraus, dass man sich in einem Sportgeschäft die Ausrüstung auch preisgünstig ausleihen kann.

Ansonsten wurden während unserer Tour für den täglichen Bedarf auf der Strecke nur noch Verpflegung und eine Regenjacke benötigt, die sich gut in einem kleinen Rucksack verstauen ließen. Zusätzlich hatten einige Schüler noch ein Erste-Hilfe-Set mit ausreichend Wundsalbe und Blasenpflaster sowie Werkzeug für einen möglichen Radwechsel mit.

Da das Skaten besonders viel Freude an sonnigen, aber nicht zu heißen Tagen machte, gingen wir Ende Mai auf große Fahrt. Selbst bei leichtem Regen ließ es sich noch gut fahren, da alle in Bewegung waren und selbst bei kurzen Pausen nicht gleich froren. Jedoch kann ein feuchter und dadurch glatter Fahruntergrund zu einer erhöhten Anzahl von Stürzen und damit zur Verletzungsgefahr führen. Wir verzichteten bei extrem feuchten Witterungsverhältnissen auf die Inline-Fahrt und legten deshalb an einem Nachmittag die vorgegebene Strecke mit dem Bus zurück.

5.6.1 (...) und detaillierte Planungsergänzungen

Zuerst verständigten wir uns gemeinsam auf den Ausgangs- und Zielort der gesamten Exkursion – von Minden nach Bremen. Anschließend legten wir noch gemeinsam geeignete Tagesetappen von etwa 25 bis 35 Kilometer fest. Wir versuchten, die Übernachtungsmöglichkeiten sinnvoll einzuplanen, nach der Hälfte der Zeit auch mal eine größere Erholungspause, z.B. einen Schwimmbadbesuch, aufzunehmen und bei fahrtechnisch ungeeignetem Wetter auch Fahrgelegenheiten wie Bus und Bahn oder alternative Tagesangebote einzukalkulieren.

Die detaillierte Organisation kleinerer Tagesstrecken bzw. der Tagesetappen wurde dann von Kleingruppen, à zwei bis drei Schüler, ausgearbeitet. Sie waren für die optimale Durchführung der Tagesetappe verantwortlich. Anhand von Radweg- oder teilweise schon vorhandener Inline-Wegkarten arbeiteten die Kleingruppen die wesentlichen fahrtechnischen Eckpunkte der Haupt- und möglicher Alternativrouten heraus. Dazu gehörten Informationen über die Streckenlängen und falls möglich Hinweise über die Bodenbeschaffenheit. Um nicht vom Weg abzukommen, wurden wichtige Kreuzungen markiert und Angaben zur Art der Verkehrsstraße gemacht. So konnten sich später alle beispielsweise bei Hauptverkehrsstraßen frühzeitig auf einen stärkeren Autoverkehr einstellen.

Bei den einzelnen Tagestouren bzw. den Tagesetappen der Exkursion wurden des Weiteren geeignete Stationen für die Mittagspause oder für Zwischenpausen herausgesucht sowie kulturelle oder andere interessante Informationen ausgearbeitet. Dazu gehörten u.a. besondere Angaben zu den an der Route befindlichen Dörfern und Städten oder Auskünfte über den Flussverlauf, Brücken, Schleusen usw., die am Rande der Fahrstrecke lagen. Außerdem mussten die Möglichkeiten am jeweiligen Übernachtungsort eruiert werden, z.B. die Öffnungszeiten und Eintrittspreise ansässiger Museen, Kirchen oder Schwimmbäder. Schließlich sollten Empfehlungen zu besonderen kulinarischen Gelegenheiten oder dem Kinoangebot, die das abendliche Programm gestalten könnten, nicht fehlen. Für alle Exkursionsteilnehmer wurden dann entsprechende Kopien angefertigt, die die wichtigsten Informationen enthielten. Am Morgen der jeweiligen Tagesetappe wurden diese Kopien dann an die Mitschüler verteilt, sodass jeder selbst nachlesen und beispielsweise die Unterkunft finden konnte. Um z.B. bei fahrtechnisch ungünstigem Wetter, bei großen Ermüdungserscheinungen, bei zeitlichen Verzögerungen oder auch bei Verletzungen kurzfristige Änderungen der Fahrroute auch an die Person im Begleitfahrzeug weiterzugeben, hat sich in diesem Zusammenhang das Mitführen einen Handys bewährt.

5.6.2 Wichtige Erkenntnisse schriftlich festhalten (...)

Um eine individuelle Auseinandersetzung mit den motorischen Vorerfahrungen auf Inline-Skates, der eigenen Ausdauerleistung, aber auch den Erwartungen an die Fahrt und den jeweiligen Entwicklungen zu provozieren, wurde ein Lerntagebuch und Fahrtenbuch angelegt. Dazu mussten die Schüler vor Beginn der Fahrt ihren eigenen Leistungsstand in Bezug auf die motorischen Grundlagen beim Inline-Skaten und die momentane Ausdauerleistungsfähigkeit einschätzen und schriftlich fixieren. Außerdem sollten sie ihre Vorerfahrungen mit vergleichbaren sportlichen Unternehmungen schildern sowie ihre Hoffnungen und Ängste beschreiben. Neben der individuellen Reflexion bot dies dem Lehrenden einen besseren Einblick in das Einzel- und Gesamtniveau der Lernenden.

An diesen Basis- oder Ausgangsbericht schloss sich während der Fahrt ein individuelles Tagesprotokoll an. Dies enthielt einerseits die ausgearbeitete Tagesroute mit den notwendigen Informationen und ging andererseits auf die Start-, Pausen- und Zielzeiten, das Wetter, das persönliche Befinden, besondere Ereignisse im Tagesverlauf, hinzugewonnene Routenerfahrungen im Hinblick auf den Bodenbelag oder auf andere optische, akustische sowie kinästhetische Eindrücke ein. Des Weiteren wurden das kulturelle Programm und die wichtigen Aspekte der Abendgestaltung aufgenommen. Die Gestaltung des Tagesprotokolle blieb allerdings sehr individuell, d.h., die Schüler arbeiteten die einzelnen Aspekte in einen Gesamttext ein, unterteilten ihre Angaben selbstständig in Ausgangsvoraussetzungen und -stimmungen, persönliches Befinden, soziale Kontakte oder neue Erwartungen und banden Pulswerte, Zeichnungen oder Comics zu Wetterlagen u.a. ein.

Vor jedem Etappenstart wurde zusätzlich ein Befindlichkeitsprofil bzw. Stimmungsbarometer des letzten Tages erstellt. Dazu musste jeder Schüler seine Befindlichkeit in Form einer durchgezeichneten Linie in eine entsprechende Vorlage (vgl. Abb. 23) eintragen. Diese Zufriedenheitsskala wurde natürlich direkt vor Ort angefertigt, um bestimmte Ereignisse des letzten Tages bzw. Empfindungen direkt aufnehmen zu können. Hierzu boten sich zwei Varianten an: Entweder bekommt jeder Schüler eine eigene Vorlage, in der er sein Stimmungsprofil einträgt, oder es gibt nur eine Vorlage, in die alle mit unterschiedlichen Farben hineinzeichnen. Das hat allerdings den Nachteil, dass es sehr viel länger dauert und sich einige Schüler an den Grafen der Vorgänger orientieren. Es ermöglicht aber eine schnellere Auswertung. Wir entschieden uns für die erste Methode, füllten die Vorlage schnell aus und gaben die Ergebnisse der Begleitperson mit. Da die Begleitperson mit dem Auto fuhr und schneller am Zielort war, hatte sie ausreichend Zeit, um die Stimmungsprofile auszuwerten.

Das Profil zeigte auf, wie sich bestimmte Anstrengungen sowohl negativ als auch positiv auf individuelle Stimmungslagen auswirken konnten und welche Übereinstimmungen sich bei mehreren Personen immer wieder abzeichneten. Leichter Nieselregen wirkte sich auf die Stimmungslage von Inga – einer erfahrenen Inline-Skaterin – positiv aus, während es für Tilmann eher frustrierend war, weil er sich stärker konzentrieren musste, um seine Gleitphasen auf den nassen Untergrund abzustimmen. Am Nachmittag der dritten Tagesetappe war bei allen ein leichtes Tief zu erkennen. Es wurde Zeit, eine kurze Tour zwischenzuschalten bzw. eine längere Erholungsphase einzulegen. Am nächsten Tag einigten sich deshalb auch alle ganz schnell auf die kürzere Route, die zwar zwischenzeitlich nicht direkt an der Weser entlang führte, aber dadurch auch einige kleine Weserschleifen umgangen werden konnten, was sich auf die Gesamtkilometerzahl des Tages natürlich auswirkte. Das Stimmungsprofil eignete sich somit hervorragend zur Einschätzung der aktuellen Situation und wurde natürlich einerseits in das Tagebuch integriert und andererseits bei der abschließenden Gesamtauswertung noch einmal als wichtige Reflexionsgrundlage herangezogen. Schließlich wurden sowohl am Anfang als auch zwischendurch oder am Ende der Exkursion Arbeitsbögen eingesetzt, die das Gruppenprofil oder die eigenen Ziele (vgl. Abb. 24) ins Zentrum rückten.

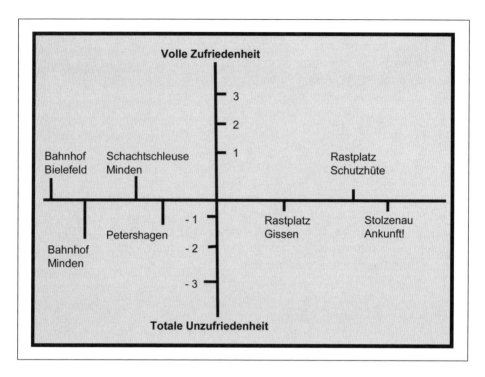

Abb. 23: Beispiel für ein Stimmungsprofil

Nach der Hälfte unserer Inline-Tour sowie am Ende der Exkursion zogen die Schüler ein Zwischen- bzw. Abschlussfazit. Hier wurden sowohl erfüllte bzw. nicht erfüllte Erwartungen als auch Einschätzungen über besonders interessante sowie misslungene Aspekte direkt angesprochen bzw. kritisch rückgemeldet. Wichtige Erkenntnisse flossen noch in den zweiten Tourteil ein bzw. sie wurden für die abschließende Reflexion, die nach ca. einer Woche stattfinden sollte, gesammelt.

Arbeitsblatt: Gruppenprofil

Wir sind eine Gruppe, die Entscheidungen gemeinsam trifft.

Wir achten als Gruppe darauf, dass alle mitmachen und keiner ausgeschlossen wird.

Wir sind eine Gruppe, bei der alle mit vollem Einsatz mitmachen.

Wir sind eine Gruppe, bei der ich mich auch einbringen kann.

Wir sind eine Gruppe, die Konflikte anspricht und gemeinsam nach Lösungen sucht.

Abb. 24: Fragen zum Gruppenprofil (vgl. Gilsdorf & Kistner 1995)

5.6.3 (...) und den Tag erleben

Während der Exkursion sah der Verlauf des Tages in der Regel so aus, dass nach dem Frühstück die für den Tag verantwortliche Schülergruppe allen Schülern die anstehende Etappe anhand der vorbereiteten Kopien näher erläuterte und auf bestimmte Eckpunkte des Tages oder Besonderheiten der Wegstrecken hinwies. Teilweise wurde auch eine Alternativstrecke angeboten, woraufhin sich die Gruppe mit Blick auf ihren derzeitigen Leistungsstand für die kürzere, längere oder bergige bzw. hinsichtlich des Rahmenprogramms für die mehr oder weniger attraktive Strecke entscheiden konnte. Die Entscheidung fiel eigentlich immer sehr schnell und einvernehmlich, sodass unmittelbar danach auch schon gestartet werden konnte.

Christian, Eric und Birgül liefen zumeist recht zügig los, Marlen und Tilmann im Eiltempo hinterher, und die restlichen Schüler ließen es etwas ruhiger angehen. In der Regel bildeten sich schnell Dreier- oder Vierergruppen, die ein geeignetes Tempo fanden, bei dem sie sich noch gut unterhalten konnten. Selbst die schnelleren Kleingruppen hielten sich immer in Sichtweite auf und warteten an unübersichtlichen Abzweigungen auf den Rest der Gruppe. Nach circa der Hälfte der morgendlichen Etappe wurde an einem gemütlichen Platz mit schönem Ausblick oder an einer kulturell interessanten Stelle eine erste Rast eingelegt. Spätestens hier fand sich die ganze Gruppe wieder zusammen und verbrachte nach Eintreffen der letzten Person eine gute halbe Stunde vor Ort. So konnten sich alle Schüler auch ausreichend ausruhen, bevor die nächste Teiletappe angegangen wurde. Am abgesprochenen Mittagstreffpunkt wartete dann das *Versorgerfahrzeug* auf die Gruppe, sodass für die Mittagspause die Inlineausrüstung gegen Straßenschuhe und gegebenenfalls auch die Kleidung gewechselt werden konnte. Während der großen Pause von ungefähr zwei Stunden wurden Mahlzeiten eingenommen sowie Teile der Stadt oder des Dorfes besichtigt. Zumeist wurden auch die müderen Schüler wieder munter, sodass die Nachmittagsetappe am Anfang der Exkursion noch mit viel Elan, am Ende der Woche für einige mit wunden Druckstellen an den Füßen begonnen werden konnte. Letztlich fuhren wir dann aber immer dem Tagesziel entgegen, sodass eine große Motivation erkennbar war. Am Ende der Tagesetappe wurde zuerst die Unterkunft angefahren und ein wenig entspannt. Später wurden fast alle attraktiven Orte der Stadt oder des Dorfes, die die Tageskopien empfahlen, noch aufgesucht.

5.7 Gesamtauswertung

Nach Abschluss der Exkursion traf sich die Gruppe nach einer Woche zur gemeinsamen Gesamtreflexion. Dabei wurden die Tagesprotokolle, die Ergebnisse der Profile sowie die Arbeitsbögen noch einmal gezielt und vergleichend ausgewertet. Die erstellten Unterlagen boten einen guten Einblick in die Leistungsentwicklung jedes Einzelnen, sie zeigten die unterschiedlichen Stimmungslagen auf und deuteten auf Situationen hin, die innerhalb der Gruppe noch einmal kritisch reflektiert und diskutiert wurden. Mit ein wenig Abstand wurden insbesondere frustrierende Phasen und damit negative Stimmungslagen eher relativiert und positive Momente noch einmal so richtig verinnerlicht. Vor allem die Höhen und Tiefen wurden als markante Phasen herausgestellt, in denen die größten und damit möglicherweise auch tiefgründigsten Erfahrungen gesammelt und Lernfortschritte gemacht wurden. Marlen erinnerte sich und sagte: *„Wisst ihr noch, als wir am vierten Tag extra die kürzere Strecke ausgewählt hatten und dann mindestens zwei Kilometer auf einem Schotterweg gehen mussten. Alexander hat ja gleich die Inline-Skates ausgezogen und ist in Socken am Rand entlang gelaufen, und wir haben immer gehofft, dass es nach der nächsten Kurve bestimmt besser wird. Wir waren alle total genervt. Als wir dann endlich wieder Asphalt unter den Rollen hatten, sind wir fast dahingeschwebt, obwohl es auch kein wirklich glatter Asphalt war. Die Tage zuvor haben wir uns bei einem solchen Untergrund schon beschwert, aber nach zwei Kilometern Durch-den-Schotter-Staksen war uns fast alles recht, Hauptsache man konnte darauf rollen."*

Die schriftlichen Unterlagen nutzen wir insbesondere auch als Grundlage für die Ausgestaltung einer öffentlichen Präsentation. Auf einer großen Landkarte markierten wir unsere Fahrstrecke so, dass zum einen Ausgangs- und Zielpunkt durch Fähnchennadeln sichtbar und zum anderen die einzelnen Tagesstrecken durch Stecknadeln und kleine gespannte Seile erkennbar wurden. Ein weiteres gespanntes Seil führte dann von der Tagesstrecke auf der Landkarte zu unseren Informationsblättern der jeweiligen Etappe. Dort wurden die Skizzen der einzelnen Etappen, die kulturellen Angebote, die gesammelten Broschüren zu den einzelnen Tageszielen in optisch ansprechender Weise dargeboten.

Darüber hinaus bereiteten wir unsere Stimmungs- und Gruppenprofile auf, um den Interessierten einen Einblick in die verschiedenen Tagesphasen mit ihren jeweils spezifischen Anstrengungen zu geben. Dazu wurden doch noch einmal alle Grafen in ein Koordinatensystem eingetragen, um so die unterschiedlichen Befindlichkeiten gezielt herausarbeiten und vorstellen zu können. Damit es dennoch ein Stück weit individuell blieb, musste jeder Schüler seinen Grafen in einer bestimmten Farben in die Vorlage eintragen.

Außerdem gab es natürlich noch eine interne Auswertung. Diese fiel sehr positiv aus. Insbesondere Tilmann und Alexander berichteten von ihren motorischen Erfolgserlebnissen. Birgül und Marlen fühlten sich konditionell angemessen gefordert, strahlten eine große Zufriedenheit aus und lobten insbesondere die ausgesprochen gute Stimmung während der gesamten Fahrt, den guten Zusammenhalt innerhalb der Gruppe und die Möglichkeiten, jeden Einzelnen besser kennenzulernen. Es zeigte sich, dass die Exkursion insgesamt als echtes Erlebnis wahrgenommen wurde, auch wenn einige vorher etwas Sorge hatten, dass eine solche Exkursion zu wenig Spannung verspricht. Wenn sie noch einmal eine längere Strecke auf Inline-Skates bewältigen müssten, dann würden sie allerdings mindestens einen halben Tag Pause einplanen, um mal eine Stadt etwas genauer kennenzulernen, sich etwas auszuruhen oder sich kleinen Blessuren widmen zu können.

6. Fitness im Schulsport

6.1 Zum Spannungsfeld zwischen Bodybuilding und Körperbildung

Während *Fitness* offensichtlich ein moderner Begriff unserer Zeit ist, haftet dem Bildungsbegriff im alltäglichen Sprachgebrauch durchaus etwas Verstaubtes und Antiquarisches an. Trotzdem rangiert die Bildungsidee im Zusammenhang mit der Formulierung von Leitvorstellungen zur Ausgestaltung des Schulsports und des Bewegungsunterrichts immer noch an vorderster Stelle. Ähnlich verhält es sich mit dem Fitnessbegriff, der in der pädagogischen Diskussion zwar noch über keinerlei Tradition verfügt, sich aber während der zurückliegenden Jahre klammheimlich immer mehr zu einer leitenden Orientierung gemausert und dabei gewissermaßen die pädagogische Hintertür benutzt hat. Aus diesem Grund mag der Untertitel dieses Beitrags ein wenig irritieren und tatsächlich auch auf ein spannungsgeladenes und konkurrierendes Verhältnis zwischen *Fitness* und *Bildung* verweisen. Diese Spannung ist durchaus reizvoll und soll im Folgenden im Zuge von vier Schritten aufgearbeitet werden.[62] Dabei wird es im ersten Schritt darum gehen, den schillernden Fitnessbegriff aus pädagogischer Sicht hinsichtlich seiner Bedeutungsweite einzugrenzen, bevor in einem zweiten Schritt unter der Überschrift *Veränderte Kindheit* diejenigen in den Blick genommen werden, für die die Fitnesskonzepte gedacht sind. Im dritten Abschnitt wird der Fitnessbegriff im Sinne der Metapher des *Bodybuildings* in trainingstechnologischer Hinsicht vertieft, bevor zum Abschluss des Beitrags trainingspädagogische Anhaltspunkte für die Modellierung eines pädagogisch tragfähigen Fitnesskonzepts für die Schule und den Sportunterricht vorgeschlagen werden. Der in diesem Kontext erforderlichen Analyse stehen Fragen wie die folgenden voran: Was hat Fitness mit Bildung zu tun? Liegen in dieser Beziehung Gegensätze und Widersprüche? Lassen die sich reduzieren und auflösen? Wie gelangt man zur Begründung eines Fitnesskonzepts, das auch den Bildungsansprüchen gerecht werden kann?

---

[62] Bei den folgenden Ausführungen handelt es sich um die überarbeitete Fassung des folgenden Beitrags: Lange, H. (2007f). Fitness im Schulsport. Zwischen Bodybuilding und Körperbildung. *Sportpraxis*, Themenheft *Fitness*, 4 – 10.

6.1.1 Annäherung an einen schillernden Begriff

In der ersten Annäherung symbolisiert der Fitnessbegriff vieles von dem, wonach sich Menschen in unserer Gesellschaft sehnen: Leistungsfähigkeit, Gesundheit, Wohlbefinden, Jugendlichkeit, Erfolg und Schönheit. In vielen gesellschaftlichen und wirtschaftlichen Feldern wird davon ausgegangen, dass fitte Menschen die auf sie zukommenden Beanspruchungen souverän zu meistern verstehen. Fitte Mitarbeiter gelten als belastbar, weshalb Fitness auch im Berufsleben und in der Wirtschaft als überaus positiv besetzte Eigenschaft gilt. Angesichts der Vielzahl positiver Assoziationen liegt es nahe, den Fitnessbegriff auch in die Diskussion um die Ausrichtung, Konzeption und Qualitätssicherung von Schule und Schulsport als Leitbegriff zu etablieren. Solche Forderungen werden vor allem in Zusammenhang mit Daten und Befürchtungen vorgetragen, die ein Bild zur nachlassenden körperlichen Leistungsfähigkeit und den damit einhergehenden Auffälligkeiten im Bereich der sogenannten Zivilisationskrankheiten (z.B. Adipositas) vermitteln. In diesem Zusammenhang mehren sich gerade in jüngster Zeit Stimmen, die aus einer entsprechenden Sorge heraus die Entwicklung von körperlicher Leistungsfähigkeit und Fitness im Zentrum des Sportunterrichts sehen möchten (vgl. u.a. Brettschneider 2006; Hummel 2005; Mechling 2005). So attraktiv das Bild fitter Schüler auch sein mag, so wenig sagt diese Forderung zum *Wie* des am Fitnessdenken orientierten Sportunterrichts aus. Dabei käme es genau darauf an, also auf die Entwicklung und Begründung einer fachdidaktisch tragfähigen Fitnesskonzeption. Ansonsten verbleiben Forderungen nach gesünderen, leistungsfähigeren und fitteren Schülern in der allgemeinen Sphäre des Papiertigertums. Neben dem durchaus vorhandenen Boulevardinteresse am Fitnessstatus und den daraus abgeleiteten Forderungen an einen entsprechend auszurichtenden Sportunterricht existiert aber auch eine - vergleichsweise überschaubare - Publikationstätigkeit, in der sich die Autoren um die didaktische Fundierung von Fitnesskonzeptionen für den Sportunterricht bemühen.

6.1.2 Pädagogische Annäherungen an Fitnesskonzeptionen

Auch wenn die sportpädagogische Begründung von Fitnesskonzeptionen noch in den Anfängen steckt, taucht die Fitnessthematik in den Lehrplänen fast aller Schulformen und Jahrgangsstufen als verpflichtender Unterrichtsgegenstand auf, und auch bei den Schülern sind Themen aus dem Bereich des Fitnesssports überaus beliebt. Im Spektrum fachdidaktischer Publikationen mehren sich seit geraumer Zeit Positionen, aus denen heraus die Fitnessthematik für die Belange des Schulsports auch theoretisch begründet wird. Dabei werden unterschiedliche theoretische Anlehnungen und entsprechend verschieden akzentuierte Argumentationslinien bemüht. Brehm (1991; 1993) bindet die Fitnessthematik sehr eng an die Gesundheitsdiskussion. Steinmann (2004) spannt vom Gesundheitsargument ausgehend den Bogen zu einer trainingswissenschaftlichen Argumentationsfigur, die auch mit empirischen Ergebnissen begründet wird (vgl. hierzu auch Günther 2004), und Schwier (2001b) und später Menze-Sonneck (2005) argumentieren von sozialwissenschaftlichen Standpunkten ausgehend, wenn sie sich mit den pädagogischen Herausforderungen befassen, die an die Fitnessthematik gebunden sind. Explizit pädagogisch orientierte Auseinandersetzungen mit der Fitnessthematik sind die Ausnahme. So relativiert beispielsweise Brodtmann (1999) die Reichweite, die das Fitnessthema im Spektrum der Gesundheitserziehung einzunehmen vermag, recht deutlich. Seiner Auffassung nach sollte das Fitnesstraining zwar zur planmäßigen Verbesserung körperlich-konditioneller Ressourcen (Kraft, Ausdauer, Beweglichkeit) eingesetzt werden, womit jedoch die zentralen Aufgaben des Schulsports noch gar nicht getroffen sind. Dort soll es nämlich auch im Hinblick auf die gesundheitserzieherische Perspektive um die Entwicklung und Förderung personaler Ressourcen gehen (z.B. Selbstwertgefühl, soziale Beziehungsfähigkeit, Kontrollüberzeugungen, Selbstwirksamkeitserwartungen, habitueller Optimismus und Herausforderungsoptimismus).

Der Überblick zu den verschiedenen sportwissenschaftlichen Richtungen, aus denen heraus das Fitnessthema für den Sportunterricht begründet werden soll, zeigt neben der Vielfalt theoretischer Zugänge das Fehlen eines disziplinenübergreifenden Ansatzes, in dem der Spagat zwischen der pädagogischen und der motorischen Dimension der Thematik möglich wird. Das Herstellen dieser Verbindung wäre allerdings notwendig, um einerseits der Sachlichkeit der Fitnessthematik gerecht zu werden und um andererseits auf dieser – interdisziplinär angelegten – Basis ein tragfähiges Fitnesskonzept für den Schulsport entwerfen zu können.

6.2 Fitness als Facette der Körperthematik

Um einen Leitbegriff als solchen etablieren zu können, bedarf es entsprechend weit- und tiefgehender Ein- und Abgrenzungen. Für die Fitnessthematik bietet sich in diesem Zusammenhang die Bezugnahme zu der in den Sozialwissenschaften und der Pädagogik geführten Diskussion um das Körperthema an (vgl. v.a. Ach & Pollmann 2006; Gugutzer 2004). Während man sich in der Soziologie für das Verhältnis zwischen Körper und Gesellschaft interessiert, untersuchen Pädagogen die daraus abzuleitenden Konsequenzen für Bildungs- und Erziehungsaufgaben. Solche Forschungsarbeiten sind vor allem während der zurückliegenden zwei bis drei Jahrzehnte immer gehaltvoller und aktueller geworden, denn verschiedene gesellschaftliche Veränderungen, wie z.B. die beobachtbaren Tendenzen zur Kommerzialisierung, Technologisierung oder Mediatisierung, bleiben selbstverständlich nicht ohne Auswirkungen auf den Körper. Genauer gesagt: Sie wirken auf die Wahrnehmungen, Erwartungen, Wertungen und Ansichten, die Kinder und Jugendliche auf ihre Körperlichkeit hin auslegen. Dabei konstruieren nicht zuletzt die Medien immer wieder neue Körperideale, deren Betrachtung und Bewunderung mitunter zu Differenzerlebnissen und -erfahrungen führen, die für viele Kinder und Jugendliche durchaus belastend sind. So hat beispielsweise Milhoffer (2000) im Zuge einer empirischen Studie herausgefunden, dass sich die meisten Jungen wünschen, größer und stärker zu sein, während sich Mädchen bereits im Grundschulalter eine schlanke Figur haben möchten. Lediglich ein Fünftel der befragten Schulkinder war mit seinem körperlichen Aussehen zufrieden. Dabei handelte es sich entweder um diejenigen, die meinten, dass ihr Körper mit den Normen übereinstimmt, oder um diejenigen, die sich für solche Normen schlichtweg nicht interessieren. Ein durchaus brisantes Fazit ihrer Untersuchung formuliert Milhoffer (2000, 53) wie folgt: Auf dem Weg in die Pubertät messen sich Mädchen und Jungen „[...] in häufig selbstquälerischer Weise an den von der Modeindustrie und den Medien diktierten Schönheitsidealen". Angesichts derartiger Befunde und Interpretationen liegt es auf der Hand, dass sich auch die Schule diesem Thema widmen muss. Die Aufklärung der im Umfeld des Körperthemas beobachtbaren Medienpraxis und das kritische Beleuchten der sozialisatorischen und psychologischen Hintergründe avanciert auch zu einem ernstzunehmenden Thema der Sportpädagogik.

6.2.1 Veränderte Kindheit?

Den Veränderungen in der Gesellschaft, den Medien und der Schönheitsindustrie stehen vermeintliche Veränderungen im Feld der heutigen Jugend und Kindheit gegenüber. Dabei werden vor allem die Veränderungen im Bereich der Motorik und der körperlichen Verfassung als Verluste stigmatisiert, wodurch das Fitnessthema im Sinne der Funktion einer allgemeinen Körperertüchtigung neue Relevanz gewinnt.

Wenn man so machen Bestandsaufnahmen und Alltagstheorien zum Status quo der Schule und der Erziehung, aber auch zum Fleiß, der Aufmerksamkeit und dem Niveau der Schüler Glauben schenken mag, dann fallen immer wieder negative Beurteilungen auf. Offensichtlich ist die Situation in vielen Punkten ungünstiger geworden bzw. früher war alles anders und – nach Ansicht mancher Experten – vor allem besser. D.h., die Vorgängergenerationen haben in ihrer Kindheit mehr gelernt und gearbeitet, waren fleißiger und höflicher und vielleicht deshalb auch klüger und leistungsfähiger als diejenigen, die heute gerade Kinder und Jugendliche sind. Auch wenn die wissenschaftliche Befundlage in diesem Feld noch lange nicht als sicher einzuschätzen ist (vgl. Kretschmer 2003a; 2003b) und sich die empirischen Befunde zuweilen sogar widersprechen (vgl. Kretschmer & Giewald 2001 versus Bös, Opper & Woll 2002), konnte sich die Kritik am Bewegungsstatus der Kinder während der zurückliegenden Jahre als *Evergreen* der Legitimationsbemühungen des Schulsports etablieren.

6.2.2 Bewegen sich Kinder noch *richtig* und *genug*?

Dass Erwachsene auch im Hinblick auf das vermeintlich rechte und genügende Bewegen der Kinder entsprechende Defizithypothesen auslegen, ist keineswegs neu, worauf u.a. Schierz (1998) aufmerksam macht. Der Rückblick auf die gute alte Zeit – *"Kinder können nicht mehr im gleichen Maße wie früher"* – lässt sich sogar als durchgängige Tendenz in der Pädagogikgeschichte nachweisen. Dabei erscheinen die gegenwärtigen Kinder immer in einem defizitären Licht, und viele Facetten des Fortschritts werden als Verfall gewertet. Als populäres, historisches Beispiel verweist Matthias Schierz auf den Reformpädagogen Kurt Hahn, der bereits vor mehr als einem halben Jahrhundert, im Jahre 1940, ganz vehement den körperlichen Verfall von Kindern und Jugendlichen zu beklagen wusste. Und Thiele (1999) zitiert in diesem Zusammenhang Ludwig Mester aus dem Jahr 1960, der den *"biologischen Verfall des Volkes mit einer verfrühten Invalidität und einer besorgniserregenden Zunahme der Haltungsschäden der Jugend"* feststellt (Mester 1960, 152). Wenn also heute von defizitbeladenen Kindern die Rede ist, dann mögen einzelne Befunde sicherlich dafür sprechen. Sie werden allerdings durch die Tatsache relativiert, dass aussagefähige Längsschnittstudien in diesem Bereich völlig fehlen. Um so aufmerksamer gilt es, sich mit dem aktuell geführten *Defizitdiskurs* auseinanderzusetzen. Vor allem dann, wenn der – wie zurzeit – überaus deutlich formuliert wird und wenn die herbe Kritik vorschnell in Empfehlungen oder gar in die konzeptionelle Umgestaltung des Schulalltags führen soll. Derartige Wertungen nehmen gerade auch von Seiten der Sportwissenschaft und der Psychomotorik besonders kritische Konturen an und sorgen deshalb für Verunsicherung. *„Unsere Kinder sind zu Sitzkindern geworden"* (Bös 1999, 32). *„Die Bewegungssituation und Fitness unserer Kinder ist desolat und wird noch desolater"* (Bös 1999, 45) oder *„Unsere Volksgesundheit ist in Gefahr! Wir haben, was die Körperertüchtigung unserer Jugend anbetrifft, den absoluten Tiefpunkt erreicht. [...] Noch nie waren unsere Kinder so ungeschickt wie heute"* (Kiphard 1997, 49f.). Damit bedienen die Wissenschaftler den gesellschaftlich vorherrschenden Tenor, mit dem das vermeintlich defizitäre Bewegungsverhalten der Kinder zusammengefasst wird. Geschürt wird die Defizitetikettierung durch Populisten und Medien, die solche Katastrophenszenarien gern aufgreifen, um einen verängstigten Boden für die Etablierung und Verfolgung eigener Interessen zu bereiten. Statements wie die oben angeführten schüren schließlich beim erwachsenen Leser Sorge und wecken Neugierde, sodass die zweifelsohne vorhandenen Veränderungen in der Lebens- und Bewegungswelt der Kinder sofort und vor allem mit dem Gebrauch drastischer Metaphern als Verlust gewertet werden.

In fachdidaktischer Hinsicht wirkt die hier fabrizierte Gemengelage aus Verlustängsten und dramatischen Stigmatisierungen mitunter derart verunsichernd, dass Kollegen mancherorts geneigt sind, auch für den Sportunterricht methodische Schnellschüsse zu etablieren. Damit soll dem vermeintlich gegebenen Therapie- und Reparaturbedarf im Feld der körperlichen Verfassung nachgekommen werden. Beispielsweise mithilfe eines Fitnessunterrichts, der sich im Lichte einer Didaktik der reduzierten Ansprüche über die effiziente Trainingstechnologie legitimiert. Wie die folgenden Ausführungen zum *Fitnessbegriff* zeigen werden, deutet bereits die semantische Auslegung die (aus pädagogischer Sicht) viel zu kurz geratene Reichweite an. Für erzieherische oder bildende Ansprüche bleibt in den eng gefassten Bahnen des Fitnessbegriffs so lange kein Platz, wie es nicht gelingt, über die Sphäre der bloßen körperlichen Trainierbarkeit und Anpassungsfähigkeiten hinauszugehen.

6.3 Zum Fitnessbegriff

Fitness ist ein Leitbegriff unserer gegenwärtigen Sportkultur und ein zentraler Ankerpunkt im Kontext vieler Lebensstilkonzepte. In diesen Zusammenhängen wird Fitness denn auch oftmals vorschnell mit *Gesundheit* oder einfach mit dem Trainingsbegriff gleichgesetzt. In der wissenschaftlichen Literatur tauchte der Begriff erstmals bei dem Evolutionsbiologen Charles

Darwin auf, der im Zuge seiner Forschungsreisen erkannt hatte, dass sich Lebewesen an ihre Umweltbedingungen anpassen konnten und dass diejenigen, die vorteilhafte Anpassungserscheinungen weitervererben, ihrer Art gewissermaßen einen Selektions- bzw. Überlebensvorteil mit auf den Weg geben. Aus diesem Grund schrieb er auch an der zentralen Stelle seiner Evolutionstheorie vom *survival of the fittest*, also vom *Überleben der Angepasstesten*. Demzufolge drückt *Fitness* in der ursprünglichen biologischen Bedeutung den Grad der Anpassung an einen Zustand aus, was auch in der Übersetzung des Begriffes ins Deutsche bestätigt wird. Der Begriff *Fitness* stammt aus dem Englischen (*fit*) und bedeutet so viel wie *passend* oder *angepasst*. Bezogen auf den Sport meint *Fitness* demnach das Herstellen von *Passformen* im Bereich unserer Körperlichkeit. In diesem Sinne werden die Körper der Fitnessanhänger deshalb entsprechend der jeweils als relevant angesehenen Schönheitsideale (z.B. Waschbrettbauch) oder medizinischer Normen modelliert und im wahrsten Sinne des Wortes *in Form gebracht*. Im Hinblick auf die hierfür erforderlichen *Pass-Formen* orientiert man sich an den Normwerten körperlicher Fitness, die sich auf der Basis des kleinen Einmaleins der Trainingslehre zielorientiert und planmäßig entwickeln lassen. Sportler, Lehrer und Schüler mögen sich deshalb in ihrem Sporttreiben solchen Normen unterordnen und darauf hinarbeiten, ihre Körper daran anzupassen. Joch und Ückert (1999) haben das Grundmotiv einfach gedachter Fitnesskonzepte in einem eindrücklichen Bild modelliert (vgl. Abb. 25). Eine derart betriebene Sportpraxis steht im Verdacht, dass sie die Fitnesssportler dazu verleitet, sich maschinengleich verhalten zu müssen und dass sie in letzter Instanz ihren Körper sogar verdinglichen und entsensibilisieren, um das Einlösen der (von anderen vorgegebenen) Körper- und Fitnessnormen mithilfe der technologisch-effizienten Fitnessstrategien auch tatsächlich umzusetzen.

Abb. 25: Zum Zusammenhang zwischen Fitnessmarkt und Trainingslehre (Joch & Ückert 1999)

6.4 Schulbezug – Fitness als Form der Körperbildung

Wenn man die Fitness in der Schule und im Sportunterricht zum Thema machen möchte, sie also im Zusammenhang mit Unterricht, Bildung und Erziehung erörtern muss, gelangt der moderne und schillernde Fitnessbegriff schnell an Grenzen. Man kann sogar von einem ambivalenten Spannungsfeld sprechen, denn auf der einen Seite mag die Fitnessförderung im Schulsport dazu beitragen, bei den Schülern Selbsterfahrungs- und Selbstverwirklichungsprozesse zu ermöglichen, und auf der anderen Seite besteht aber auch die Gefahr, mithilfe des Fitnesstrainings der gesellschaftlichen Konsumorientierung zu folgen und zu einer Selbstverdinglichung der Körperarbeit beizutragen.

Die skizzierte Problematik legt allerdings auch einschlägige Bildungsmöglichkeiten nahe, denn wo sonst ließe sich treffender mit den Themen *Körper*, *Leistungsfähigkeit* und *Schönheit* umgehen als im Sport? In fachdidaktischer Hinsicht muss deshalb danach gefragt werden, wie man die Subjektivität der Schüler gewinnen kann, d.h. wie man sie betroffen machen kann, um die Fitnessthematik im Kontext dieser gesellschaftlichen Dimension verstehen und auf die persönliche Praxis hin beziehen zu können. Entsprechende didaktische Leitfragen für die Analyse der Schülerperspektive eines so verstandenen Unterrichts könnten beispielsweise folgendermaßen lauten: Welchen Normen folge ich eigentlich, wenn ich mit meinem Körper, meiner Leistungsfähigkeit und meinem Aussehen (meiner Schönheit) zufrieden oder unzufrieden bin? Welche Rolle spielen meine Freunde und Schulkameraden beim Setzen und Übernehmen solcher Normen? Entwickele ich vielleicht auch selbst Normen, an denen ich diese Zufriedenheit festmachen kann? Wie und warum verändern sich diese Normen? Wie spüre ich Veränderungen in meiner Körperlichkeit und Leistungsfähigkeit heraus? Wie finde ich den Zusammenhang zwischen meiner Trainingstätigkeit und den damit einhergehenden körperlichen Veränderungen heraus? (…)?

6.4.1 Körper-Bildungspotenziale

Das besondere Bildungspotenzial des Trainings liegt weniger in der unreflektierten Anwendung und Umsetzung trainingswissenschaftlicher Handlungsregeln, sondern vielmehr im persönlichen Verhältnis zu und im individuellen Umgang mit diesen Wissens- und Könnensbeständen. Gerade weil in vielen Trainingsprozessen die Probleme der Fremdbestimmung und Manipulation enthalten sind, ist es wichtig, dass sich Schüler damit im Unterricht differenziert auseinandersetzen (vgl. Baschta & Lange 2007). Die besonderen Lernmöglichkeiten einer so verstandenen Trainingspädagogik gründen vor allem in der Verbindung von körperlichen Erfahrungen mit kognitiven und emotionalen Lernprozessen. Im Zuge solcher Wechselwirkungen bieten sich den Schülern Gelegenheiten, trainingsbezogene Erfahrungen zu sammeln, in denen die Unterschiede zwischen den Formen äußerer Kontrolle und den Trainingsmomenten, in denen so etwas wie Autonomie, Selbstbestimmung und Emanzipation tragend wird, am eigenen Leib spürbar werden.

6.4.2 Zum Spannungsfeld zwischen Selbstverwirklichung und Selbstverdinglichung

Die Grenzen zwischen der Selbstverwirklichung und der Selbstverdinglichung können auf der theoretischen Ebene weitaus prägnanter gezogen werden, als sie auf den ersten Blick hin in der Praxis des Sportunterrichts sichtbar werden. Dort laufen und schwitzen Schüler unabhängig von der Tatsache, ob sie sich in den Bahnen eines eng gesteckten Fitnessprogramms der Selbstverdinglichung preisgeben oder ob sie im Zuge ihres Tuns Gelegenheiten entdecken und nutzen, die ihnen bewegte Zugänge zur Selbsterfahrung und Selbstverwirklichung bereiten. Auf Letzteres käme es aber im Kontext eines anspruchsvollen Sportunterrichts, wie er gegenwärtig in fast allen Lehrplänen unter dem Label des *erziehenden Sportunterrichts* eingefordert wird, an. Die Organisation und treffende Dosierung trainingswirksamer Reize macht zwar das Kernstück der Fitnessmethodik aus, was aber den Ansprüchen einer Methodik zeitgemäßen Sportunterrichts noch lange nicht genügt. Die gegebene polare Problemlage muss allerdings nicht auf ein Entweder-oder hin zugespitzt werden. Im Gegenteil, es scheint durchaus möglich, die Fitnessthematik im Hinblick auf die hohen Ansprüche eines erziehenden Sportunterrichts zu begründen.

6.4.3 Körpergrenzen herausfinden

Aufgrund des gegebenen Wissensvorsprungs mag der Lehrer im Zuge des anspruchsvollen Fitnessunterrichts Gefahr laufen, allzu sehr belehrend zu wirken, indem er alle möglichen soziologischen Hintergründe aus seiner Perspektive heraus referiert, ordnet und den Schülern als Rezepte für die

Ausrichtung des eigenen Verhaltens mit auf den Weg geben will. Die in diesem Umfeld erforderlichen kritischen Reflexionen sollen selbstverständlich nicht allein auf der Kopfebene stattfinden, sondern für die Schüler auch in der Bewegungspraxis spürbar werden. Im Sportunterricht sollen also Lernmöglichkeiten gefunden werden, in denen die Schüler die Grenzen ihres Körpers und ihrer motorischen Leistungsfähigkeit als solche erfahren und einschätzen lernen können. Derartige Körpererfahrungen beziehen sich selbstverständlich auch auf die Körper und Leistungsfähigkeit der Mitschüler, schließlich bereitet das gemeinsame Sporttreiben besonders viel Spaß und bietet unmittelbar spürbare zwischenleibliche Erfahrungs- und Lerngelegenheiten. Auf diese Weise sollten im Schuljahresverlauf Gelegenheiten gegeben werden, die persönlichen Grenzen der verschiedenen Dimensionen der Motorik (Kraft, Ausdauer Beweglichkeit und Koordination) als solche herauszufinden. Des Weiteren sollten den Schülern Möglichkeiten eingeräumt werden, in diesem Feld Differenzen zu erkennen, und zwar sowohl innerhalb der jeweiligen Lerngruppe als auch in Bezug auf die Entwicklung der eigenen Leistungsfähigkeit im Jahresverlauf. Auf diese Weise können sie auch die Zusammenhänge zwischen ihren Trainingseinheiten und den dadurch ausgelösten Wirkungen auf die Spur kommen, sie können herausfinden, wie der Zusammenhang zwischen Belastung und Erholung aussehen kann und dabei auch die Ursachen der Leistungsstagnation am eigenen Leibe erfahren: Was beispielsweise zu tun ist, um sich sprichwörtlich in den Keller hineinzutrainieren, oder wie es sich anfühlt, wenn man sich während einer Trainingsphase permanent unterfordert.

6.4.4 Zum selbstbestimmten Umgang mit Beanspruchungen

Der zuletzt angesprochene Umgang mit verschiedenen Belastungen und die persönliche Interpretation der dadurch ausgelösten Beanspruchungen beschreibt geradezu eine charakteristische Bildungsgelegenheit für den schulischen Sportunterricht. Die Schüler können hier lernen, die vielfältigen Anforderungen der verschiedenen Sportarten bzw. Bewegungssituationen voneinander zu unterscheiden und auch hinsichtlich des sensiblen Erspürens von Anstrengung und Entspannung in ihrer charakteristischen Beanspruchungsstruktur zu identifizieren. Sie können sich auf diese Weise immer kompetenter mit den typischen koordinativen und konditionellen Widerständigkeiten der verschiedenen Sportarten und Bewegungsfelder auseinandersetzen. Mittelfristig können sie dort auch lernen, den Zusammenhang zwischen der eingegangenen bzw. erspürten Anstrengung und der Dauer der damit in Verbindung stehenden Erholungszeit herauszufinden. Langfristig können sie sogar lernen, die Zusammenhänge zwischen den eingegangenen Beanspruchungen, dem jeweiligen Grad der damit einhergehenden Anstrengung, den Besonderheiten der wiederum dazugehörigen Erholungsphase und den dadurch ausgelösten Anpassungserscheinungen, die sich an körperlichen Veränderungen und Leistungsfortschritten festmachen lassen, herauszufinden. Letzteres könnte man aus trainingspädagogischer Sicht auch als den bewussten und reflektierten Umgang mit dem eigenen Körper und als die dadurch erworbene Trainingskompetenz bezeichnen. Wenn die Schüler im Verlauf solcher Lern- und Trainingsprozesse in die Lage versetzt werden, sinnesicher einzuschätzen, welche Beanspruchung auf ihren Körper welche Auswirkungen zeigen und welche Trainingswirkungen dadurch auf den Weg gebracht werden, wenn es ihnen zudem gelingt, aus der enormen Vielzahl möglicher Belastungsgestaltungen, selbstbestimmt und nachvollziehbar begründet, die für den geplanten Trainingsfortschritt entscheidenden herauszufinden und auf sich zu nehmen, dann erinnert diese Form des Fitnesstrainings in der Tat an einen bildenden Prozess, den man trefflich als Form der Körperbildung bezeichnen kann, was letztlich weit über die Sphäre des klassischen Studiotrainings der Erwachsenen und des Bodybuildings hinausgeht.

7. Bewegen auf dem Wasser

7.1 Wassersport – *Bewegen auf dem Wasser*

Vor noch nicht allzu langer Zeit galt Segeln als ein sogenannter *weißer Sport*, der den oberen Zehntausend vorbehalten war. Rudern war vor allem als Kaderschmiede universitärer Eliten bekannt und wurde, nicht zuletzt durch die traditionelle Rivalität von Oxford und Cambridge, zu einer Art *Gentleman-Sports* stilisiert. Auf der anderen Seite verbanden und verbinden sich mit der Bewegung auf dem Wasser vor allem romantische Vorstellungen von Abenteuer und grenzenloser Freiheit, die nicht zuletzt in den Expeditionen der Kon-Tiki (vgl. Heyerdahl 2000) ein weltbekanntes Symbol gefunden haben. Diesem Klischee des Unnahbaren hat sich der Wassersport seit dem Ende der 70er Jahre, als Windsurfen zum Volkssport avancierte, zunehmend entzogen. Rudern wird seit geraumer Zeit an vielen Schulen und in Vereinen angeboten, Pauschalurlaubsreisen werden mit kombinierten Segelkursen gebucht, und an Schönwetter-Wochenenden finden ganze Völkerwanderungen von Wassersportbegeisterten zu den einschlägig bekannten Revieren statt, und mittlerweile haben sich ganze Regionen auf das Geschäft mit den Wassersportlern eingerichtet.[63]

Trotz aller Euphorie und den neu erschlossenen Möglichkeiten bleibt der Wassersport für viele Menschen und vor allem für Kinder etwas ganz Außergewöhnliches. Zum einen übt das selbstständige Bewegen auf dem Wasser eine enorme Faszination aus, und zum anderen kann nicht bezweifelt werden, dass Wassersport ein in jeder Hinsicht aufwendiger Sport ist und bleiben wird. Neben der Erreichbarkeit von Wasserflächen und der Verfügbarkeit von meist teurem Material, ist vor allem der hohe zeitliche Aufwand ein starkes Argument gegen Wassersport, besonders im schulischen Kontext.

---

[63] Dieser Beitrag leitete ein Themenheft der Zeitschrift *Sportpädagogik* ein und wurde in gemeinsamer Autorenschaft mit Andre Siebe verfasst. Siebe, A. & Sinning, S. (2007a). Aufs Wasser! Eine bewegungspädagogische Herausforderung im Schulsport. *Sportpädagogik*, 31 (3), 4 – 9. Zu diesem Themenheft ist außerdem eine DVD erschienen: Aufs Wasser! Rudern, Paddeln, Segeln. *Sportpädagogik* (2007b). Skript und Regie: Siebe, A & Sinning, S.; Redaktion: K. Müller-Weuthen.

Auf der anderen Seite bietet der Wassersport ein Lern- und Erfahrungsfeld mit einzigartigen Möglichkeiten. Die Ausführungen dieses Kapitels sollen konstruktive und pädagogisch begründete Vorschläge auf den Weg bringen, die zeigen, in welcher Weise man sich mit dem Thema Wassersport aktiv beschäftigen kann.

Ein Kapitel zum Thema Wassersport bedeutet aber vor allem, sich zu beschränken und aus der Vielzahl von Möglichkeiten eine sinnvolle Auswahl zu treffen. So lassen sich mindestens drei pädagogische Perspektiven fokussieren, bei denen sich im Zusammenhang mit der Thematik einschlägige und fruchtbare Einblicke abzeichnen. Hierzu zählt die bewegungspädagogische Perspektiv, d.h., in der handelnden Auseinandersetzung mit dem jeweiligen Gerät und dem Medium Wasser können u.a. neue Bewegungserfahrungen gesammelt und bestehende Erfahrungen zielgerichtet vertieft bzw. kriteriengeleitet strukturiert werden. Im Rahmen einer sozialpädagogischen Perspektive könnten z.B. unterschiedliche Kommunikations- und Sozialformen, die den Lehrenden und Lernenden beim Wassersport immer wieder nach bestimmten Mustern abverlangt werden, vorgestellt, diskutiert und einschlägig reflektiert werden. Schließlich bietet ein erlebnispädagogischer Fokus eine interessante und aussagekräftige Annäherung, da im Rahmen der Lehrlernsituationen andere Inszenierungsformen gewählt und genutzt werden und der Lernort außergewöhnliche Anforderungen besitzt und dadurch besondere Lerngelegenheiten ermöglicht.

Im Folgenden soll die bewegungspädagogische Perspektive differenziert beleuchtet werden, da diese unserer Kenntnis nach im Spiegel der Literaturlage bisher noch unzureichend betrachtet wurde. Auf eine Auseinandersetzung mit den beiden anderen Schwerpunkten, die ebenso fundierte pädagogische und didaktische Kerngedanken enthalten, verzichten wir aus struktureller Sicht. Auch im Hinblick auf die möglichen Inhaltsbereiche müssen wir Einschränkungen vornehmen, denn grundsätzlich kann unter Wassersport all jenes sportliche Handeln verstanden werden, das sich im, unter und auf dem Wasser abspielt. Hier soll der Fokus auf jene Sportarten und Bewegungsfelder gerichtet werden, die im weitesten Sinne als Bootssportarten gelten können, also auf *Bewegungen auf dem Wasser* mit schwimmfähigem Gerät.

7.2 *Bewegen auf dem Wasser* – Ein unbekanntes Erfahrungsfeld

Welches Kind hat die Gelegenheiten, mal eben segeln, surfen, rudern oder paddeln zu gehen? Sicherlich einige Kinder, die in der Nähe eines Sees, Flusses oder am Meer wohnen. Aber selbst in Reichweite eines größeren Gewässers kann man nicht immer davon ausgehen, dass die teilweise sehr teuren Materialien zur Verfügung stehen. Wollen Kinder und Jugendliche Erfahrungen zum *Bewegen auf dem Wasser* sammeln, so bleibt ihnen meist nur noch das Paddeln auf der Luftmatratze oder dem Autoreifen. Das Ausnutzen des Windes kennen sie vielleicht noch vom Drachensteigen oder vom Fahrradfahren – mit und gegen den Wind –, und Gleiterfahrungen haben sie eher auf Schnee und Eis gemacht, d.h. auf dem gefrorenen und nicht auf dem flüssigen Medium Wasser. Lediglich im Schwimmunterricht sammeln die Schüler verschiedene Erfahrungen, die aber in der Regel dem Bereich *Bewegen im, ins oder unter Wasser* und nicht dem *Bewegen auf dem Wasser* zuzuordnen sind. Mit Blick auf die schulische Situation lässt sich daher konstatieren, dass die meisten Schüler nur wenig Vorerfahrungen zum *Bewegen auf dem Wasser* mitbringen.

Über das *Bewegen auf dem Wasser* können die Lernenden im Kontrast zu anderen traditionellen Sportarten und Bewegungsfeldern ganz spezifische Bewegungs- und Handlungskompetenzen erwerben (vgl. Siebe 2005), weshalb uns eine Auseinandersetzung mit der Thematik aus bewegungspädagogischer Sicht lohnend erscheint. Auch wenn sich die Fortbewegungsmöglichkeiten auf dem Wasser stark voneinander unterscheiden (man vergleiche nur einmal einen Segler mit einem Ruderer oder einem Wellenreiter/Body-Boarder), so können doch einige Gemeinsamkeiten systematisiert werden. Diese können vor allem am zentralen und spezifischen Bewegungsproblem, den charakteristischen Umwelt- und Orientierungsaufgaben und den daran gebundenen Lehrlernverfahren festgemacht werden:

- sich auf dem Wasser bewegen;
- sich auf die permanent (potenziell) verändernden Bedingungen des Umfeldes einstellen;
- sich auf dem Wasser zurechtfinden

7.2.1 Sich auf dem Wasser bewegen

Um sich auf einem schwankenden Objekt fortbewegen zu können, muss der Lernende einen Vortrieb erzeugen. Den Vortrieb kann der Handelnde erreichen, indem er die äußeren Naturbedingungen Wind, Wasser oder die Strömung nutzt sowie zusätzliche Materialien wie beispielsweise Paddel, eine Stake oder auch die eigenen Hände einsetzt. Die Naturbedingungen bzw. Materialien, abgestimmt auf das jeweilige schwimmfähige Objekt, einzusetzen, ist der zentrale Ausgangspunkt. Die richtige Dosis Wind im Segel einzufangen oder mit dem Paddel den passenden Abdruck zu hinterlassen, ist für den Handelnden ausschlaggebend. Durch die Ausnutzung der zusätzlichen Hilfsmaterialien sowie der Naturbedingungen gerät das schwimmende Objekt in Bewegung. Beim Vortrieb stehen zudem unterschiedliche *Bewegungsmodi*, nämlich Verdrängerfahrt und Gleitfahrt zur Verfügung. Je nach Bootskonstruktion und dem damit verbundenen Auftrieb kann der Akteur schon vor Beginn des Vortriebs auf dem Objekt sitzen, liegen bzw. stehen oder er kann erst nach Einsetzen des Vortriebs auf das Objekt aufspringen. Das bedeutet, dass je nach Objekt und Vortriebsart ein spezifischer Auftrieb vorgegeben ist, auf den sich der Handelnde zusätzlich einstellen muss.

Neben dem grundlegenden Bewegungsproblem bietet das *Bewegen auf dem Wasser* noch eine Vielzahl von Bewegungsaktivitäten, die für die meisten Lernenden eher ungewohnt oder unbekannt sind. Diese Bewegungsaufgaben stellen dabei gerade die Anfänger vor Herausforderungen, die sie teilweise völlig neu erwerben müssen. Dazu gehören unter anderem:

- Der Umgang mit dem fluiden Medium Wasser. Es fehlt ein fester Untergrund, alle Reaktionen des Bootes erfolgen in einer anderen Präzision und Effektivität, als man dies von Land her gewöhnt ist.
- Die Reaktionen des Bootes erfolgen häufig in einer zeitlichen Differenz zur Handlung des Lernenden (z.B. beim Rudersetzen).
- Unterschiedliche Antriebsmöglichkeiten wie Hände, Paddel, Ruder oder Stake erfordern unterschiedliche Techniken.
- Wind und Strömung können sowohl als Störfaktor als auch als Antriebsmöglichkeit wahrgenommen werden.
- Die bei Booten übliche Hecksteuerung und invertierte Steuerung ist gerade für Anfänger ein sehr verwirrendes Konzept.

7.2.2 Sich auf dem Wasser den verändernden Umweltbedingungen stellen

Wassersport findet in der Natur und somit in einem Umfeld statt, das vor allem durch (potenzielle) Veränderung gekennzeichnet ist. Die Beschaffenheit der Wasseroberfläche, Stärke und Richtung von Strömungen und sich permanent ändernde Windverhältnisse machen zum einen den Reiz dieser Sportart(en) aus, stellen aber gerade für den Anfänger eine große Herausforderung und Gefahr dar (vgl. Volger 1990). Neben der Variabilität des Umfeldes sind auch die Kräfteverhältnisse ein wichtiger Umweltfaktor. Mal nutzt man den Wind, die Strömung oder die Wellen, um einfach nur mitgetragen zu werden oder den Vortrieb und damit die Fahrt bewusst zu erhöhen. Ein anderes Mal kämpft der Akteur gegen diese Naturbedingungen zum Beispiel durch energisches Paddeln an, um nicht vollends die Fahrt und damit den Vortrieb zu verlieren. Die Macht von Wind und Wasser wird nur zu leicht unterschätzt.

Hat sich also der Lernende auf sein schwimmfähiges Objekt ein wenig eingestellt und kann er den Auftrieb des Gerätes nutzen sowie den Vortrieb herstellen, so kann er allerdings nicht davon ausgehen, dass er die gleichen Ausgangsbedingungen bzw. Naturbedingungen eine Stunde später oder auf einem anderen Wasserabschnitt in gleicher Form wiederfindet. Zusätzliche Wellen, unterschiedliche Windstärken und Strömungen bringen wieder neue Unruhe und führen dazu, dass der Vortrieb neu austariert werden muss. Die Bewegungen, die zuvor noch für den notwendigen Vortrieb und damit ein zu haltendes Gleichgewicht ausgereicht haben, sind nun nicht mehr adäquat. Ein sich drehender Wind kann dafür sorgen, dass der Lernende sich beim Ausnutzen der Vortriebshilfe *Wind* umstellen muss und ihn beispielsweise nicht mehr als Unterstützung nutzen kann, sondern gegen ihn ankämpfen muss. Ziel eines jeden Lehrlernverfahrens muss es daher sein, die Kräfte der Natur und ihre Veränderungen wahrnehmen, sie in Beziehung zum eigenen Können stellen und für das jeweilige Bewegungsziel nutzen zu können.

7.2.3 Sich auf dem Wasser orientieren

Nun will der Lernende auf dem schwankende Objekt natürlich auch in bestimmte Richtungen fahren (segeln, rudern, paddeln...). Doch auf dem Wasser gestaltet sich die Orientierung anders, als wir es von unserem alltäglichen, meist städtisch geprägten Umfeld gewohnt sind. Sportliche Handlungen finden an Land üblicherweise in klar begrenzten Räumen, etwa in der Turnhalle, auf einem Spielfeld oder einer markierten Skipiste, mit eindeutigen Bezugspunkten wie Spiellinien, Toren, Turnmatten, Laufbahnlinien, Anlaufmarkierungen usw. statt. Auf dem Wasser entfallen diese Bezugspunkte für gewöhnlich und mit ihnen auch unsere an mehr oder weniger rechtwinkligen Pfaden ausgelegten Orientierungskonzepte. Den Lernenden stehen andere, neu zu ordnende und wahrzunehmende Bezugspunkte und -flächen zur Verfügung. Beispielsweise können in unmittelbarer Nähe ein paar Bojen zu finden sein, die eine Fahrrinne kennzeichnen oder auf Hindernisse und Gefahren aufmerksam machen. Grundsätzlich muss der Lehrende nach anderen Informationen suchen und seinen Blick z.B. verstärkt auf den Horizont (Uferregion) richten, um sich anhand von Fahnen, Hafeneinfahrten, Büschen oder Bäumen zu orientieren. Der Blick auf die Ufersilhouette, die Wahrnehmung von Strömung und Wind sowie der Stand der Sonne sind Orientierungskonzepte, die in den meisten Fällen neu gelernt werden müssen. Aufgrund mangelnder Kenntnisse über diese Bezugspunkte werden Entfernungen und Geschwindigkeiten auf dem Wasser von Anfängern oftmals falsch eingeschätzt. Sie bemerken eigene Drehungen und durch die Strömung oder den Wind beeinflusste Versetzungen auf der Wasserfläche nur unzureichend, sodass sie sich relativ häufig falsch verorten. Sich auf dem Wasser zurechtzufinden, ist also ein eigenständiges Problem, das zudem äußerst sicherheitsrelevant ist. Gerade die Fehleinschätzung von Entfernungen und Geschwindigkeiten führt immer wieder zu lebensgefährlichen Situationen, wenn es zu Kollisionen kommt oder eine gekenterte Person glaubt, ans Ufer schwimmen zu können.

7.3 *Bewegen auf dem Wasser* – Ein besonderes Lehrlernfeld

Wenn sich Kindern die Möglichkeit bietet, eine Bootssportart zu erlernen, dann sammeln sie ihre ersten Erfahrungen zumeist (idealerweise) in kleinen Booten. Diese Boote sind gerade so gebaut, dass sie auf geringe Bewegungen sofort und mit entsprechend großem Ausmaß reagieren. Die Kinder können das *Spüren und Bewirken* (vgl. Trebels 1990) direkt erfahren und erhalten differenzierte Rückmeldungen über ihr eigenes Handeln und die unmittelbar daran gebundenen Ergebnisse. Auf der Vermittlungsebene wird diese direkte Form des Lernens und Erfahrens vom Lehrenden bewusst unterstützt bzw. provoziert, indem er Kippelaufgaben stellt oder

Handlungsanweisungen gibt, die feinste Gegensatzerfahrungen hervorrufen. Teilweise geht der Lehrende sogar so weit, dass aus den Kippelaufgaben Kenteraufgaben entstehen, damit die Kinder erleben, dass Kentern nichts Beängstigendes ist, sondern eine lernfeldtypische Situation darstellt, auf die der Handelnde selbst Einfluss nehmen bzw. die er kontrollieren kann. Komplizierte Erklärungen zur Bootstechnik, zu Windrichtungen oder Segelstellungen bleiben den Kindern zumeist erspart, da der Lehrende die Kinder kognitiv nicht überfordern will.

In schulischen Zusammenhängen wird das *Bewegen auf dem Wasser* zumeist ganz anders vermittelt. Hier werden sehr häufig, teilweise aus Sicherheits-, teilweise aus organisatorischen Gründen, schon im Vorfeld wichtige Informationen über das Material, über Verhaltens- und Vorfahrtsregeln auf dem Wasser oder auch über physikalische Grundlagen gegeben. Vielfach wird dabei von den Schülern eine enorme Vorstellungskraft abverlangt, da sie die Informationen wahrscheinlich nur marginal mit eigenen Erfahrungen in Verbindung bringen können und ihnen das Wissen nur wenig beim späteren *Bewegen auf dem Wasser* hilft. Auch der praktische Vermittlungsweg zeichnet sich häufig dadurch aus, dass viele technische Informationen gegeben werden, die von den Handelnden zumeist noch nicht umgesetzt werden können. Unter Umständen führt das sogar dazu, dass aus Angst vor dem Kentern, vor Materialschäden oder Verletzungen insbesondere zurückhaltende Schüler nahezu handlungsunfähig werden und nur auf die Anweisungen des Lehrers oder Trainers warten.

Wie weit theoretisches Vorwissen und bewegungsspezifische Handlungserfahrungen einen positiven Einfluss auf die Bewegungsausführung geben und welche Konsequenzen sich daraus für den Lehrlernprozess ergeben, lässt sich somit im Rahmen dieser Thematik kritisch beleuchten (vgl. dazu u.a. die Untersuchungen von Lippens 1994). Die Diskussion darum, welche Vorgaben, Hilfen und Aufgaben den Schülern gestellt werden müssen, um ihnen einen erfahrungs- und problembezogenen Zugang zu ermöglich, ist im Rahmen dieser Thematik unserer Meinung nach grundlegend.

7.3.1 Grundorientierung zu Lehrlernwegen beim *Bewegen auf dem Wasser*

Bewegen auf dem Wasser ist demnach aus bewegungspädagogischer Perspektive mindestens in zweifacher Hinsicht ein äußerst spannendes und ertragreiches Thema für den Schulsport. Zum einen weist die Thematik spezifische Lerngelegenheiten aus, die in anderen Bewegungsfeldern in dieser Form nicht zu finden sind. Zum anderen scheint im Rahmen der Vermittlung ein *problem- und erfahrungsorientiertes Lernen* unumgänglich. Lösungen fremder Urheberschaften zu schulen (vgl. Brodtmann & Landau 1982), scheitert beim Lernen vom *Sich-Bewegen auf dem Wasser* gänzlich. Lösungsinformationen können vom Lehrenden gar nicht so schnell erteilt werden, wie neue Probleme beim Lernenden eintreffen. Außerdem sind in der Regel mehr als 15 Schüler gleichzeitig zu instruieren, die sich jeweils situationsbezogen mit ihren unterschiedlichen Teilproblemen auseinandersetzen müssen und die sich dann auch noch in einiger Entfernung vom Lehrenden befinden. Beobachtet man aber selbstsichere und beherzte Kinder, die sich eigenständig im Optimisten auf dem Wasser bewegen, so sind sie sehr wohl in der Lage, sich selbstständig und aktiv mit der Sachlage und ihrer Umwelt auseinanderzusetzen (vgl. Lange 2006a). Es müssen daher Lehrarrangements gefunden werden, die eine problemorientierte Auseinandersetzung unterstützen.

Im Zusammenhang einer problemorientierten Zugangsweise wird auch immer wieder das *Erfahrungslernen* in den Vordergrund gerückt, welches hier sicherlich eine ebenso zentrale Rolle spielt. Nach Dewey 1930/1993 heißt durch Erfahrung lernen, *„[...] das, was wir mit den Dingen tun, und das, was wir von ihnen erleiden, nach rückwärts und vorwärts miteinander in Verbindung zu bringen."* Da beim *Bewegen auf dem Wasser* das Erleiden zumeist sehr deutlich zurückgemeldet bzw. erfahren wird, können die Lernenden die Vorwärts- und Rückwärtsverbindungen sehr einschlägig wahrnehmen (vgl. Siebe, Friedrich, Schreck & Sinning 2007). Ihre aktive leibliche Tätigkeit bekommt somit eine direkte Bewegungsbedeutung (vgl. Scherer 2001) und kann in vorhandene Handlungsschemata eingebunden sowie in den Erfahrungsschatz des Handelnden aufgenommen werden. Wann kippt das Boot? Wann schaffe ich die Welle? Wann steige ich aus, oder welches Risiko gehe ich beim Wildwasser ein, sind nur einige Fragestellungen, deren Antwort auf einen spezifischen Erfahrungsschatz aufbauen bzw. die das eigene Handlungsschema ausdifferenzieren.

Hierdurch wird ein weiterer bedeutsamer Punkt des *Sich-auf-dem-Wasser-bewegen-Lernen* sichtbar. Die Wechselwirkungen zwischen *Spüren und Bewirken* zwischen *Tun und Erleiden* verlangen eine enge *Verbindung zwischen Wahrnehmung und Bewegung*. Da beim *Bewegen auf dem Wasser* das Bewegungsproblem, die neuen Orientierungspunkte und -flächen und die sich veränderten Umweltbedingungen vom Handelnden in ganz subjektiver Weise wahrgenommen werden, wird die Kopplung bzw. gegenseitige Verzahnung von Bewegung und Wahrnehmung offensichtlich und für die Lernenden in besonderem Maße transparent (vgl. Verch 2007; Borcherding, Giese & Gottschalk 2007).

7.3.2 Zur Sicherheit beim *Bewegen auf dem Wasser*

Bei Lernarrangements im Wassersport handelt es sich um komplexe, teilweise völlig neue Bewegungsaufgaben in einem sich permanent ändernden Umfeld, in das die Lehrkraft teilweise nur sehr begrenzt eingreifen kann. Diese Betrachtung führt zwangsläufig zu Fragen der Sicherheit im Wassersport. Zwei Seiten sind dabei zu betrachten, nämlich die Schüler- und die Lehrkraftseite. Während es auf der Schülerseite vor allem um die Eigensicherheit geht, müssen auf der Lehrkraftseite Fragen nach der Qualifikation (Fähigkeiten und Kompetenzen) betrachtet werden. An dieser Stelle soll die folgende kurze Erläuterung eine erste Einordnung bieten.

7.3.3 Schülerseite: Helfen – Sichern – Retten

Auch wenn das übergreifende Thema *Bewegen auf dem Wasser* lautet, so kann man nicht über die Tatsache hinwegsehen, dass auch im *Bootssport* viel Aktivität im Wasser stattfindet. Ob beim Windsurfen, Wellenreiten, Kajakfahren oder Segeln in sportlichen Jollen (Opti, 420er), immer wird man auch mal kentern oder *im Teich liegen*. Es versteht sich daher von selbst, dass der Umgang mit den schwimmenden Geräten auch das Freitauchen, das Aufrichten und das Einsteigen im Wasser beinhalten muss. Einige dieser Fähigkeiten lassen sich nur vor Ort erproben, Teilelemente können aber auch im Rahmen des Schwimmunterrichts und somit in einer weitestgehend kontrollierten Umgebung stattfinden.

7.3.4 Lehrerseite: Qualifikationen und Zertifikate

Über Qualifikationen und Zertifikate kann man vortrefflich streiten. Vor allem darüber, was Qualifikationen sein sollen, wer sie vermitteln und bescheinigen darf und was sie bewirken. Es ist eine traurige Tatsache, dass viele gute Projekte an (teilweise unnötigen) formalen Vorgaben scheitern. Es ist aber noch viel tragischer, dass trotz offizieller Vorgaben und Nachweise immer wieder Menschen zu Schaden kommen, weil die Regeln der Vernunft wissentlich oder unwissentlich missachtet wurden. Aufgrund der vielfältigen Bereiche im Wassersport, der unterschiedlichen Institutionen und der Kultur- und Rechtshoheit der Länder ist eine pauschale und umfassende Antwort auf die Frage nach Qualifikationen und Nachweisen leider nicht möglich.

7.4 *Bewegen auf dem Wasser* – Pädagogische Chancen

Mit Blick auf die sich bietenden Bewegungserfahrungen sowie den Erfahrungen, die innerhalb des Lehrlernprozesses gemacht werden können, sind beim *Bewegen auf dem Wasser* die folgenden vier Bereiche, die als pädagogische Chancen betrachtet werden können, ins Zentrum zu rücken.

7.4.1 Selbsterfahrung

In gewisser Weise bedeutet Lernen immer auch Selbsterfahrung. Wie jedoch in den vorherigen Abschnitten erwähnt wurde, bietet der Wassersport Erfahrungs- und Lernfelder, die sich in vielen Fällen deutlich von denen der alltäglichen Erfahrungswelt unterscheiden. Körper und Geist müssen für gänzlich neue Umwelteindrücke und Bewegungsrückmeldungen sensibilisiert werden, was in der Regel eine differenzierte Selbsterfahrung voraussetzt. Zusätzlich löst die Auseinandersetzung mit dem problem- und erfahrungsbezogenen Lehrlernvorgehen und den daran gekoppelten eigenen Lösungsergebnissen bei den Schülern eine hohe Eigenständigkeit aus, die ebenso die Selbsterfahrung ausweitet. Da beim *Bewegen auf dem Wasser* meist auch die Notwendigkeit gegeben ist, allein zurück- bzw. zurechtzukommen, kann neben der Selbsterfahrung auch das Selbstbewusstsein gestärkt werden.

7.4.2 Verantwortungsbewusstsein

Grundsätzlich muss der Schüler beim *Bewegen auf dem Wasser* Verantwortung für die vorhandenen, zumeist teuren Materialien übernehmen. Der pflegliche Umgang mit dem Material ist jedoch nicht nur Selbstzweck, sondern ein wichtiger Sicherheitsfaktor. Unpfleglich behandeltes Material birgt nämlich ein erhebliches Gefahren- und Verletzungspotenzial.

Auch ist jeder Wassersportler für das eigene Wohlbefinden wie auch das der Kameraden mitverantwortlich (vgl. Döhring 2007). Wassersportler sind zudem verpflichtet (KVR), auf andere Rücksicht zu nehmen und sie in Notlagen zu retten, zu bergen oder abzuschleppen und alles zu tun, um Schaden von Mensch, Material und Natur abzuwenden.

Schließlich ist der Handelnde auf dem Wasser auch mitverantwortlich für eine langfristige Nutzung der Wasserflächen. Jegliche Verschmutzung oder Verletzung der Natur ist daher verantwortungslos.

7.4.3 Naturbegegnung & Umwelterziehung

Über die notwendige Sensibilisierung für das Wetter, den Wind, die Wellen, die Strömung oder die Wasserqualität wird den Lernenden eine Naturbegegnung abverlangt, die sie direkt mit ihren Handlungen in Verbindung bringen müssen. Wassersporterfahrene wissen beispielsweise bei einem kurzen Blick zum Himmel meist sehr genau, ob sie sich lieber auf die schnelle Heimreise in den schützenden Hafen, in eine sichere Bucht oder unter eine Brücke begeben sollen.

7.4.4 Fächerverbindendes / -übergreifendes Verständnis

Schließlich lassen sich im Rahmen des *Bewegens auf dem Wasser* vielfältige fächerverbindende bzw. -übergreifende Themen so aufgreifen, dass sie für das Handeln der Schüler bedeutsam werden. So sind kleine, aber hilfreiche Techniktricks, die im Physikunterricht erklärt und beim Steuern hautnah erfahren werden, sicherlich genauso interessant und hilfreich wie Wetter- und Strömungskenntnisse, die im Geografieunterricht erläutert, oder ökologische Grundlagen, die im Biologieunterricht behandelt werden.

C. Bewegungsthemen

Wenn wir im Folgenden ausgewählte Themen des *Sich-Bewegens* im Hinblick auf das sportdidaktische Problem der Themenkonstitution diskutieren, dann übersteigen wir die vergleichsweise eng gesteckten Grenzen des Sportbegriffs. Dabei fokussieren wir einerseits bewegungspädagogische Grundbegriffe (z.b. Gleichgewicht, Rhythmus) und zeigen andererseits auf, wie sich Kinder in den Sphären der Grundthemen des *Sich-Bewegens* verhalten. Wir konnten im Zuge zahlreicher Beobachtungsstudien einige Auffälligkeiten des kindlichen Bewegungsspiels herausfinden und im Sinne von Merkmalen, Kennzeichen und Thesen zu Heuristiken ihres Bewegungsverhaltens verdichten: Kinder suchen und entdecken Neues, Spannendes und Interessantes, lassen sich herausfordern, trachten nach Sicherheit, die sie manchmal gleich wieder aufs Spiel setzen. Sie finden Gefallen an der Auseinandersetzung mit den grundlegenden Bewegungsproblemen und entdecken Wege, auf denen sie sich sensibel immer tiefer- und weitergehend in die jeweilige Sachstruktur verwickeln.

Angesichts derart weitgehender Perspektiven versteht es sich von selbst, dass wir im Zuge der folgenden sieben Teilkapitel lediglich ausgewählte Wege aufzeichnen und rekonstruieren können, die zeigen, wie sich Kinder im Kontext der exemplarisch beleuchteten Grundthemen bewegen und verhalten. Es liegt auf der Hand, dass wir hiermit zwar aussagekräftige Bilder zum kindlichen Bewegungsverhalten entwerfen, die jedoch keineswegs dem Anspruch einer umfassenden Bestandsaufnahme bewegungsbezogener Grundthemen folgen. Wir streben mit unserer exemplarischen Auswahl deshalb keine formallogische Systematik aus sechs, acht oder zehn (vermeintlich) zentralen Bewegungsthemen bzw. -feldern an, wie sie beispielsweise in bewegungspädagogischer Absicht von den Marburger Sportpädagogen (1998) vorgeschlagen oder wie sie im Kontext der neueren Lehrplanentwicklung (Stibbe & Aschebrock 2007, 180ff.) festgeschrieben wurden.

1. Sich wagen

Im Feld des sogenannten Wagnissports besteht eine auffällige Inhaltsfixierung (vgl. u.a. Bieligk 2008; Sportjugend NRW 1994). Das Erleben von Wagnissen und Abenteuern wird in der Regel an bestimmte Inhalte gebunden, und dabei scheint es gleichgültig, ob die entsprechenden Bewegungsangebote zum Zwecke der Unterhaltung, des kommerziellen Konsums, zum Training sozialer Kompetenzen oder für Erziehungszwecke eingesetzt werden sollen. Auf dem Markt des bewegungsbezogenen Erlebnishandels haben sich längst simple Rezeptologien etablieren können, deren Autoren beispielsweise versprechen, dass bereits das Absolvieren bestimmter Übungs- und Spielformen für kooperatives Lernen und den Erwerb einschlägiger sozialer Verhaltensweisen steht (vgl. Bechheim 2006). Damit erinnert die Argumentation an antiquierte fachdidaktische Entwürfe, in denen man einst ebenfalls von einem Primat der Inhalte ausgegangen war, wenn erzieherische Ziele im Sportunterricht verwirklicht werden sollten.[64] Dieser unkritische Zugang wird im vorliegenden Teilkapitel überstiegen und im Hinblick auf das sportdidaktische Problem der Themenkonstitution untersucht. Hierfür wird das Augenmerk auf die *sich wagenden* Kinder konzentriert. Dabei wird sich zeigen, dass die Qualität von Wagnisthemen – jenseits der unkritischen Verabsolutierung von besonderen Inhalten – an die subjektiven Gelegenheiten des sensiblen, situativen und neugierigen kindlichen Bewegungsverhaltens gebunden ist.[65]

1.1 Zur Konjunktur der Erlebnisorientierung

Erlebnisorientierung hat gegenwärtig sowohl in der Schule als auch im Verein Konjunktur, weshalb es auf einen ersten Blick hin durchaus als attraktiv und konsequent erscheint, erlebnisreiche, abenteuerliche und wagnishaltige Bewegungsangebote in den schulischen Sportunterricht hineinzuholen. Entsprechende Vorschläge setzen vor allem auf der Inhaltsebene alternative Akzente (vgl. v. a. Scholz 2005; Böhnke 2000; Schraag, Durlach & Mann

---

[64] Vgl. hierzu beispielsweise das sogenannte Sportartenkonzept (Söll 1996).
[65] Bei den folgenden Ausführungen handelt es sich um eine überarbeitete und erheblich erweiterte Fassung des folgenden Beitrags: Lange, H. (2002b). Das Risiko richtig abwägen. Wie Kinder lernen, zwischen ihrem Können und den reizvollen Herausforderungen einer Situation abzuwägen. *Leichtathletiktraining,* 13 (9), 4 – 11.

1996), deren Handlungssinn jedoch erheblich von dem abweicht, was man von den klassischen Inhalten und Themen des Sportunterrichts – vor allem im Hinblick auf deren Erziehungsfunktionen – erwarten würde. Aus didaktischer Sicht mag man deshalb an dieser Stelle kritisieren, dass eine Abenteuer- und Wagnisorientierung zwar den Unterrichtsprozess aufzulockern vermag, aber der Vertiefung einschlägiger Bewegungslernprobleme in mittel- und langfristiger Sicht entgegensteht. Es sei denn, es gelänge, die originären Erlebnisgehalte und Wagnisse inhaltsübergreifend zu bestimmen. Sie sollten deshalb auch in den Sachanalysen zu vermeintlich *gewöhnlichen Inhalten und Themen*, wie z.b. denen des Laufens, Springens und Werfens, identifiziert werden können, um sie zum Thema des wagnishaltigen und zugleich auch erziehenden Sportunterrichts zu machen. Hieraus würde ein spannender Unterricht folgen, der auch Erziehungsaufgaben und Bildungsfunktionen erfüllen kann und deshalb etwas anderes leistet, als nur dem Drang nach Abwechslung oder dem Wunsch nach dem Spektakulären und Schnelllebigen zu frönen. Um die Perspektiven des *Fun, Fun und nochmaligen Fun* zu übersteigen, muss es gelingen, ein pädagogisches Klima zu schaffen und methodische Arrangements zu finden, mit deren Hilfe es Kindern möglich wird, sich mit den Gegenständen des Sportunterrichts auseinanderzusetzen, d.h. sich auch in die originären Lernmöglichkeiten zu vertiefen.

Im Anschluss an einige kritische Sätze zur aktuell geführten Diskussion um das *Wagnis im Sport* werden wir in exemplarischer Absicht Anhaltspunkte für eine wagnishaltige Inszenierung leichtathletischer Inhalte (Springen) diskutieren. Das für diese Zwecke tragfähig scheinende Wagnisverständnis wird mithilfe eines Fallbeispiels hergeleitet und erläutert. Es findet seinen Hintergrund weniger in den Eckpunkten des gegenwärtig zu beobachtenden, kurzzeitig wirksamen Erlebnisbooms als vielmehr in einer Vorstellung des nachhaltigen, erfahrungsbasierten Lernens und Übens.

1.1.1 Grenzen der Erlebnis- und Wagnispädagogik

Nachdem bereits Schleske (1977) vor nunmehr 30 Jahren eine grundlegende Studie zum Wagnis im Sport vorgelegt hatte, erfährt das Thema seit einigen Jahren erneute Aufmerksamkeit, ohne jedoch den Status *kümmernder Theoriebildung* (Becker 2001) zu überwinden. Eingebettet in eine Art *Erlebnisboom*, tun sich neben zahlreichen Abenteuerexperten und Managertrainern immer wieder auch Sportpädagogen hervor, wenn es darum geht, im Umfeld des sogenannten Erlebnis-, Fun-, Trend-, Abenteuer-, Risiko- oder

Wagnissports neue Inhalte und sogar (neue) didaktisch-methodische Konkretisierungen zu präsentieren. In diesem Sinne hat beispielsweise Neumann (1999) den Versuch unternommen, sportbezogene Wagnisse nach den Maßgaben der pragmatischen Sportdidaktik (vgl. Kurz 1990; 1995) aufzuarbeiten und bis hin zur methodischen Ebene für den Sportunterricht fruchtbar zu machen. Hierbei beschränkt er sich auf der methodischen Ebene auf weit auslegbare Bedeutungen, die sich hinter den Begriffen *Aufsuchen, Aushalten* und *Auflösen* (S. 146ff.) verbergen. Mithilfe der durch diesen didaktisch-methodischen Zugang angelegten Vieldeutigkeit lässt sich allerdings das Problem der überaus deutlichen Inhaltsbetonung – die den Wagnissport und die sogenannte Wagniserziehung kennzeichnet – wohl kaum lösen. Wagnisse werden in der aktuellen Diskussion nämlich vorwiegend an ein Erlebnis-, bzw. Risiko- oder Gefahrenpotenzial gebunden, das vor allem mit ganz bestimmten Sportarten bzw. Bewegungsfeldern in Verbindung gebracht wird.

„Größtenteils werden sogenannte Bewegungs- oder Abenteuerlandschaften entworfen, die in Verbindung mit geschicktem Geräteaufbau und entsprechender Rahmengeschichte abenteuerliche Gefühle bei den Schülerinnen und Schülern hervorrufen sollen" (Neumann 1999, 133f.).

Darüber hinaus beschränkt sich das inhaltliche Spektrum an Vorschlägen für den Wagnissport vor allem auf den Bereich der Natursportarten (z.B. Klettern) oder auf Bewegungsformen zum Thema Rollen und Gleichgewicht (z.B. Skaten oder Mountainbiken). Die Konzentration auf den Erlebnisgehalt bestimmter Inhalte macht es allerdings schwer, *traditionelle Schulsportinhalte*, z.B. aus dem Bereich der Sportspiele, des Schwimmens, des Turnens oder der Leichtathletik, im Sinne des Wagnissports und der Wagniserziehung aufzufangen und zum Thema von Sportunterricht zu machen.

1.2 Zur Frage nach den Inhaltsbezügen

Angesichts der geschilderten didaktischen Problemlage soll im vorliegenden Teilkapitel der Frage nachgegangen werden, ob sich nicht auch in der Leichtathletik einschlägige Wagnispotenziale verbergen, die für den Sportunterricht erschlossen werden können. Das Augenmerk soll allerdings nicht gleich auf ungewöhnliche oder besonders schwierige bzw. gar gefahrenträchtige Inhalte oder Disziplinen (z.B. Stabhochsprung oder Hindernislaufen) gerichtet werden. Es soll auch nicht darum gehen, wie die Leichtathletik zum trendigen Event oder als Spaß- und Spielfest verpackt und verkauft werden kann. Anstelle eines schnellen *Erlebnishandels* – der durchaus attraktiv sein kann und darüber hinaus sicherlich auch Wirkungen bei den Kindern hinterlässt – sollen die Eckpunkte der methodischen Inszenierung leichtathletikbezogener Themen im Hinblick auf das sportdidaktische Problem der Themenkonstitution genauer betrachtet werden. Präziser formuliert, geht es unter der für dieses Teilkapitel eingenommenen Wagnisperspektive darum, herauszufinden, wie die originären Wagnisgehalte leichtathletischen Laufens, Springens und Werfens aufgespürt und für eine spannende und schülerorientierte Inszenierung des Unterrichts erschlossen werden können. Um sich dem Wagnis in der Leichtathletik anzunähern, schlagen wir deshalb vor, es zunächst als *Spannung* zu verstehen, die sich vor und während vieler neuer Lern-, Übungs- und Wettkampfsituationen in einem anregenden *Bauchkribbeln* fühlen lässt und sich manchmal in einem überraschenden *Glücksgefühl* äußert. Bei derartig geglückten Erlebnissen handelt es sich keineswegs ausschließlich nur um singuläre und zufällige Ereignisse. Sie kommen vielmehr – und das ist das Besondere bei Sportarten wie der Leichtathletik – in Folge der Auseinandersetzung mit der gleichen Sache bzw. im Zuge der Vertiefung in den Gegenstand während eines nachhaltigen Lern- oder Trainingsprozesses immer wieder vor. Das geschieht selbst dann, wenn beispielsweise ein ausgewiesener Experte eine disziplinenspezifische Bewegungsaufgabe (z.B. im Bereich des Diskuswerfens) schon mehr als tausend Mal auf höchstem Könnensniveau absolviert hat.

1.2.1 Fun oder *in eine Sache vertiefen*?

Wenn es im Sporttreiben und im Üben nicht um die eben angedeutete Vertiefung, sondern zuallererst um *Fun* gehen soll (Vonstein & Massin 2001), dann bauen die Verantwortlichen auf die vermuteten Wirkungen beeindruckender Erlebnisse. Da sich aber *Spaß-bringende* Erlebnisse nur allzu schnell abnutzen, müssen im Rahmen von *Fun-Konzeptionen* entweder neue Ereignisse oder Steigerungen bereits bekannter Ereignisse lanciert werden. Hieraus mag für die Praxis eine gewisse Schnelllebigkeit und Unverbindlichkeit resultieren, die sich in der Formel *Ständig neu und immer intensiver* zusammenfassen lässt. Perspektiven des Lernens und Übens, wie z.B. die Bereitschaft, an einer Sache dranzubleiben und sich in einen Gegenstand zu vertiefen, finden in *Fun-Konzeptionen* sicherlich keinen Platz. Vor allem auch deshalb nicht, weil Lernen und Üben auch immer mit Nachdenken, Zurückblicken und Planen zu tun hat. D.h., im Gegensatz zu den gegenwartszentrierten *Fun-Aktivitäten* ist Üben immer auch vergangenheitsbezogen und zukunftsorientiert. Lern- und Übungsereignisse werden demnach immer in einen Zusammenhang mit vorangegangenen Erfahrungen und selbst aufgestellten Erwartungen gebracht. Sie *servieren* also dem Lernenden die eindrücklichen Erlebnisqualitäten nicht *per Knopfdruck im Hier und Jetzt*, sondern erlauben ihm die engagierte Erarbeitung und Vertiefung im Zuge eines zusammenhängenden und überschaubaren Lernprozesses.

1.2.2 Bedeutung der Erfahrung

Für die methodische Dimension schulischen Sportunterrichts folgt hieraus, die Bedeutung der Erfahrung nicht unter dem Deckmantel des schnelllebigen und spaßigen Erlebens verwässern zu lassen. Eine Vernachlässigung der didaktischen Kategorie *Erfahrung* kann in der methodischen Konsequenz dazu führen, dass beispielsweise auch im Sportunterricht mehr auf das *wagnishaltige Highlight* und weniger auf das Engagement im Rahmen längerfristiger Lern- und Übungsprozesse geachtet wird. Deshalb finden auch einige der vorhandenen Vorschläge zur Körpererfahrung (vgl. Treutlein 1992) oder zum Erlebnis in der Leichtathletik (vgl. Wopp 1998) ihren Wert eher in einem oppositionellen Gegenentwurf, der dazu anregt, eingefahrene und ausschließlich auf Maximierung ausgerichtete Inszenierungsstrategien zu hinterfragen, zu relativieren und gegebenenfalls durch eine stärkere Erlebnisorientierung aufzubrechen. Das ist sicherlich wichtig, soll aber an dieser Stelle nicht weiter vertieft werden. Wir richten den Fokus stattdessen auf die Aussicht, sportbezogene Wagnisse inhaltsübergreifend und somit auch im Kontext *gewöhnlicher*, z.T. auch traditioneller Sportarten und Bewegungsfelder zum Thema von Sportunterricht zu machen. Wir werden diesen Anspruch vorerst mit Blick auf das alltägliche wagnishaltige Verhalten von Kindern konkretisieren und am Beispiel des kindlichen Springens vertiefen.

1.3 Zum wagnisbezogenen Engagement der Kinder

Die Orientierung am Risikopotenzial ausgewählter Abenteuersportarten versperrt mitunter den Blick für Wagnisgelegenheiten, die von der Allgemeinheit der Kinder sowohl im informellen Sporttreiben, z.B. an der Halfpipe, als auch im organisierten Schul- und Vereinssport gesucht und ausprobiert werden. Kinder gehen schließlich nicht nur im Klettern Wagnisse ein, sondern suchen auch im Umfeld alltäglicher Bewegungsformen, wie z.B. in verschiedenen Variationen des Springens, Wagnissituationen auf. Dies tun sie zudem auch ohne die didaktisch lancierte Hilfe von Sportpädagogen. Aus diesem Grund lohnt es sich, diesem Engagement der Kinder auf die Spur zu kommen, um hieraus gegebenenfalls relevante didaktisch-methodische Ansatzpunkte für den Sportunterricht zu gewinnen. Dies soll im Folgenden vor dem Hintergrund eines Fallbeispiels geschehen, in dem der Erfahrungsbezug des hier zugrunde gelegten Wagnisverständnisses deutlich wird (vgl. Lange 2000b):

1.3.1 Ein Fallbeispiel

„Während einer Sportstunde im dritten Schuljahr springt Peter – mit kräftigem Jauchzen – von einem hohen Kasten auf eine danebenliegende Hochsprungmatte. Sein Freund Joschi macht es ihm nach, allerdings nimmt er zwei Schritte Anlauf und landet im Sitzen auf der weichen Matte. Kurz danach steht wieder Peter auf dem Kasten, geht langsam nach vorn an den Rand und springt aus der Hocke in eine sitzende Landeposition auf den Weichboden. Die beiden beschäftigen sich noch einige Zeit mit diesem Geräteaufbau und verändern bei jedem Sprung die selbstgestellten Aufgaben. Anfangs variieren sie ihre Körperhaltungen während der Flugphase, sie drehen sich zum Beispiel um die Körperlängsachse oder versuchen Paketsprünge, die sie erst kurz vor der Landung auflösen. Aber auch der Absprung und das Ziel der Landung werden immer wieder auf andere Weise ausprobiert. Als besonders reizvoll scheint sich das Verschieben der Matte zu erweisen, denn hier dosieren die beiden Jungen überaus engagiert immer wieder neue Entfernungen, die sie mit unterschiedlichen Anläufen abstimmen. Zum Schluss liegt die Matte etwa zwei Meter vom Kasten entfernt, und beide Kinder gestalten ihre Landungen – nach spektakulären Flugphasen – immer gewagter. Irgendwann beginnen sie zu zögern, trauen sich nicht mehr, die Entfernungen zu vergrößern, und weil der Lehrer Aufgaben wie z.B. `Salto ohne Hilfe- bzw. Sicherheitsstellung´ verboten hat, schieben sie die Matte wieder an den Kasten heran, warten auf die Hilfestellung des Lehrers und freuen sich, gemeinsam mit den Mitschülern, die sich inzwischen zu ihnen gesellt haben, auf die bevorstehende Erweiterung ihrer Sprungaufgaben."

1.3.2 Ansatzpunkte zur Inszenierung von Wagnisgelegenheiten

Waren das nun Wagnisse oder ist das beobachtbare Sprungverhalten von Peter und Joschi einfach nur Ausdruck allgemeinen kindlichen Bewegungslernens, Erfahrungsammelns bzw. kindlicher Bewegungsfreude oder eine Kombination aus allem? Wie auch immer, vergleichbare Szenen lassen sich jedenfalls sowohl im Alltag als auch im Sportunterricht beobachten. Kinder sind in der Lage, Bewegungsaufgaben selbstständig immer weiter zu stecken, ohne dass sie Gefahr laufen, allzu unrealistische Ziele anzuvisieren. Alltägliche Beispiele hierfür sind Sprünge über Gräben, Zäune oder Bäche. Kinder versuchen in der Regel, bald nach den ersten erfolgreichen Sprüngen auch an etwas breiteren Stellen des Bachlaufes hinüberzuspringen bzw. ihre Sprünge mit immer weniger Anlauf einzuleiten. Als besonders reizvoll erweisen sich dabei Versuche, die gerade noch gelingen, und Aufgabenerweiterungen, die dem Sprung eine unbekannte Dimension geben und das Ergebnis ein Stück weit unberechenbar erscheinen lassen (z.B. mit einem Stab über den Bach springen). Selbstverständlich ist die Kompetenz des spielerischen Umgangs mit entdeckten bzw. selbstgestellten Aufgaben (realistische Selbsteinschätzung) nicht bei allen Kindern gleich gut ausgebildet: Die einen neigen dazu, die Bewegungssituation als zu einfach zu beurteilen, überschätzen ihre eigenen Fähigkeiten und landen gleich beim ersten Versuch mitten im Bach. Die anderen beurteilen die Schwierigkeit neuer Bewegungssituationen falsch, haben zu wenig Selbstvertrauen in ihr eigenes Können und kommen deshalb niemals in die missliche Lage, sich nach einem Sprungversuch pudelnass im Wasser wiederzufinden, weil sie sich nicht wagen. Deshalb werden sie wohl auch nie das gute Gefühl haben, wie es ist, wenn man am anderen Ufer gerade so noch angekommen ist und mit dieser Erfahrung weitere Sprünge planen und wagen kann. Der Abstimmungsprozess zwischen den eigenen Bewegungskompetenzen und dem Unbekannten einer neuen Aufgabe macht das Kinderspiel für die Sportdidaktik interessant. Denn gerade für die Planung von schülerorientiertem spannendem Unterricht müssen Sportlehrer wissen, was zu tun ist, damit sich Kinder im Entwickeln selbstgesteckter Ziele und Bewegungsaufgaben sowie in der Einschätzung ihrer eigenen Fähigkeiten üben können. Das Fallbeispiel und dessen Interpretation zeigen, dass es im selbstbestimmten kindlichen *Sich-Bewegen* zuallererst um Erfahrungslernen geht Aus diesem Grund ist es (im wahrsten Sinne des Wortes) *gleich-gültig*, ob sich die Kinder im Klettern, Springen oder Fußballspielen wagen, um ihre Grenzen zwischen dem Bekannten und dem Neuen auszuloten. Die Inhalte, zu denen *abgewägt* wird, sind demnach grundsätzlich in allen Inhaltsfeldern schulischen Sportunterrichts möglich.

1.4 Zum Wagnis

Wagnis lässt sich etymologisch auf *Waage* und *wägen* zurückführen, beschreibt also das Finden eines Gleichgewichts. Kinder wägen auch im Sportunterricht zwischen dem Grad der Ungewissheit, den eine neue Aufgabe in sich birgt, und ihren individuellen Fähigkeiten ab. Dieser Vorgang erweist sich immer dann als ein Wagnis, wenn die beiden Pole – z.B. im Rahmen eines selbstständigen Übungsprozesses – in ein Ungleichgewicht gebracht werden (Erschweren der Aufgabe), um sie anschließend in einem neuen Gleichgewicht wieder anzunähern. Die Kinder aus dem Fallbeispiel (Peter & Joschi) haben gezeigt, dass dieser Prozess kontinuierlich entwickelt werden kann. Sie haben durch stetiges Verlagern der Matte und/oder durch das Variieren ihres Absprungs und das Integrieren weiterer Bewegungsvariationen und Kunststückchen die Aufgabe selbstständig erschwert und versucht, immer schwierigere Sprünge zu wagen. Auf diese Weise konnten sie mit jedem Sprung ihren Schatz an Bewegungserfahrungen im Spannungsfeld zwischen Gekonntem und dem Reiz des *Noch-nicht-Gekonnten* entsprechend ausbauen. Der Analogie zum *Wägen* folgend beinhaltet dieser Prozess zwei Aspekte: Die Kinder finden einerseits in gelungenen Sprüngen Sicherheit, die notwendig ist, um sich der Ungewissheit einer neuen erweiterten Aufgabe stellen zu können. Andererseits nutzen sie aber auch ein gutes Stück ihrer kindlichen Neugierde für die kreative Erweiterung der Bewegungsaufgaben. Dieses Spiel mit dem Wagnis darf getrost als fortschreitender Abstimmungsprozess zwischen Orientierungssicherheit und Gestaltungsfreiheit beschrieben werden. Es ist letztlich dafür verantwortlich, dass die Kinder die Matte selbstständig immer weiter vom Kasten wegrücken und sich anschließend an neue, z.T. schwierigere Sprünge wagen. Neben dem Abwägen im Umfeld der eigenen Fähigkeiten bietet partnerschaftliches Üben und Gestalten weitere spannende Herausforderungen zum Erschweren der Bewegungsaufgabe.

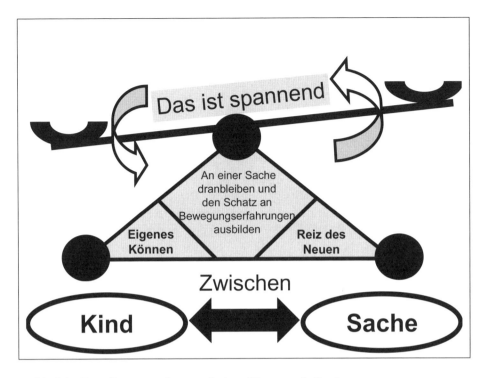

Abb. 26: Zum Zusammenhang zwischen *Waage* und *Abwägen*

1.4.1 Lernen und *Ab-wägen* – Eine Annäherung

Das Wechselspiel aus Wagen, Ausprobieren, erneutem Wagen und wiederholtem Ausprobieren kann auch mit dem Ausloten individueller Grenzen des *Sich-bewegen-Könnens* verglichen werden. In vielen Fällen nutzen die Kinder in diesem Umfeld Gelegenheiten, Mut, Abenteuer und ein kalkulierbares Risiko auszuprobieren. Schlägt die Waage (Aufgabe) jedoch einseitig in Richtung Fähigkeiten und Kompetenzen aus (einfach vom Kasten aus auf die nahe liegende Matte hüpfen), verliert die Aufgabe schnell ihren Reiz, erscheint langweilig und muss verändert werden. Sie wirkt herausfordernd, wenn sie wieder neu, ungewohnt und damit ein Stück weit unberechenbar wird (die Matte weiter wegrücken und während der Flugphase ein Kunststück ausprobieren). Schlägt die Waage hingegen einseitig auf die Seite der Schwierigkeit und Ungewissheit (mit langem Anlauf auf den schmalen Kasten im *Sturzflug* kopfüber zur etwa vier Meter entfernt liegenden Matte springen), wäre zu wünschen, dass sich die Kinder nicht zum Springen hinreißen ließen, was man schließlich als Besonnenheit bezeichnen könnte. Springen sie trotzdem, darf möglicherweise von Tollkühnheit, Übermut, vielleicht sogar von Dummheit gesprochen werden. Die Aufgabenstellung sollte deshalb so verändert werden, dass Risiken ausgeschlossen bzw. kontrolliert werden können (die Matte wird näher herangezogen und Sicherheitsabstände zu springenden Mitschülern werden eingehalten). In einem Unterricht, in dem solche Sicherheitsvorkehrungen beachtet werden, muss das anvisierte Ziel (mit kurzem Anlauf möglichst weit springen und sicher auf der Matte landen) keinesfalls aufgegeben werden. Im Gegenteil, das komplizierte und gewagte Bewegungsproblem wird durch das Ausprobieren und Wagen im Umfeld bereits gesammelter (Bewegungs-)Erfahrungen vorbereitet. Das spannende dieses Bewegungslernprozesses liegt im Pendeln der Waage begründet. Die Kinder spielen gewissermaßen mit den Grenzen des Auspendelns, tasten sich feinfühlig und sorgfältig vor, sammeln dabei Erfahrungen, die letztlich dabei helfen, die Grenzen behutsam immer weiter zu stecken. Wagniserziehung ist demnach zuallererst Bewegungserziehung!

1.4.2 Aufgaben zum wagnishaltigen Sportunterricht

Wenn an dieser Stelle die Frage nach dem *Wie* beantwortet und der Blick deshalb auf die Praxis des wagnishaltigen Sportunterrichts gerichtet werden soll, dann wäre es ohne Zweifel am einfachsten, einen Kanon riskanter und unwägsamer Aufgaben vorzustellen. Beispiele solcher *Wagnis-Highlights* wären unter anderem Sprünge von meterhohen Tribünen, Vertrauensübungen mit verbundenen Augen oder Läufe über riskante Hürden- und Hindernisstrecken. Die wurden aber längst in den einschlägigen Übungs- und Spielesammlungen veröffentlicht, weshalb wir sie hier nicht noch einmal auflisten. Außerdem haftet solchen Aufgaben zumeist etwas Schnelllebiges und Unverbindliches an, denn ihr Erlebnisgehalt nutzt sich recht bald ab, weshalb die Aufgaben immer wieder ausgetauscht und intensiviert werden müssen. Stattdessen möchten wir in diesem Zusammenhang auf einen bewährten Fundus erfahrungsoffener Aufgabenstellungen zum Laufen, Springen und Werfen hinweisen (vgl. Lange 2002b), in denen Kindern spannende Spielräume zum Abwägen und vor allem einschlägige Lernmöglichkeiten zugestanden werden.

Der bis hierher entfaltete Ansatz ließe sich mit Blick auf die Möglichkeiten des selbstbestimmten Lernens und Übens noch weiter vertiefen, was in den besagten Praxisbeispielen allerdings noch nicht vollends zum Ausdruck kommt. Dort wird aber deutlich, dass Wagnisse im Sportunterricht nicht wie in einer Clubanimation vom Lehrer und Animateur verkauft und präsentiert, sondern von den Kindern selbst herausgefunden und entwickelt werden müssen. Aufgrund dieser Offenheit haftet der Konstruktion von Beispielen und Vorschlägen für den Sportunterricht immer auch etwas Kompromissartiges an, denn der Fokus der Aufgabe hängt immer von der Situation und den Erfahrungen der Kinder ab, was sich in einem allgemein gehaltenen Praxisvorschlag nur schwer widerspiegeln lässt.

Um die soeben skizzierte Offenheit der sportdidaktischen Orientierungs- und Beratungsfunktion wenigstens ein Stück weit zu konkretisieren, soll die Aufmerksamkeit zum Abschluss dieses Teilkapitels auf die Bedeutung des räumlichen Arrangements gerichtet werden.[66] Hierbei handelt es sich um eine exponierte Modalität kindlichen *Sich-Bewegens*. Von der Gestaltung und Wahrnehmung der Räumlichkeit lassen sich nämlich zahlreiche Verbindungen zum Wagnisthema ziehen.

1.5 Fallbeispiel aus dem Sportunterricht von Anne und Sophie

„Während einer Sportstunde im dritten Schuljahr steigen Anne und Sophie auf einen Schwebebalken. Ringsum liegen Matten und Weichböden, sodass niemand Angst vor dem Herunterfallen haben muss. Darum geht es schließlich in dem geplanten Spiel, denn beide Mädchen steigen auf den gegenüberliegenden Enden des Balkens auf und halten jeweils ein weiches Kissen in ihren Händen. Sie sollen sich aufeinander zu bewegen und versuchen, sich gegenseitig durch gezielte und wohl dosierte Schläge mit den Kissen von dem Schwebebalken herunterzuschubsen. Wer oben stehen bleibt, hat gewonnen.

Im ersten Durchgang eilen beide so schnell sie können auf den Balken, Sophie hastet etwas zu eilig, denn sie verliert – oben angekommen – das Gleichgewicht und muss noch, bevor das Spiel beginnt, abspringen. Anne lacht, Sophie klettert erneut hinauf. Beide schauen sich – von den sicheren Enden des Schwebebalkens aus –

---

[66] Bei den folgenden Ausführungen handelt es sich um eine überarbeitete Version eines Auszugs aus dem folgenden Beitrag: Lange, H. (2007i). Kinderwelten sind Bewegungswelten. Zur Bedeutung des kindlichen *Sich-Bewegens* im Kontext der bewegungspädagogisch orientierten Schulentwicklungsarbeit. *Sportpraxis*, 48 (1), 4 – 10.

an, lachen und gehen ganz langsam in Richtung Balkenmitte. Sie bemühen sich um einen sicheren Stand, schurren mit den Füßen regelrecht über den schmalen Balken und bleiben im sicheren Abstand voreinander stehen. Obwohl sie sich noch nicht mit den Kissen erreichen können, hantieren sie bereits vorsichtig hin und her. Dabei wird deutlich, dass sie bereits jetzt ihr Gleichgewicht aufs Spiel setzen, worüber sie offensichtlich lauthals lachen können. Nach einigen Augenblicken stößt Sophie plötzlich viel zügiger als bisher nach vorn, Anne schreit ganz laut. Die beiden Freundinnen treffen in der Mitte aufeinander, Sophie holt ganz weit mit ihrem Kissen aus, Anne baut ihr Kissen schützend vor ihrem Kopf auf und geht dabei ein kleines Stück nach vorn. Die beiden stoßen leicht aneinander und verlieren sofort ihr Gleichgewicht. Mit einem kräftigen Jauchzen springen sie ab, landen auf den Weichböden und eilen so schnell sie können zum Start zurück, um noch einmal von vorn zu beginnen. Sophie zieht auf dem Weg dorthin ihre Turnschuhe aus, weil sie meint, dass sie sich barfuß besser auf dem Balken halten kann. Die beiden Grundschülerinnen absolvieren noch mehrere solcher Durchgänge und es gelingt ihnen, von Mal zu Mal neue Tricks und Finten auszuprobieren. Während des vierten Durchgangs schlagen sie sogar mehrmals mit den Kissen aufeinander ein, ohne dass jemand sein Gleichgewicht aufgeben und herunterspringen muss. Anne findet schließlich heraus, dass sie Sophie auch ohne derartige Schläge und Schubser, einfach nur mithilfe geschickter Andeutungen und Körpertäuschungen, zum Herunterspringen verleiten kann."

1.5.1 Interpretationen zum raumgebundenen kindlichen Bewegungsinteresse

Vergleichbare Szenen lassen sich überall dort beobachten, wo sich Kinder freiwillig und selbstständig bewegen. Für die pädagogische Interpretation möchten wir die Aufmerksamkeit auf zwei Auffälligkeiten dieses Geschehens richten: Zunächst auf die besondere Beschaffenheit und Ausgestaltung des Bewegungsraumes, der im oben geschilderten Fall im Wesentlichen aus einem Schwebebalken besteht, der durch zahlreiche Matten und Weichböden gesichert wurde. Als zweiter Eckpunkt fällt etwas ins Auge, was nicht in der gleichen Weise eindeutig sichtbar ist, wie das *Turn- und Gerätematerial*: die Lust und Neugierde, die die beiden Mädchen in der Auseinandersetzung mit dem Balancieren und Schlagen in dieser Situation auf ihr *Bewe-*

gen hin auslegen. Ihre *Balanceakte* auf dem Balken und die Aushol- und Schlagversuche mit den Kissen lassen sich zwar hinsichtlich ihres Ablaufes (Aufsteigen, schleichendes Sich-Annähern, Stehenbleiben, Fintieren, Schlagen, Ausweichen, Herunterspringen) formal beschreiben, und auch die jeweiligen Abstände und Lageplätze der beiden Kämpferinnen können weitgehend objektiv vermessen und bestimmt werden. Die im Rahmen dieser objektiv bestimmbaren Grenzen aufkeimende, sich entwickelnde Bewegungslust und Bewegungsneugierde der beiden Schülerinnen bleiben allerdings für unsere Augen unsichtbar. Wir können lediglich aufgrund des beobachtbaren Verhaltens (Jauchzen, engagiertes Wiederholen immer neuer Schlag- und Ausweichvariationen usw.) interpretieren, dass die beiden während der geschilderten Situation dieses Bewegungsinteresse finden und während jedes neuen Durchgangs immer weiter vertiefen. Der Sportlehrer wirkt auf die beiden Schülerinnen während dieser Situation nur indirekt ein; vermittelt durch den zuvor geplanten und bereitgestellten Geräteaufbau. Das pädagogisch interessante Bewegungsengagement der Kinder wird im Wesentlichen durch den attraktiven, herausfordernden Bewegungsraum angesprochen.

So weit zur pädagogischen Deutung solcher raumgebundener Bewegungsszenen. Vergleichbare Situationen lassen sich selbstverständlich auch während vieler anderer Szenen des Sportunterrichts, beim Spiel der Kinder auf dem Schulhof, während des Schulweges oder während des nachmittäglichen Spiels auf dem Spielplatz, der Straße oder in der Natur beobachten. Aufgrund der gegebenen Selbstverständlichkeit und Alltäglichkeit solcher Spielphänomene soll im Folgenden ein weiterer grundlegender Zusammenhang dieses Geschehens näher untersucht und zur Begründung des Zusammenhangs zwischen Bewegungsraum und Bewegungsinteresse herangezogen werden: der dialogisch verfasste Zusammenhang zwischen dem kindlichen Bewegen und dessen Bezug zu den jeweiligen Spielräumen.

1.5.2 Zum wagnishaltigen Dialog im *Sich-Bewegen*

Im Zuge dieses Dialogs bezieht sich der sich bewegende Mensch auf etwas, das außerhalb seines Körpers ist. Dabei kann es sich um einen anderen Menschen, aber auch um einen (Spiel-)Gegenstand bzw. eine andere räumliche Gegebenheit (z.B. aus der Natur) handeln. Dieses Andere (der Mensch oder der Gegenstand) wird von der handelnden Person durch aktives *Sich-Bewegen* auf seine Bewegungsbedeutungen befragt (vgl. Tamboer 1979, 16). Wenn beispielsweise Anne und Sophie über den Schwebebalken balancieren, dann ist die schmale und zugleich riskant über dem Boden befindliche Geh- und Stützfläche weder die alleinige Eigenschaft des Schwebebalkens noch das alleinige Produkt der Sinngebung der beiden Kinder. Es handelt sich um eine Kombination, um das Wechselspiel eines Dialogs zwischen dem balancierenden Kind und der materialen Beschaffenheit des Schwebebalkens. Die Grundschülerinnen befragen mittels ihrer Bewegung den Schwebebalken hinsichtlich seiner Eigenschaften, und sie erhalten durch die Schwierigkeit, die der Balken ihnen für das Balancieren aufgibt, eindeutige Antworten auf ihre Bewegungsaktionen. So kommen sie angesichts der schmalen Gehfläche vergleichsweise leicht aus dem Gleichgewicht und fallen herunter. Allerdings weiß Sophie dieser Schwierigkeit trefflich zu begegnen, wenn sie sich nach dem ersten Versuch ihrer Schuhe entledigt, um besseren hautnahen Kontakt zum Balken und dadurch einen sichereren Stand zu bekommen. Selbstverständlich verstehen es die beiden Freundinnen auch noch, diesen Dialog mit dem Balken durch das Einbeziehen des Partners (Gegners) und der zusätzlichen Bewegungsaufgabe (ein Kissen zum Schlagen benutzen) zu erweitern. In diesem persönlich-situativen Bewegungsdialog bringen die Kinder ihre subjektiven Bewegungsbedeutungen hervor. Dabei wird auch hinsichtlich der Bewegungsraumthematik deutlich, dass die jeweiligen Bedeutungen immer das Ergebnis einer bewegungsmäßigen Auseinandersetzung von Kindern mit ihrer Umwelt sind. Im Zuge dieser dialogisch verfassten Auseinandersetzung tritt wiederum der bei von Weizsäcker (1986) angelegte Zusammenhang zwischen Wahrnehmen und Bewegen in den Vordergrund.[67]

1.5.3 Bewegen und Wahrnehmen

Der Zusammenhang zwischen Wahrnehmen und Bewegen wurde von dem Göttinger Pädagogen Christian Rittelmeyer (2002) in seiner pädagogischen Anthropologie des Leibes genauer erforscht. Rittelmeyer hat verschiedene Schulbauten in den Blick genommen und untersucht, welche Bedeutung der Raum und dessen Gestaltung für die Wahrnehmung hat (vgl. hierzu bereits Straus 1956; Merleau-Ponty 1966). Dabei spielt unser gesamtes Sinnesspektrum eine Rolle wie Rittelmeyer (2002, 77) meint:

"Wir sehen Raumformen und -farben, tasten Türklinken und Tischoberflächen, riechen Bau- und Farbmaterialien, hören den Raum-

---

[67] Vgl. hierzu grundlegend die Ausführungen im einführenden Kapitel des vorliegenden Bandes (3.2: Wahrnehmung und Weltkonstruktion).

klang, spüren die Wärme und Kälte von Holz- und Stahlmaterialien usw."

Mit Blick auf den oben skizzierten Zusammenhang zwischen menschlichem Bewegen und dem Weltbezug (vgl. Kap. A: 3.2.) wird außerdem deutlich, dass auch die Wahrnehmung all unserer Körperfunktionen (z.b. das Gleichgewichtsempfinden) und unserer Eigenbewegungen an der Raumwahrnehmung beteiligt sind. Deshalb fühlen wir uns in manchen Räumen sicher, weshalb wir dort mutig umherspringen und offensiv in Kontakt mit anderen Menschen treten können, wie das z.b. auf einem großen Sportplatz der Fall sein kann. Andere Räume, wie z.b. dunkle Kellergewölbe, machen uns Angst, weshalb wir dort lieber ruhig sein wollen und uns dementsprechend langsam und überaus kontrolliert bewegen. In den zuerst benannten offenen Räumen achten wir vor allem auf die zu erschließende Raumdimension, die wir uns durch Laufen, Springen und Werfen einverleiben wollen, während wir uns in den dunklen, gedrungenen Räumen nach innen orientieren bzw. auf uns selbst beziehen und deshalb den eigenen Atem und sogar den Herzschlag sehr deutlich wahrnehmen können.

1.5.4 Wie das Wahrnehmen kindliches Bewegen herausfordert

Den Zusammenhang zwischen Raumwahrnehmung und den daran gebundenen Bewegungsherausforderungen kann man auch sehr gut während des Schulweges von Kindern beobachten. Bei Regenwetter fordern die Pfützen mindestens zum Überspringen heraus, und in vielen Fällen scheinen sie die Kinder regelrecht anzusprechen: *„Spring so fest du kannst mitten in mich hinein!"* Am Wegrand liegende Baumstämme fordern ebenso zum Balancieren auf, wie die Unübersichtlichkeit einer Böschung zum Verstecken anregt. Selbst Gehwege, die auf den ersten Blick monoton erscheinen, bieten einschlägige Bewegungsherausforderungen. Manchmal scheint es nämlich, als würde die schlichte, ebene Raumaufteilung zwischen Bordsteinen und geteertem Weg den Kindern die Bewegungsweise aufgeben: *„Bewege dich ausschließlich auf der schmalen Fläche des Bordsteins nach Hause und trete dabei auf keinen Fall auf eine der vielen Fugen!"* Solche kindlichen Interpretationsleistungen belegen nicht nur den oben skizzierten Zusammenhang zwischen Raumwahrnehmung und Bewegungsaufforderung, sie zeigen darüber hinaus unmissverständlich auf, dass der Raum, den wir unseren Kindern zur Verfügung stellen, maßgeblich für die Qualität ihres *Sich-Bewegens* verantwortlich ist und damit als ein wichtiger Eckpunkt bei der Gestaltung von Bildungsgelegenheiten anzusehen ist.

2. Balancieren – Das Spiel mit dem Gleichgewicht

Das Balancieren und Spielen mit dem Gleichgewicht ist zweifelsohne ein Grundthema menschlichen *Sich Bewegens*.[68] Die formale Sprache und Logik der Motorikforschung vermag sich diesem Phänomen nur oberflächlich anzunähern, weshalb es dort auch nur im allgemeinen Begriffskonstrukt der *Gleichgewichtsfähigkeit* festgehalten werden kann. Nicht zuletzt deshalb hat Heide-Karin Maraun (1984) dazu aufgefordert, den Eigensinn des Balancierens in der Relation zwischen Kind und Umwelt (Balanciersituation) in den Blick zu nehmen, und Arturo Hotz (2000) führt mit einem historisch-philosophischen Exkurs in die – anthropologisch verstandene und pädagogisch gewendete – Komplexität der Gleichgewichtsthematik ein. In diesem Sinne wird auch im vorliegenden Teilkapitel vorgegangen, wenn die bewegungspädagogische Aufmerksamkeit auf die balancierenden Kinder fokussiert wird. Ihre Bewegungsneugierde und ihr Erfindungsreichtum, den sie bei der Auseinandersetzung mit Balanciergelegenheiten entwickeln können, wecken bewegungspädagogisches Interesse: Die Ursachen dieser Bewegungslust sollen deshalb im Folgenden bestimmt und so präzise wie möglich offengelegt werden, um sie als Anhaltspunkte für die Planung und Inszenierung von Sportunterricht fruchtbar zu machen. Dies geschieht in zwei Schritten: Im Anschluss an eine pädagogische Annäherung sollen mithilfe knapp gehaltener phänomenologischer Beschreibungen aus dem Sportunterricht einer dritten Grundschulklasse die zentralen Bewegungslernprobleme des Balancierens herausgearbeitet werden.

2.1 Das motorische Gleichgewicht in der kindlichen Entwicklung

Die Gleichgewichtsthematik ist für die kindliche Entwicklung besonders zentral und weckt auch jenseits der Bewegungsforschung beachtliches Interesse. Deshalb reicht auch die Theorie zum Gleichgewicht weit über die

---

[68] Bei den folgenden Ausführungen handelt es sich um eine überarbeitete und erheblich erweiterte Fassung des folgenden Beitrags: Lange, H. (2007g). Gleichgewicht – eine koordinative Funktion. In: Lange, H. Spielen mit dem Gleichgewicht. Teil 1: Balancieren, wackeln und schaukeln (S. 4 – 13). Band 7 der Schriftenreihe *Philippka Training*. Herausgegeben in Kooperation mit der Trainerakademie des Deutschen Olympischen Sportbundes. Münster: Philippka.

Fragen zum Bewegungslernen von Kindern hinaus. So haben beispielsweise Sportmediziner in einer Studie mit Grundschulkindern herausgefunden, dass signifikante Zusammenhänge zwischen der Balanceregulierung und schulischen Leistungen (Lese- und Rechenfähigkeiten) existieren (Bittmann u.a. 2005). Es darf also vermutet werden, dass die Kompetenz, sich zentrieren zu können, offensichtlich nicht allein im motorischen, sondern auch im kognitiven Bereich als Garant besonderer Leistungsfähigkeit gilt.

Die herausragende Stellung, die die Gleichgewichtsthematik im Zusammenhang mit dem Bewegungs- und Koordinationslernen einnimmt, wurde bereits im Modell der *Koordinativen Funktionen* (Lange 2006e) herausgearbeitet und im einleitenden Theorieteil des Bandes „*Mit Spiel zum Ziel – Teil 2: Kleine Spiele zur Koordinationsschulung*" vorgestellt. Im Modell der *Koordinativen Funktionen* steht die Gleichgewichtsfunktion im Zentrum. Sie beschreibt die Basis, von der aus sämtliche Bewegungshandlungen koordiniert und gestaltet werden. Aufgrund der exponierten Bedeutung soll im vorliegenden Teilkapitel genau an dieser Stelle weitergedacht und -gearbeitet werden, weshalb das kindliche Spiel mit dem Gleichgewicht als Ausgangspunkt einer Bewegungslerntheorie genommen wird. Darüber hinaus wird im Zuge der theoriegeleiteten Einführung aufgezeigt, wie uns der Umgang mit dem Gleichgewicht als lebenslanges Entwicklungsthema begleitet und welche Konsequenzen das neugierige Spiel im Spannungsfeld zwischen dem Verlassen und Wiederfinden des Gleichgewichts für die Praxis des Bewegungslernens im Sportunterricht nahe legt. Diese Schlussfolgerungen werden schließlich zu einem Modell verdichtet, mit dessen Hilfe die Bewegungsaufgaben, die sich zur Entwicklung und Förderung der motorischen Gleichgewichtskompetenz eignen, strukturiert werden.

2.2   Gleichgewicht: Eine begriffliche Annäherung

Die besondere Bedeutung der Gleichgewichtsthematik lässt sich auch in unserem Sprachgebrauch ablesen. Unsere Alltagssprache ist von Begriffsbedeutungen, die in einem Zusammenhang mit dem *Gleichgewicht* stehen, regelrecht durchsetzt (vgl. hierzu vor allem Hotz 2000). Begriffe wie z.B. *Ausgleichen*, *Abgleichen* oder *Angleichen* deuten darauf hin, dass wir uns in vielen Situationen darum bemühen, Differenzen zu überbrücken und zu minimieren, um aus Unterschieden Gleichgewichte herzustellen. In diesem Sinne findet beispielsweise in der Politik und Wirtschaft der Interessensbzw. Finanzausgleich statt, in den Umweltwissenschaften kennzeichnet das Gleichgewicht die Ökosysteme, und immer wenn es verloren zu gehen droht, ist das gesamte Ökosystem in Gefahr. Ähnlich ergeht es unseren körperlichen und psychologischen Lebensfunktionen. Denn auch dort werden Differenzen und Spannungen – im Sinne der Gesundheit – immer wieder ausgeglichen. Dabei reagieren unsere Körperfunktionen ausgesprochen schnell und sensibel, wie sich am Beispiel der Blutzuckerregulation oder an der Regulation der Körpertemperatur sehr eindrücklich nachvollziehen lässt. Aber auch im psychischen Bereich haben wir Strategien entwickelt, die es uns erlauben, seelische Ungleichgewichte oder Missstimmungen auszugleichen und in mehr oder weniger harmonische Zustände zu überführen. Im Zuge des Herstellens, Haltens und erneuten Verlierens solcher Gleichgewichtszustände beeinflussen sich beide Ebenen auch gegenseitig. Wenn z.B. eine Körperfunktion aus dem Gleichgewicht fällt, dann wirkt das auch psychisch verunsichernd und führt zu Verhaltensänderungen. Und auch umgekehrt, der Verlust des seelischen Gleichgewichts zeigt zuweilen Auswirkungen auf der körperlichen Ebene. Erst dann, wenn es überhaupt keine Differenzen mehr gibt, befinden wir uns in einem andauernden Gleichgewichtszustand. Da so etwas in allen Lebensbereichen zu Stillstand und Langeweile führt, scheint es so, als müssten wir uns immer wieder auf die Suche nach Differenzen begeben, um unser *Sich-Bewegen* wieder interessant zu machen.

2.2.1 Gleichgewicht und *Bewegen*

Die durch das Aufsuchen von Differenzen mögliche Überwindung von Gleichgewichtszuständen kommt auch in der sprachlichen Analyse des Gleichgewichtsbegriffs zum Vorschein. Der Begriff steht in einem engen Zusammenhang mit dem der *Waage* und darüber mit dem Vorgang des *Wägens*, der wiederum in enger Beziehung mit dem *Bewegen* steht (vgl. Kluge 2002; Hotz 2000). Im Auspendeln der Waagschalen steckt Bewegung. Das Gewicht wird also über die Bewegung herausgefunden und zwar so lange, bis sich die Schalen eben nicht mehr bewegen und sich in einem Gleichgewicht eingependelt haben. Dieser Gleichgewichtszustand ist höchst labil, was man vor allem bei sensiblen Waagen erkennen kann, denn kleinste Erschütterungen oder Luftzüge genügen bereits, um ein erneutes Auspendeln zu provozieren. Das durch Abwägen zustande kommende Gleichgewicht ist also immer nur ein flüchtiger und deshalb äußerst unsicherer Zustand. Genauso wie unsere Bewegungen, was man z.B. beim Spazierengehen oder auch beim Laufen bemerken kann. Schließlich gleichen wir bei jedem Schritt mit den Armbewegungen oder einer Körpervorlage die Veränderung des Körperschwerpunktes aus. Dabei scheinen diese permanent ablaufenden

Ausgleichsfunktionen derart selbstverständlich, dass wir deren Bedeutung zumeist erst dann erkennen, wenn das Gleichgewicht kurzzeitig verloren geht. Wer z.B. stolpert und aus dem Tritt kommt, *fängt sich ab* und weiß um die allgegenwärtige Präsenz des Zusammenhangs zwischen dem *Gleichgewicht* und dem *Bewegen*.

Was die Metapher der Waage für die konkrete und lebendige Bewegungspraxis von Kindern bedeuten kann, soll im Folgenden anhand eines Fallbeispiels aus dem Sportunterricht in einer dritten Grundschulklasse herausgearbeitet werden (vgl. Lange 2007c).

2.3 Zum Abwägen in der kindlichen Bewegungspraxis

„Peter und Christine steigen gemeinsam auf die – bis jetzt noch schräg stehende – Langbank auf. Die Bank wippt in der Mitte über einem Sprungbrett und wird vorerst durch das Gewicht der beiden Kinder auf einer Seite stabil unten am Boden gehalten. Da die Bank umgedreht auf dem Sprungbrett liegt, steht als Balancierfläche nur der schmale Mittelbalken der Bank zur Verfügung. Die beiden Drittklässler gehen sehr langsam los. Peter bleibt ganz dicht hinter Christine, und beide warten während ihres langsamen Nach-vorn-Tippelns gespannt auf das Bewegen der Bank. Ihre Füße scheinen jedes Vibrieren sofort zu registrieren. Peter bleibt plötzlich stehen und ruft Christine zu: `Halt an, sie kippt um!' In der Tat, in diesem Moment beginnt die Bank sich zu bewegen, sie löst sich vom sicheren Boden. Christine spielt mit dieser Bewegung und verlagert ihr Gewicht auf das vordere Bein. Die Bank geht weiter in die Schwebe und Peter schließt ganz hastig zu seiner Mitschülerin auf. In dem Moment ist das Spiel der Bank vorbei, denn sie kippt nach vorn auf den Boden und bietet erneut sicheren Halt. Die beiden Kinder gehen weiter, steigen von der Bank ab und versuchen weitere Durchgänge. Während all ihrer Versuche erweist sich der Moment, in dem die Bank zu kippen beginnt, als die herausragende Bewegungsattraktion, die von den Kindern immer schneller aufgesucht und immer verspielter ausgedehnt wird. Schon nach dem dritten Durchgang gehen beide Kinder ziel- und sinnessicher in die Mitte der Langbank hinein und variieren durch das Verlagern ihres gemeinsamen Körperschwerpunktes immer wieder das Spiel dieser Wippe."

2.3.1 Suchen von Differenzen

In dem Fallbeispiel dieser beiden Kinder wurde die Suche nach Differenzen und der motorische Umgang im Sinne des Ausgleichens dieser Differenzen besonders anschaulich. Letztlich haben die beiden Grundschüler mit ihrem gemeinsamen Körperschwerpunkt gespielt, und dieses Spiel konnte nur wegen der kippligen Konstruktion der Wackelbank sichtbar werden. Wären die beiden einfach so durch die Turnhalle spaziert, hätten sie zweifelsohne ebenfalls einen Körperschwerpunkt von A nach B gebracht. Allerdings wäre der in der sicheren Umgebung, d.h. angesichts des festen Bodens unter ihren Füßen, für sie niemals sichtbar geworden. Durch ihr Vorangehen auf der Wippbank wurde der gemeinsame Schwerpunkt immer weiter nach vorn verlagert. Bis zu der Stelle, an der dieser Schwerpunkt sich genau in der Mitte des Systems befunden und deshalb die Langbank zunächst zum Schweben über dem Sprungbrett und schließlich noch zum Umkippen gebracht hat. Das sensible Herausfinden dieses Punktes hat sich als besonders spannende Bewegungsaufgabe herausgestellt. Dabei haben die beiden zusehends die Sicherheit des Hinaufgehens riskiert und andererseits den Moment des Kippens als sicht- und eindrücklich spürbare Bewegungsattraktion gewonnen.

Da der Zusammenhang zwischen dem, was die Kinder während dieser Bewegungssituation getan haben, und dem, was ihr Tun dabei bewirkt hat, für die beiden ganz offensichtlich wurde, konnten sie hier Selbstwirksamkeit erfahren und im Zuge des Balancierens Bewegungssinn entdecken. Dass sie an dieser Station Interesse gefunden und immer wieder neue Versuche gewagt haben, lag unter anderem daran, dass sie sich immer weiter in den Zusammenhang aus Spüren und Bewirken vertiefen konnten. Sie haben von Versuch zu Versuch immer genauer herausgefunden, wie sich z.B. die wacklige Bank unter ihren Füßen anfühlt, was das schnelle Vorlaufen ihres Partners bewirkt oder wie sie sich vor dem Herunterfallen bewahren können, wenn sie auf bestimmte Weise in die Knie gehen, während die Bank umkippt. Diesen Prozess kann man getrost unter dem Stichwort *Bewegungslernen* zusammenfassen. Die Kinder haben Gefallen an dieser Bewegungsaufgabe gefunden, sie sind an dieser Sache (Balancieren) dran geblieben und haben durch ein verspieltes Abwägen (Hin- und Herpendeln) im Spannungsfeld zwischen ihrem bisher einverleibten Schatz an Bewegungserfahrungen (eigenes Können) und dem Reiz des Neuen gelernt. Da dieser Vorgang das Bewegungslernen von Kindern modelliert, lässt er sich wiederum trefflich in der Metapher einer Waage abbilden (vgl. Abb. 26).

2.4 Gleichgewicht als lebenslanges Lernthema

Der oben skizzierte Prozess des neugierigen und gewagten Auspendelns bzw. Bewegungslernens durchzieht unsere Entwicklung als lebenslanges Thema. Wenn Kinder während der ersten Lebensmonate ihren Kopf heben oder sich aufrichten wollen, spielen sie bereits mit den Widerständen der Schwerkraft und setzen sich zugleich mit ihrem Gleichgewicht auseinander. Auf diese Weise gelingt es ihnen beispielsweise, schon nach etwa zehn Monaten die krabbelnde Fortbewegung hin und wieder aufzugeben und in den halbwegs sicheren Stand auf zwei Beinen zu kommen. Dieser Zweibeinstand ist anfangs längst nicht so sicher und stabil wie die bis dahin bekannte Position im Liegen. Er wird aber durch das vorsichtige Verlagern des Körperschwerpunktes und das An- und Entspannen der Muskulatur differenziert auf die Probe gestellt und schließlich von Tag zu Tag immer sicherer. Deshalb können auch die Hand eines Erwachsenen oder der Halt an einem festen Gegenstand (Tisch, Stuhl, Schrank usw.) immer häufiger aufgegeben werden. Ab diesem Zeitpunkt wird das Spiel mit dem Gleichgewicht besonders offensichtlich, denn Kleinkinder versuchen, sich in dieser aufrechten Position regelrecht einzupendeln. Das Spiel mit dem Gleichgewicht mündet denn auch bald in die ersten wackligen Schritte, mit denen sie sich stolpernd und laufend auf den Weg durch die elterliche Wohnung machen. Dabei riskieren sie immer wieder labile Augenblicke, in denen sie sich nur auf ein Bein stützen, während das zweite Bein nach vorn schwingt und neuen Halt sucht. Der Wechsel zwischen labilen und kurzzeitig stabileren Augenblicken macht einen spannenden Prozess der kleinkindlichen Gleichgewichtsfindung aus. Hierbei riskieren sie viel, denn diese Versuche werden immer wieder durch Stürze oder halbwegs unkontrollierte Weisen der Streckenfindung unterbrochen.

2.4.1 Grenzerweiterungen im Spiel mit dem Gleichgewicht

Das Spiel mit dem Gleichgewicht wird im Laufe der (kindlichen) Entwicklung immer weiter ausdifferenziert und niemals beendet. Selbst wenn das Gehen irgendwann halbwegs sicher beherrscht wird, suchen Kinder abseits der asphaltierten Wege, an Böschungen, im Garten, auf Spielplätzen, im Wald oder aber an der Wippbank – wie das oben skizzierte Fallbeispiel aus dem Grundschulsport gezeigt hat – nach herausfordernden Streckenführungen, die das sichere Geradeausgehen zu einem neuen Wagnis werden lassen. Darüber hinaus werden auch andere Weisen der Fortbewegung interessant.

Kinder thematisieren während ihres alltäglichen Bewegens und Spielens den Wechsel zwischen stabilen und labilen Augenblicken immer wieder. Beispielsweise beim Erlernen des Roller- oder Radfahrens, wo sie gleich nach den ersten Erfolgserlebnissen immer mehr ausprobieren und wagen (z.b. freihändiges Fahrradfahren). Sie riskieren ihr Gleichgewicht, auch wenn sie auf Bäume oder über Zäune klettern, wenn sie über Hindernisse springen oder wenn sie z.b. während eines Fangspiels vor jemandem davonlaufen und versuchen, den Verfolger durch eine unerwartete Finte abzuschütteln.

2.5 Sport als herausforderndes Gleichgewichtsthema

Die Übergänge zwischen dem alltäglichen Bewegungsspiel der Kinder und dem kulturell geformten Gelegenheiten des Sporttreibens verlaufen fließend, weshalb auch das Interesse am Spiel mit dem eigenen Gleichgewicht als Grundthema des *Sich-Bewegens* auch im Sport erhalten bleibt. So bietet das Sporttreiben eine Vielzahl an Möglichkeiten, die Gleichgewichtsthematik gezielt und differenziert zu vertiefen. Dabei scheinen die motorischen Schwierigkeiten, die typische Gleichgewichtssituationen an die Sportler stellen, als besondere Herausforderungen. Beispielsweise finden Turner am Dosieren des Schwingens oder Auspendeln des Haltens und Stützens, Schwimmer am Gleiten, Radfahrer am Aufrechterhalten des dynamischen und Akrobaten am Aufrechterhalten des statischen Gleichgewichts Interesse.

Bei genauerer Betrachtung scheint die Gleichgewichtsthematik in jeder Bewegung enthalten zu sein und sollte nicht zuletzt wegen des fruchtbaren Potenzials selbstbestimmten Bewegungslernens auch für schulische Lernprozesse zum Vorbild genommen werden. In diesem Zusammenhang lohnt sich auch ein Blick in die Praxis jugendkultureller Bewegungsszenen. In vielen Trendsportarten rangieren nämlich motorische Herausforderungen, die die Gleichgewichtskompetenzen der Sportler betreffen, an vorderster Stelle des Anforderungsprofils. Surfen, Inlinern, Snow- und Skateboardfahren stehen dabei als Stellvertreter der populärsten Trendsportarten, die sich in motorischer Hinsicht in Form des variantenreichen Rollens, Gleitens, Slidens, Power Grindens usw. als regelrechte Gleichgewichtssportarten auszeichnen. Der Verweis auf diese ausgewählten Attraktionen jugendkultureller Bewegungspraxis mag als Indiz für die faszinierende und Bewegungsinteresseweckende Bedeutung der Gleichgewichtsthematik genügen und soll als Anstoß für das Vertiefen in den vermeintlichen Kern der Gleichgewichtsthematik genommen werden.

2.6 Zum Kern der Gleichgewichtsthematik

Das Gleichgewicht wird gegen die Schwerkraft der Erde aufrecht erhalten und ist deshalb untrennbar an die Entwicklungsgeschichte des Menschen und an den Erwerb des aufrechten Ganges gebunden. Obwohl es sich trainieren lässt, können nach einem kontinuierlich und planmäßig betriebenen Gleichgewichtstraining – anders als nach einem Ausdauer- oder Krafttraining – keine morphologischen Veränderungen am Gleichgewichtsorgan nachgewiesen werden. Da eindeutige physiologische Referenzen wie z.B. Veränderungen des Hämoglobingehalts im Blut oder vergrößerte Muskeln fehlen, verbleiben trainingswissenschaftliche Definitionen entsprechend unverbindlich, wie u.a. die Definition von Mester (2003, 227) zeigt:

„Die dennoch zu beobachtende hohe Leistungsfähigkeit von Sportlern in gleichgewichtsabhängigen Sportarten ist vermutlich auf das präzise Zusammenspiel einer Vielzahl sensorischer Systeme, funktional angepasster Körperstellreflexen und einer entsprechenden muskulären Leistungsfähigkeit zurückzuführen."

2.6.1 Physikalischer Ansatz: Schwerkraft

Da sich im trainingswissenschaftlichen Bereich keine verbindlichen Referenzen finden lassen, die die Entwicklung des Gleichgewichts ursächlich erklären könnten, rückt das physikalische Prinzip der Schwerkraft in den Fokus. Die Schwerkraft kann nämlich auch in den Bewegungswissenschaften als physikalische Konstante herangezogen und deshalb als naturwissenschaftliche Basis des Gleichgewichts verstanden werden. Sie ist letztlich als Ursache dafür anzuführen, dass sich der menschliche Körper während vieler Situationen in einer labilen Gleichgewichtslage befindet. In der Sprache der Biomechanik heißt es denn auch, dass die Aufrechterhaltung des Gleichgewichts nur durch ständige Regulationsprozesse gewährleistet wird, wenn sich der Körperschwerpunkt (KSP) oberhalb der Unterstützungsfläche befindet (vgl. Hochmuth 1981, 50). Das Gleichgewichtsproblem verändert sich bereits durch geringfügige Massenverschiebungen im Körper während des Stehens (Atmung und Herzschlag) und wird noch weitaus schwieriger, wenn die Unterstützungsfläche, auf der der Balancierende gerade steht, kleiner und/oder die Lage des KSP über der Unterstützungsfläche höher wird (z.B. in aufrechter Haltung auf einer schmalen Balancierstange gehen). Vor dem Hintergrund dieser physikalischen Voraussetzungen lassen sich bereits die ersten groben Anhaltspunkte für die Methodik der motorischen Gleichgewichtsentwicklung festhalten:

- Im *Sich-Bewegen* gibt es keine stabilen Gleichgewichtszustände. Die Sich-Bewegenden müssen ihren Gleichgewichtsstatus selbst bei einfachen Bewegungsaufgaben immer wieder aufs Neue regulieren und einpendeln.
- Je schmaler die Unterstützungsfläche, desto größer das Gleichgewichtsproblem.
- Je höher sich der Körperschwerpunkt über der Unterstützungsfläche befindet, desto größer wird das Gleichgewichtsproblem.

2.6.2 Bewegungspädagogischer Fokus

Wenn man sich dem Bewegungsproblem des Balancierens aus der Innensicht des *sich bewegenden* Kindes anzunähern gedenkt, dann verliert das in der Motorikforschung und Trainingswissenschaft gebräuchliche allgemeine Konstrukt der so benannten *Gleichgewichtsfähigkeit* ein Großteil seiner Bedeutung. Statt des Allgemeinen interessiert in der Pädagogik nämlich das Besondere, das während der vielen verschiedenen Situationen des Sportunterrichts für die Schüler thematisch geworden ist. Die Frankfurter Sportpädagogin Heide-Karin Maraun (1984, 10) hat diese Perspektive treffend auf den Punkt gebracht: Sie opponiert gegen eine an der Außensicht orientierte vermethodisierte Gleichgewichtsschulung.

> „*Vielmehr sollen das Bewegungsproblem und daran geknüpfte Bewegungserfahrungen des Gleichgewichthaltens gleichsam ‚von innen' als Grunderfahrungen des sichbewegenden Subjekts betrachtet werden.*" (Maraun 1984, 10).

In der Konsequenz dieser Position soll die bewegungspädagogische Aufmerksamkeit auf die balancierenden Kindern fokussiert werden. Dabei sollen ihre Bewegungsneugierde und ihr Erfindungsreichtum, den sie bei der Auseinandersetzung mit Balanciergelegenheiten entwickeln können, in den Fokus der bewegungspädagogischen Analyse rücken. Es gilt, die Beweggründe ihrer Bewegungslust so genau wie möglich offenzulegen, um sie als Anhaltspunkte für die Planung und Inszenierung von Sportunterricht fruchtbar machen zu können.

2.6.3 Sensibilität und Körpererfahrung

Damit ist auch die Sphäre der Körpererfahrung angesprochen, denn Gleichgewichtsschulung und -entwicklung kann nur auf der Basis sensiblen Spürens stattfinden. Metaphorisch gesprochen: Die Kinder befragen durch ihre Bewegungen die Gleichgewichtssituation, d.h. die Geräte und Aufbauten, und erhalten durch die Widerstände und Anforderungen, die von den Geräten, Stationen und Aufbauten ausgehen, eindeutige Antworten. Wenn also beispielsweise der kleine Paul auf einer schmalen Eisenstange, die in circa 15 Zentimetern Höhe über dem Hallenboden zwischen zwei Holzklötzen steht, balancieren möchte und erstmals mit seinen Füßen aufzusteigen versucht, dann befragen seine Füße die Griffigkeit und Breite der Stange. Die Antworten bekommt er nach und nach über das Spiel mit Versuch und Irrtum heraus. Sobald er also ein Gleichgewicht zwischen den Anforderungen, die die jeweilige Sachlage (z.B. der Aufbau einer Balancierstation) an ihn stellt, und seinen Balancierfähigkeiten hergestellt hat, ist er in der Lage, es aufs Spiel zu setzen. Er verändert deshalb die Bewegungsaufgabe, um in dieser Situation etwas Neues in Erfahrung bringen zu können. Mit Blick auf das Beispiel mag das bedeuten, dass Paul nach den ersten erfolgreichen Balancierschritten versucht, mit geschlossenen Augen weiterzubalancieren, weil das Schließen der Augen das Bewegungsproblem vergrößert.

2.7 Bestimmung des Bewegungsproblems

Wenn man der bis an diese Stelle entfalteten Idee des Situations- und Fertigkeitsbezugs der verschiedenen Gleichgewichtskompetenzen folgen mag, dann lässt sich auch nachvollziehen, weshalb man in der Bewegungserziehung für jede Gleichgewichtsaufgabe immer wieder aufs Neue herausfinden muss, was das zentrale Bewegungsproblem an der jeweiligen Station bzw. während der jeweiligen Gleichgewichtssituation ist. Damit schließt sich ein Kreis, denn die Analyse der jeweiligen Bewegungsproblematik lässt sich keinesfalls auf der abstrakten, sportwissenschaftlichen Ebene situationen- und geräteübergreifend festlegen. Im Gegenteil, das zentrale Bewegungsproblem muss für jeden Aufbau und für jede Situation präzise bestimmt werden. Dabei orientieren wir uns an Fragen wie den folgenden: Worum geht es und worauf kommt es an, wenn jemand in den verschiedenen Situationen sein Gleichgewicht riskiert und zu balancieren beginnt? Ist es in jeder neuen Situation etwas anderes oder lässt sich situationen- bzw. stationenübergreifend so etwas wie ein Kern bzw. ein zentrales Bewegungsproblem herausarbeiten und beschreiben?

2.7.1 Ein Beispiel zur Problemanalyse

Im Zuge der Analyse konkreter Bewegungspraxis wird sich zeigen, dass in Situationen, in denen Kinder beispielsweise auf Linien entlang durch die Halle laufen sollen, gar kein Balancierproblem besteht. Die Analyse des Bewegungsproblems zeigt nämlich, dass Kinder während des Linienlaufens höchstens ein Orientierungsproblem haben. Das Gleichgewichtsproblem wird schließlich erst dann sicht- und spürbar, wenn man sein Gleichgewicht aufs Spiel setzen muss, d.h., wenn man es auch verlieren kann, wie das beispielsweise beim Balancieren auf den hohen und schmalen Barrenholmen der Fall sein mag. Das Bewegungsproblem liegt hier einerseits im Überwinden der relativen *Höhenangst* und andererseits auch im Herausfinden der Unterstützungsfläche auf den schmalen, parallel angeordneten Barrenholmen. Die Kinder müssen ihren Körperschwerpunkt während jedes Schrittes immer wieder neu über diesen Holmen auspendeln und mit den Fußsohlen sensibel herausspüren, wo genau die Widerstände sind, die ihnen Halt geben. Wenn sie diese Anforderung sicher beherrschen, macht es für sie Sinn, das Bewegungsproblem weiter zu erschweren. Beispielsweise indem sie Schaumstoffblöcke weitergeben und über den Barren transportieren, auf dem sie gerade balancieren.

2.8 Eine Beobachtungsstudie und Problemanalyse aus dem Bewegungsunterricht

Im Folgenden wird eine ausführliche, phänomenologisch orientierte Beobachtungsskizze aus dem Grundschulsport vorgestellt, in deren Verlauf das jeweilige Bewegungs- bzw. Balancierproblem herausinterpretiert wird.[69]

---

[69] Bei den folgenden Ausführungen handelt es sich um eine überarbeitete Fassung der folgenden Beiträge: Lange, H. (2007c). Balancieren. Eine phänomenologische Annäherung und Analyse des zentralen Bewegungsproblems. *Sportpraxis*, 48 (2), 18 – 14. Lange, H. (2007d). Balance suchen, halten und aufgeben. Die Kinder der 3b riskieren ihr Gleichgewicht. In M. Jakob (Hrsg.), Lerngeschichten (S. 91 – 100). Baltmannsweiler: Schneider.

An einem Dienstagvormittag ereignete sich ein überaus gelungener Unterricht, dessen Attraktivität in erster Linie dem Thema *Balancieren* zuzuschreiben war. Es handelte sich um ein erfahrungsoffenes Unterrichtsarrangement. Den Schülern wurden an verschiedenen Balancierstationen offene Bewegungsaufgaben geboten. Von den Geräteaufbauten ging ein ausgesprochen hoher Aufforderungscharakter aus, was die Kinder während des gesamten Unterrichts dazu herausforderte, ihr Gleichgewicht immer wieder auf neue Weise zu riskieren.

Die Lehrerin hatte vor dem Stundenbeginn zehn Stationen aufgebaut, an denen die Drittklässler in der besagten Sportstunde üben und lernen sollten. Das Stundenthema lautete ganz schlicht *Balancieren*, und die Bewegungsaufgabe war an allen Stationen die gleiche: Die Kinder sollten ihr Gleichgewicht finden, halten und erproben, wenn sie sich an den Geräteaufbauten (Stationen) bewegten. Dabei wurde gleich in den ersten Minuten des Unterrichts sichtbar, dass die Kombination aus *Gleichgewicht halten* und *Sich-Bewegen* unweigerlich in einem Prozess aufging, in dem die Kinder ihr Gleichgewicht niemals nur gehalten und gesichert, sondern immer wieder riskiert und aufs Spiel gesetzt haben. Die beobachtbare Dynamik aus *Gleichgewicht finden, aufgeben* und *wieder neu finden* lässt sich im Zuge der sichtbaren Kontinuität und Verspieltheit durchaus als Prozess verstehen, für den die treffende Bezeichnung *Balancieren* steht.

2.8.1 Vielfältiges Balancieren

Nachdem die Kinder endlich mit dem Ausprobieren, Üben und Variieren an den zehn Stationen begonnen hatten, sah es für den Beobachter des Unterrichts allerdings längst nicht mehr so aus, als würden sie tatsächlich alle *das Gleiche* tun, denn sie haben ihr Gleichgewicht an jeder Station auf eine andere Weise riskiert und aufs Spiel gesetzt. Die Differenzen zwischen den verschiedenen Balanciersituationen deuten auf ein differenziertes Erfahrungspotenzial hin. Die Kinder verstehen es nämlich, sich in die besonderen Anforderungsstrukturen der jeweiligen Balanciersituationen sensibel einzuspüren. Darüber hinaus können sie sich aber auch sinnessicher in den neuen, sich plötzlich verändernden Gleichgewichtssituationen orientieren und situativ variabel bewegen. Diese Tatsache beschränkt die Relevanz und Reichweite von Erklärungs- bzw. Theorieansätzen zur Gleichgewichtsthematik, die aus dem Feld der Motorikforschung und Biomechanik stammen (vgl. u.a.: Fetz 1986; 1987; Mester 1988; 2003). Hier wird die Aufmerksamkeit auf die Beschreibung des Übergreifenden und Allgemeinen gerichttet. Mit dem Terminus der so benannten *Gleichgewichtsfähigkeit* steht denn auch ein Begriff parat, der einerseits zwar auf etwas Abstraktes und Verbindendes in diesem Feld der motorischen Kompetenz verweist, andererseits aber am wesentlichen, die Neugierde der Kinder herausfordernden und die Attraktivität der Sachlage bestimmenden Moment vorbeigeht. Genau an dieser Stelle wird die Gleichgewichtsthematik für die Bewegungspädagogik interessant, weshalb diese Phänomene genauer eingegrenzt werden müssen. Deshalb werden im Folgenden erste phänomenale Szenen zum Spiel der Kinder in den verschiedenen Gleichgewichtssituationen portraitiert. Diese Skizzen müssen selbstverständlich auf der Basis weiterer Beobachtungsstudien noch differenzierter und tiefer gehender präzisiert werden. Sie genügen allerdings, um erste Besonderheiten des kindlichen Spiels mit dem Gleichgewicht zu sichern, die in Abbildung 27 noch einmal verdichtet und übersichtlich dargestellt werden.

Lisa balanciert am Barren in die Höhe

„Die Barrenholme sind an einem Ende ganz tief und am anderen Ende sehr hoch gesteckt, sodass Lisa mutig die Holme hinaufklettern muss. Ihre Freundin Solaya steht gespannt hinter ihr und schaut zu, wie Lisa auf allen Vieren Stück um Stück höher klettert. Das Ende dieser Barrenkonstruktion ist circa doppelt so groß wie Lisa selbst. Von hier aus kann sie hinunter auf eine große Weichbodenmatte springen. Genau das hat Lisa vor, weshalb sie – oben angekommen – vorsichtig die Hände von den Barrenholmen nimmt und ihr Gleichgewicht behutsam auspendelt. Dabei geht sie ganz langsam nach vorn bis an die Kante der beiden Holme. Von einem lauten Jauchzen begleitet springt sie ab, fliegt durch die Luft und landet schließlich sanft auf der Matte. Unten angekommen, sprintet sie sofort wieder zurück an den Start und wartet ungeduldig ab, bis Solaya endlich oben angekommen und abgesprungen ist. Die im Zuge dieser Stationsarbeit be-

obachtbare Spannung entsteht vor allem während der letzten 30 Zentimeter der Balancierstrecke. Hier erst verlässt Lisa den halbwegs sicheren Vierfüßergang und riskiert es, sich aufzurichten und langsam nach vorn zu gehen. Nach einigen Versuchen hat sie herausgefunden, dass sie besonders weit springen kann, wenn sie sich beim Absprung mit beiden Füßen von den Kanten der Holme abdrücken kann. Folglich balanciert sie während der nächsten Versuche bis an die allerletzte Kante der Holme heran, bevor sie mit viel Schwung zum Abflug startet. Die Spannung der gesamten Station kumuliert sich gewissermaßen auf den letzten 30 Zentimetern bzw. am Schluss sogar auf den letzten fünf Zentimetern während des Aufrichtens und Schwungholens."

Erdbeben

„An dieser Station sitzen sechs Kinder um eine Weichbodenmatte herum. Unter der Matte liegen mehrere Medizin- und Basketbälle, und jedes Kind fasst die Matte an einem Griff an. Tobias stellt sich oben auf die Matte und geht auf dem wackligen Untergrund hin und her. Nachdem er den ungewohnten Untergrund erkundet hat, gibt er seine vorsichtige, gebückte Körperhaltung auf und streckt sich mehr und mehr in die Aufrechte. Bevor ihm dieses Gehen langweilig wird, beginnen die Mitschüler an der Matte zu ziehen. Weil jeder auf seine Weise zieht, resultiert ein unrhythmisches Hin und Her, und es fällt Tobias sehr schwer, sein Gleichgewicht zu halten. Er kann die Bewegungen des Weichbodens nicht voraussehen und muss deshalb zumeist ganz spontan ausgleichen. Doch auch hier schafft er es nach einiger Zeit, sich einmal für kurze Zeit ganz aufzurichten. Diese Versuche werden durch die Ungewissheit des wackligen, jeden Schritt

nachgebenden Untergrundes erschwert, weshalb Tobias mit fast jedem Schritt immer auch spontane Ausgleichsbewegungen einleiten muss. Er kann sich niemals auf die trügerische Sicherheit der flachen und so glatt aussehenden Weichbodenmatte verlassen."

Esther riskiert den Gang über die Rollbank

„Esther kennt das Balancieren auf der Langbank, und sie hat auch schon mehrmals den Schwebebalken als Balanciergelegenheit ausprobiert. Deshalb bereitet ihr die schmale Balancierfläche einer umgedrehten Langbank zunächst keine Probleme. Doch schon der erste Schritt vom kleinen Turnkasten auf die auf runden Holzstäben gebettete Langbank zeigt ihr unmissverständlich, dass sie ihr sicher geglaubtes Gleichgewicht an dieser Station von Anfang an aufs Spiel setzen muss. Die Bank gibt nämlich nach und rückt ein kleines Stück nach vorn. Esther zieht hastig den zweiten Fuß vom Turnkasten nach vorn auf die Langbank, woraufhin die Bank noch einmal einen kleinen Schub nach vorn unternimmt. Obwohl sich die Bank nur minimal bewegt, wird Esther hiervon sehr überrascht und scheint ihr Gleichgewicht zu verlieren. Sie geht ein Stück weit in die Knie, schwankt mit dem Oberkörper deutlich nach links, beschreibt eine Figur, die einem Fragezeichen ähnelt, und pendelt mit den Armen. Geschafft, die Bank bewegt sich nicht weiter, Ester steht auf einmal recht sicher und wagt sich, weiter nach vorn zu gehen. Dabei passiert nichts Außergewöhnliches mehr, denn Esther geht sehr vorsichtig. Es scheint, als würde sie der Bank mit ihren Fußsohlen befehlen wollen `Beweg dich nur nicht noch mal nach vorn!´.

Im zweiten Durchgang gelingt ihr das Aufsteigen weitaus gelassener. Die Bank bewegt sich zwar, aber Esther pendelt ihr Gleichgewicht recht unspektakulär wieder ein. Sie geht bis zur Mitte der Bank, steigert dabei die Gehgeschwindigkeit und bleibt plötzlich stehen. Es ruckt, und die Bank wird ein Stück weit über die Stäbe nach vorn gerollt. Esther lacht und schwingt gleich noch mal mit ihrem Körper vor und zurück. Da sie nun länger auf der Bank bleibt, ist Tom nachgegangen und versucht durch ruckartiges Bewegen, Esther aus dem Gleichgewicht zu bringen. Beide stehen nun in der Mitte der Rollbank und wippen so lange hin und her, bis Esther herunterfällt. Auch wenn diese Balanciersituation auf den ersten Blick ganz einfach aussieht, weckt das leichte 'nach vorn' bzw. 'nach hinten' Rollen der Langbank Interesse bei den Kindern. Diese geringfügigen Bewegungen der Bank werden durch ihren Abdruck während des Aufsteigens bzw. während des Balancierens provoziert. Aus diesem Grund versuchen die Kinder, ihre Füße im Laufe des Übens immer differenzierter aufzusetzen und abzudrücken, um genau herausspüren zu können, was sie mit jedem Schritt hinsichtlich der ungewohnten Bankbewegung bewirken."

Rudi und Ahmet wagen sich auf den Schwebebalken

„Rudi hat den Schwebebalken schon längere Zeit beobachtet und macht sich gemeinsam mit Ahmet auf den Weg zu diesem vergleichsweise hoch stehenden Balanciergerät. Beide haben gesehen, was ihre Mitschüler gerade an dieser Station ausprobiert haben, und sie trauen sich nun auch, auf dieses Gerät – das fast so hoch ist wie sie selbst – hinaufzuklettern. Ahmet geht voran, und Rudi klettert ihm nach. Die Lehrerin hatte ihnen zugesagt, ihre Balancierwege von unten aus zu begleiten, Ahmet hat ihre sichernde Hand von vornherein abgelehnt

und Rudi benötigte sie nur zur Absicherung des Aufstiegs. Während Ahmet mutig und zügig den Balken überquert und am anderen Ende herunterspringt, wird Rudi während der gesamten Wegstrecke von der Lehrerin begleitet. Allerdings nur während des ersten Durchgangs, danach geht auch Rudi ganz allein und von Mal zu Mal schneller über den Balken. Der stabile Balken suggeriert eine gewisse Sicherheit, weshalb sich die beiden Jungs während ihrer Versuche immer wieder auf sich selbst und auf ihre Kunststücke, die sie während des Balancierens ausprobieren, konzentrieren können. Anfangs spielen sie mit der Geschwindigkeit, dann mit der Bewegungsrichtung und schließlich versuchen sie während des Gehens, unterschiedliche Materialien im Objektgleichgewicht zu balancieren."

Tuncay und die anderen kosten den Schwung des Rollbretts aus

„Tuncay kniet sich sofort auf das Rollbrett, holt mit dem rechten Bein viermal Schwung und rollt danach so weit es geht über den Hallenboden. Die von der Lehrerin aufgestellten Markierungskegel interessieren ihn zunächst ebenso wenig wie die lauten Rufe und Forderungen der Mitschüler, die es nicht erwarten können, bis er das Brett freigibt, damit auch sie eine Runde ausprobieren können. Da Benni, Ramon und Sarah gleichzeitig mit den Rollbrettern unterwegs sind, wird es in dem Teil der Halle, der für diese Bretter vorgesehen ist, recht eng. Auch wenn sich die Kinder manchmal sehr nahe kommen, stoßen sie nicht aneinander. Tuncay unternimmt noch ein Wettrennen mit Sarah, bevor er das Brett dann an seinen Freund Johann weitergibt. Währenddessen hat Isabell eines der Springseile aufgenommen und ver-

sucht damit, Sarah samt Rollbrett durch die Halle zu ziehen. Johann bemerkt diese Zugmöglichkeit und will sich noch an Sarahs Brett anhängen. Das lässt Isabell aber nicht zu, sie will jetzt auch mal fahren.

Der Reiz dieser Balanciersituation gründet im Genuss des schnellen Rollens, das sich die Kinder durch kräftiges und geschicktes Anschieben erarbeiten müssen. Sobald sie den Bodenkontakt aufgeben und das Anschieben beenden, überlassen sie sich der beschleunigten Eigengesetzlichkeit des Rollbretts. Sie finden im Laufe ihrer Versuche immer sicherer den Zusammenhang zwischen dem Abdrücken und dem dadurch bewirkten Rollenvortrieb heraus."

Bernd wagt sich auf die hohe Reckstange

„Die Station mit der Reckstange sieht besonders schwierig aus. Bernd meint spontan, dass das etwas für den Zirkus sei und macht sich auf den Weg, sein Zirkuskunststück auszuprobieren. Dabei ist es ihm wichtig, dass ihm die Lehrerin behilflich ist und ihm die Hand gibt, denn sonst würde er sofort herunterfallen. Mithilfe der Lehrerin ist die Aufgabe aber ganz einfach, fast so wie auf dem Schwebebalken, denn sie gibt ihm so viel Halt, dass er nie Gefahr läuft, sein Gleichgewicht zu verlieren. Deshalb löst er beim zweiten Versuch den Händegriff etwas auf. Er hält zwar noch Kontakt, drückt aber seine Hand nicht mehr so fest zu. Bis auf ein- oder zweimal, als das Gleichgewicht verloren zu gehen droht. Danach will er ganz allein probieren. Die Lehrerin steht im Abstand von knapp zwei Metern daneben und beobachtet ihn. Bernd stellt sich auf die Stange und balanciert – auf der Höhe des Kastens – sein Gleichgewicht aus, sodass er zunächst nicht absteigen muss. So hält er sich eine Weile, bevor er dann einen *vorsichtigen und gleich danach noch zwei ganz schnelle Schritte auf der Stange wagt und schließlich abspringen muss. An dieser Station stellt die sehr schmale Unterstützungsfläche (Reckstange) interessante Anforderungen an die Kinder. Durch die Hilfe der Lehrerin wird das einschlägige Bewegungsproblem dieser Station genommen, weshalb es an dieser Stelle auch Sinn macht, die Aufgabe auch in einer viel niedrigeren Höhe zu üben."*

Ismael spielt mit dem Wackelkasten

„Die Station, an der vier Medizinbälle unter einem Kastenoberteil versteckt wurden, sieht für Ismael auf den ersten Blick ganz einfach aus. Er steigt mit viel Schwung auf, verliert sein Gleichgewicht und muss sofort wieder abspringen. Daraufhin kommen Kevin und Susi hinzu und versuchen, den Wackelkasten festzuhalten. Ismael steigt beim zweiten Versuch viel vorsichtiger auf. Er stellt zunächst sein rechtes Bein auf den Kasten und verlagert sein Körpergewicht ganz langsam auf dieses Bein. Mit dem hinteren linken Bein hält er noch sehr lange Bodenkontakt. Dann zieht er es nach und geht langsam auf dem Kasten nach vorn. Inzwischen haben Susi und Kevin losgelassen, weshalb der Kasten heftig wackelt. Allerdings immer nur bis zu einem gewissen Punkt. Er bleibt dann solange in einer besonderen Schräglage stehen, bis Ismael seinen hinteren Fuß vom Kasten löst und woanders platziert. Während dieser Phasen ist das Wackeln sehr heftig und scheint unberechenbar. Genau das bereitet aber auch dem Drittklässler große Freude, denn er spielt regelrecht mit der Verlagerung seines Körperschwerpunktes und bringt auf diese Weise den Kasten immer wieder zum Wackeln. Jedes Mal, wenn es so ausschaut, als würde er gleich herunterfallen, bleibt der Kasten in einer stabilen

Schräglage stehen. Die hält Ismael zwar immer nur ganz kurz aus, sie gibt ihm aber immer wieder Sicherheit. Der Kastendeckel verhält sich so ähnlich wie ein Boot auf stürmischer See. Allerdings wird der Wellengang allein durch das Bewegen und Verlagern des Körperschwerpunktes bestimmt. Diese Wellen selbst auszulösen, sie zu dosieren und ihre Folgen immer wieder neu auszubalancieren, bereitet den Kindern riesengroßen Spaß, denn sie lernen mit der Zeit, ihre selbst produzierten Wellen immer sicherer einzuschätzen und zu bewältigen."

Paul und Tim schaukeln durch den Seilbarren

„Die Lehrerin hatte noch einen zweiten Barren in die Halle gerollt und mit vielen bunten Springseilen vertaut. Die Seile sind zwischen den Holmen gespannt. Allerdings so, dass sie recht weit nach unten durchhängen. Paul und Tim wissen sofort, was an dieser Station zu tun ist: Sie klettern in den Barrenzwischenraum hinein und steigen von Tau zu Tau durch diese Gasse hindurch. Während des ersten Versuchs stützen sie sich noch kräftig an den Holmen ab. Das ist ganz schön anstrengend. Danach versuchen sie immer wieder anzuhalten und – auf einem Seil stehend – die Hände von den Barrenholmen zu lösen. Das klappt allerdings so gut wie nie, sie fallen sofort um und müssen sich an den Holmen festhalten. Außer am Ende dieses Weges. Die beiden letzten Springseile sind sehr dicht aneinander gerutscht, sodass die Jungen gleichzeitig auf beiden Seilen stehen können. Ein Seil stützt die Fersen und das zweite die Ballen. Dieser Stand scheint viel sicherer zu sein als alle anderen zuvor. Tim ist vorausgegangen und versucht, sich in dieser Position freihändig aufzurichten. Das klappt auch, zumindest für ein paar Sekunden, denn nachdem Paul aufgeholt hat, gibt er seinem Freund einen Schubs und das Gleichge-

wicht geht verloren. Das Besondere dieser Station liegt in der Unterschiedlichkeit der wackligen Springseile. Die Seile schaukeln während jedes Tritts, weshalb die Kinder die hierbei entstehenden Differenzen entweder durch das Festhalten an den Holmen oder durch situativ variable Ausgleichsbewegungen kompensieren müssen. Je fester sie sich hierbei an den Holmen festhalten, desto weiter entfernen sie sich von der Bewältigung des eigentlichen Bewegungsproblems."

Lukas begegnet der Widerständigkeit des Pedalos

„Von den Pedalos geht offensichtlich ein ganz besonderer Aufforderungscharakter aus. Lukas, Martin und Marie sind als Erste an dieser Station und sichern sich die beiden Rollgeräte. Während Martin mit einer beeindruckenden Leichtigkeit aufsteigen und sofort schnurstracks geradeaus fahren kann, kommt Lukas bereits beim Start ins Stocken und muss sofort abspringen. Er probiert den Start mehrfach aus und nimmt immer zu viel Schwung in die erste Umdrehung der Räder mit. Da Martin schon längst an der gegenüberliegenden Hallenseite angekommen ist und Lukas ihn sowieso nicht mehr einholen kann, lässt er sich etwas mehr Zeit. Inzwischen ist auch Marie hinzugekommen und hält ihn an den Händen fest. Sie stellt sich in der Fahrtrichtung auf, reicht ihm beide Hände und zieht ihn langsam nach vorn. Lukas knickt dabei ein wenig in der Hüfte ein, geht zusätzlich noch ein Stück weit in die Knie und beginnt schließlich zu fahren. Auf halber Strecke springt er ab und bietet nun Marie handfeste Unterstützung an. Sie löst sich aber gleich nach dem Start von seinen Händen und rollt beinahe ebenso elegant wie Martin durch die Halle. Pedalofahren stellt sich für die Kinder so ähnlich dar wie freihändiges Fahrradfahren. Der nötige Schwung muss aus der Fußgelenkar-

beit gewonnen werden, was vor allem in der Startphase größere Probleme bereitet. Die Dosierung des Fußgelenkseinsatzes stört das Gleichgewicht und muss deshalb möglichst rhythmisch herausgefunden werden. Auch hier gilt, dass das unterstützende Händehalten und Ziehen die Auseinandersetzung mit dem eigentlichen Bewegungsproblem nimmt."

2.8.2 Zusammenfassung: Orientierung am Bewegungsproblem

Wenn nun zum Abschluss dieses Teilkapitels, mit Blick auf die zehn verschiedenen Portraits zum Balancieren, eine Zusammenschau zum Unterricht geleistet werden soll, bietet es sich an, den sachlichen Kern der Thematik als ordnungsstiftende Klammer heranzuziehen. Deshalb sollte in der Analyse der oben vorgetragenen zehn Portraits nach dem zentralen Bewegungsproblem und seinen situativen Variationen gefragt werden: Worum geht es und worauf kommt es an, wenn die Kinder in den verschiedenen Situationen ihr Gleichgewicht riskieren und zu balancieren beginnen? Ist es in jeder neuen Situation etwas anderes oder lässt sich situationen- bzw. stationenübergreifend so etwas wie ein Kern bzw. ein zentrales Bewegungsproblem herausarbeiten und beschreiben? Wenn diese Analyseaufgabe gelingen sollte und man tatsächlich ein einziges oder einige wenige zentrale Bewegungsprobleme identifizieren könnte, dann stünde auf der Ebene der Sachanalyse ein inhaltlicher Fokus bereit, vor dessen Hintergrund die Stationsplanung bzw. die Ableitung von angemessenen Bewegungsaufgaben zum Thema Balancieren stattfinden kann. Die für solche Zwecke erforderlichen bewegungsanalytischen Erläuterungen können im Rahmen dieses Buches allerdings nicht mehr geleistet werden. Deshalb soll der Beitrag mit einer Übersicht zu den zehn einschlägigen Bewegungsproblemen, die während der beobachteten Sportstunde für die Kinder thematisch geworden sind, abgeschlossen werden.

Balancieren

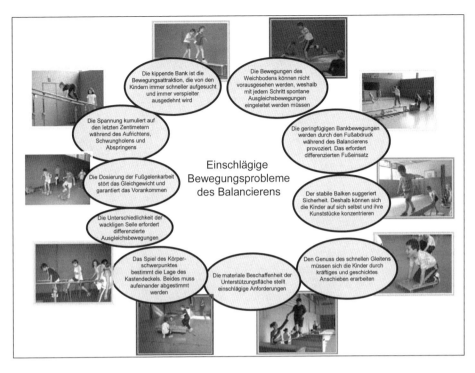

Abb. 27: Bewegungsprobleme des Balancierens

3. Rollen, Gleiten & Fliegen

3.1 Das Gleit-Gleichgewicht als Bewegungserlebnis

Wer Kinder in verschiedenen Gleitsituationen, beispielsweise an der Skipiste, auf der Eisbahn oder beim gemeinsamen Mattenrutschen beobachtet, wird unschwer erkennen, dass ein offensichtlicher Zusammenhang zwischen dem Spiel mit dem dynamischen Gleichgewicht und dem Aufkommen von *Bewegungslust* besteht. [70] Zumindest scheint es so, als wollten die Kinder solche Spielszenen immer wieder aufgreifen und ständig weiter vertiefen. Sie riskieren deshalb ihr Gleichgewicht stets aufs Neue und werden mit Momenten des Dahingleitens belohnt, was sie offensichtlich in vollen Zügen genießen können.

3.1.1 Die Lust am flüssigen Vorankommen

In anthropologischer Sicht (vgl. Scherer 2004) handelt es sich beim Gleiten allerdings keineswegs um eine übliche Bewegungsform des Menschen. Im Gegenteil, es ist dem menschlichen Bewegungsapparat regelrecht wesensfremd. Der ist vielmehr für das Gehen und Laufen ausgerichtet (vgl. Wessinghaus 1996). Fortbewegung wird dabei durch zyklische Krafteinsätze erreicht, mit deren Hilfe die schwerkraft- und reibungsbedingten Geschwindigkeitsverluste überwunden werden. Sobald Kinder das Laufen erlernt und immer weiter verinnerlicht haben, erscheint es mitunter derart zyklisch und flüssig, sodass die in der Geh- und Laufbewegung vorhandenen Abbrems- und Stoßphasen gar nicht mehr als solche sichtbar werden. Flüssiges Laufen erinnert deshalb durchaus ein wenig an die Faszination von Gleitmomenten und vermag mitunter auch die gleichen Lustgefühle auszulösen. Trotzdem besteht ein Unterschied, der im Zuge der folgenden Erläuterungen aufgearbeitet wird.

---

[70] Bei den folgenden Ausführungen handelt es sich um eine überarbeitete Version des Theoriekapitels der folgenden Publikation: Lange, H. (2008c). Im Rollen, Gleiten und Fliegen die Sicherheit aufs Spiel setzen. In H. Lange (2008), *Spielen mit dem Gleichgewicht. Teil 2: Rollen, gleiten und fliegen.* Band 9 der Schriftenreihe *Philippka Training.* Herausgegeben in Kooperation mit der Trainerakademie des Deutschen Olympischen Sportbundes (S. 4 – 13) Münster: Philippka.

3.2 Gleiten als ungewohnte Bewegungsdimension

Wenn Kinder oder andere Lernende gleiten, dann werden die bekannten Bewegungsmuster des Gehens und Laufens außer Kraft gesetzt. Der Gleitende stößt so gesehen in eine neue, ungewohnte Dimension des *Sich-Bewegens* vor.

„Scheinbar der Schwerkraft enthoben, vermögen wir im Gleiten unsere menschlich-lokomotorischen Bewegungsgrenzen zu überschreiten und uns von den Beschränkungen auf gewisse Zeit zu befreien" (Scherer 2004, 4).

Die hier angesprochene Freiheit betrifft unter anderem den Krafteinsatz, auf den wir während des Gleitens weitgehend verzichten können. Dahingleitende Sportler können sich einfach der Situation hingeben und sich der Glätte überlassen. Je nachdem wie stark der zuvor eingebrachte Anschwung oder die beschleunigende Wirkung der Schwerkraft (beim Bergabgleiten) gewesen ist, so lange wird dann die schwerelos scheinende Gleitphase dauern. Hierbei haben wir entweder gar keine Kontrolle oder wirken nur sehr begrenzt auf die Streckenführung beim Vorankommen ein. Wir sind vielmehr auf das Zu-, Los- und Einlassen angewiesen und begeben uns in die Sphäre des sensiblen Eintauchens und Erspürens der jeweiligen Gleitsituation. Genau diese Momente des *Lassens* mag man als besonders genussvoll wahrnehmen, denn sie unterscheiden sich sehr prägnant von allen anderen alltäglichen und sportlichen Handlungssituationen, in denen wir immer genau das Gegenteilige tun. Im Sport und im Alltag bemühen wir uns nämlich darum, sowohl unsere Motorik als auch die jeweiligen Bewegungssituationen in den Griff zu bekommen und sie zu kontrollieren.

3.2.1 Aktivität und Passivität verbinden

Während solcher Gleitphasen verhalten sich Kinder weitgehend passiv, denn sie überlassen sich der Schwerkraft bzw. dem zuvor durch Anlauf und Absprung erarbeiteten Schwungmoment. Diese passiven Momente finden ihren Sinn jedoch nicht allein in den Perspektiven des Genießens und Erlebens, sondern sie sind auch für das Verstehen des kindlichen Bewegungslernens von Interesse. In pädagogischer und lerntheoretischer Hinsicht interessiert das Phänomen der Bewegungslust nämlich nicht in der für sich allein genommenen Passivität, sondern im Wechselspiel mit dem vorgeschalteten aktiven Anteil (Anschwung nehmen). Im Unterschied zum Karussellfahren, wo der aktive Part vom Motor des Gerätes übernommen wird, besteht in den Gleichgewichtsszenen, die hier zum Ausgangspunkt gewählt werden, die Herausforderung für die Lernenden darin, den passenden Anschwung für das jeweils folgende Gleiterlebnis in seiner optimalen Dosierung herauszufinden und treffend zu erarbeiten. In diesem Sinne ist beispielsweise die beim Skateboard- oder Radfahren als lustvoll erlebte Gleitstrecke immer an eine Anschub- oder Anschwungphase gebunden. Die fesselnde Bewegungslust scheint geradezu aus diesem wechselseitigen Bewegungsspiel hervorzugehen, weshalb die Kinder immer wieder und immer weiter dazu angetrieben werden, nach bzw. kurz vor jedem Stillstand sogleich neuen Abdruck- und Anschwung zu suchen, um die Momente des Dahingleitens auskosten zu können. Mit zunehmendem Können wollen sie diese Gleitphasen immer weiter ausdehnen und in einer immer schnelleren Geschwindigkeit erleben, weshalb sie von Versuch zu Versuch daran arbeiten, herauszufinden, was genau zu tun ist, um ihre Gleitstrecken zu optimieren.

Die bis hierhin skizzierte Konstellation verweist einerseits auf ein beachtliches Bewegungs- und Lerninteresse, das bei den Kindern vorhanden ist, und andererseits auf die Fähigkeit von Kindern, sich überaus feinfühlig in Bewegungssituationen vertiefen zu können. Damit liegen zwei pädagogische Anhaltspunkte vor, die dafür sprechen, Lerngelegenheiten und Bewegungssituationen aus dem Erfahrungsfeld des Rollens, Gleitens und Fliegens zum Thema für die motorische Entwicklungsförderung von Kindern zu machen.

3.2.2 Beispiel Mattenrutschen

"Zu Beginn der Stunde dürfen die Kinder ihr Lieblingsspiel spielen: Mattenrutschen. Sie werden hierfür in zwei Gruppen aufgeteilt, jede Gruppe bekommt eine große Weichbodenmatte, die an die Startlinie gelegt wird. Die Kinder der beiden Gruppen stehen direkt hinter der Linie im Abstand von circa einem Meter an der Wand und warten auf das Startkommando des Lehrers.

Diese formale Aufgabenbeschreibung erinnert an die Organisation einer Trainings- oder Übungsform und lässt noch nicht erahnen, dass es sich hierbei um ein überaus lustvolles, begeisterndes und *zugleich anstrengendes Spiel handelt. Der Spielcharakter wird jedoch unmittelbar nach dem Startkommando sichtbar. Die Kinder der beiden Gruppen versuchen, gemeinsam anzulaufen, um gleichzeitig auf ihre Weichböden aufzuspringen. Hierdurch wird die große Matte in Bewegung gebracht und beginnt nach vorn zu rutschen. Anfangs bewegt sich die Matte nur wenige Zentimeter, doch nach jedem Versuch wird der Anlauf und damit auch der Schwung, mit dem die Kinder auf die Matte springen, größer, weshalb die Matte bereits nach dem dritten Durchgang sehr weit weg rutscht. Dabei rutschen die Kinder in lautem Getöse mit. Das bereitet ihnen einen riesigen Spaß, weshalb sie sofort wieder zurück zum Start rennen, um den nächsten Durchgang zu beginnen. In diesem Zusammenhang beachten sie zwar die Fortschritte der zweiten Gruppe, konzentrieren sich jedoch auf etwas anderes. Gemäß der vom Lehrer verkündeten Spielregel hat zwar die Gruppe gewonnen, deren Matte zuerst die in etwa 25 Meter von der Startlinie entfernt markierte Ziellinie passiert hat, was die meisten Kinder allerdings nur nachrangig interessiert. Viel wichtiger ist es ihnen, herauszufinden, was sie im gemeinsamen Anlaufen, Abspringen und Landen tun müssen, um die genussvollen Gleitstrecken der Matte zu verlängern. Hierfür erfinden sie allerlei Varianten und bemerken dabei recht schnell, dass es sich um eine Gemeinschaftsaufgabe handelt. Sie versuchen deshalb, gleichzeitig zu landen und auch im Moment der Landung gleichzeitig möglichst viel Druck auf die Matte auszuüben. Hierfür experimentieren sie mit ihrer Körperspannung, denn es scheint so, als könne man mithilfe des dosierten Anspannens noch mehr Anschwung erzeugen. Wie dem auch sei, die Kinder vertiefen sich jedenfalls in das Wechselspiel aus `Anschwung finden´ und `Gleitstrecken genießen´, sie entdecken dabei feinfühlig Zusammenhänge zwischen der Art und Weise ihrer Anläufe, Absprünge und Mattenlandungen auf der einen und den Verläufen des Mattenrutschens auf der anderen Seite. Am Verlauf der Rutschwege und vor allem an der Dauer der Rutschphasen lässt sich unschwer erkennen, dass sie in diesem Spiel differenzierte Bewegungserfahrungen sammeln und zu Experten im Mattenrutschen werden, die den Zusammenhang zwischen ihrem Bewegen (`Anlaufen´, `Abspringen´, `Landen´) und dem, was sie dadurch bewirken (`Druck auf die Matte ausüben´ und `lange Rutschphasen auslösen´), immer treffsicherer herauszuspüren verstehen. Der spielerische Prozess des Mattenrutschens wird offensichtlich von einer riesengroßen Freude getragen und vorangetrieben, einer Freude, die man treffend mit dem Begriff der `Bewegungslust´ kennzeichnen mag."*

3.3 Bewegungs- und Funktionslust

Um den Begriff der Bewegungslust[71] und das darunter zu verstehende Bewegungsverhalten von Kindern weitergehend aufzuklären, soll an dieser Stelle auf einen Theorieausschnitt des Psychologen Karl Bühler (1879–1963) aufmerksam gemacht werden. Mit dieser Hilfe sollte es möglich sein, dem flüchtigen Phänomen der Bewegungslust schärfere Konturen zu verleihen. Bühler plädierte im Hinblick auf die Ausformulierung einer Spieltheorie dafür, dass man sich dem mit dem Spiel verbundenen Lustgefühl widmen muss, um angemessene Definitionen und Erklärungen des Spiels ergründen zu können. Er führte in diesem Zusammenhang den Begriff der *Funktionslust* ein, der in der pädagogischen Psychologie jahrzehntelang zu den zentralen Begrifflichkeiten zählte. Hinter dem Terminus der *Funktionslust* steht Bühlers Auffassung nach der reibungslose Ablauf einer *Funktion*. Dieser Ablauf hat eine eigene, besondere Bedeutung, er ist auch als solcher lustvoll, hat seinen Wert in sich und bedarf deshalb keinerlei externer Ziele.

> Ein spielender Mensch „*[...] verfolgt damit kein außerhalb seiner Tätigkeit liegendes Ziel, sondern die im Spiel tätigen `Funktionen´ selbst machen ihm Lust und um eben dieser `Funktionslust´ willen spielt er*" (Scheuerl 1973).

3.3.1 Stichwort *reibungslos*

Um die anthropologischen Bedeutungen und das Entstehen kindlicher Bewegungslust im Zusammenhang mit dem Bewegungsthema *Gleiten* verstehen zu können, erweist sich die Formulierung des *reibungslosen Ablaufs einer Funktion* als besonders aussagekräftig. Im Erreichen eines vermeintlich reibungslosen Ablaufes scheint sogar der Schlüssel zum Erleben des Gleitgenusses zu liegen. Schließlich nimmt jede Form der Reibung Energie und (An-)Schwung, weshalb Kinder und andere Lernende versuchen müssen, herauszufinden, wie sie beim Mattenrutchen, Skifahren oder Schwimmen den Reibungswiderstand minimieren bzw. überwinden können. Wenn wir im Zuge solcher Gleitsituationen Wege finden, die es uns erlauben, im Anschluss an die Anschwungphase – im wahrsten Sinne des Wortes – schein-

---

[71] Vgl. hierzu auch die Ausführungen zur Theorie der Bewegungsspiele, die im ersten Band des Forschungszusammenhangs in Kap. B. Bewegungsspiele (3.2.2) vorgenommen wurden.

bar *reibungslos* zu gleiten, dann werden wir mit lang andauernden, flüssigen und runden Gleitstrecken belohnt.

3.4 Folgerungen für unterrichtliche Inszenierungen

Die bis an diese Stelle skizzierten Vorüberlegungen zeigen unmissverständlich auf, dass es sich beim vorliegenden Inhaltsbereich um ein ausgesprochen kinder- bzw. schülerorientiertes Bewegungsfeld handelt. In bewegungspädagogischer Sicht geht es hierbei nicht allein darum, den Kindern Lust- und Spaßerlebnisse zu ermöglichen, sondern auch darum, Lernprozesse in Gang zu setzen und zu unterstützen. Die Gleichgewichtssituationen, die Kinder während des Gleitens erleben können, stellen nämlich einschlägige Anforderungen an das Wahrnehmen und sensible Spüren. Damit ist eine zentrale Dimension der motorischen Entwicklungsförderung angesprochen, denn wenn sich Kinder in solche Bewegungssituationen hineinbegeben, dann vermögen sie auch die Zusammenhänge zwischen dem, was sie in ihrem Bewegen tun (anlaufen, abspringen, landen, Körperspannung variieren usw.) und dem, was sie dadurch bewirken (längere oder kürzere Gleit-, Roll- oder Flugstrecken absolvieren, bremsen, beschleunigen usw.) herauszuspüren. Die sensiblen Spür- und feinfühligen Lernmöglichkeiten des Gleitens stellen sich in der Praxis vor allem in vier inhaltliche Richtungen dar, die zunächst knapp skizziert und in der Unterrichtspraxis mit zahlreichen differenzierten Aufgaben und Lernvorschlägen bedacht werden sollen.

3.4.1 Gleiten

Beim klassischen Gleiten kommt es zuallererst darauf an, den Reibungswiderstand, der von der jeweiligen Umgebung bzw. vom Gleituntergrund ausgeht, zu überwinden. Aus diesem Grund funktionieren diese Formen des Gleitens auch nur auf entsprechend geeigneten, d.h. weitgehend glatten und geschmeidigen Untergründen: auf Eis und Schnee (Skifahren, Schlittschuhlaufen), im Wasser (Schwimmen, Tauchen), auf dem Wasser (Boot fahren, Segeln, Surfen) oder auf dem glatten Hallenboden (Mattenrutschen). Im Zuge dieser Gleitgelegenheiten nimmt der natürliche Reibungswiderstand die zuvor erarbeitete Energie des Anschwungs nach und nach auf, weshalb die Gleitpartie entsprechend rasch zu Ende geht. Aus diesem Grund ist es für die Lernenden wichtig, herauszufinden, wie dieser Prozess so lang wie möglich in die Länge gezogen werden kann. Konkret: Wie genau muss ich die Gleitphase beginnen? Wie setze ich Anlaufgeschwindigkeit in Anschwung um? Wie kann mir meine Körperhaltung beim Gleiten helfen? Muss ich mich dabei möglichst steif machen? Durch welche Körperverlagerungen vermag ich den Gleitweg zu steuern? Gibt es während der Gleitphase Möglichkeiten, weiteren Anschwung durch zusätzliche Abdruckvarianten zu erzeugen? (...?)

3.4.2 Rollen

Ähnlich verhält es sich beim Rollen. Hier wird die Interaktion zwischen dem Kind (bzw. Lernenden) und dem Untergrund über ein Rad vermittelt. Das bringt zunächst den Vorteil einer vergleichsweise schmalen Auflagefläche und damit einer geringeren Reibung mit sich. Darüber hinaus können beim Skateboard-, Rollbrett-, Roller-, Inliner- oder Fahrradfahren aber auch die anschiebenden Kräfte besser eingesetzt und ausgenutzt werden. Vor allem beim Fahrradfahren lässt sich die Schwerkraft als ständiger Anschwunggeber nutzen. Deshalb wird auch das Bergabrollen, wenn wir allein mithilfe geschickter Schwerpunktverlagerungen die Richtung unseres Rollens steuern und ansonsten nichts für den weiteren Anschwung tun müssen, entsprechend lustvoll erlebt. Und auch auf halbwegs flachen Strecken lassen sich wohl dosierte Anschubmomente (Treten, Abstoßen) immer wieder flüssig in den gesamten Bewegungsablauf integrieren.

3.4.3 Fliegen

Als dritte inhaltliche Variante des oben skizzierten lustvollen Bewegungs- bzw. Gleichgewichtserlebens soll schließlich das Fliegen mit einbezogen werden. Hier werden dem Bewegungserleben durch die Schwerkraft unverrückbare physikalische Grenzen gesetzt, weshalb die Lernenden nach Wegen suchen müssen, die es erlauben, die Schwerkraft zu überlisten. Mithilfe aufwendigen Technikeinsatzes können Flugerlebnisse beispielsweise im Paragliding, Drachen-, Segelfliegen oder Fallschirmspringen ermöglicht werden. Hier wird die Wirkung der Schwerkraft durch (Auf-)Winde und Schirme erheblich abgebremst, weshalb die *Flieger* entsprechend lange in der Luft verbleiben können. Im Hinblick auf die Bewegungsmöglichkeiten, die für Kinder im Sportunterricht arrangiert werden können, scheinen diese Beispiele selbstverständlich nur allzu illusorisch. In diesen Zusammenhängen kann das Fliegen nur während äußerst kurzer Momente thematisch werden.

In der naheliegendsten Form beim Springen. Beispielsweise beim Weit- oder Hochspringen, wenn die Springer Hindernisse oder Strecken in einer kurzen Flugphase überwinden. Mithilfe von Weichböden lassen sich zudem sehr weiche Landeflächen bauen, die auch Sprünge aus mehr als etwa drei Metern Höhe und entsprechend lange Flugphasen erlauben. Hierbei müssen die Lernenden – genauso wie beim Wasserspringen – zunächst die Absprungstelle erklettern, bevor sie in den Genuss des Fallens bzw. Fliegens kommen können. Besonders interessante Möglichkeiten bietet in diesem Zusammenhang der Einsatz von Trampolinen. Aufgrund der enormen Katapultwirkung lassen sich mit der Hilfe dieses Gerätes beachtliche Flugphasen erreichen, die zudem eine zyklische Aneinanderreihung mehrerer Sprünge und damit letztlich auch verspielte Gestaltungsmöglichkeiten erlauben.

3.4.4 Vom Gleiten zum *Wasserski* im Schwimmunterricht

Beim *Wasserski* ziehen sich Schüler, an einem langen Seil hängend, gegenseitig durch das Schwimmbecken.[72] Besonders viel Freude bereiten dabei Übungs- oder Wettbewerbsformen, bei denen drei oder vier Kinder einen Mitschüler so schnell wie möglich über eine komplette Bahn (25 Meter) ziehen. Für schnelles Ziehen bedarf es besonderer Abstimmung, und für das Genießen des schnellen Gleitens müssen die Kinder eine strömungsgünstige Wasserlage herausfinden. Hierbei sammeln sie natürlich auch viele wichtige Wasser- und Bewegungserfahrungen, die beim Erlernen der verschiedenen Lagen als Basis angesehen werden können. Deshalb sollen im anschließenden Teilkapitel vor dem Hintergrund eines schülerorientierten und körpererfahrungsbezogenen, didaktischen Ansatzes verschiedene methodische Etappen für Schüler der 5. bis 8. Klassen vorgestellt werden, die dabei helfen, sich den notwendigen Bewegungsschatz im Umfeld des effizienten Gleitens auch anzueignen. Diese Grundlage lässt sich schließlich mithilfe weiterführender methodischer Ansatzpunkte zu den Funktionen des Beinschlages oder Armzuges (Verlängern der Gleitphase) unter Umständen bis zum Erlernen bzw. Optimieren der verschiedenen Schwimmlagen ausbauen.

---

[72] Bei den folgenden Ausführungen handelt es sich um eine überarbeitete und erheblich erweiterte Fassung des folgenden Beitrags: Lange, H. (2000c). Vom Gleiten zum „Wasserski" im Schwimmunterricht - Ein Vorschlag für eine schülerorientierte Ein- und Weiterführung des Gleitens. *Lehrhilfen für den Sportunterricht*, 50 (9), 6-10.

3.5 Ein Vorschlag für eine schülerorientierte Ein- und Weiterführung des Gleitens im Waser

Das Gleiten an bzw. knapp unter der Wasseroberfläche ist eine zentrale Fähigkeit im Schwimmen. Der Umgang mit dem Wasserwiderstand bzw. das Finden und Optimieren einer strömungsgünstigen Lage besitzt für alle Schwimmarten Voraussetzungscharakter, weshalb es im Schwimmunterricht übergreifend thematisiert werden kann. In diesem Sinne üben z.B. Anfänger, sobald es die Wassersicherheit zulässt, in regelrechten Zyklen das Abstoßen vom Beckenrand in Verbindung mit dem Gleiten (vgl. u.a. Durlach 1998², 108ff.). Bei Vereinsschwimmern sieht die Thematisierung des Gleitens weitaus differenzierter und vielfältiger aus. Dort konkretisiert sich diese Fähigkeit in zahlreichen Übungen zur Optimierung der Wasserlage und des sogenannten Wassergefühls (vgl. u.a. Zempel 1990; 1993). In didaktischer Hinsicht kann in beiden Fällen von einer subjektbezogenen, d.h. schüler- bzw. athletenorientierten Vermittlungsform gesprochen werden, wobei Stichworte wie *Innensicht* (Lippens 1993) oder *Körpererfahrung* (Lange 1998) an Relevanz gewinnen.

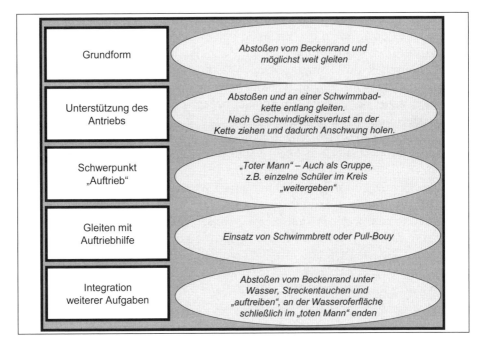

Abb. 28: Fünf Grundformen zum Thema *Gleiten* und *Umgang mit dem Wasserwiderstand* im Schwimmunterricht

3.5.1 Zum (Übungs-)Prinzip der Variation

Anstatt eine Zieltechnik isoliert zu betrachten, um sie in Teilaspekten immer wieder zu üben und letztlich einzuschleifen, sind schülerorientierte Lehrlernverfahren u.a. durch das Übungsprinzip der Variation gekennzeichnet. Die methodische Auflockerung und inhaltliche Vielfalt des Unterrichts darf allerdings nicht mit sportdidaktischer Beliebigkeit verwechselt werden. Im Gegenteil, mit diesem pädagogischen Ansatz wird den Kindern zugebilligt, den Sinn und die Funktion von Bewegungen selbst herausfinden zu können. Hierfür müssen ihnen natürlich herausfordernde Aufgaben gestellt werden. Für die Strukturierung von Übungsangeboten bedarf es deshalb geeigneter Kriterien, die sich sowohl an pädagogischen Aspekten (Kooperation) als auch an inhaltlichen Ansatzpunkten (Integration von Zusatzaufgaben, Wasserlage) bzw. einer Kombination aus beiden (Antrieb) orientieren können.

3.5.2 Geschwindigkeit im Wasser spüren

Aus dem Spektrum der denkbaren Übungen begeistern vor allem die Variationen, die den Kindern das Erspüren von Geschwindigkeit erlauben. Dem attraktiven Ziel, wie ein Pfeil oder ein Fisch durch das Wasser zu schnellen, steht allerdings der naturgegebene Wasserwiderstand entgegen. Dessen Bremswirkung wird vor allem beim Wasserspringen, aber auch bei allen Übungen zum Gleiten deutlich. Schüler begegnen der Geschwindigkeitsverringerung in der Regel durch Versuche, ihre Wasserlage strömungsgünstig zu verändern. Hierbei stützen sie sich nicht auf hydrodynamische Gleichungen oder biomechanisch valide Technikbeschreibungen, sondern probieren mit einer Vielzahl von Versuchen selbst aus, die Haltung der Arme, Beine und des Kopfes zu variieren und mit ihrer Körperspannung zu experimentieren. Für die meisten Schüler geht besonders vom Wasserspringen große Faszination aus, weshalb sich beispielsweise Fußsprünge vom Beckenrand oder vom Einmeterbrett auch für den Einsatz zu diesem Thema anbieten. Im Zuge verschiedener Unterrichtsreihen wurden Schülern mithilfe der folgenden Vorschläge einschlägige Bewegungs- und Gleiterfahrungen im Umfeld des Wasserwiderstandes und des *In-die-Tiefe-Gleitens* ermöglicht.

3.5.2.1 Aufgaben für Fußsprünge

- *Kerzengerade* eintauchen und ohne Schwimmbewegungen zum Boden gelangen.
- Gegensatzerfahrungen sammeln: Die Position der Arme und/ oder Beine bei den Sprüngen variieren, z.b.: *"Wie tief kommst du mit einer Bombe?"* oder *"Wie tief kommst du, wenn du unmittelbar nach dem Eintauchen die Ellenbogen seitlich ausstellst?"*
- Ein Schwimmbrett so am Körper mitführen, dass man damit ohne zusätzliche Schwimmbewegungen bis zum Boden tauchen kann.
- Gegensatzerfahrungen sammeln: Andere Gegenstände mitführen: z.B mit einem T-Shirt bekleidet springen oder einen kleinen Ball (o.Ä.) mit nach unten nehmen.

Im Verlauf der verschiedenen Sprungvarianten erhalten die Kinder objektive und subjektive Rückmeldungen, d.h., sie bemerken einerseits, wie tief sie springen bzw. *gleiten* können, und andererseits, wie sich Veränderungen der Körperhaltung und -spannung im Wasser anfühlen. Aufgrund der hohen Geschwindigkeit haben sie bei den Sprüngen – anders als bei den einführenden Übungen zum Gleiten (s.o.) – deutlich bessere Möglichkeiten, den Zusammenhang zwischen Spüren und Bewirken (vgl. Christian 1963) im Umgang mit dem Wasserwiderstand herauszufinden. Startsprünge erlauben in diesem Zusammenhang wiederum spezifische Gleiterfahrungen im Hinblick auf das Variieren und Optimieren einer strömungsgünstigen Wasserlage. Sie bieten gute Anknüpfungsmöglichkeiten für Elemente aus den Grundübungen (s.o. Abstoßen vom Beckenrand...), die in dieser Form, mit einem entsprechenden Geschwindigkeitsüberschuss kombiniert, geübt werden können.

3.5.2.2 Aufgaben für Startsprünge

- Versuchen, mit dem Übergang in eine Schwimmart so lange wie möglich zu warten (Verlängern der Gleitphase).
- Während der Gleitphase ein- oder zweimal um die Körperlängsachse drehen.
- Schräg zum Boden tauchen und von dort abstoßen und schräg nach vorn zur Wasseroberfläche tauchen.

- Streckentauchen mit Tauchzügen unter Wasser.

3.5.3 Verlängern der Gleitphase durch Beinschlag und Armzug

Auch wenn das vorgestellte Konzept in erster Linie auf den unspezifischen, d.h., technikübergreifenden Ausbau von allgemeinen Wasser- und Gleiterfahrungen zielt, liegt es aus schwimmmethodischer Sicht nahe, danach zu fragen, an welcher Stelle die Integration des Beinschlags und des Armzugs zu erfolgen hat. Schließlich sollen die Schüler ja schwimmen lernen und üben, weshalb es früher oder später einer konzeptionellen Erweiterung im Hinblick auf das Erlernen bzw. Optimieren der verschiedenen Lagen bedarf. Dies geschieht im Rahmen traditioneller methodischer Ansätze in aller Regel recht bald: Von der Außensicht der Bewegungen ausgehend, wird nach einführenden Gleitübungen der Beinschlag und schließlich auch der Armzug Element für Element im 45-Minuten-Takt bis zur Zieltechnik aneinandergereiht. Diese Lehrweise erlaubt zwar ein zügiges und sachlogisch-stringentes Vorgehen, führt aber selbst durchschnittlich begabte Kinder schnell an ihre motorischen Lerngrenzen. Die Mehrheit der Schüler wird vor allem durch die zunehmende Komplexität der Bewegungsaufgaben überfordert, was u.a. auch von Söll (1994, 136ff.) bemerkt und kritisiert wird. In der Praxis zeigt sich nämlich, dass die Schüler auf diese Weise gar keinen effizienten Beinschlag entwickeln *„[...] und wenn dann noch der Armzug dazukommt, bricht er vollends zusammen"* (Söll 1994, 136).

In Anbetracht dieser Grenzen liegt es nahe, im Unterricht mehr Zeit für das variationsreiche Üben des Gleitens zu verwenden, damit die Aufmerksamkeit der Schüler sich nicht in den Folgen der Komplexitätssteigerungen verliert. Stattdessen sollen die Schüler durch das vielfältige Erproben und Üben des Gleitens herausfinden, dass der Sinn des Beinschlags und Armzugs in der Funktion für die ökonomische Verlängerung des Gleitens gründet. In der Praxis müssen demnach statt Technikbeschreibungen, -korrekturen und Teilübungen zum vermeintlich vorbildlichen Beinschlag und Armzug Gelegenheiten zum Ausprobieren und Erfahren von Möglichkeiten des eigenen Abdrucks und Antriebs so arrangiert werden, dass sie die Schüler nicht überfordern. Hierfür bietet sich u.a. das Flossenschwimmen an: Die Kinder erzeugen ihren Antrieb – auf vergleichsweise einfache Art und Weise – selbst und erreichen dabei hohe Geschwindigkeiten, was ihnen entsprechende Gelegenheiten zum Sammeln von differenzierten Gleit- und Wassererfahrungen erlaubt.

3.5.3.1 Aufgaben zum Thema *Gleiten mit Flosseneinsatz*

- So schnell wie möglich gleiten und dabei einen kraftsparenden Flosseneinsatz herausfinden.
- Reduktion der erlaubten Anzahl an Beinschlägen: „*Pro Bahn dürfen nur 14 (12, 10, 8) Flossenschläge gemacht werden.*"
- Den Einsatz der Flossen auf einen bestimmten Abschnitt der Bahn beschränken: „*Auf den ersten 15 Metern jeder Bahn sind Flossenschläge erlaubt (Markierung), danach müsst ihr jeweils bis zum Beckenrand gleiten.*"
- Verändern der Körperlage (Bauch-, Rückenlage oder seitlich im Wasser liegend).
- Integration von Zusatzaufgaben (rollen, drehen, tauchen, Gegenstände transportieren...).

3.5.4 Aufgaben zum *Wasserski*

Wenn Schüler über differenzierte Bewegungs- und *Wassererfahrungen* zum Gleiten verfügen, macht es Sinn, die für den Themenkomplex *Gleiten* und *Umgang mit dem Wasserwiderstand* konstruierte Übungsform *Wasserski* anzubieten (Lange 1998). Das schnelle Gleiten bereitet den Kindern ausgesprochen viel Freude und erlaubt aufgrund des Geschwindigkeitsüberschusses differenzierte Wahrnehmungsmöglichkeiten. Selbst kleinste Veränderungen der Körperhaltung führen zu spürbaren Einflüssen auf die Wasserlage. Deshalb bietet es sich an, diese Übungsform mit Zusatzaufgaben zu versehen. Darüber hinaus sind Wettbewerbe zwischen verschiedenen Kleingruppen besonders spannend. In der Praxis wird sich zeigen, dass Kinder es verstehen, mit diesen Aufgaben zu spielen. Diese Kompetenz scheint eine wesentliche Voraussetzung für alle denkbaren Bewegungsaufgaben zu sein, die – wann auch immer eingesetzt – darauf zielen, das *gute Gefühl* des Gleitens auch mit eigenem Antrieb (Beinschlag, Armzug) zu erreichen.

3.5.4.1 Aufgabenblatt zum *Wasserski*

Aufgabe:

Jede Gruppe bekommt ein Seil.
Jeder Schüler wird mindestens viermal durch das Becken gezogen.
Dabei müssen jeweils folgende Aufgaben erfüllt werden:

1) Einfach so in der Bauchlage ziehen lassen!
2) Ins Wasser ausatmen und auf dem Rücken liegend einatmen!
3) Ganz schnell um die eigene Achse drehen
   (und auf die Atmung achten)!
4) Ein zweiter Schüler hängt sich an die Füße des Ersten!
5) Während jeder Bahn mindestens zwei Purzelbäume machen!

4. Double Dutch – rhythmisch springen

Das letzte Teilkapitel zu den *Feldern innovativen Sporttreibens* markiert bereits den Übergang zum folgenden Kapitel C, in dem grundlegende Bewegungsthemen erörtert werden. Beim Double Dutch handelt es sich um eine Variante des sogenannten Rope-Skippings und damit um einen Inhalt, der klassischerweise im Kontext der Fitnessidee zum Thema gemacht wird. Im Zuge der folgenden Ausführungen wird allerdings ein Zugang gewählt, bei dem das Rhythmusthema im Vordergrund steht.

4.1 Beim Double Dutch einen Rhythmus entdecken und ausgestalten

Seilspringen, Rope-Skipping und Double Dutch sind Bewegungsformen, die einer motorischen Regelmäßigkeit unterworfen sind. Das heißt, das Bewegungs- und Spielmotiv des Seilspringens bzw. des Double Dutch liegt genau darin, mit allen Körperteilen und Sinnen immer wiederkehrend zu agieren. Dabei soll der Dialog mit dem Seil möglichst lange aufrechterhalten und raffiniert ausgestaltet werden (vgl. Landau & Maraun 1993). Um dies zu gewährleisten, muss sich der Springer beim Double Dutch dem Bewegungsrhythmus zweier seilschwingender Personen anpassen und kann diesen dann anschließend individuell weiter ausgestalten. Wir richten den Fokus des Beitrags deshalb nicht allein auf das Springen in zwei großen Seilen, sondern stellen den Rhythmus als zentrales Problem ins Zentrum.[73]

4.2 Rhythmus – Bewegungsrhythmus, Rhythmisierungsfähigkeit und Rhythmisierung

Sicherlich assoziieren viele Menschen mit dem Wort Rhythmus zuerst Begriffe wie Takteinheiten und Sambarhythmen, die dem Bereich Musik zuzuordnen sind. Vielleicht verbinden manche Personen Rhythmus aber auch

---

[73] Bei den folgenden Ausführungen handelt es sich um die überarbeitete Fassung des folgenden Beitrags: Kipper, J. & Sinning, S. (2004). Sich dem Rhythmus beim Double Dutch stellen. Ein methodischer Weg vom Rope Skipping zum Double Dutch. *Sportpraxis,* 45 (4), 10 – 13.

sofort mit Bewegung, z.b. wenn von einen bestimmten Lauf- oder Sprungrhythmus die Rede ist. Letztlich wird jeder mit verschiedenen Rhythmen tagtäglich konfrontiert, denkt man nur mal an den Atemrhythmus, den Herzschlag oder an andere feste Tagesrhythmen wie den Gang zur Schule oder zur Arbeit. Betrachtet man aber vorwiegend sportliche Bewegungen, hier z.b. den Double Dutch, so stellt sich die Frage, wo beim Double Dutch der Rhythmus enthalten ist bzw. ob der Rhythmus sogar als Bewegungsproblem des Double Dutch identifiziert werden kann.

Bezogen auf die Bewegung wird Rhythmus als gleichmäßig abfolgende Bewegung bezeichnet. Lerch (2001) spricht in seinem Handbuch zum Rope Skipping von einem Rhythmusgefühl, das als die Fähigkeit definiert wird, Bewegungen in einer bestimmten Taktfrequenz ausführen zu können. Seiner Meinung nach ist Rope Skipping besonders gut geeignet, dieses Rhythmusgefühl zu schulen. Auch in weiteren Rhythmusdefinitionen tritt immer wieder eine Gleichmäßigkeit auf (vgl. gleiche Zeitabschnitte, gleichmäßige Abfolge, Taktfrequenz). Die Autoren Meinel & Schnabel (1998) definieren *Bewegungsrhythmus* allgemein als *spezifische, charakteristische, zeitliche Ordnung eines motorischen Aktes*. Sie beziehen dabei die zeitliche Ordnung auf Teilprozesse, die in der motorischen Übung miteinander verbunden werden. Übertragen auf den Double Dutch bedeutet dies, dass sich der Sportler, sobald er sich *in den Seilen* befindet, einem Rhythmus von Absprung und Landung anzupassen hat, um sich nicht in den Seilen zu verheddern. Der Absprung und die Landung wären dann jeweils als Teilprozesse zu sehen, die zu einer Art *hüpfender Sprungbewegung* verbunden werden. Innerhalb dieses Rhythmus kann natürlich der geübte Double-Dutch-Springer noch einen eigenen Rhythmus einfließen lassen, indem er im Seil einen Doppelsprung durchführt oder indem er läuft, sich dreht usw.

Rhythmisierungsfähigkeit bezeichnet laut Meinel & Schnabel (1998) hingegen die

> *„Fähigkeit, einen von außen vorgegebenen Rhythmus zu erfassen und motorisch zu reproduzieren sowie den verinnerlichten, in der eigenen Vorstellung existierenden Rhythmus einer Bewegung in der eigenen Bewegungstätigkeit zu realisieren."*

Der erstgenannte Aspekt, das Erfassen eines vorgegebenen Rhythmus, findet ausschließlich über die Wahrnehmung statt. Hier greift der Sportler zumeist auf seine visuellen oder taktilen Wahrnehmungen zurück. Beim Double Dutch ist das Erfassen des Schwungrhythmus der beiden Seile in jedem Fall bereits vor dem Hineinlaufen in die schwingenden Seile notwendig. Der zweite Aspekt, bezogen auf die Verinnerlichung des Rhythmus, verweist darauf, dass ein innerer *selbst organisierter* Rhythmus für die Durchführung einer Bewegung relevant ist. Der Sportler entwickelt einen individuellen inneren Rhythmus, überträgt diesen auf die eigene Bewegungshandlung und muss dies mit dem von außen vorgegebenen Rhythmus in Einklang bringen.

Hanebuth (1961), der sich ausführlich mit der *Rhythmisierung* in klassischen Sportarten wie Schwimmen, Leichtathletik und Turnen befasst hat, sieht dagegen Rhythmus eher aus einer philosophischen Sichtweise, nämlich als *„[...] ein kosmisches Phänomen, als ein Unendliches und überall Gegenwärtiges"*. Seiner Meinung nach übernimmt der Rhythmus eine Funktion, die Einheitlichkeit mit sich bringt. Dies ist beim Double Dutch vor allem dann gegeben, wenn der Springer in der Mitte im Einklang mit den seilschwingenden Personen steht und dem Rhythmus der Seile folgen kann.

4.2.1 Warum dem Rhythmus folgen und was hat das mit Double Dutch zu tun?

Hotz (1999) sieht den Rhythmus als *„[...] roten Faden des motorischen Bewegungsablaufs, woran sich leistungseffizientes Handeln orientiert"*. Er sieht die Qualität des Rhythmus als geschwindigkeitsunabhängig und schließt daraus, dass auch Anfänger trotz ihrer anfänglichen Langsamkeit den gleichen, nicht denselben Rhythmus wie die Fortgeschrittenen einnehmen können. Der Rhythmus gibt dann entsprechend eine gewisse Struktur vor, die, nachdem der Sportler sich in den Rhythmus eingefühlt hat, hilfreich sein kann. In diesem Fall dient der Rhythmus sogar als Hilfe, was der Anfänger jedoch erst erkennen muss, um damit richtig und sinnvoll umzugehen.

Die Annahme, dass der Rhythmus eine gewisse Struktur vorgibt, kann der Springer bei der Auseinandersetzung mit dem Double Dutch sehr gut nachspüren und erfahren. Double Dutch ist nämlich eine Form des Rope Skippings und wird zumeist so ausgeführt, dass mindestens ein Sportler in zwei Seilen, die gegeneinander gedreht werden, hineinspringt. Dort hält er sich eine bestimmte Zeit springend auf, ohne sich in den Seilen zu verheddern und läuft anschließend wieder aus den beiden Seilen heraus. Dabei müssen nicht nur die Springer, die durch das Seil laufen wollen, sich auf den Rhythmus der geschlagenen Seile einstellen, sondern auch die beiden seilschlagenden Dreher müssen sich um eine gemeinsame rhythmische Ausführung bemühen. Der Double Dutch erfordert somit sowohl einen gleichmäßigen Schwung- als auch einen regelmäßigen Sprungrhythmus. Dies gelingt in der Regel nur dann, wenn alle Beteiligten sich gut aufeinander beziehen können, d.h. bei einer gut abgestimmten Teamarbeit (vgl. Kalbfleisch & Bailey 1987). Die Einübung des Seilschwingens ist daher schon die erste Grundlage, denn ohne erfahrene Schwinger ist sowohl das Hineinlaufen als auch Springen in den Seilen sehr fehleranfällig. Das Springen selbst erfordert beim Double Dutch einen kurzen prellenden Absprung, den die Schüler bereits aus dem *Single Rope*, dem alleinigen Springen mit einem kurzen Seil, kennen. Um hierbei den gewissen Rhythmus bzw. den richtigen Zeitpunkt des Ein- und Ausspringens zu finden, können akustische Hilfen, wie beispielsweise das Anzählen oder kleine Verse wie „*Und jetzt geht's los*", dem Springer helfen. Des Weiteren gibt es natürlich jede Menge Kombinationen und Tricks, die in dem Seil durchgeführt werden können.

Die Erfahrungen mit Schülern zeigen, dass insbesondere das Ein- und Ausspringen in das Seil die größten Schwierigkeiten bereitet. Den Rhythmus des Seilschwunges zu erfassen und dann das richtige Timing zu finden, um in das Seil zu gelangen, verlangt eine Anpassung, die viele Schüler überfordert. Diejenigen jedoch, die das Einlaufen geschafft hatten und sich in den Seilen befanden, konnten sich im weiteren Verlauf dem Schwungrhythmus gut anpassen und gestalteten diesen individuell mit vielen kreativen Sprungvarianten aus. Erst das Herausspringen aus dem Seil – ohne sich in den Seilen zu verheddern – bereitete dann wieder größere Probleme. Es scheint daher lohnenswert, den Schülern zuerst in hohem Maße Aufgaben anzubieten, die sich dem Ein- und Auslaufen widmen.

4.3 Konsequenzen für die Unterrichtspraxis

Das Springen in zwei sich gegeneinander drehenden Seilen ist sehr komplex und gestaltet sich äußerst schwierig. Daher ist es wichtig, dass die Schüler eine Sensibilität gegenüber unterschiedlichen Rhythmen entwickeln. Aufbauend auf diese Vorüberlegungen haben wir die ersten Planungssequenzen für ein entsprechendes Unterrichtsthema mit Schülern einer siebten Klasse entwickelt, das im Folgenden vorgestellt und hinsichtlich der beobachteten Ergebnisse reflektiert wird.

Um den Schülern den Einstieg etwas zu erleichtern, rückten wir zuerst das Springen im selbst geschwungenen Seil ins Zentrum. Anschließend sprangen die Schüler in einem Seil, welches von zwei Drehern geschwungen wurde, und erst danach wurde in zwei Seilen gesprungen.

4.3.1 Das Springen im selbst geschwungenen Seil

Als Einstieg aller beteiligten Personen, d.h. sowohl der Schwinger als auch der Springer, stellten wir zuerst eine Aufgabensammlung zur Verfügung, die dem Bereich Single Rope zuzuordnen ist. Dabei achteten wir darauf, dass die Schüler nicht nur verschiedene Sprungrhythmen entwickelten und erprobten, sondern auch die Regelmäßigkeit und die Möglichkeit zur Entfaltung des Schwungrhythmus erfuhren bzw. nachspürten:

- auf der Stelle laufen
- durch den Raum laufen
- mit geschlossenen Beinen springen
- im Kreis drehen
- auf einem Bein springen
- abwechselnd auf dem rechten/linken Bein springen
- springen, dabei mit gespreizten Beinen nach vorn und hinten landen
- springen mit abwechselnd gespreizten und geschlossenen Beinen
- springen mit Doppelhüpfer auf der Stelle
- Hopserlauf
- Pferdchensprung
- zu zweit in einem Seil springen
- springen mit Doppeldurchzug des Seiles
- (...)

Um neben den verschiedenen Sprungaufgaben auch eine Sensibilität für die zum Teil doch auch sehr kleinen Veränderungen im Schwung- und Sprungrhythmus zu entwickeln, sollten die Schüler in Kleingruppen nach geeigneten Zusatzaufgaben suchen, die die Aufmerksamkeit auf den Rhythmus lenken. Die Schüler fanden sich schnell in Zweier- oder Dreiergruppen zusammen und vertieften sich in diese Aufgabe.

Lisa und Anika versuchten, Sprungaufgaben herauszufinden, die sie auch mit geschlossenen Augen durchführen konnten. Da sie erfahrene Seilspringerinnen sind, gelangen ihnen die meisten Aufgaben. Lediglich beim Doppelpack-Springen (zu zweit in einem Seil) war es vor allem für die Springerin, die das Seil nicht schwingen musste, äußerst schwierig. Erst als Lisa die Hände auf die Oberarme von Anika legte und damit den Rhythmus besser erspüren konnte, verhedderten sie sich nicht mehr. Tom, Paul und Janis unterstützten dagegen ihre Sprungaufgaben mit lauten Zähl- und Klatschaufgaben. Nach einiger Zeit der Eingewöhnung auf die Klatschsignale stellte sich Janis in die Mitte, sprang ohne Seil den Hampelmann in unterschiedlichen Geschwindigkeitsstufen, und seine beiden Gruppenmitglieder mussten die jeweilige Geschwindigkeit aufnehmen. Die Übergänge von einer zur nächsten Geschwindigkeitsvariation waren zwar etwas schwieriger, aber ansonsten klappte es schon sehr gut. Insa, Till und Alicia zogen sich in die letzte Ecke zurück und versuchten ohne unterstützende Ton- oder Klatschsignale im gleichen Rhythmus zu springen. Auch sie experimentierten mit unterschiedlichen Geschwindigkeiten, die aber – ähnlich wie beim Schattenlaufen – eine ausgewählte Person vorgab. Die beiden anderen Springer mussten daher ganz genau aufpassen, ob und wie sich der Rhythmus veränderte. Im Gegensatz zu den Vorgaben des Hampelmanns in der Gruppe von Tom, Paul und Janis gab es bei dieser Variante aber keine abrupten Änderungen, die von den Seilspringern nicht nachvollzogen werden konnten. Da die Änderungen immer von einem Seilspringer ausgingen, konnten die anderen die Bewegungen und den neuen Rhythmus gut übertragen. Tim und Lukas hingegen suchten sich zuerst Aufgaben heraus, bei denen sie immer konträr zueinander springen mussten. Wenn Tim das rechte Bein nach vorn und das Linke nach hinten abspreizte, so bewegte Lukas seine Beine genau in entgegengesetzter Richtung. Diese gegenläufigen, aber aufeinander abgestimmten Bewegungen regten sie dazu an, intensiver mit dem Rhythmus zu experimentieren bzw. zu spielen. Tim versuchte anschließend, immer zwei Sprünge zu machen, während Lukas einmal sprang. Ein anderes Mal gab Tim mit einfachen Sprüngen auf der Stelle einen festen Takt vor, und Lukas bemühte sich, den Pferdchensprung darin einzubetten. Es ergaben sich somit die unterschiedlichsten Varianten, die aber alle dazu führten, dass die Schüler den Rhythmus anschließend weitaus sensibler wahrnehmen konnten.

4.3.2 Das Springen in einem geschwungenen Seil

Beim Springen in einem Seil, welches von zwei Drehern geschwungen wird, muss sich der Springer dem Rhythmus der Schwinger anpassen. Um einen gemeinsamen Schwungrhythmus zu finden, ist es natürlich notwendig, dass auch die Schwinger gut zusammenarbeiten. Erst wenn alles gut aufeinander abgestimmt ist, kann der Springer zusätzliche Sprungakzente setzen.

Um das Seilspringen in einem Seil zu starten, bieten sich drei Varianten an:

1. Alle Personen (Dreher und Springer) stehen in Startposition und fangen auf ein gemeinsames Kommando an zu schwingen bzw. zu springen. Der Schwungrhythmus muss vorher in Ansätzen abgesprochen werden. Vielfach hilft ein fester rhythmischer Vers.

2. Der Springer versucht, möglichst regelmäßig auf der Stelle zu springen und gibt damit einen festen (Sprung-)Rhythmus vor. Die Dreher des Seils versuchen, sich darauf einzustellen, und auf ein gemeinsames Kommando bringen sie das Seil in den richtigen Schwung-(Rhythmus).

3. Die beiden Dreher schwingen das Seil, und der Springer läuft in das Seil hinein. Das bedeutet, dass der Springer erst einmal den Rhythmus der Schwinger aufnehmen muss, um einen geeigneten Zeitpunkt für das Einlaufen in das Seil zu finden. Gelingt ihm das Einlaufen, so muss er anschließend im Grundrhythmus der Schwinger bleiben. Er kann aber auch eigene rhythmische Akzente setzen und zwar so lange, bis er wieder aus dem Seil heraus läuft.

Da das Einlaufen ein wichtiges Moment des Double Dutch darstellt, muss am Ende dieser Unterrichtsphase in jedem Fall die dritte Variante facettenreich erprobt und vertieft werden. Das bedeutet, dass vorrangig Aufgaben ausgewählt und durchgeführt werden sollten, die sich mit dem Einlaufen auseinandersetzen:

- quer/seitlich durchs Seil hinein- und herauslaufen
- gerade ins Seil hinein- und möglichst schnell wieder herauslaufen
- mit Sidesteps ins Seil hinein- und wieder herauslaufen
- partnerweise von zwei Seiten durchs Seil hinein- und herauslaufen
- einlaufen – drei Sprünge – herauslaufen
- einlaufen – vier Sprünge – herauslaufen
- einlaufen – springen und dabei eigene Ideen verwirklichen – herauslaufen
- (...)

Die Schüler fanden schnell heraus, welche Aufgaben leicht und welche schwieriger zu realisieren waren. Das Springen nach festen Vorgaben wie z.B. *einlaufen – drei Sprünge – herauslaufen* erwies sich für die meisten Schüler als weitaus schwieriger als die Aufgabe *einlaufen – freies Springen mit komplizierten Varianten – herauslaufen*. Anika war zuerst gänzlich enttäuscht, da sie sich immer wieder im Seil verfing. Auch das Klatschen oder ein gemeinsames Kommando half ihr überhaupt nicht weiter. Erst als sich Lisa daran erinnerte, dass sie sich bei ihren Versuchen, mit geschlossenen Augen im Doppelpack zu springen, deutlich seltener verhedderte, als sie ihre Hände auf die Oberarme von Anika legen konnte, fasste sie kurz entschlossen Anika bei den Händen und versuchte mit ihr gemeinsam in das Seil zu springen. Die ersten beiden Versuche scheiterten noch, doch dann hüpften sie auf einmal ohne große Probleme seitlich ins Seil. Und schon zauberte sich ein erstes Lächeln auf das Gesicht von Anika. Noch dreimal hüpften Lisa und Anika gemeinsam ins Seil hinein und hinaus und danach versuchte es Anika erneut allein. Die ersten zwei Anläufe klappten zwar noch nicht, aber dann war Anika ganz allein drin. Sie lachte, sprang sofort wieder heraus, um einen neuen Versuch zu starten. Auch dieser klappte ganz hervorragend. Sie lachte, sprang noch dreimal rechts und dreimal links auf einem Bein, und als das Herauslaufen auch noch ohne Probleme gelang, war sie überglücklich.

4.3.3 Double Dutch

Beim Double Dutch schwingen zwei *Dreher* zwei Seile kreisförmig an der Nase bzw. am Bauch vorbei, d.h., befindet sich die eine Hand mit dem Seil in Höhe der Nase, so ist die zweite Hand auf Höhe des Bauches. Nach einer gewissen Erkundungsphase schränkt man das Ausmaß der Armbewegungen auf Kreisbewegungen aus den Handgelenken ein. Klappt der Bewegungsablauf der Schwinger, so hört man ein rhythmisches Aufschlagen der Seile auf den Boden (Böttcher 1997). Dieses Aufschlagen bietet dem Springer eine wichtige akustische Hilfe. Es zeigt nämlich an, dass der Springer nun mittig in das Seil hineinspringen sollte. Die Startposition des Springers ist dabei unmittelbar neben einem der *Dreher*. Das Einlaufen ins Seil kann für den Springer etwas erleichtert werden, wenn das Seil lange über den Boden gezogen wird. Dazu sollten die *Dreher* leicht in die Knie gehen. Hingegen wird das Einspringen eher erschwert, wenn über Bock, d.h., wenn das Seil von oben nach unten verläuft und auf den Springer zukommt, eingesprungen wird.

In den Seilen müssen sich *Dreher* und Springer aufeinander einstellen. Laut zu zählen oder einen festen Vers zu singen kann als akustische Unterstützung helfen, den Rhythmus sowohl beim Seilschwingen, als auch beim Seilspringen durchgängig aufrecht zu erhalten und den richtigen Zeitpunkt des Herauslaufens oder -springens zu finden. Gelingt das Herein- oder Herausspringen in die zwei Seile nicht, gibt es die Möglichkeit, den Springer einzufangen. Hierbei muss der Springer sich dem Rhythmus der Seile bereits außerhalb der Seile anpassen und mitspringen. Das springernahe Seil wird dann zuerst unter dem Springer durchgezogen.

Für das Ein- und Ausspringen gibt es zahlreiche Variationen, die je nach Leistungsstand der Lernenden angeboten und kombiniert werden können. Im Folgenden zeigen wir auf, welche Aufgaben unsere Schüler relativ gut lösen konnten:

- seitlich im spitzen Winkel ins Seil hineinlaufen
- von der rechten/linken Seite hineinlaufen
- ein- und sofort wieder herauslaufen
- partnerweise von einer Seite ein- und hinauslaufen
- partnerweise von beiden Seiten ein- und hinauslaufen
- (...)

Eine weitere mögliche Übungsform im Anfangsstadium ist der Achterlauf (x chase):

Der Achterlauf findet in einer Dreiergruppe statt. Der Springer steht dabei zu Beginn neben einem der *Dreher* und läuft durch das Seil zum anderen *Dreher*, um dort sofort das Seil zu übernehmen. Der frei gewordene Dreher läuft dann los, um das Seil von seinem Gegenüber übernehmen zu können. Zur Einführung kann diese Übung zunächst mit einem Leerschwung durchgeführt werden. Später wird das Tempo erhöht, indem die Leerschwünge weggelassen werden. Die Linie in der nachfolgenden Abbildung kennzeichnet den Laufweg.

Abb. 29: Laufwege im Achterlauf

Eine weitere Variante, die für die Springer jeder Leistungsstufe geeignet ist, ist das Springen im Kreuz (The Egg Beater).

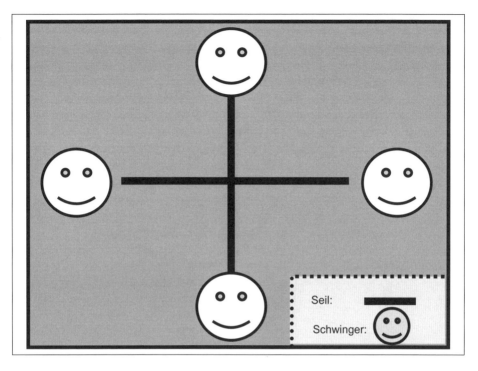

Abb. 30: Springen im Kreuz (The Egg Beater)

Hierbei bilden zwei Dreherpaare ein Viereck. Die Dreher müssen sich abstimmen, sodass sich die Seile einigermaßen zugleich am Boden und in der Höhe (Zeltbildung) befinden. Die Springer können zunächst versuchen, von der einen Seite auf die andere zu gelangen, also unter den Seilen herzulaufen. Oder sie versuchen, eine Runde durch die Seile zu laufen. Eine weitere Möglichkeit wäre, dass mehrere Springer von unterschiedlichen Seiten in das Seil hereinspringen. Dabei sind auch Platzwechsel oder andere Variationen denkbar.

Das *Kreuzschlagen* kann auch auf einer Linie geschehen, hierbei müssen die *Dreher*, die innen stehen, selbst mitspringen und einen Rhythmus *Sprung – Schlag – Sprung* einnehmen.

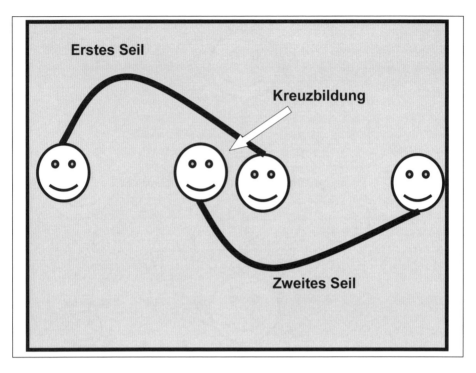

Abb. 31: Kreuzschlagen auf einer Linie

Gelingt den Schülern das Ein- und Ausspringen in die Seile sowie das Springen im Seil, können weitere Herausforderungen gestellt werden. So ist es möglich, dass zwei Springer in das Seil springen und dort versuchen, den Platz zu wechseln oder sich einen Ball zuzuspielen oder Kleidungsstücke zu tauschen. Komplizierter wird es natürlich, wenn die *Dreher* den Rhythmus des Schwingens verändern und schnelle und langsame Schläge kombinieren.

Das Ein- und Ausspringen kann außerdem durch akrobatische Übungen erschwert werden, so kann z.B. der Rücken eines *Drehers* als Bock umfunktioniert werden und der Springer hockt darüber und springt direkt in die Seile hinein. Das Herauslaufen aus den schwingenden Seilen kann durch einen Radschlag oder eine Rolle geschehen. Weiteren Variationen und Kombinationen sind hierbei keine Grenzen gesetzt.

Die Schüler unserer siebten Klasse schafften zwar am Ende der Unterrichtsreihe zum Double Dutch nicht alle Varianten. Jedoch gelang allen Schülern das Einstellen auf den Schwungrhythmus der Seile und damit das sichere

Ein- und Auslaufen. Einige Schüler glänzten mit guten Sprungrhythmen, andere präsentierten interessante Partnerkombinationen, und die Gruppe um Tom, Paul und Janis entwickelte den größten Ehrgeiz im Bereich der spektakulären Ein- und Ausspringmanöver. Tom gelang am Ende der Bocksprung, und Paul rollte sich im Stile eines Stuntmans mit einer Flugrolle aus den Seilen.

5. Werfen & Fangen

5.1 Über das *Erziehliche* im dialogisierenden *Hin und Zurück*

Claudia und Peter kennen sich schon länger. Sie wohnen in der gleichen Straße und gehen gemeinsam in die 4b der Grundschule. Sie haben sich allerdings schon vor dem Beginn der Schulzeit beim Spielen in ihrer Straße kennengelernt. Dort gibt es viele Ecken, Nischen und freie Plätze, es fahren auch keine Autos, weshalb sich die Kinder den ganzen Tag über frei bewegen können. Das tun sie sehr häufig im Spiel mit verschiedenen Bällen. Dabei haben wir Peter, Claudia und die anderen Kinder beobachtet und eine ganze Menge über das kindliche Spiel im Allgemeinen und das Ballspielen im Besonderen herausgefunden. Wir fassen unsere Beobachtungen und Deutungen deshalb in einer kleinen Bewegungsspielgeschichte zusammen, deren Essenz wir mithilfe von drei Überschriften strukturieren wollen. Dabei geht es in allen drei Akzenten immer um den Ball. Zunächst um Peter und den Ball (*Ich und der Ball*), dann um Peter, Claudia und den Ball (*Ich, du und der Ball*) und schließlich um Peter, Claudia, die anderen Kinder und den Ball (*Wir und der Ball*). In diesen drei Interaktionsformen wird das Spiel mit dem Ball in unterschiedlicher Weise thematisch. Die Veränderung der Komplexität des Spiels bringt es dabei mit sich, dass vor allem das Prinzip des *dialogischen* in der Metapher des *Hin und Zurück* jedes Mal eine neue Qualität erfährt, die jeweils einschlägige Anhaltspunkte für die Inszenierung des *Erziehlichen* bieten.[74]

5.1.1 *Ich und der Ball*

Wie gesagt, die Kinder spielen in dieser Straße sehr oft mit Bällen. Wenn sie allein mit dem Ball spielen, ist es manchmal so, als würde der Ball ihnen

---

[74] Bei den folgenden Ausführungen handelt es sich um eine überarbeitete und erheblich erweiterte Fassung der folgenden Beiträge: Lange, H. & Sinning, S. (2002b). Titelthema und Themenheft: Werfen und Fangen. Sportpädagogik, 26 (6), 5 – 11. Lange, H. & Sinning, S. (2007c). Werfen & Fangen. Über das „*Erziehliche*" im dialogisierenden „*hin- und zurück*" In M. Jakob (Hrsg.), *Lerngeschichten* (S. 141 – 147). Baltmannsweiler: Schneider.

sagen, was sie tun sollen. Neulich hatte Peter lange auf Claudia warten müssen und sich deshalb die Zeit allein mit dem Ball vertrieben. Er hat ihn in die Luft geworfen und versucht, ihn danach wieder aufzufangen. Manchmal ist dies nur dann gelungen, wenn der Ball vorher einmal aufgetippt und im Anschluss von Peter ganz schnell erlaufen wurde. Peter hat diesen Ablauf mehrfach ausprobiert und weiß inzwischen ganz genau, wann er loslaufen und wie er zupacken muss, um den springenden Ball sicher aus der Luft zu schnappen. Das Springen des Balles ist besonders interessant, denn der Ball scheint jedes Mal einen anderen Weg nehmen zu wollen, und Peter bemüht sich, von Versuch zu Versuch immer genauer herauszufinden, was der Ball eigentlich tun will. Hierfür dosiert Peter den Krafteinsatz seiner Würfe, er versucht außerdem, den Ball geschickter zu handhaben. Er variiert das Zupacken und spürt die materiellen Eigenschaften ganz genau heraus, weshalb der Ball von Versuch zu Versuch immer sicherer in seinen Händen liegt. Im Zuge dieses Dialogs zwischen Peter und dem Ball scheint es, als würde Peter den Ball immer besser verstehen können, denn es gelingt ihm, die Ballwege immer genauer vorauszuschauen und den Ball immer sicherer zu handhaben. Da Peter seine Wurf-, Spring- und Laufwege einerseits immer ökonomischer und andererseits auch immer verspielter gestaltet, mag man als Beobachter vermuten, dass ihm das zusehends bessere Verstehen des Balles erlaubt, dem Ball immer mehr seinen eigenen Willen aufzudrücken. Mit anderen Worten: Der Ball tut immer häufiger das, was Peter von ihm will.

Da Peter dem hochgeworfenen Ball heute schon unzählige Male nachgelaufen ist und der Ball dabei nicht immer das gemacht hatte, was Peter von ihm wollte, sucht er nach einer Möglichkeit, das Spiel mit dem Ball stärker zu kontrollieren. Der Springraum des Balles muss also begrenzt werden, so dass Peter ihm nicht immer in die bunt bestückten Blumenbeete der Vorgärten folgen und ihn dort aufheben muss, sondern ihn besser kontrollieren und ihm seinen Willen aufdrücken kann. Hierfür scheint sich das Garagentor des Nachbarn anzubieten, denn es wird von Peter als ideale Barriere für das Spiel des Balles erkannt. An diesem Tor bzw. dem dahinter stehenden Haus kommt der Ball niemals vorbei. Dort enden seine Flug- und Rollwege, wenn Peter ihn schießt oder wirft. Außerdem macht es dumpfe und laute Geräusche, wenn der Ball an das Tor dotzt. Interessanterweise besteht auch eine gut hörbare Beziehung zwischen der Kraft und dem Schwung, mit dem Peter den Ball wirft, und dem am Garagentor resultierenden Geräusch. Anfangs hatte Peter versucht, vor allem die Lautstärke des blechernen Garagentorgeräusches zu verstärken. Dann war es ihm wichtig, herauszufinden, ob sich das Tor am Rand genauso anhört wie in der Mitte, ob ein fester Wurf am linken Rand des Tores einen dunkleren Ton erzeugt als ein ebenso fest geworfener Ball, der das Tor am oberen, am unteren oder am rechten Rand trifft. Schließlich hat er zum Abschluss dieser Spielsequenz ausprobiert, den Ball aus immer geringeren Entfernungen gegen das Tor zu werfen bzw. zu schießen. Hierbei ist es ihm zwar gelungen, das Geräusch des Blechtores zu verstärken, andererseits ist es ihm nicht immer gelungen, auf den zurückspringenden Ball schnell genug zu reagieren, sodass er ihm während vieler Versuche immer wieder nachlaufen musste. Deshalb war es auch gut, dass sich inzwischen seine Freundin Claudia hinzugesellt hatte.

5.1.2 *Ich, du und der Ball*

Man kann sagen, dass Peter und Claudia gute Freunde geworden sind, denn sie verbringen, so wie heute, viele Nachmittage zu zweit. Am liebsten spielen sie mit dem Ball, weshalb Claudia auch sofort in das von Peter begonnene Ballspiel einsteigt und versucht, die vom Garagentor abprallenden Bälle direkt aufzufangen. Peter hat diese Spielidee sofort verstanden und versucht seine Würfe spontan so zu dosieren, dass der vom Tor zurückspringende Ball in Claudias Armen landet. Claudia prellt die gefangenen Bälle dann zumeist ein- bis zweimal auf dem Asphalt, bevor sie sie schließlich auf indirektem Weg, über das Tor, zu ihrem Freund zurück wirft. Beide Kinder vertiefen sich von Wurf zu Wurf immer weiter in diese neue Sachlage. Sie bekommen schließlich auch heraus, wie sie die Schwierigkeit des Fangens über die Gestaltung ihrer Würfe dosieren müssen. Für Peter ist es jetzt nicht mehr nur wichtig, dem Garagentor laute oder verschiedene Geräusche zu entlocken, sondern (darüber hinaus) auch seiner Freundin mal schwierigere und dann wieder einfache Bälle zum Fangen aufzugeben. Der Dialog verlagert sich also von der Auseinandersetzung mit dem Ball auf die mit dem Partner. Und diesen Dialog gestalten die beiden Freunde überaus feinfühlig, denn sie versuchen, sich die Bälle immer so zuzuspielen, dass das Fangen für den Partner dabei einerseits nicht zu einfach und andererseits nicht zu schwierig wird.

5.1.3 *Wir und der Ball*

Das Ballspiel wird in der Gruppe noch auf andere Weisen thematisch. Nachdem Mandy hinzugekommen und sich neben Claudia aufgestellt hat, um ihr die vom Tor zurückspringenden Bälle wegzuschnappen, stellte sich nämlich ein kleiner Konkurrenzkampf um die zu fangenden Bälle ein. Schon nach ein paar Versuchen hat sich ein neuer Spielsinn entwickelt: Derjenige, der den Ball gegen das Tor wirft, versucht, nicht mehr seinen Freund durch einen zielgenauen Wurf zu treffen, sondern einfach einen festen Wurf am Tor zu platzieren, der in einem möglichst hohen Bogen abspringt. Der hohe Bogen erlaubt dann den beiden Fängern, sich in Position zu bringen. Da Mandy viel größer ist als die beiden anderen Kinder, hat sie auch die meisten Bälle weggeschnappt. Deshalb wurde das Spiel langweilig, und die Kinder haben beschlossen, ein neues Spiel zu spielen.

Ein Torwurfspiel, bei dem Peter versucht, an Claudia vorbei gegen das Garagentor zu werfen. Mandy steht direkt vor dem Tor und versucht, den abprallenden Ball zu schnappen, bevor er auf den Boden tippt. Das haben sie gerade eben ein paar Mal gemacht, und Mandy hat alle Bälle sicher aus der Luft gefischt. Claudia ist sauer, denn sie konnte keinen einzigen Ball abfangen. Deshalb will sie jetzt auf das Tor werfen. Mandy soll sich ihr dabei in den Weg stellen, und Peter versucht, die abprallenden Bälle zu bekommen. Das will Peter genauso schaffen, wie er es bei Mandy gesehen hat. Das klappt aber nicht, weil Mandy auch in diesem Spiel alle Bälle abfängt und keinen einzigen zum Tor durchkommen lässt. Deshalb finden Claudia und Peter auch dieses Spiel blöd und beschließen, sich die Bälle einfach so zuzuwerfen.

Alle drei stellen sich also in einem Dreieck auf und werfen sich gegenseitig die Bälle zu. Das klappt ausgezeichnet, jeder hat genügend Ballkontakte, und die Bälle werden so sicher geworfen, dass kein Ball verloren geht. Nach vier oder fünf Runden fordert deshalb Peter Claudia auf, den Ball auch mal *schwierig* zu ihm zurückzuwerfen. Am besten in Brust- oder Kopfhöhe, damit er ihn ebenso elegant wie die Freundin *aus der Luft nehmen* kann. Er zeigt ihr mit einem Wurf in ihre Richtung, was er erwartet. Sie fängt den Ball mit beiden Händen und wirft ihn – wie gewünscht – etwa brusthoch zurück. Peter springt zum Fangen vom Boden ab und verleibt sich den Ball mit beiden Händen, sicher wie ein Bundesligatorhüter, ein. Er wirft ihn nun ein Stück höher zurück, sodass Claudia drei oder vier Tippelschritte rückwärts machen muss, um den Ball gerade noch zu erreichen. Von dort aus wirft sie den Ball nun mit deutlich mehr Schwung zu Mandy, die einige Schritte zurückrennen muss, um diesen schwierigen Ball sicher fangen zu können. Mandy läuft mit dem Ball in den Händen ein paar Schritte auf Claudia zu, täuscht einen Wurf in ihre Richtung an, wirft aber im letzten Moment in die andere Richtung, Peter den Ball zu. Peter bekommt ihn aber trotz dieser Finte in der gleichen Position wie beim Wurf zuvor mit beiden Händen sicher zu fassen. Die Konkurrenz um den Ball wird außer Acht gelassen. Die Kinder setzen ihr Spiel auf andere Art fort. Sie spielen beispielsweise mit den Abständen, mit den Flugkurven, der Höhe und der Härte der geworfenen Bälle. Manchmal kündigen sie einen neuen Wurf an, und ein anderes Mal überraschen sie die Spielpartner mit einer ungewohnten Kombination aus Flugbahn und Ballgeschwindigkeit. Sie spielen und variieren aber auch die Rolle des Fängers und entscheiden erst ganz spät, wo und wie sie den Ball denn nun aus der Luft haschen: Ob sie rasch vorlaufen und den hohen Ball über Kopf mit beiden Händen fangen, oder ob sie gar nach hinten und ein wenig seitlich weglaufen, um anschließend einen gewagten Hechtsprung zum anfliegenden Ball machen zu können. Einige Male wirft Claudia den Ball absichtlich nicht genau zu, um auszuprobieren, ob Peter und Mandy ihn noch erreichen können. Dabei provoziert sie nicht nur deren Reaktionen nach links und rechts, sondern probiert auch Würfe mit immer höheren Flugbahnen aus. Peter und Mandy stellen sich rasch auf die neuen Anforderungen ein und werfen den Ball manchmal fester und dann wieder lockerer zurück. Im Laufe der Zeit riskiert Claudia immer häufiger Würfe aus weiter Distanz, die dann für die jeweiligen Fänger das Fangproblem vergrößern. Nach einer Weile dieses spielerischen *Hin und Zurück* hören die drei Kinder plötzlich auf, und für den Beobachter scheint es, als hätten sie das Spielende beschlossen ohne es zuvor miteinander abgesprochen zu haben. Offensichtlich verstehen sich diese Kinder auch ohne den Gebrauch klärender und reglementierender Worte: Im Werfen & Fangen haben sie eine gemeinsamen Sache entdeckt.

5.2 Vom Reiz dieser Sache (...)

Wenn es Peter gelingt, einen hart geworfenen Ball im Hechtsprung aus der Luft zu fangen, dann freut er sich ebenso über sein *Fangen-Können*, wie sich Claudia oder Mandy über ihren unmittelbar vorausgegangenen – nicht zu leichten, aber auch nicht zu schwierigen – Wurf freuen. Die Freunde sind in diesem Spiel recht erfahren, denn sie haben es schon tausendfach probiert und dabei immer wieder neue Varianten erfunden und weiterentwickelt. Sie haben sich hierbei auch besser kennengelernt, denn es gelingt den Freunden mittlerweile, recht treffsicher herauszuspüren, wie viel Kraft sie in ihre Würfe legen müssen, damit das Fangen für den Partner herausfordernd ist und welche Wurfvarianten in welcher Situation Spannung und Überraschung beim Fänger garantieren. Claudia weiß aber auch nur zu genau, nach wie vielen Fehlwürfen Peter sauer wird und etwas anderes spielen will. Die Kinder schätzen auch die einschlägigen Eigenschaften des Spielgerätes. Sie wissen, was der Ball macht, wenn sie ihn in bestimmter Weise abwerfen, sie wissen den Schwung zu gestalten, wenn der Ball z.B. noch einmal vor dem Partner auftippen oder von der Garagenwand direkt in die Arme abprallen soll. Ja sie wissen sogar ihre ausweichenden und zulaufenden Tippelschritte der Flugbahn des Balles und damit dem Schwung des Partners anzupassen. Claudia, Mandy und Peter sind im Umgang mit dem Wurfgerät derart vertraut, dass sie über dessen Verhalten miteinander kommunizieren, sich verstehen können.

5.3 (...) zur pädagogischen Auslegung des *Werfen & Fangens*

Wenn das Thema *Werfen & Fangen* als dialogischer Zusammenhang betrachtet wird, an dem ein oder mehrere Partner beteiligt sind, dann kann es auch als eine einfache Form des Spielens verstanden werden. Deshalb ordnen wir den Zusammenhang des *Werfen & Fangens* auch als Wechselwirkung im Sinne der spielerischen Dynamik des *Hin und Zurück* von Buytendijk[75] ein. Das *Hin* lässt sich dann als eine Tendenz zur Herstellung einer neuen Gemeinschaft verstehen, die gleichzeitig auf Selbstsicherheit und Selbstständigkeit beruht, weil man den Schritt auf einen anderen *hin* ansonsten nicht wagen würde. Das *Zurück* festigt die neue Bindung und macht deutlich, dass man Akzeptanz und Zustimmung findet. Was im Kinderspiel unter dieser Deutung zu verstehen ist, führen die drei Grundschüler aus der geschilderten Bewegungsgeschichte eindrucksvoll vor. Sie verfügen über einen beachtlichen, selbst entwickelten Erfahrungsschatz zu diesem dialogischen *Hin und Zurück*, mit dem sie situativ-variabel zu spielen verstehen. Dadurch entdecken sie im Zuge dieses *Wechselspiels* immer wieder etwas Neues bei sich, ihrem Partner oder dem Verhalten des Balles, und es gelingt ihnen, diese Varianten in der jeweiligen Situation aufeinander zu beziehen. D.h., spätestens nach drei sicher in Brusthöhe zugeworfenen Bällen wird Claudia einen schwierigen Ball nach rechts oder nach links, vielleicht auch ganz hoch spielen, von dem sie aber weiß, dass ihre Freunde ihn gerade noch fangen werden. Vor allem dieses *Gerade-noch* wird von den Kindern geschätzt und scheint ein beachtenswerter Motor des *Erziehlichen* im Spiel mit dem Ball zu sein.

---

[75] Vgl. Buytendijk, F.J.J. (1933). *Wesen und Sinn des Spiels. Das Spielen des Menschen und der Tiere als Erscheinungsform der Lebenstriebe*. Berlin: Wolff.

5.3.1 Vom allein zum gemeinsamen *Werfen & Fangen*

Einen ähnlichen, allerdings auf einen *Ballspieler* reduzierten Vergleich zum *Hin und Zurück* findet sich bei Fröbel (1982), der unterschiedliche Spielaufgaben als Möglichkeit versteht, die Außenwelt zu erfassen und sie mit der Innenwelt in Verbindung und Übereinstimmung zu bringen. Er macht diese Wechselwirkung am Beispiel eines an der Schnur hängenden Balles deutlich, bei der das Baby oder Kleinkind den Ball immer wieder loslässt oder wirft und ihn anschließend erneut ergreift bzw. fängt. Daraus entsteht – nach Fröbels Deutung – ein Hin und Wieder, was auch als Loslassen und Haben, als Trennung und Vereinigung oder als Verschwinden und Wiederkommen verstanden werden kann. Das *Loslassen-Können* hängt demnach ganz eng mit dem Vertrauen darauf zusammen, dass man den Gegenstand auch wiederbekommt. Dieser Aspekt ist natürlich um so einprägsamer, wenn man nicht allein den Ball gegen die Wand wirft und wieder auffängt oder den Bumerang wegwirft, um ihn selbst zu fangen, sondern wenn man den Gegenstand einem Partner zuwirft und ihn von diesem dann auch wieder zurück erhält, womit der Bogen wieder zu Claudia und Peter gespannt ist. Dass als zu werfender und zu fangender Gegenstand oftmals ein Ball gewählt wird, liegt zweifellos an den besonders flexiblen materiellen Eigenschaften, die wiederum äußerst vielfältige Spiel- und Handlungsmöglichkeiten zulassen. Diese Qualitäten erkannte unter anderem bereits Fröbel, der dem Ball sogar eine menschenversöhnende, verträgliche, geradezu friedenstiftende Funktion zusprach (vgl. Prange 2000, 114), und auch bei den Xenien Goethes wird die Faszination des Ballspielens nachhaltig gestützt. Dort lautet es unter dem Titel Wechselwirkungen:

Kinder werfen den Ball an die Wand und fangen ihn wieder; aber ich lobe das Spiel, wirft mir der Freund ihn zurück.

Ebenso wie bei Bytendijk wird die besondere Qualität des Werfens & Fangens auch hier in dem Wechselspiel gesehen, das sich aus zwei bedeutsamen Bewegungen zusammensetzt. Unter dem Werfen wird das *Weg-von-mir*, eine exzentrisch-abwendende Bewegung, und unter dem Fangen ein *Zurück-zu-mir*, im Sinne einer zentrisch-einverleibenden Bewegung, verstanden. Dabei steckt das erzieherische Element in der gelungenen Form, wie sie im weggeworfenen und wieder gefangenen Gegenstand enthalten ist (vgl. Prange 2000, 115). Im Spiel von Claudia und Peter lassen sich zahlreiche Varianten dieser Form ausmachen. Der Ball wird zwar hin und wieder besonders hoch, ein anderes Mal besonders fest oder weit nach links oder rechts gespielt. Allerdings geschieht dies, ohne dass einer der Werfer die Möglichkeiten des Fangrepertoires seines Freundes aus dem Blick verliert. Im Gegenteil, alle Würfe werden von vornherein auf die Interessen des Gegenüber abgestimmt. In dieser fruchtbaren Form wird die Freundschaft und die damit verbundene Kommunikation und Kooperation gegenwärtig, womit auch viele weitere Erziehungsziele in das pädagogische Blickfeld rücken.

5.3.2 Akzent: Exploration

Wenn man die kindliche Entwicklung verfolgt oder die verschiedenen Entwicklungstheorien betrachtet, so wird deutlich, dass gerade dem Explorationsverhalten im Kindesalter ein wichtiger Entwicklungs- und Lernwert und damit auch ein wertvolles erzieherisches Potenzial beigemessen wird. Peter, Claudia und andere *Werfen- & Fangen- spielende* Kinder zeigen jeden Tag aufs Neue, über welche enormen Kompetenzen sie in diesem Bereich verfügen. Was im einleitenden Fallbeispiel so selbstverständlich anmutete, avanciert nun zu einem Ansatz für Entwicklungsförderung. Nicht nur Entwicklungspsychologen haben den Wert des Sich-Bewegens oder des spielerischen Bewegens von und mit Gegenständen erkannt. Materialien, die zu vielfältigen Handlungsalternativen anregen, inspirieren die Erkundungs- und Betätigungsbereitschaft des Kindes im hohen Maße *(„Ob Claudia den Ball wohl noch fangen kann, wenn ich ihn zuerst an die Garage werfe?")*.

> Denn je „[...] *mehr Verschiedenes man mit einem Gegenstand tun kann, wenn man ihn etwa abtasten, verändern, bewegen, neu kombinieren kann, um so höher ist das Reaktionsvermögen des Kindes. Neben der Neuigkeit fördern also andere Merkmale die Explorations- und Spielbereitschaft: die Unbestimmtheit des Gegenstandes, die Möglichkeit, Überraschungen auszulösen, die Komplexität oder Verwickeltheit, die Möglichkeit, Konflikte in Gang zu setzen"* (Flitner 1998, 51).

Und gerade das *Werfen & Fangen* bietet im Sinne des Einsatzes unterschiedlicher Materialien und der damit verbundenen Flugeigenschaften vielschichtige Anregungen und zeichnet sich durch eine große Palette an Handlungsspielräumen aus. So wird über das

Explorationsverhalten ein kreatives Handlungsrepertoire angeregt, welches es ermöglicht, nicht nur die Fähigkeiten und Grenzen des Partners oder der Partner zu erkunden, sondern auch seine eigenen Grenzen auszuloten. Im Sinne der körperlichen und geistigen Entwicklung jedes Lernenden muss deshalb ein erzieherischer Prozess darauf ausgerichtet sein, im Hinblick auf bewegungsbezogene und soziale Komponenten Erfahrungswissen zu provozieren. Außerdem müssen die Kinder und Jugendlichen im Rahmen des Prozesses lernen, ihr Wissen systematisch zu reflektieren, zu ordnen und dadurch zielgerichtet weiterzuentwickeln. Da das *Werfen & Fangen* diese Offenheit der Erfahrungsmöglichkeiten bietet und gleichzeitig die Grenzen zumeist sehr klar verdeutlicht *(nach drei Fehlwürfen wird Peter sauer!)*, liegt es nahe, Unterrichtsthemen aus diesem Umfeld in allen Jahrgangsstufen immer wieder aufzugreifen. In der Praxis trifft man an dieser Stelle auf das Problem der sinnvollen Abstimmung didaktisch-methodischer Entscheidungen, die wiederum aus Analysen der einzelnen Schülerpersönlichkeiten oder der Gruppenbesonderheiten bestehen und mit den jeweiligen inhaltlichen Vorstellungen des Lehrenden gekoppelt werden müssen. Welche Möglichkeiten und Chancen sich daraus ergeben, zeigen die nachfolgenden Vertiefungen.

5.4 Perspektiven für die Inszenierung von Sportunterricht

Die Tragweite der soeben diskutierten pädagogischen Grundidee des dialogischen *Hin und Zurück* soll im zweiten Teil dieses Kapitels im Hinblick auf drei mögliche Perspektiven für die Inszenierung im Sportunterricht vertieft werden. Mit Blick auf das einleitende Fallbeispiel und dessen Deutung haben wir uns für die Vertiefung der Perspektiven *Kooperation, Aus- und Eindruck* sowie *Suchen, Finden und Lösen von Bewegungslernproblemen* entschieden.

5.4.1 Kooperation

5.4.1.1 In Kontakt zueinander kommen

Weil der Spielbeginn zum Werfen & Fangen vergleichsweise unkompliziert passiert, bieten sich viele Möglichkeiten, Kontakte mit anderen Mitspielern zu knüpfen: Man wirft jemandem einen Ball zu und wartet, ob und wie er ihn zurückwirft. Auf diese Weise suchen beispielsweise Kinder während des Strandurlaubs Kontakt zu Altersgenossen. Aus einem zunächst nur zurückgeworfenen Wasserball entsteht dann nicht selten ein *Hin und Zurück*, dem wiederum Fragen, Gespräche und Freundschaften folgen. Ähnliches kann man auf dem Schulhof beobachten, wenn zunächst einige Blicke, dann auch mal ein Gegenstand zugeworfen wird, um in Kontakt mit einem Jungen oder Mädchen der Parallelklasse zu kommen. Kinder und Jugendliche lernen dadurch ganz ungezwungen neue Mitspieler und Freunde kennen, finden ihre Stärken und Schwächen beim Werfen & Fangen heraus und versuchen mit den Handlungsmöglichkeiten des Partners zu spielen.

5.4.1.2 Miteinander kommunizieren

Wirft und fängt man gemeinsam mit einem Partner, zu dritt oder in einer Kleingruppe, so werden zumeist grobe Absprachen getroffen und eingehalten. Diese müssen nicht zwingend ausgesprochen oder ausgehandelt werden, sondern sind vielfach zu Beginn ganz selbstverständlich eingewoben und werden in der Regel erst dann explizit thematisiert, wenn es zu Störungen gekommen ist. Dann müssen die einzelnen Akteure miteinander sprechen und einvernehmliche Regeln und Konsequenzen aushandeln. Um denkbaren Störungen vorzubeugen, empfiehlt es sich, die technisch-koordinativen Möglichkeiten aller Teilnehmer angemessen zu berücksichtigen. Das ist nicht immer einfach, denn der besondere Reiz beim spielerischen Werfen & Fangen liegt gerade darin, sich nicht an ein formuliertes Regelwerk halten zu müssen, sondern im Dialog mit dem Partner die Grenzen des aktuellen Spiels auszuloten. Der permanente Versuch, durch den Einsatz gewagter Wurf- und Fangvariationen den Gegenüber und sich selbst immer wieder neu herauszufordern, garantiert für durchgängige Spannung. Da solche

Werfen & Fangen 321

Situationen in der Regel recht überschaubar und die Anforderungen des Werfens und Fangens zunächst einfach sind, bleibt den Kindern ein vergleichsweise großer Spielraum für das Erkunden und Ausprobieren dieser besonderen Verständigungsprozesse. Es genügt bereits ein kleiner Abstand, über den sichere Bälle hin und zurück gespielt werden, um mit der einschlägigen Kommunikation im Werfen & Fangen zu beginnen und um z.b. komplexere Wurf- und Fangvariationen bzw. Jonglagen zu zweit, zu dritt oder in Kleingruppen zu erfinden und weiterzuentwickeln. Wie weit dieses Spiel letztlich geht, d.h., welche Grenzen wann wie ausgelotet werden, bestimmen die Werfer und Fänger situativ.

5.4.1.3 Entwicklung und Ausgestaltung von Rollen

Durch das Kennenlernen eigener Kompetenzen und Grenzen vermag man sich im sozialen *sportbezogenen* Gefüge einzubinden und wiederzufinden. Je nach Situation und Partner ergeben sich einschlägige Rollenzuteilungen. So werden beispielsweise der kräftige Junge von nebenan, der so richtig weit werfen kann, und die mutige Torhüterin, die selbst die schweren und hart geworfenen Bälle noch fängt, von anderen Kindern mitunter regelrecht bewundert. Ebenso wie die engagierte Läuferin, die jedem noch so schlecht geworfenen Ball hinterherrennt, um ihn zu fangen. Diese Kinder vergeben und erhalten ganz andere Rollenattribute als der kleine Schmächtige, der zwar geschickt, aber nicht so weit werfen kann, oder diejenigen, denen man die Bälle immer ganz genau zuwerfen muss, damit sie das Spiel nicht beenden. Auf diese Weise entstehen schließlich auch Leistungsmotive, d.h., manche Kinder und Jugendliche möchten beispielsweise immer weiter werfen oder noch geschickter fangen als der Nachbarjunge oder das Nachbarmädchen.

5.4.4.2 Aus- und Eindruck

In dieser Perspektive geht es in erster Linie um die vielfältigen Erlebnisse, die das *Werfen & Fangen* bietet. Diese können sich einerseits nach innen als Eindruck subjektiver Wahrnehmungen und andererseits nach außen als Ausdruck verschiedener Stimmungslagen äußern. So ist es beispielsweise beim gemeinsamen Frisbee-Spielen aufgrund der einschlägigen materiellen Eigenschaften möglich, sich das eine Mal über den gelungenen, langsam schwebenden Flug der Scheibe zu freuen und ein anderes Mal dies als ärgerlich zu betrachten, weil die Scheibe durch das allzu lange Schweben das Ziel nicht präzise genug erreicht hat. Im Zuge des Ausprobierens und Variierens unterschiedlicher Würfe und Fänge wird das Verhalten des Materials ebenso herausgefunden, wie die dadurch bedingten Wurfwege entdeckt und für neue Bewegungsideen genutzt werden. Ein auf diese Weise wachsender Bewegungsschatz erlaubt das immer wieder neue Erkennen von Freiräumen und situationsangemessene spielerische Nutzen von Freiheiten beim Sich-Bewegen, wodurch sich ständig neue Gelegenheiten des Sich-Öffnens und Entspannens bieten. Gelingt ein langanhaltender, flüssiger und rhythmischer Wechsel, so gewinnen die Akteure das Gefühl einer Harmonie mit dem Partner und dem Gerät. Das *Werfen & Fangen* bietet gleichermaßen aber auch vielfältige Ausdrucks- und Gestaltungsmöglichkeiten. Durch einen Geräte-, Partner- oder Geräte- und Partnerwechsel lassen sich beispielsweise unterschiedliche Ausdrucksformen gezielt demonstrieren. Konkret gefragt: Mit welchem Wurfgerät lässt sich beispielsweise *Macht* ausdrücken, oder mit welchem Partner lässt sich dies am deutlichsten veranschaulichen? Ist die Frisbeescheibe, der Medizinball, der Softball oder ein Basketball der geeignete Gegenstand, und welche Gestaltungsformen unterstützen die Darstellung von Macht? Wenn Claudia den Ball mit beiden Händen wirft und zusätzlich immer näher auf ihren Freund zugeht, um mit möglichst druckvollen Würfen das Fangen für Peter zu erschweren, dann will sie manchmal auch ihre Stärke und Dominanz verdeutlichen. Bemerkt Peter diese Vorhaben, so reagiert er seinerseits und wirft absichtlich unplatziert zurück, damit Claudia nicht fangen kann und dem Ball nachlaufen muss. Im Sportunterricht werden solche Themen traditionell vor allem in der Gymnastik, insbesondere der rhythmischen Sportgymnastik, oder im Tanz aufgegriffen. Sie kommen aber auch bei neuen sportlichen Trends vor. Betrachtet man z.B. die aktuelle Nike-Werbung im Fernsehen, mag man sich auch als Zuschauer über hochgradig flüssige Formen des Dribblings, aber auch des *Werfen & Fangens* entzücken, die auf eine besondere *Leichtigkeit* der Werbeträger schließen lassen.

5.4.3 Suchen, Finden und Lösen von Bewegungslernproblemen

Werfen & Fangen soll zum Abschluss dieses Teilkapitels auch als Bewegungslernproblem aufgefasst und eingehender betrachtet werden. Dabei muss zwischen den Problemen, die das dialogische Wechselspiel (Werfen & Fangen) mit sich bringt, und denen, die das Werfen, aber auch das Fangen unabhängig voneinander in anderen Situationen und Bedeutungszusammenhängen stellt, differenziert werden. Das im einleitenden

Fallbeispiel skizzierte *Hin und Zurück* zwischen Peter und Claudia wird schließlich von einer anderen Qualität getragen als das Werfen eines Schlagballs in der Leichtathletik oder das Fangen eines auf das Tor geschossenen Balles durch den Torwart. Wenn man das Thema trotz dieser qualitativen Unterschiede unter technisch-koordinativen Aspekten betrachtet, fallen auch die zahlreichen Gemeinsamkeiten mit den koordinativ-technischen Anforderungen vieler Wurf- und Fangsituationen bzw. -aufgaben auf, die aus anderen Zusammenhängen (z.b. Ziel- oder Weitwürfe) bekannt sind.

Vorab, im Vergleich zwischen dem spielerischen *Hin und Zurück* zum *nur Werfen* und *nur Fangen* liegt der wesentliche Unterschied im Vorhandensein bzw. Fehlen eines Partners. Dieser kann, muss aber nicht dabei sein und übernimmt ganz andere Funktionen als die, die Claudia und Peter im einleitenden Beispiel exemplarisch vorgeführt haben. Damit ist jedoch nicht gesagt, dass die Attraktivität und Freude verloren geht, sie wird nur in anderer Weise gefunden. Kinder sind beim Werfen und beim Fangen mit sich, der Aufgabe und dem Gerät beschäftigt, während sie sich beim Zusammenhang aus *Werfen & Fangen* zuallererst mit dem Partner auseinandersetzen.

5.4.3.1 Vom *nur Werfen* und vom *nur Fangen* (...)

Da der Fokus an dieser Stelle nicht auf den Dialog mit einem Partner gerichtet ist, sollen typische Anforderungen des Werfens und des Fangens genauer untersucht werden, um mögliche Hilfen und Beratungsleistungen für die Lernenden sowie organisatorische Unterstützungen entsprechender Lernprozesse ableiten zu können. Der Dialog wird hier im übertragenen Sinne mit dem Gerät geführt. Kinder können in der Auseinandersetzung mit dem Ball, dem Speer oder einem anderen Wurfgegenstand ihre Möglichkeiten ausprobieren, Einfluss auf Flugkurven, -geschwindigkeiten oder -ziele nehmen. Sie finden im variationsreichen Üben mit dem Gerät gewissermaßen *den Zusammenhang zwischen Spüren und Bewirken* (vgl. Trebels 1990) heraus. D.h., sie wissen einerseits immer differenzierter Widerstände, Gewichte, Formen oder andere materielle Beschaffenheiten wahrzunehmen und einzuordnen und andererseits vermögen sie auf die Anforderungen, die das Gerät aufgibt, situationsangemessen zu reagieren. Die Beschaffenheit des Wurfgerätes bestimmt also die Anforderung, die die Werfer und Fänger letztlich immer wieder dazu herausfordert, ein einschlägiges Repertoire koordinativ-technischer Kompetenzen zu entwickeln. Beispielsweise werden einige Gegenstände wegen ihrer Beschaffenheit eher gestoßen, andere geschleudert und wieder andere aus der gestreckten Wurfauslage möglichst gerade nach vorn gebracht. Der gleiche Zusammenhang ist auch beim Fangen zu erkennen. Während man beim Fangen von schweren Gegenständen Körperspannung aufbaut, um den Schwung des Gewichts sanft abzubremsen, muss der Akteur bei fest zugeworfenen, aber leichten Gegenständen vor allem schneller reagieren. Außerdem muss der Fänger die Flugbahn richtig einschätzen, um überhaupt zum rechten Zeitpunkt am richtigen Ort sein zu können. Schließlich fordert die Beschaffenheit des Ziels vom Werfer jeweils spezifische technische Mittel. Er kann den Wurfgegenstand möglichst genau auf einen Punkt werfen oder ihn – z.B. im Handball – dem Partner so in den Lauf spielen, dass er ihn gerade noch erreicht. Außerdem sieht es manchmal cool und gelassen aus, verlangt gleichermaßen aber auch ein größeres technisches Können, wenn der Fänger sich wagt, den Gegenstand mit der schwächeren Hand oder erst nach einer vorhergehenden Zusatzaufgabe bzw. in Kombination mit einem spektakulären Kunststück zu fangen.

5.4.3.2 (...) zum *Werfen & Fangen*

Letztlich verbirgt sich hinter dem Zusammenhang von *Werfen & Fangen* zumeist ein noch größerer Reiz, so dass die Thematik von Kindern immer wieder neu aufgegriffen und mit unterschiedlichen Materialien wie Frisbee, Bierdeckeln, Tennisringen oder einem Flagfootball durchgeführt wird. Im Winter kann man selbst mit Schneebällen das *Werfen & Fangen* üben, und im Sommer sind die *Wasserbomben* sehr beliebt, die ein freudvolles Resultat bewirken, wenn der Ballon beim Fangen plötzlich zerplatzt.

5.4.3.3 Ein Flugobjekt mit Schwung in eine Flugbahn bringen

Egal ob der Werfer die Gegenstände wirft, stößt oder schleudert, er muss immer mit einer angemessenen großen Wurf- bzw. Schleuderbewegung auf den Gegenstand einwirken, so dass dieser sozusagen zwingend im richtigen Moment die Hand verlässt. Um diesen Moment vorzubereiten, geht der Werfer zuerst in eine optimale Wurfauslage, d.h., er leitet eine entgegengesetzte Bewegung ein, um diese dann mit entsprechend großer Geschwindigkeit und Körperspannung aufzulösen und den *eigenen Schwung* auf das

Flugobjekt zu übertragen. In diesem Schwung verbirgt sich das Bewegungslernproblem, dessen adäquate Lösung letztlich dazu führen soll, den richtigen Moment des Rausrutschens aus der Hand zu erzwingen. Ist der Schwung zu klein oder zu groß, verlässt der Gegenstand die Hand automatisch zu spät oder zu früh und bekommt dadurch nicht den eigentlich vorgesehenen Impuls. Folglich erhält er eine andere, nicht gewünschte oder geplante Flugbahn, sodass der Wurfgegenstand nicht die richtige Entfernung zurücklegt und die Flugrichtung rechts oder links neben dem eigentlich angedachten Zielpunkt liegt. Da man den Ball zusätzlich einem Partner *zuwerfen* will, ist des Weiteren eine angemessene Dosierung des Wurfes notwendig. Den geeigneten Zeitpunkt und die passende Dosierung findet der Werfer bei unterschiedlichen Formen und Gewichten von Wurfgegenständen und damit verschiedenen Flugeigenschaften erst dadurch heraus, wenn er möglichst viele Wurferfahrungen mit den unterschiedlichsten Materialien sammelt. Vor allem durch Gegensatzerfahrungen lässt sich das Spektrum der Erfahrungen erweitern und in einen sinnvollen Zusammenhang bringen. In diesem Sinne ist beispielsweise anzunehmen, dass auch Claudia und Peter während verschiedener Situationen immer wieder neue Wurfgegenstände ausprobieren.

5.4.3.4 Den Schwung eines fliegenden Gegenstandes auf- und herausnehmen

Beim Fangen unterschiedlicher Materialien erweist sich der Aufbau einer adäquaten Körperspannung – vor allem hinsichtlich der zeitlichen Komponente – als Bewegungslernproblem. Um den Schwung des Flugobjektes abzufangen, muss je nach Härte des Wurfes oder nach dem Gewicht des Gegenstandes eine andere Körperspannung eingenommen werden. Einige Fänger haben möglicherweise schon einmal die Erfahrung gemacht, dass sie eine vermeintlich leichte Kugel oder einen anderen Gegenstand fangen wollten und vom schweren Gewicht so überrascht wurden, dass sie den Schwung nicht auffangen und den Gegenstand fallen lassen mussten. Ähnliche Überraschungen treten auf, wenn man einen vermeintlich schweren Gegenstand antizipiert, eine hohe Körperspannung aufbaut und der – entgegen der Erwartung – leichte Gegenstand von den Händen regelrecht abprallt. Während solcher Situationen wird die Funktion der Körperspannung deutlich. Auf dem Weg zum Herausfinden der optimalen Weise und des passenden Zeitpunktes des Zufassens werden immer differenziertere Bewegungserfahrungen gesammelt. Dabei rutschen mitunter Frisbeescheiben und andere Gegenstände immer noch unerwartet durch die Finger, oder das entschlossene Greifen des Gegenstandes erfolgt in allen möglichen Winkeln und Abständen vor, neben, über oder hinter dem Körper. Der Schwung wird darüber hinaus immer wieder anders wahrgenommen, sodass das Durchflutschen, Abprallen und Verpassen von Wurfgegenständen zum Lernen des *Werfen & Fangens* einfach dazugehört. Das gilt ganz besonders auch für Könner, denn je größer die Sicherheit wird, desto gewagter fallen die Versuche aus. Der Moment des Zupackens wird dann durch die Integration kunstvoller Zusatzaufgaben konterkariert, wenn man z.B. das Flugobjekt unmittelbar nach einer vollen Drehung um die eigene Achse oder aus der Bauchlage als Ausgangssituation noch neben dem Körper oder über dem Kopf fangen möchte. Wie ist aber dieser Zeitpunkt zu bestimmen? Sicherlich nicht mithilfe von Stoppuhr, Klatsch- oder Sichtsignalen. Und welche Lernformen können dazu die notwendige Unterstützung leisten? Vorschläge zu möglichen Lernarrangements werden in den Praxisbeiträgen des von uns moderierten Themenheftes *Werfen und Fangen* (Lange & Sinning 2002a) vorgestellt.

5.4.3.5 In einen fließenden Rhythmus des *Werfen & Fangens* gelangen

Geht man davon aus, dass *Werfen & Fangen* eine Einheit ist und mindestens von zwei Personen durchgeführt wird, so geht es im Grunde darum, das Wurfobjekt immer wieder so in Schwung zu versetzen, dass es sich im fließenden, harmonischen Wechsel zwischen den Partnern hin und zurück bewegt. Es kann natürlich auch so geworfen und gefangen werden, dass die Akteure kleine Kunststücke einbeziehen oder der Partner in spielerischer Weise an seine motorischen Grenzen geführt wird. Dennoch bleibt die Attraktivität nur bestehen, wenn ein fließender Rhythmus aufrecht erhalten bleiben kann und das Wurf- und Fanggerät nicht zu oft das Ziel verfehlt. Man muss sich somit auf den Gegenüber einstellen, ein adäquates Zeitgefühl und eine entsprechende Dynamik entwickeln, um den Partner nicht zu über- oder gar zu unterfordern. Wie aber lässt sich so ein fließender Rhythmus ermöglichen, wann müssen Vereinfachungen eingeführt werden, damit dieser Fluss überhaupt entstehen kann, und wann müssen Zusatzaufgaben hinzugefügt werden, damit die Anziehungskraft bestehen bleibt? Antworten auf solche Fragen finden die Werfer und Fänger im Sammeln und Differenzieren vielfältiger, aber einschlägiger Bewegungserfahrungen.

6. Kämpfen als Thema für den Sportunterricht

Während der zurückliegenden Jahre hat die Sportpädagogik im Kämpfen ein neues Inhaltsfeld für den Sportunterricht entdeckt.[76] Dort wird es unter der offenen Bezeichnung *Ringen und Raufen* zum Thema eines sportartenübergreifenden Unterrichts gemacht und mit einer Reihe persönlichkeitsbildender und sozialisatorischer Wirkungshoffnungen kombiniert (vgl. Abb. 32). Im Zuge der allgemein zu beobachtenden Abkehr vom Sportartendenken sind in diesem Zusammenhang allerdings keineswegs Lehrgänge, Übungs- und Trainingsformen der klassischen Kampfsportarten wie z.B. Judo, Karate, Ringen oder Boxen gemeint, sondern sportartenübergreifende Aktivitäten, Aufgaben und Spiele, von denen man sich einschlägige Bildungs- und Erziehungswirkungen verspricht. In diesem Sinne lässt sich die Thematisierung des Kämpfens auch als Reaktion auf zahlreiche aktuelle, gesellschaftlich bedingte Problemlagen interpretieren.

---

[76] Bei den folgenden Ausführungen handelt es sich um eine überarbeitete Fassung der folgenden Beiträge: Lange, H. & Sinning, S. (2007b). Kämpfen als Bewegungs-, Lern- und Erfahrungsfeld. Wie im Schulsport aus einschlägigen Anforderungen auch sportübergreifende Lernmöglichkeiten auf den Weg gebracht werden können. *Sportpraxis*, 48 (3), 14 – 20. Sowie: Lange, H. & Sinning, S. (2007a). *Kämpfen, Ringen und Raufen im Sportunterricht*. Wiebelsheim: Limpert.

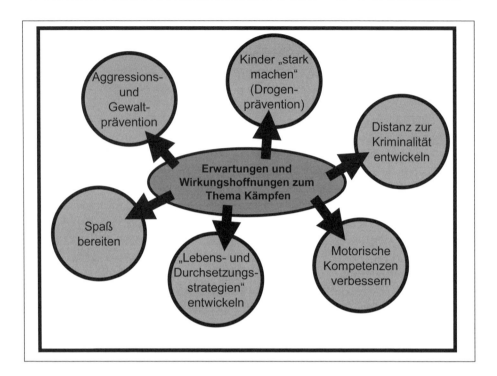

Abb. 32: Erwartungen und Wirkungshoffnungen zum *Kämpfen*

Die Vielfalt an Wirkungshoffnungen legt es nahe, das vorliegende Kapitel zum *Kämpfen im Sportunterricht* auf der Grundlage einer differenzierten sportpädagogischen Auseinandersetzung und Diskussion mit den vermeintlichen Wirkungen einzuleiten. Dies geschieht in drei Schritten und wird durchgängig mit der Ableitung methodischer Konsequenzen und praxisbezogener Reflexionen aufgebrochen.

Im Anschluss an eine fragende Annäherung und pädagogische Auslegung des Phänomens *Kämpfen* geht es im zweiten Schritt darum, den sachlichen Kern des Kämpfens herauszuarbeiten und im Spektrum des schulischen Sportunterrichts zu verorten. Daraus ergeben sich unmittelbar Perspektiven für schulische Bildungs- und Erziehungsprozesse, die in einem dritten Schritt bestimmt und hinsichtlich ihrer einschlägigen Lerngelegenheiten beleuchtet werden.

6.1 Fragen an das Phänomen *Kämpfen*

Wenn Kinder *kämpfen*, können Lehrende, die das verantworten wollen, ihre Wertungen in einem Spannungsfeld zwischen *gut* und *böse* vornehmen: Wie nahe liegt das Kämpfen am Thema Gewalt? Oder: Kann das Kämpfen der Kinder etwa ganz anders verstanden werden, d.h., verbergen sich vielleicht sogar pädagogische Chancen in diesem Tun? Für Letzteres ergeben sich vielversprechende Anhaltspunkte, wenn das Spielerische im Kämpfen der Kinder in den Blick genommen wird (vgl. Lange & Sinning 2003). Wie zeigt sich das Spielerische im Kämpfen? Woran genau kann das Spielerische festgemacht werden? Welche Qualitäten lassen sich da analysieren? Wann und warum *kippt ein Spiel um* und wird ernst? Wie lässt sich beispielsweise das Bauchkribbeln erklären, das Kinder vor ihrem Kämpfen erleben? Steht das im Zusammenhang mit einer charakteristischen Lust am Kämpfen? Oder hat das etwas mit dem Eingehen besonderer Wagnisse zu tun? Was haben diese Erlebnisse mit den einschlägigen Körpererfahrungen, die das Kind beim Kämpfen machen kann, zu tun? Wie genau stellt ein Kämpfer sich auf seinen Kampfpartner ein? Liegt im Kämpfen nicht auch eine besondere Art der Kommunikation und des körperbezogenen Dialogisierens begründet? Wie genau keimt Interesse im und am Kämpfen auf? Steht dieses Interesse mit dem originären Bewegungsproblem in Verbindung? Welches sind charakteristische Bewegungsprobleme im Kämpfen? Und welche Möglichkeiten für die Inszenierung lassen sich daraus ableiten?

6.1.1 Zur Unwägbarkeit einer Thematik

Die bis hierher gestellten Fragen weisen unmissverständlich darauf hin: Beim Kämpfen handelt es sich in vielerlei Hinsicht um etwas höchst Unwägbares. So wissen die Kontrahenten und Zuschauer spannender Kämpfe nie so recht, wie ein Kampf ausgehen wird, wer den Platz als Gewinner oder als Verlierer verlassen muss. Kämpfe nehmen oft unvorhersehbare Wendungen, der Zufall und das Glück spielen zuweilen eine Rolle, und plötzlich gelingt dem bis dahin ins Hintertreffen geratenen Kämpfer doch noch ein *lucky punch*, wie man im Boxen einen plötzlichen K.-o.-Schlag nennt, und er verlässt den Ring als Sieger.

Die Sachstruktur des Kämpfens ist immer auch durch den Zufall und durch Glück-/Pechsituationen gekennzeichnet. Der Lehrende sollte deshalb bereits in der Planung des Unterrichts darauf achten, dass der Zufall im Verlauf der

Spiele und Kämpfe eine Rolle spielen kann, und er sollte den Schülern Gelegenheiten bieten, diese Offenheit auch als solche wahrzunehmen, zu diskutieren und akzeptieren zu lernen (z.b. im Zuge von Gesprächsphasen).

Ähnliches gilt für den Kanon möglicher Bewertungen, Ängste und Wirkungshoffnungen, die dem Kämpfen entgegengebracht werden. Schließlich verhält es sich mit dem Kämpfen anders als mit der biologischen Anpassung an überschwellige Trainingsbelastungen. D.h., regelmäßiges Kämpfen führt nicht zwangsläufig zur Bildung mündiger, starker und selbstbewusster Persönlichkeiten. Anders herum gedacht aber auch nicht zur Förderung von Brutalität, Rohheit und Gewaltbereitschaft. Kurzum, beim Kämpfen handelt es sich zunächst einmal um Sport-, Spiel- und Bewegungshandlungen, die hinsichtlich ihrer persönlichkeitsbildenden Konsequenzen unzureichend dosierbar und deshalb in dieser Hinsicht offen sind.

In sportdidaktischer Hinsicht kann dieser offene Sachverhalt in der Metapher einer Waage treffend veranschaulicht und modelliert werden (vgl. Abb. 26). Die Waage pendelt dabei zwischen zwei Polen. Auf der einen Seite steht der Sportler (Kämpfer) mit all seinem Können und seinen bisher gesammelten Bewegungserfahrungen. Auf der anderen Seite die jeweilige Sache (z.B. ein Ringkampf oder ein Zweikampf im Fußball) mit all den daran gebundenen neuen Erfahrungsmöglichkeiten. Hinter diesem Neuen verbirgt sich für den Sportler etwas Reizvolles und zugleich Unwägbares, was sich im Hinblick auf die Metapher der Waage (Abb. 26) im unbestimmten Pendeln zwischen den beiden Polen zeigt. Dieses unbestimmte Pendeln zwischen dem *eigenen Können* einerseits und dem *Reiz des Neuen* andererseits wird von den Sportlern – anders als ein einseitiges Ausschlagen und Liegenbleiben der Waagschalen – als spannend und attraktiv erlebt.

6.1.2 Zwielichtigkeit pädagogischer Bewertungen

Die oben skizzierte Unwägbarkeit setzt sich in der pädagogischen Auslegung und Bewertung des Kämpfens fort. In diesem Sinne wird es von Erwachsenen mitunter als etwas Zwielichtiges empfunden, wenn Kinder mit- und gegeneinander kämpfen. Der erzieherisch bedeutsamen Perspektive des unmittelbaren Spürens und Bewirkens eigener Kräfte in Auseinandersetzung mit der Widerständigkeit eines Kampfpartners wird die Aussicht auf Prügelei, Gewalt und *blutig geschlagene Nasen* gegenübergestellt (vgl. Abb. 33). Angesichts dieser Ambivalenz mag als vorschnelle Konsequenz die Entscheidung reifen, diese Form der körperlichen Auseinandersetzung aus den Schulen und dem Sportunterricht zu verbannen. Das fand vielerorts auch lange Zeit statt, wobei sich seit einigen Jahren vor allem in Feldern wie z.B. der Jugendsozialarbeit, Bewegungstherapie und der Sportpädagogik die Bemühungen verstärken, das Kämpfen aus dem *dunklen* Randbereich herauszuholen.

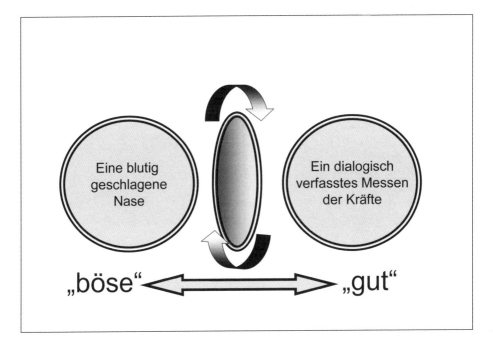

Abb. 33: Ambivalenz des Kämpfens

Aufgrund der gegebenen Zwielichtigkeit fällt eine pädagogische Einordnung des Kämpfens nicht immer leicht, was man auch an der enormen Vielzahl der dem Kämpfen entgegengebrachten Erwartungen ablesen kann. Die hieraus zusammenzustellenden Listen positiver Erwartungshoffnungen (vgl. u.a. Beudels & Anders 2001; 2003; Gerr 1982; Olivier 1995) sind mindestens ebenso lang wie die, auf denen die möglichen Ängste, Sorgen und Gefahren stehen könnten. Auch wenn der wirkliche Wert des Kämpfens angesichts dieser enormen Auslegungs- und Bedeutungsbreite nicht exakt bestimmt werden kann, so kann an dieser Stelle zumindest festgehalten werden, dass es sich beim Kämpfen um eine überaus intensive Praxis handelt, deren Betreiben Spuren zu hinterlassen vermag. Um welche Spuren und Wirkungen es sich letztlich handelt, liegt also nicht im Kämpfen an sich, sondern in der Art und Weise seiner Inszenierung. Die erhofften Wirkungen werden keineswegs im Sinne einer kampfbezogenen Rezeptologie auf den Weg gebracht, sondern lediglich mit Blick auf die Situation, die Voraussetzungen bei den Schülern und den konkreten sozialen und motorischen Anforderungen, die das Kämpfen an die Schüler stellt, herausgefunden.

Wenn also nicht das Kämpfen an sich, sondern *nur* die Art und Weise der Inszenierung erziehliche Spuren und bildende Wirkungen bei den Schülern zu hinterlassen vermag, dann müssen wir unsere Aufmerksamkeit auf dramaturgische Elemente des Unterrichts richten. Z.B. auf

- das Schaffen einer angemessenen Unterrichtsatmosphäre;
- die Moderation der Spiele und Aufgaben durch den Lehrer;
- die Gespräche zwischen den Schülern;
- das Finden, Festlegen und Einhalten von Regeln.

Genau solche Zusammenhänge sollen im Folgenden weiter hinterfragt und vertieft werden.

6.1.3 Vom *Spiel* zum *Ernst* und dann wieder zurück?

Das spielerische Moment lässt sich zunächst an der oben skizzierten grundlegenden Ambivalenz des Kämpfens festmachen. Man kann das Kämpfen nämlich sowohl mit einer *blutig geschlagenen Nase* als auch mit dem *dialogisch verfassten Messen der eigenen Kräfte im Vergleich zu denen eines Partners* in Verbindung bringen. Viele Kampfszenen würden deshalb auch aus pädagogischer Sicht negativ bewertet werden, während in anderen genau das Gegenteil, ein gewisser pädagogischer Wert, erkannt wird. Die hier verborgene Doppeldeutigkeit des Kämpfens garantiert für ein gewisses Maß an Unsicherheit, da sich die Grenzen des Kampfverlaufes im Vorhinein niemals exakt festlegen lassen.

Wenn das Kämpfen zum Thema des Unterrichts gemacht werden soll, muss – gemeinsam mit den Schülern – ein sachangemessenes und verbindliches Regelwerk gefunden und festgelegt werden. Dabei sind drei Regeln besonders wichtig:

1. Der Kampf beginnt erst dann, wenn beide Kämpfer signalisiert haben, dass sie für den Kampf bereit sind!

2. Ich darf meinem Partner niemals wehtun!

3. Wenn mein Partner STOPP ruft, dann wird der Kampf sofort beendet!

Neben den grundlegenden Regeln zum Handlungsablauf beim Kämpfen sind zusätzlich noch weitere sicherheitsgebende Voraussetzungen zu erfüllen. So sollte zu Beginn einer Unterrichtsstunde zum Kämpfen darauf geachtet werden, dass jeglicher Schmuck abgelegt und auch die Schuhe ausgezogen werden müssen. Diese *Ordnungsregeln* sollten unbedingt frühzeitig angekündigt werden, sodass bei den Kindern kein Unbehagen entsteht, wenn sie plötzlich die Schuhe ausziehen und barfuß oder in Socken gegen- und miteinander kämpfen müssen. Eventuell sollte der Lehrende immer einige Ersatzsocken bereithalten, die sich die Kinder gegebenenfalls noch zusätzlich über ihre Socken ziehen können.

Auch wenn sich bestimmte Verlaufsmöglichkeiten (bzw. Auswüchse) mithilfe eines sicherheitgebenden Regelwerks mehr oder weniger ausschließen lassen, bleiben viele Situationen, die die Kämpfenden während ihres Tuns erleben können, für mehrere unterschiedliche Deutungen offen. Beispiele dieser Mehrdeutigkeiten und die dazugehörigen, von Kindern ausgehandelten bzw. entwickelten Lösungen können sehr gut im alltäglichen Spiel der Kinder beobachtet werden, wozu wir im Folgenden zwei Fallgeschichten geben wollen, die im Zuge einer ethnografischen Studie zum Spiel der Kinder erhoben wurden (vgl. Klenk 2003) und deren Hintergrund wir zwischen den beiden Polen *Spiel* und *Ernst* abstecken.

6.1.3.1 Zwei Mädchen auf dem Spielplatz

„Auf einem Spielplatz befindet sich neben der Rutsche ein kleiner Balancierbalken. Ich beobachte zwei Mädchen, die jeweils an den beiden Enden des Balkens aufsteigen, anschließend bis in die Mitte des Balkens gehen und dort, scheinbar nach einem bestimmten Startzeichen, versuchen, sich gegenseitig herunterzuschubsen. Sie wiederholen das einige Male. Die beiden Mädchen haben ähnliche Staturen, und deshalb gewinnt mal die eine und mal die andere. Am Anfang gehen sie etwas zaghafter, vorsichtiger miteinander um, und zunehmend werden sie forscher bei ihrem `Kampfspiel´. Sobald eines der Mädchen unten ist, rennen sie schnell wieder an die Balkenenden und beginnen von Neuem" (vgl. Klenk 2003; Z.: 297 – 312).

6.1.3.2 Vier Jungen auf dem Schulhof

„*Ich beobachte weiterhin vier Jungen: Zwei von ihnen hängen aneinander, der Dritte versucht, die beiden zu trennen, und der Vierte schaut den dreien zu. Das `Aneinanderhängen´ ist so zu verstehen, dass der eine der beiden Jungen die Kapuze der Jacke des anderen festklammert. Der dritte Junge versucht wiederum, mit seiner Hand, welche er einsetzt, als wäre sie ein `Hackebeil´, diesen Klammergriff durchzuschlagen. Als er die beiden auseinander hat, stellt sich der vierte Junge zwischen sie. Sie lachen alle bei diesem Spiel, es wirkt jedoch so, als wäre die Gefahr groß, dass das Spiel `umkippt´ und ernst, in Form von Aggressivität, wird. Denn der eine Junge geht immer wieder, zwar lachend, aber trotzdem ziemlich rabiat auf den Jungen mit der Kapuze los und versucht, diese wieder zu erwischen. Die anderen beiden Jungen versuchen, den Angegriffenen zu beschützen, welcher nicht besonders zufrieden wirkt*" (vgl. Klenk 2003, Z.: 668 – 679).

Vergleichbare Szenen entdeckt man jeden Tag in vielen verschiedenen Varianten, wobei das Spielerische am Kämpfen in der zuerst skizzierten Szene besonders deutlich zum Vorschein kommt: Die beiden Mädchen versuchen, auf dem Balancierbalken herauszufinden, wo ihre Grenzen im Vergleich zur Geschicklichkeit und Stärke der Spielpartnerin liegen. Wenn sie für sich allein balancieren, finden sie das mitunter viel schneller heraus. Tun sie es jedoch zu zweit und gegeneinander, dann kommt eine gewisse Unwegsamkeit, nämlich die Kraft und Gewandtheit des Partners, hinzu. Genau darauf müssen sich die beiden Mädchen einstellen, was für sie sehr spannend und herausfordernd ist. Da mal die eine und beim nächsten Mal die andere der Kämpferinnen gewinnt, bleibt die Aufgabe interessant, weshalb die beiden Kinder nach jedem *Abwurf* schnell zum Start zurück laufen und engagiert von Neuem beginnen. Im zweiten Beispiel ist das jedoch ganz anders. Hier sind die Chancen ungleich verteilt, denn das Ziehen an einer Jackenkapuze, die sich am Rücken des Gegenübers befindet, schafft andere Ausgangsbedingungen. Der Junge, an dessen Kapuze gezogen wird, ist eindeutig im Nachteil. Das Gleichgewicht der Kräfte ist also auf die Seite des *Ziehenden* hin verschoben. Hier sind es nicht, wie bei den Mädchen, die körperlichen Kräfte, die in jedem einzelnen Kampf unausgeglichen sind, sondern die Bedingungen des Kampfes, die von vornherein immer zugunsten des Angreifers ausgelegt sind. Deshalb muss der angegriffene Junge die Aktionen des Angreifers regerecht erleiden, er bleibt dabei passiv und erlebt die Situation deshalb völlig anders als die beiden Mädchen, die sich bei jedem Kampf spielerisch miteinander verständigen. Weil der angegriffene Junge dies vermutlich nicht auf Dauer akzeptieren kann, ist die Gefahr groß, dass das Spiel umkippt und *ernst* wird (vgl. Klenk 2003).

6.1.4 Die Leichtigkeit des *Kinderspiels* (...)

Die beiden Mädchen haben eindrucksvoll gezeigt, dass sich Kinder von ganz allein in ihre Spiele und Kämpfe vertiefen können, weil es ihnen gelingt, die Spannung ihres Bewegens in der Unwegsamkeit des Kämpfens zu finden. Genau diese Kompetenz sollte auch Sportpädagogen interessieren, denn das im Alltag beobachtbare Bewegungsverhalten der Kinder lässt den Schluss zu, dass sie die Kompetenz besitzen, ihren Bewegungsraum selbstbestimmt und verantwortungsvoll zu erweitern, indem sie mit ihren Bewegungen neugierig experimentieren und mit den sich dabei ergebenden Freiheiten variations- und einfallsreich spielen. Im Hinblick auf das Thema *Kämpfen* heißt das auch, dass sie sich auf die Interessen und Fähigkeiten der Kampfpartner einstellen können und dabei auch den Partner zum Zuge kommen lassen und ihm keinesfalls nur den eigenen Willen aufzwingen. Genau dann wäre das Spiel nämlich zu Ende bzw. es bestünde die Gefahr, dass es umkippt und *ernst* wird, was anhand des Beispiels mit den *kapuzenziehenden Jungen* sichtbar wurde.

6.1.5 (...) als Orientierungsgröße für sportpädagogisches Handeln

Wenn die soeben skizzierte Leichtigkeit im Kämpfen und Spielen als erste Orientierung für die Planung von Sportunterricht herangezogen werden soll, gilt es zunächst, die zugrunde liegende Interessenlage der Schüler differenzierter herauszuarbeiten. Diese ist untrennbar an die originären Bewegungsprobleme des Kämpfens gebunden, die wir zum Abschluss dieses Teilkapitels beleuchten möchten. Zuvor muss aber der Sachaspekt genauer in den Blick genommen werden, denn wir wollen schließlich herausfinden, wie die *Sache* Kämpfen im Horizont der Kinder thematisiert werden kann. Angesichts der hier gegebenen Komplexität empfiehlt es sich bei dieser Analyse, einen Fokus auf besonders auffällige Phänomene zu legen. Wir werden dies im Folgenden mit Blick auf das Wettkämpfen und das Zweikämpfen tun und stecken damit einen Rahmen ab, der an vielen Stellen die Reichweite des *handgreiflichen* Kämpfens übersteigt und weite Teile des Sporttreibens betrifft.

6.2 Sachliche Zugänge zum *Kämpfen*

Kinder kennen die sachliche Dimension des *Kämpfens* aus verschiedenen Zusammenhängen. Sie werden beispielsweise durch die Medien beinahe rund um die Uhr mit Kampfszenen konfrontiert, sei es in Spiel- und Actionfilmen oder bei Trickfilmen wie z.b. *Tom und Jerry*. Darüber hinaus prägen die sportlichen Zweikämpfe der Erwachsenen das Sportprogramm der Fernsehsender, weshalb sie den Kindern ebenfalls bestens bekannt sind. Sie haben das Kämpfen aber auch schon in zahlreichen Situationen und Variationen am eigenen Leib erfahren und selbst an kleineren Handgemengen, Raufereien und Schubsereien mehr oder weniger aktiv teilgenommen. Wenn man solche Szenen z.b. auf dem Schulhof oder auf der Straße beobachtet, fällt zumeist auf, dass es dort keineswegs immer um Gewalt und Aggression geht. Im Gegenteil, wie in Anlehnung an die Metapher einer Waage bereits gezeigt wurde, wird das Kämpfen von Kindern in der Regel als etwas Aufregendes erlebt. Der Verlauf und das Ergebnis bleiben zumeist ein Stück weit offen, und genau in dieser Unsicherheit und Ungewissheit gründet letztlich das Herausfordernde am Kämpfen. Wer sich auf einen Kampf einlässt, der sucht Antworten auf Fragen, die zwar nicht immer existenzieller Natur, aber zumeist doch sehr wichtig sind. Beispielsweise: Wie stark und geschickt bin ich heute? Ist mein Kampfpartner stärker oder geschickter als ich? Was muss ich tun, damit er sich auf meinen Kampfstil einlässt? Gelingt es mir, ihn zu foppen? Wie wechsele ich aus der Defensive in die Offensive? (… ?). Antworten auf solche Fragen werden im Verlauf kindlicher Kämpfe immer wieder neu gefunden, und die daran gebundene Offenheit und Ungewissheit erinnern an die Anforderungsstruktur des Spiels (vgl. Lange & Sinning 2003). Dieser besondere, kämpferisch verspielte Moment geht weit über die Inhaltsdimension klassischer Kampfsportarten, wie z.B. Judo oder Boxen, hinaus und kennzeichnet weite Bereiche des Sporttreibens und des *Sich-Bewegens*. Er wird vor allem in zwei Dimensionen sichtbar, die im Folgenden differenziert betrachtet werden sollen: Im Wettkampf und im Zweikampf (vgl. Abb. 34).

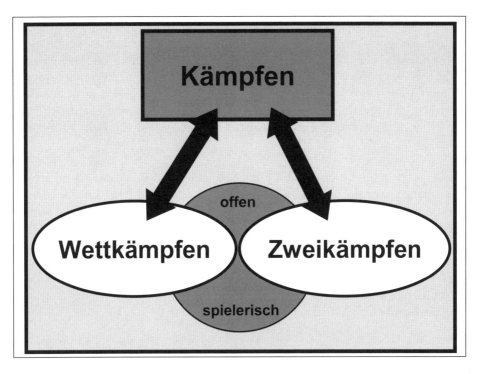

Abb. 34: Sachliche Dimensionen des Kämpfens

6.2.1 Wettkämpfen: Spannungsgeber im Sport

Wer schon einmal einen Leichtathletik- oder Schwimmwettkampf bestritten oder an einem Ligaspiel im Fuß- oder Handball teilgenommen hat, der weiß um die besondere Spannung des Wettkampfsports. Von der Wortbedeutung her gesehen geht es einerseits um eine kämpferische Auseinandersetzung mit einem oder mehreren Gegnern, und andererseits deutet die Wortsilbe *wett* darauf hin, dass man auf den Ausgang des Kampfes wetten können muss. Und Wetten sind nur dann sinnvoll, wenn der Ausgang offen bleibt und der Gewinner nicht schon im Vorhinein feststeht. Vor diesem Hintergrund lassen sich auch solche Gefühle erklären, wie sie Wettkämpfer aus dem Umfeld ihrer Startvorbereitungen (Kribbeln im Bauch) oder im Moment des Zieleinlaufs (aufkommende Euphorie) her kennen. In diesen Fällen setzen sie sich mit der Offenheit des Wettkampfausgangs auseinander. Sie wissen allerdings bis zu diesem Zeitpunkt lediglich um die Abläufe und Mühen ihrer Vorbereitung, sprich ihres Trainings. Das mag dem einen oder anderen die Sicherheit geben, die notwendig ist, wenn man sich einer Prüfung oder einem Wettkampf (z.B. einem Marathonlauf) stellen möchte. Es reicht aber noch nicht aus, um ein Gefühl völliger Sicherheit zu vermitteln, denn in wirklichen Wettkämpfen bleibt immer etwas offen und unwägbar. Aus diesem Grund wird der Wettkampf vor allen von denjenigen als herausfordernd und attraktiv erlebt, die sich gern im Spannungsfeld zwischen Sicherheit und Freiheit bewegen und deshalb in den Anforderungsstrukturen sportlicher Wettkämpfe ein spannendes Handlungsfeld für sich entdecken können.

Solange es gelingt, den Wechsel aus Spannung und Entspannung aufrecht zu erhalten, werden Wettkämpfe als etwas Attraktives erlebt. Sobald jedoch der Verlauf dieses Spannungsbogens von den Kindern antizipiert und weitgehend nachvollzogen werden kann, wird der Unterricht langweilig. Der Ausgang eines Spiels oder der Verlauf eines Kampfes muss deshalb immer ein Stück weit offen bleiben. D.h., die Schüler müssen im wahrsten Sinne des Wortes darauf *wetten* können. Aus diesem Grund empfiehlt es sich, die Anforderungsstruktur bekannter Spiele und Kämpfe immer wieder neu anzugehen und durch Variationen zu verändern.

6.2.2 Um *etwas* wettkämpfen

Mit Blick auf den schulischen Sportunterricht kann und muss der Bogen an dieser Stelle allerdings noch ein wenig weiter gespannt werden, denn das anregende Moment des Wettkampfgedankens geht deutlich über die Sphäre des Wettkampf- und Leistungssports hinaus und spiegelt sich in der gesamten Bewegungspraxis wider. Im Sporttreiben von Kindern und Jugendlichen fallen dabei vor allem die Gegenstände bzw. die Bedeutungen auf, um die jeweils gekämpft wird. Es geht im Wettkämpfen immer um *etwas*, und diesem *Etwas* kommt ein sehr hoher Stellenwert zu.

Bei diesem *Etwas* kann es sich um eine Wette handeln, also klassisch um den Sieg und damit um den Prestigegewinn. Es kann aber auch der Vergleich im Vordergrund stehen, d.h., es wird um bestimmte Rollen gekämpft, sodass der *Kämpfer* seine Stellung in der Gruppe festigen oder ausbauen kann. Schließlich geht es auch noch darum, die eigenen Leistungen zu überbieten, um die individuellen Grenzen zu erfahren (vgl. Abb. 35).

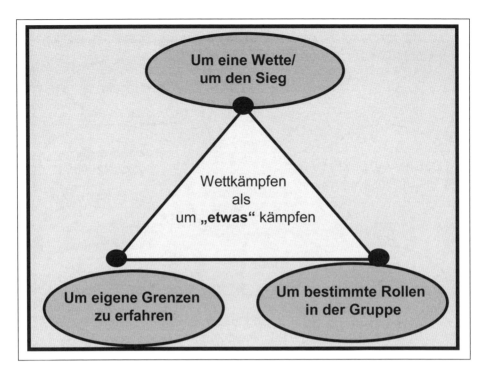

Abb. 35: Zum Reiz des Wettkämpfens

6.2.3 Bedingungen sportlicher *Wettkämpfe*

Das Gelingen von Wettkämpfen ist immer an bestimmte Bedingungen geknüpft. So ist beispielsweise die Leichtathletik durch klare Regeln und exakte Zeiten, Weiten oder Höhen charakterisiert. Außerdem sind die Ausgangsvoraussetzungen eindeutig und für alle gleich, sodass sich dadurch ganz genau und individuell feststellen lässt, wer der Beste bzw. Bessere ist. Der Sieg wird deshalb einer Person zugesprochen, und die Reihenfolge der nachfolgenden Plätze sowie die damit verbundenen Leistungen zeigen den individuellen Leistungsstand auf und erlauben Rückschlüsse auf Leistungsdifferenzen zwischen den beteiligten Sportlern. Aus einer Niederlage erfolgen somit offensichtliche Rückmeldungen, aus deren Analyse gegebenenfalls einschlägige Konsequenzen für den weiteren Verlauf von Lern- und Trainingsprozessen gezogen werden können. Wie vielseitig das Bedingungsgefüge eines Wettkampfes, z.B. in der Leichtathletik, sein kann, wird in Abb. 36 zusammengefasst.

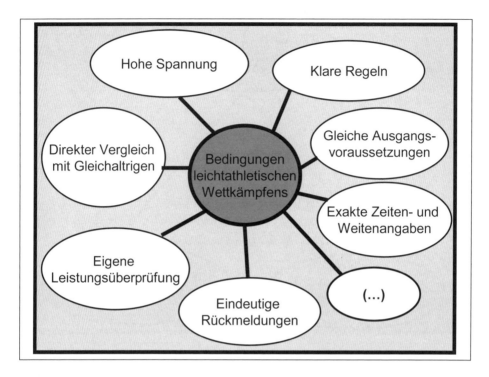

Abb. 36: Bedingungen leichtathletischen Wettkämpfens

6.2.4 Zum *Kämpferischen* im Spiel

Im Bereich der Mannschaftssportarten und Sportspiele sind solche individuellen Rückkopplungen nur bedingt möglich. Dort ist der Lernende bzw. der *Kämpfer* Teil des mannschaftlichen Gefüges und kann auch nur so gut sein, wie es die Spielsituation, die Mitspieler und nicht zuletzt auch die gegnerische Mannschaft zulassen. Deshalb ist es auch entsprechend schwierig herauszufinden, wer denn nun in kämpferischer Hinsicht der Beste im Training oder im letzten Wettkampf gewesen ist und somit maßgeblich zum Erfolg der Mannschaft beigetragen hat. Trotzdem lassen sich auch in diesem komplexen Feld Anhaltspunkte für kriteriengeleitete Reflexionen herauskristallisieren. Auch wenn sich die kämpferischen Leistungen der Spieler nicht in derselben Weise eindeutig messen lassen wie z.B. deren Fitnessstatus, so ist es sowohl für den Lehrenden als auch für die Mannschaft trotzdem wichtig, auch in diesem Bereich die individuellen Potenziale jedes Spielers zu bestimmen und im Lern- und Übungsprozess zu fördern, um sie letztlich im Gefüge der mannschaftlichen Leistung optimal einbinden zu können.

6.2.5 Zweikämpfen im Sport

Nachdem in den bis hierher skizzierten Ausführungen zum Wettkämpfen das Moment des *Wetten-Könnens*, also die an die Offenheit des Ausgangs und Verlaufs gebundene Spannung zum Thema gemacht wurde, soll der Fokus im Folgenden weitergehend konzentriert werden, indem wir uns dem Zweikämpfen im Sport widmen.

Im Wort Zweikampf steckt zum einen der Begriff des *Kampfes*, d.h., es geht um eine *Auseinandersetzung*. Zum anderen ist das Wort *zwei* enthalten, welches verdeutlicht, dass es sich um eine *direkte* Herausforderung und Kontroverse mit einem Gegner handelt. Auch diese Grundsituation kann für besondere Spannung im Sport garantieren, die von Zuschauern, Trainern, Lehrern und vor allem von den Zweikämpfern als anregend empfunden wird. Dabei muss – ähnlich wie beim Wettkämpfen – etwas dafür getan werden, um diese Attraktivität auch erleben zu können. An dieser Stelle kommt die Didaktik ins Spiel, denn im Folgenden wollen wir nachzeichnen, was das Attraktive im Zweikämpfen ist und welche Aufgaben sich für den Lehrer stellen, wenn er das zum Thema seines Unterrichts machen möchte.

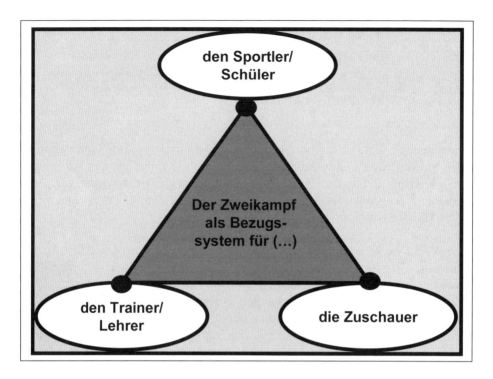

Abb. 37: Unterschiedliche Perspektiven des Zweikämpfens

6.2.6 Zweikämpfen: Spannungsgeber im Sport

Zweikämpfe kennzeichnen sowohl die Spiel- als auch die Individualsportarten. Nicht nur bei großen Wettkämpfen wie den Olympischen Spielen oder Weltmeisterschaften stehen vor allem die faszinierenden und mitreißenden Begegnungen zweier Kontrahenten im Blickpunkt des Geschehens: Bei den großen Leichtathletikmeetings der achtziger Jahre des vergangenen Jahrhunderts war es im 400-Meter-Hürdenlauf das Duell zwischen Harald Schmid und Edwin Moses, im Eisschnelllauf der letzten Jahre begeisterten die Rennen von Anni Friesinger gegen Claudia Pechstein und im Bundesligafußball die Spiele von Bayern München gegen Werder Bremen. In Anbetracht der besonderen Dramatik solcher Duelle treten schon einmal Aspekte wie z.B. die exakte Zeitangabe oder die Anzahl der geschossenen Tore in den Hintergrund. Der Beobachter fixiert seine Aufmerksamkeit stattdessen vielmehr darauf, zu welchem Zeitpunkt der Athlet seine Stärken gezielt einsetzt, um den direkten Konkurrenten aus dem Rhythmus zu bringen oder sich mal wenigstens kurzzeitig abzusetzen. Unmittelbar anschließend richtet sich der Blick des Zuschauers auf den Konkurrenten, und es wird mit Spannung erwartet, ob er seinerseits Reserven mobilisieren kann, um z.B. einem Angriff entgegenzuwirken. Dabei muss noch nicht einmal gewährleistet sein, dass sich der Zwei- oder manchmal auch Dreikampf um den ersten Platz dreht. Es kann genauso atemberaubend um den zweiten bzw. dritten Platz oder sogar um weitaus schlechtere Plätze gekämpft werden. Gerade die Medien greifen in diesem Zusammenhang nur allzu gern die Kampfszenen von Kontrahenten auf, die auch um hintere Plätze kämpfen. Beispielsweise wenn in der Formel 1 interne Teamduelle oder Duelle um den letzten Punkterang stattfinden. Diese faszinierenden und fesselnden Situationen beleben nicht nur die Wettkämpfe im Hochleistungsbereich, sondern sie lassen sich auch auf Landes- bis hinunter zur Kreisebene und vor allem im Kinder- und Jugendsport entdecken. Sie machen für den Beobachter einen beachtlichen Unterhaltungswert aus und erscheinen für die betroffenen *Zwei-Kämpfer* von hoher Brisanz.

Da es im Zweikampf darauf ankommt, die Widerständigkeit des Kampfpartners sensibel und treffend herauszufinden, müssen sich die Partner offen begegnen und respektieren. Sie müssen wechselseitig darauf vertrauen können, dass die Regeln eingehalten werden.

6.2.7 Aufgaben für den Lehrer

Die charakteristische Sachlichkeit des Zweikämpfens kann bei Kindern im Schulsport ganz einschlägige Emotionen auslösen und ein besonderes Interesse wecken. Auch hier gilt ebenso wie für den Bereich des Wettkämpfens, dass solche Momente nicht nur im Zusammenhang mit dem Spielen und Inszenieren von Ringkämpfen oder anderen Kampfspielen erlebt werden, sondern dass sie in vielen Bereichen des Sporttreibens von Bedeutung sind und auftauchen. Beispielsweise auch in den Sportspielen oder in der Leichtathletik.

Auch dort schätzen Lehrer die Situationen, in denen der direkte Vergleich und damit der Zweikampf mit einem gleichstarken Konkurrenten gegeben ist, als attraktiv und spannend ein. Sie werden deshalb auch für jegliche Rückmeldungen genutzt und in Tipps und Beratungsleistungen überführt: *„Versuch doch heute, so lange wie möglich an Marlen dranzubleiben, vielleicht kannst du das Tempo bis ins Ziel retten!"*. Manchmal werden auch notwendige Ratschläge im Zusammenhang mit dem Bild einer Zweikampfsituation in Beziehung gesetzt. *„Wenn André 15 Meter vor dem Ziel noch* *einen Schritt vor dir ist, dann gib noch mal alles, du weißt doch, dass du im Endspurt immer noch Reserven hast."* Bei gutem Erfolg werden die Situationen vom Lehrer, aber auch von den Freunden positiv interpretiert: *„[...] das war wirklich bewundernswert, dass du noch mal alle Konzentration in den letzten Sprung legen konntest, wo doch Paul dich gerade wieder eingeholt hatte."*

Bei Misserfolg werden daran Fehler- oder Verbesserungsvorschläge angeknüpft oder Trost und Aufmunterung zugesprochen. *„Eigentlich liegt deine Stärke im Abwurf. Da war Julia heute einfach beständiger, aber beim nächsten Mal gelingt es dir sicherlich wieder besser."* Schließlich erkennen Lehrer und Zuschauer in der Analyse von Zweikämpfen unter anderem auch psychische Kompetenzen oder Probleme beim Sportler. Die hieraus zu ziehenden Schlüsse beeinflussen zumeist unmittelbar den weiteren Verlauf des Lernprozesses. Deshalb ist es sinnvoll, solche Momente des Zweikampfes und die daran gebundenen Rückmeldungen auch einmal genauer zu beleuchten. Die vorgenommenen Beratungsleistungen des Lehrers betreffen die Zweikämpfer zumeist in Situationen höchster Spannung und Anstrengung, weshalb gerade diese Rückmeldungen einer kritischen pädagogischen Prüfung bedürfen.

6.3 Einschlägige Lernmöglichkeiten

Die Einschlägigkeit der Lernmöglichkeiten ergibt sich aus den charakteristischen Anforderungen, die das Kämpfen bzw. das Wett- und Zweikämpfen an die Kämpfer stellt. Die körperliche, zuweilen handgreiflich und geschickt geführte Auseinandersetzung mit einem Gegner erfordert immer das spürbare und unmittelbare Einbringen körperlicher Kompetenzen. Kämpfer bekommen den Status quo ihrer Fitness, Geschicklichkeit und Schlagfertigkeit in aller Regel sofort und unmittelbar zurück gemeldet. D.h., wenn ich am heutigen Kampftag langsamer als sonst bin, kann ich dem Gegner nicht ausweichen und er bekommt mich zu fassen. Wenn ich ängstlich bin, folgt daraus eine zurückhaltende, zögerliche und vielleicht auch defensive Taktik, wohingegen überschäumender Mut unter Umständen in einen draufgängerischen, riskanten Kampfstil mündet. Ich muss als Kämpfer aber auch immer wieder aufs Neue herausfinden, wer denn heute mein Gegner ist, denn auch er geht immer wieder auf neue Weise in den nächsten Kampf hinein. Ich stelle mich als Kämpfer also immer in doppelter Hinsicht auf die Probe: einerseits gegen mich selbst, wenn ich sensibel und selbstreflexiv herausfinde, wie ich in der jeweiligen Situation drauf bin und wie ich mit der Situation und den Aktionen des Gegners umgehen kann. Andererseits aber auch immer wieder im Hinblick auf die Stärke und Geschicklichkeit, die mein Kampfpartner in den gemeinsamen Kampf mit einbringt. Das Kämpfen ist so gesehen ein hoch komplexer dialogischer Prozess, in dem die Kämpfer überaus situativ und zugleich auch höchst sensibel und reflexiv handeln müssen. Genau diese schwierigen Voraussetzungen machen das Kämpfen aus pädagogischer Sicht interessant, denn offensichtlich bieten sich im Kämpfen viele spannende Lerngelegenheiten.

6.3.1 Bewegungsproblem: Die Widerständigkeit des Gegenüber einschätzen lernen

Die nur schwer zu kalkulierende Widerständigkeit des Kampfpartners macht das zentrale Bewegungsproblem des Kämpfens aus und unterscheidet das Kämpfen von allen anderen Sportarten und Tätigkeiten. Auch von denen, in denen man sein Gleichgewicht ebenfalls immer wieder auf die Probe stellen und riskieren muss. Schließlich weiß man ja nie so genau, wann der Kampfpartner Spannung aufbaut, hält oder ganz schnell wieder löst. Man kann auch niemals zu 100 Prozent abschätzen, wie wendig und situativ-variabel er auf die eigenen Aktionen reagiert, ob und wie es ihm gelingt, Taktiken und Finten als solche auszumachen und für die Vorbereitung eigener Aktionen zu nutzen. Wichtig ist, den eigenen sicheren Stand, den festen Halt auf dem Boden gegenüber dem Gegner zu verteidigen. Hierin liegt das situative Gleichgewicht, das man allerdings im Moment des Angreifens aufs Spiel setzen und mindestens kurzzeitig aufgeben muss. Wenn es dem Angreifer dabei gelingt, den Gegner umzuschubsen, ihn zu Boden zu bringen, dann hat sich das Eingehen dieses Wagnisses für ihn gelohnt. Genau an dieser Stelle liegt auch das Spannende des Kämpfens begründet. Da man die Widerständigkeit des Gegenübers nicht exakt einzuschätzen weiß, sein eigenes Handeln aber genau darauf hin abstimmen muss, bleiben alle Aktionen immer auch ein Stück weit im Ungewissen. Im Kämpfen kann man sich also nicht auf die Auseinandersetzung mit dem eigenen Gleichgewicht beschränken. Nein, die Anforderungsstruktur verlangt, diese *Ichhaftigkeit* zu überwinden, denn man muss sich auf die Gestaltung des gegnerischen Gleichgewichts einstellen, was als Widerständigkeit erlebt wird und – wegen der entsprechenden Unwägbarkeiten – für Spannung garantieren kann. Hinter dieser charakteristischen Anforderung verbirgt sich ein besonderer Wert, dessen einschlägige Qualitäten in allen Kampfformen und -variationen herausgefunden werden müssen.

6.3.2 Zum Umgang mit eigenen Grenzen

Kämpfer müssen sich situationsangemessen und zumeist schnell orientieren, sie müssen sich rasch auf den Gegner einstellen und im Zuge des komplexen Kampfgeschehens Reaktion und Aktion vorbringen, für die sie ganz allein die Verantwortung tragen. In der Auseinandersetzung ergeben sich dann für den Kämpfer immer wieder Gelegenheiten, die eigenen Grenzen neu zu finden und sie auch verantwortungsvoll zu überwinden. Besonders der Aspekt der zielgerichteten und verantwortungsbewussten Überwindung der eigenen Grenzen ist ein wichtiger Faktor der Persönlichkeitsentwicklung und Identitätsbildung. Die Kämpfer stellen sich im Zweikampf den jeweiligen Herausforderungen und *„[...] erleben dabei die eigene und gegnerische körperliche Kraft und Geschicklichkeit"* (Sinning 2001a, 103). Darüber hinaus lernen sie, wie wichtig es ist, realistische Leistungseinschätzungen und daraus abgeleitete Handlungsentscheidungen zu treffen. Durch die Entfaltung und Differenzierung vielfältiger Sinneswahrnehmungen sammeln sie außerdem wichtige Bewegungs- und Körpererfahrungen (vgl. Sinning 2001, 103). Sie gewinnen somit Vertrauen zum eigenen Körper und zu ihren Fähigkeiten, das Selbstbewusstsein wird ausgebildet und das Selbstwertgefühl gestärkt.

„Die zu erzielende Bewusstseins- und Willensentkrampfung, die Fähigkeit zur Entspannung sowie ein neues Verhältnis zum eigenen Körper und zu anderen Menschen – z.B. über ein gestärktes Selbstwertgefühl – können ein Stück Wohlbefinden und Zufriedenheit schaffen." (Janalik 1997, 62).

6.3.3 Perspektive: Eigenverantwortete Risikobereitschaft zeigen können

Dass Kinder ihre Grenzen entdecken und überwinden wollen, liegt in dem für sie individuell angelegten Entwicklungsgedanken begründet. Außerdem haben Kinder eine grundlegende Affinität zu Herausforderungen und anregenden Situationen (vgl. Schleske 1977). Oftmals suchen sie deshalb auch bewusst den Körperkontakt, wollen raufen und balgen. Dadurch können sie einerseits ihre Kräfte messen und andererseits die Spannung erleben, wenn sie an ihre Grenzen stoßen. Sie nehmen die Herausforderungen mit einer natürlichen Lust an, finden dabei die eigenen Grenzen, lernen sie kennen sowie einzuschätzen und wachsen über sie hinaus. *„Sie wollen etwas wagen* *und riskieren, sie wollen etwas aufs Spiel setzen, alles dransetzen, etwas versuchen und schließlich ihre Grenzen ausloten"* (Sinning 2001, 107). Dieses Wagnis ist immer individuell und für die kindliche Entfaltung von großer Bedeutung. Damit dies zielgerichtet und im Sinne einer eigenverantwortlichen Risikobereitschaft stattfinden kann, sollte der Lehrer bei der Auswahl und Inszenierung der Lern- und Leistungssituationen darauf achten, dass sie zum Engagement der Kinder passen und von ihnen als sinnvolle Herausforderungen wahrgenommen werden. Im Kampfunterricht muss eine Atmosphäre hergestellt werden, in der sich jeder zutrauen kann, etwas zu wagen und aufs Spiel zu setzen, ohne dabei Gefahr zu laufen, bloß gestellt zu werden. Wenn dies gelingt, lernen die Kinder mit ihrer Risikobereitschaft umzugehen. Das trägt dazu bei, die Attraktivität des Unterrichts zu erhöhen, wovon wiederum zusätzliche Einflüsse auf den Lernerfolg zu erwarten sind, die zur weiteren Persönlichkeitsentwicklung und zu weiteren Lernzuwächsen führen können.

6.3.4 *Urwüchsige Lust*

Beobachtet man Kinder beim Balgen und Kämpfen, so fällt in vielen Fällen auf, dass sie ausgesprochen viel Freude an der handelnden Auseinandersetzung haben. Sie suchen den Körperkontakt und wollen ihre Kräfte und ihr Können mit anderen Kindern messen. Dabei können sie in der Regel gut einschätzen, welche Kinder sich auf einem ähnlichen Leistungsniveau befinden, sodass ein Sieg große Freude auslösen und eine Niederlage kurzfristig frustrierend sein kann, aber trotzdem noch genügend Raum lässt, um gleich im Anschluss an den verlorenen Kampf noch eine Revanche einzufordern. Die direkten Rückmeldungen aus dem Kampf geben ihnen sofort Hinweise auf mögliche taktische Veränderungen, sodass sie nach einer Niederlage die Lust verspüren, erneut einen Kampf zu wagen. Die für diese Lust verantwortlichen Rückmeldungen lassen sich auch in konkrete Fragen übersetzen, die der Kämpfer an seinen nächsten Kampf stellen kann. Z.B.: *„Wie lange kann ich mein eigenes Gleichgewicht halten, und in welchen Positionen fühle ich mich sicher?" „Wie kann ich meinen Gegner in eine Lage versetzen, die ihn schnell zum Kippen bringt, oder welche Kraft bzw. welchen Schwung muss ich einsetzen, um den Gegner zu Fall zu bringen?"* Schließlich besteht die Dramatik eines jeden Kampfes auch noch darin, ob er im Rahmen eines Spiels bleibt oder doch zu dem einleitend geschilderten *aggressiven Ernst* wird. Bei vielen Kindern ist in jedem Fall so etwas wie eine *urwüchsige Lust* des Raufens (vgl. Gerr 1980, 158) zu erkennen sowie das Bedürfnis vorhanden, sich in Grenzsituationen begeben und diese meistern zu wollen. Wenn man sich in Grenzbereichen bewegen und ausprobieren will, würden strenge Reglementierungen und Vorschriften einschränken und blockieren. Deshalb kann auch im Kampfunterricht nicht alles vorgeschrieben und kontrolliert werden. Die notwendigen offenen Momente dieses Kämpfens müssen aber zeitlich (Kampfzeit) und räumlich (Kampffläche) begrenzt werden, damit sich diejenigen, die sich überfordert fühlen, unmissverständlich zurückziehen können.

6.3.5 Kämpfen als Wagnis

Das menschliche Bedürfnis nach Wagnissituationen erinnert an die bereits von Schleske (1977 und 1998) beschriebene grundlegende Affinität zu Herausforderungen und anregenden Situationen, die man vor allem bei Kindern als durchgängiges Bewegungsmotiv erkennen kann (vgl. u.a. Lange 2002b). Das bewegungsbezogene Wagen ist immer individuell und aufgrund des immanenten Prozesscharakters auch für die weitere Entwicklung der Kinder von großer Bedeutung. Man könnte dieses Wagnis vielleicht sogar als Indikator für die menschliche Freiheit und Offenheit und damit auch als grundsätzliche Bedingung für die (kindliche) Entfaltung verstehen. Das menschliche Leben würde somit als ein gewagtes Leben verstanden werden; oder wie Heidegger es ausgedrückt hat, *„Das Sein ist das Wagnis schlechthin"* (Heidegger 1986, 257). Kinder gehen nicht nur im Kämpfen, sondern fast überall im Sport und auch in vielen alltäglichen Situationen Wagnisse ein, und sie spielen dabei mit den eigenen Grenzen. In dieser Auseinandersetzung finden sie manchmal Vertrauen zu den eigenen Kompetenzen und können danach immer wieder neue Herausforderungen, die von ganz anderen Qualitäten bestimmt werden, suchen.

Für den Sportunterricht lässt sich vor diesem Hintergrund die Forderung ableiten, dass den Kindern dort Möglichkeiten geboten werden sollen, sich solchen Wagnissen und Grenzsituationen individuell zu stellen. Das Kämpfen bietet aufgrund seiner Aufgabenstruktur ausgezeichnete Gelegenheiten, dies in der Praxis zu realisieren. Dabei muss das Augenmerk nicht gleich auf die klassischen Zweikämpfe gerichtet sein, wie wir sie vom Ringen, Judo oder Karate her kennen. Nein, es können auch verschiedene Partner- und Gruppenspiele arrangiert werden, bei denen um etwas gekämpft wird (z.B. um einen Ball oder um ein Parteiband). Des Weiteren bieten zahlreiche der sogenannten *Kleinen Spiele* vergleichbare Gelegenheiten, in denen die Kinder allein oder mit einem Partner, z.B. um das Gleichgewicht, kämpfen.

6.3.6 Identitätsfindung und Körpererfahrung

Kämpfen bietet des Weiteren auch Anlässe zur Identitätsfindung und Körpererfahrung. Beispielsweise stellen sich die Kinder im Kampf der Herausforderung, mit ihrem Gleichgewicht und dem des Gegners zu spielen. Dabei erleben sie die eigene körperliche Kraft und Geschicklichkeit sowie die des Gegners *hautnah*. Sie sammeln in dieser unmittelbaren leiblichen Auseinandersetzung Erfahrungen über ihre eigene Stabilität und lernen dadurch, einen optimalen Standpunkt zu finden. Auf diese Weise können sie Vertrauen zu ihrem Körper und ihren Stärken entwickeln. Dieses Vertrauen kann sich – vor allem nach verarbeiteten Erfolgs- und/oder Misserfolgserlebnissen – auf die positive Entwicklung des Selbstwertgefühls der Kinder auswirken.

Da sich beim Kämpfen fortwährend neue Problemsituationen ergeben, sind die Kämpfer zusätzlich gezwungen, schnelle und vor allem situationsangemessene sowie zielgerichtete Entscheidungen zu treffen und diese sofort in die Tat umzusetzen. Die Rückmeldungen erfolgen dann zumeist direkt und führen dazu, dass die Kinder sich mit den Folgen ihrer eigenen Entscheidungen auseinandersetzen und identifizieren müssen. Dadurch bieten sich Gelegenheiten, mit Sieg und Niederlage umzugehen und den vermeintlichen Ursachen für das Gewinnen und Verlieren auf den Grund zu gehen bzw. bei der eigenen Person zu suchen. Sie lernen somit, den jeweiligen Ausgang des Kampfes richtig einzuordnen und Niederlagen zu verkraften, d.h. eigene Schwächen und Stärken anzunehmen und an ihnen zu arbeiten.

6.3.7 Kontaktaufnahme und Kommunikationsanlass

Da man zum Kämpfen immer einen Partner braucht, stellt es auch soziale und zwischenmenschliche Anforderungen. Die unterschiedlichen Kampfspiele ermöglichen beispielsweise ein aktives, offenes Aufeinanderzugehen, was zur Verringerung von Kontaktschwierigkeiten und Distanzproblemen führen kann (vgl. Valkanover 1994, 18). Mut und Eigeninitiative werden gefordert, gleichzeitig weiter ausgebildet und in die Stärkung der Willenskraft überführt. Wie in anderen Wagnissituationen auch, müssen die Kinder in jedem Kampf den richtigen Einsatz ihrer Kräfte im Spannungsfeld zwischen Mut und Übermut abwägen. Erst über den Kontakt mit dem Gegner können Informationen über dessen Stärken eingeholt werden, die dann in die kommenden Handlungsstrategien einfließen.

Fragen wie

- Welchen Widerstand kann mein Gegner aufbauen?
- Hat mein Gegner ein ausgeprägtes Gleichgewichtsgefühl?
- Setzt mein Gegner eher seine Kraft oder seine Geschicklichkeit ein?
- Soll ich selbst die Initiative ergreifen oder die Aktionen des Gegners abwarten, um darauf zielgerichtet reagieren zu können?
- ...

können erst dann eine differenzierte Beantwortung finden, nachdem eine Kontaktaufnahme stattgefunden hat (vgl. Anders & Beudels 2003, 7).

Vor, zwischen sowie nach dem Kämpfen bieten sich immer wieder Gesprächsanlässe, sodass im Kämpfen auch eine kommunikationsstiftende Funktion vermutet werden kann. Diese Gespräche finden auf ganz unterschiedlichen Ebenen statt. Falls noch keine festen Regeln bestehen, werden vor dem Kampf entsprechende Absprachen getroffen. Zwischen den einzelnen Kämpfen schlagen die Emotionen der Kinder mitunter so hoch, dass man meinen könnte, die Gewinner wollten ihren Sieg auch sprachlich noch einmal ausschöpfen. Die Verlierer suchen oftmals gleich nach entsprechenden Ausreden und wollen im nächsten Versuch ihre Niederlage wieder gutmachen. Diesen Zeitpunkt sollte der Lehrende nutzen und gezielte Gespräche initiieren. Dabei sollten Fragen gestellt werden, die eine Kommunikation über Schwächen, Kompetenzen, Techniken und Taktiken anregen und damit den Verlauf des nächsten Kampfes beeinflussen können:

- Welche Position sollte man einnehmen, um die Standsicherheit zu vergrößern?
- Wo fasse ich den Gegner an, um bessere Hebelwirkungen zu nutzen?
- Welche grundsätzlichen Körperkontakte sind einzugehen, wenn ich meinem Partner den Medizinball aus den Armen entreißen will?
- ...

Schließlich lassen sich auch nach einer Kampfserie Gespräche zu bestimmten Themen initiieren. Dadurch sollen die Heranwachsenden lernen, nicht immer nur allein nach Handlungslösungen und -alternativen zu suchen, sondern miteinander Strategien zur Problemlösung zu entwickeln und gerechte Regeln zu finden.

6.3.8 Gewaltprävention

Gerade wenn man meint, dass die soziale Entwicklung in unserer Gesellschaft dahingehend tendiert, dass immer mehr jüngere Kinder zu größerer Gewaltbereitschaft neigen, ist es sinnvoll, den Kindern frühzeitig Anlässe zu bieten, in denen sie ihre Kräfte ausleben bzw. im Rahmen der sportiven Regelauslegung kanalisieren können. Es reicht demnach nicht aus, nur die Hemmschwellen zur Gewalt zu erhöhen, d.h. stärkere Reglementierung und härtere Bestrafungen durchzusetzen, sondern die Aggressionen sollten ganz gezielt in einen sportlichen Wettkampf umgeleitet werden (vgl. Miethling 1996, 23). Dadurch können die Heranwachsenden lernen, ihre Standpunkte sowohl in sprachliche Argumentationslinien als auch in sportliche Handlungen zu übersetzen, die zwar schlagkräftig, aber weder physisch noch psychisch verletzend sind. Miethling (2002) skizziert insgesamt neun Leitsätze zur Kultivierung von Aggressionen im Schulsport. Dabei kristallisieren sich als wichtige Ansatzpunkte zur Gewaltprävention einerseits die Kommunikation und andererseits eine Schulung des Körperbewusstseins heraus. Diese Schulung soll bewirken, dass den Kindern bewusst wird, dass der Körper *„nicht nur Handlungszentrum und als solcher Instrument der Weltaneignung [...]"*, sondern dass er auch ein erleidender, äußerst verletzlicher Körper ist (Schmidt-Millard 1996, 18). Es gibt aber auch kritische Stimmen, die sich dahingehend äußern, dass eine Gewaltprävention nicht als elementare Aufgabe der Sporterziehung anzusehen ist, sondern vielmehr die Handlungsfähigkeit im Sport das erklärte pädagogische Ziel sein sollte, oder dass die Gewaltprävention unter der Thematik *soziales Lernen* eingeordnet und diskutiert werden muss (vgl. Herzog 1994; Schmidt-Millard 1996). Wir sehen den Zugang zur Gewaltprävention in einer bewegungspädagogischen Perspektive begründet und machen deshalb die entsprechenden pädagogischen Möglichkeiten an den charakteristischen motorischen und sozialen Anforderungen, die das Kämpfen stellt, fest.

6.4 Perspektiven für den Sportunterricht

Die pädagogischen Hintergründe, wie wir sie bis zu dieser Stelle aufgearbeitet haben, lassen sich selbstverständlich nicht in einem simplen *1:1-Verfahren* in die Praxis des Sportunterrichts übersetzen. Sie bieten aber handhabbare Orientierungen, die dabei behilflich sein können, im Sport- bzw. Kampfunterricht Erziehungs- und Bildungsprozesse auf den Weg zu bringen. Dabei gehen wir davon aus, dass die zentrale didaktische Aufgabe für den Lehrer darin besteht, den Zusammenhang zwischen den Anforderungen, die das Kämpfen an die Schüler stellt, und den hieraus abzuleitenden Konsequenzen für die Inszenierung der Unterrichtssequenzen thematisch werden zu lassen.

Das Kämpfen stellt einschlägige Anforderungen an die Kinder, die sich mitunter von den Herausforderungen und Beanspruchungen, die andere Inhalte bzw. Sportarten und Bewegungsfelder an die Teilnehmer stellen, unterscheiden. Kämpfer müssen lernen herauszufinden, wann sie der Kraft ihrer Kampfpartner standhalten sollten und in welchen Situationen es geboten scheint, auszuweichen. Kämpfen bedeutet in motorischer Hinsicht immer ein Drücken und gleichzeitiges Gegenhalten. Kämpfer wissen niemals zu hundert Prozent, ob sie während des Angriffs einer Finte ihres Gegners folgen oder ob sie tatsächlich im Vorteil sind. Sie wissen auch nicht, ob und wann der Gegner auf ihre Angriffsaktion reagieren wird und wann sie deshalb in die Defensive geraten und dem Griff des anderen ausgeliefert sind. Offensive und Defensive wechseln im Kämpfen in der Regel ganz schnell ab, weshalb sich die Kämpfer sensibel, ernsthaft und hoch konzentriert auf die Kämpfe einlassen müssen. Hierzu bedarf es unter anderem eines klar abgesteckten, verlässlichen Ordnungsrahmens aus Regeln und Ritualen, aber auch der Notwendigkeit, sich auf die Eigenarten des Gegners ganz genau einlassen zu wollen. Es gilt, den Kampfpartner in seinem Bewegungsverhalten, d.h. in seiner Motorik und Leiblichkeit, genau kennenzulernen, um herauszufinden, wie stark und geschickt er im Kämpfen ist.

Kämpfen

Abb. 38: Zusammenhang zwischen den Anforderungen und den Konsequenzen für die Inszenierung

Für diese pädagogische Aufgabe haben wir im Rahmen einer Buchpublikation zum Thema *Kämpfen in der Schule* unter anderem einen Fundus von knapp 150 Spielen und Bewegungsaufgaben zusammengestellt (vgl. Lange & Sinning 2007a), die sich hinsichtlich ihrer Anforderungen und inhaltlichen Struktur vier Kapiteln zuordnen lassen. Da das Kämpfen immer durch den Wechsel aus Anspannung und Entspannung gekennzeichnet ist, werden die beiden zentralen Kapitel mit ausgewählten Praxisideen zu den Partnerkämpfen und Gruppenkämpfen von einem Kapitel zum Thema *Körperkontaktspiele* und einem weiteren zum Thema *Partnerentspannung* eingerahmt. Diese Reihung ist lediglich insofern als *Fahrplan* für die Unterrichtsplanung zu verstehen, als dass wir empfehlen, Unterrichtsreihen zum Thema Kämpfen zunächst mit Körperkontaktspielen zu beginnen und mit Entspannungsphasen abzuschließen. Für den Hauptteil der Stunden schlagen wir eine Fülle von Spielen aus dem Fundus der *Partner- und Gruppenkämpfe* vor, in denen Kinder paar- oder gruppenweise mit- und gegeneinander kämpfen lernen. Dieser Vorschlag für die Phasierung von Unterrichtssequenzen zum Thema *Kämpfen* ist in Abb. 39 noch einmal übersichtlich zusammengefasst.

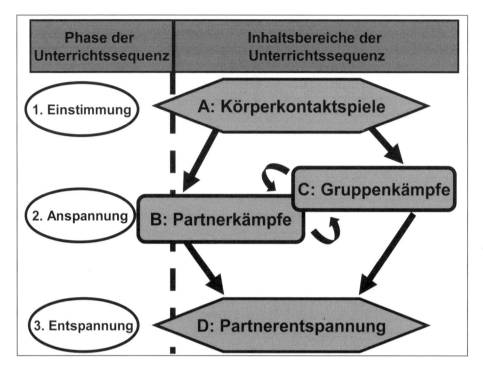

Abb. 39: Phasierung von Unterrichtssequenzen zum Thema *Kämpfen*

7. Zweikämpfen

7.1 Zweikämpfen im Fußball – Lern- und Erfahrungsfeld Kämpfen

In den folgenden Ausführungen und den darin eingebundenen Unterrichtssequenzen skizzieren wie eine Auseinandersetzung mit dem Thema *Zweikämpfen im Fußball*. Dazu werden Anregungen, Erfahrungen und Erkenntnisse aus dem Bewegungs- und Erfahrungsfeld Kämpfen themenkonstituierend aufgegriffen und auf das Zweikämpfen im Fußball übertragen. Die Lernenden stehen dabei mit ihren Erlebnissen und Einsichten im Vordergrund des Geschehens.[77]

7.1.1 Ausgangssituation

Aus unseren Beobachtungsstudien von fußballspielenden Kindern ergibt sich, dass die Spieler – egal auf welchem technischen Niveau sie sich befinden – den Zweikampf als attraktive Herausforderung wahrnehmen. Es geht ihnen im Spiel zwar vorrangig darum, den Weg zum Tor zu suchen, aber in vielen Fällen wollen sie zusätzlich den Gegnern ihr eigenes Können bzw. ihre Geschicklichkeit präsentieren. Die Effektivität, aber auch die Attraktivität der Zweikämpfe zeigt sich im mehrfachen positiven Ausgang für den Angreifer und in der Kreativität der Ausführung. Dies erreicht der Angreifer, indem er den Gegner entweder mit einer Vielzahl von neuen Tricks überraschen kann oder indem er die Finten und Täuschungen so perfekt beherrscht, dass minimale Änderungen innerhalb der Ausführung schon ausreichen, um mehrmals zu verblüffen. Im Rahmen der Entwicklung von Kindern und Jugendlichen zeigt sich ebenso, dass die Heranwachsenden ihre Grenzen ständig neu ausloten wollen. Da sind die Zweikämpfe ein probates Mittel, um herauszufinden, wo sie mit ihrem Können stehen und wie sie ihre Fähigkeiten weiterentwickeln können. Diese Chance bietet sich ihnen im

---

[77] Bei den folgenden Ausführungen handelt es sich um eine überarbeitete und erheblich erweiterte Fassung des folgenden Beitrags: Sinning, S. (2006). „Zwei-Kämpfen" von Anfang an – Fußballspielen über „1:1-Situationen" erfahren, verstehen und lernen. *sportpraxis* Themenheft *Fußball*, 26 – 29.

Sportspiel sowohl in allgemeiner Hinsicht als auch im Rahmen der zu bestreitenden Zweikämpfe.

Die praktische Erarbeitung des reizvollen Themas *Zweikämpfen im Fußball* zeichnet sich vielfach dadurch aus, dass sie eher technikorientiert, langatmig, frustrierend und von wenig motivierenden Erfolgsmomenten geprägt ist. Zumeist sind trotz hoher Wiederholungszahlen und immer wieder angebotener Übungszeiten nur minimale Fortschritte zu erkennen. Direkt erkennbare und sichtbare Erfolge stellen sich nur selten ein. Der Lehrlernweg ist äußerst zukunfts- und technikorientiert, sodass bei vielen Schülern eher Frust als Lust entsteht. Einer solchen langfristig angelegten praktischen Auseinandersetzung stellen sich die Schüler daher äußerst ungern. Darüber hinaus ist es fraglich, ob die an der Technik orientierten Zielsetzungen und die Art der Herangehensweise für den schulischen Lernprozess sinnvoll sind. Doch warum ergeben sich bei diesem Thema so wenig positive und motivierende Praxiserfahrungen? Besitzen die Schüler zu geringe technisch-taktische Voraussetzungen, um gezielt am Thema zu arbeiten oder sind die Lehrlernkonzepte ungeeignet?

7.1.2 Grundlegende Orientierungen für Lehrlernverfahren

Vielfach werden von den Lehrenden unzureichende technisch-taktische Fertigkeiten und Fähigkeiten der Lernenden angeführt, wenn eine Lernsequenz zum Zweikampf nicht so anregend oder positiv verlaufen ist, wie die Thematik eigentlich erwarten ließ. Angeblich hindern die technischen Defizite die Spieler so massiv, dass sie ihre Handlungsvorstellungen nicht sinnvoll umsetzen können.

Aus handlungsökologischer Sicht (vgl. Sinning 2003a) kristallisieren sich hingegen als Hauptproblempunkte heraus, dass die Lernenden die Spielidee, daran geknüpfte zentrale Handlungs- und Bewegungsprobleme und die wesentlichen Situationsmerkmale eines erfolgreichen Zweikampfes, wie die Orientierung im Raum, die Antizipation der gegnerischen Aktionen oder den sinnvollen Zeitpunkt für den eigenen Überraschungsangriff, nicht korrekt einschätzen können bzw. in vielen Fällen wichtige Merkmale überhaupt nicht wahrnehmen. Das fundamentale Problem liegt daher weniger im technischen Niveau der Lernenden begründet, sondern darin, dass die Handlungsaktionen und -reaktionen der Spieler nicht zu den konkreten Situationen passen. Um aber eine gezielte Situationserfassung, die Wahrnehmungsaufnahme und darauf aufbauende Handlungsaktionen zu schulen, müssen Lehrlernverfahren genutzt werden, die auf einschlägige technische Voraussetzungen auch verzichten können (vgl. Sinning 2003a zum Fußball; Leist & Loibl 1986 und Loibl 2001 zum Basketball oder Bietz 2001 zum Handball) und angemessene Handlungsaktionen provozieren (vgl. Sinning 2004, 4). Die klassischen, auf die Sachlogik reduzierten Lehrlernkonzepte lassen eine Orientierung an den übergeordneten komplexen Handlungsproblemen zumeist vermissen, weshalb andere, teilweise neue, innovative Verfahren gefunden und erprobt werden sollten.

7.1.3 Sich dem Problem erstmals stellen

Beim Thema *Zweikampf im Fußball* ist das Handlungsproblem keinesfalls bei den technischen Voraussetzungen der Schüler zu suchen, sondern in der Wahrnehmung der Gesamtsituation. Aus wahrnehmungstheoretischer Sicht (vgl. Leist 1983, Loibl & Leist 1990) geht man deshalb davon aus, dass notwendige didaktische Reduktionen gerade entgegengesetzt zu den traditionellen Konzepten verlaufen müssen. *„Statt komplizierte Techniken in vereinfachten Situationen zu üben, werden die komplexen Situationen des Spiels mit vereinfachten Techniken erfolgreich gelöst"* (Loibl 1994, 59). Wie kann diese Forderung aber auf die Zweikampfsituation im Fußball übertragen werden? Im ersten Schritt erscheint eine Annäherung möglich, wenn man den Ball nicht mehr mit dem Fuß führen muss, sondern in der Hand hält. Wer aber das Fintieren und verschiedene Täuschungssituationen im Handball kennt, der weiß, dass der Zweikampf selbst dann noch zu komplex sein kann und für Anfänger deshalb eine Überforderung darstellt. Aus diesem Grund müssen weitergehende Vereinfachungsstrategien angestrebt werden. Beispielsweise indem der Zweikampf gänzlich ohne Ball durchgeführt wird, sodass die starke Fokussierung auf den springenden Ball entfällt und die Schüler ihre Aufmerksamkeit auf die situativen Merkmale richten können. Diese Überlegungen legen in der fachdidaktischen Konsequenz nahe, das Lern- und Erfahrungsfeld Kämpfen zu nutzen und nach Möglichkeiten zu suchen, Aspekte aus diesem Bereich für den Zweikampf im Fußball zu erschließen. Die Idee wurde im Zuge einer Unterrichtsreihe zum Fußball in einer achten Realschulklasse aufgegriffen. Im Folgenden werden die Eckpunkte des themenverbindenden Sportunterrichts vorgestellt.

7.2 Durchführung einer Lehrlernreihe zum Thema *Zweikämpfen im Fußball*

7.2.1 Auftakt

Als thematischer Einstieg wurden relativ weitgefasste, aber *fußballtypische Dribbel- und Zweikampfaufgaben* gestellt. Neben einer körperlichen Erwärmung und der kognitiven Einstimmung auf das Thema dienten die Aufgaben dazu, dass sich die Lernenden an vorhandene Erfahrungen erinnern bzw. erste Erkenntnisse sammeln konnten. Der Lehrer nutzte diese Phase, um sich einen Überblick über das technische und individualtaktische Niveau der Lernenden zu verschaffen.

- Ballführen im Pylonenquadrat. Möglichst durcheinander dribbeln, sodass sich die Schüler häufig begegnen und ausweichen müssen.
  - Den Ball nur mit dem rechten bzw. linken Fuß dribbeln.
  - Den Ball nur mit der Innenseite bzw. Außenseite dribbeln.
  - Den Ball mit der Sohle stoppen bzw. ihn mit der Sohle zurückziehen und in die entgegengesetzte Richtung den Ball weiter dribbeln.
- Die Pylonen von 1 bis 4 durchnummerieren. Enges Umdribbeln der Pylonen führt zu erhöhtem Ausweichen.
  - Auf Zuruf einer Zahl müssen alle Spieler um die entsprechende Pylone dribbeln.
  - Auf Zuruf eines Spielernamens läuft dieser um eine Pylone, und alle anderen folgen ihm.
- Dribbling und Zweikampf im Pylonenquadrat.
  - Auf Pfiff sollen die Schüler den eigenen Ball stoppen und um irgendeine Pylone laufen. Anschließend einen freien Ball suchen und mit diesem weiter dribbeln.
  - Auf Pfiff sollen die Schüler den eigenen Ball stoppen und um irgendeine Pylone laufen. Es wurden zwei bis vier Bälle aus dem Spiel genommen, sodass alle Schüler schneller und geschickter reagieren müssen, um noch einen Ball zu bekommen.

- Alle – bis auf zwei bis drei – Schüler haben einen Ball. Die Spieler ohne Ball versuchen, sich einen Ball von einem anderen Spieler zu erobern. Gelingt einem Schüler die Eroberung, so muss der Schüler, der den Ball verloren hat, anschließend auf Balljagd gehen.

7.2.2 Partnerkämpfe ohne Ball

Im Zuge der Unterrichtssequenz wurden verschiedene *kleine Partnerkämpfe ohne Ball* durchgeführt. Zur Lösung der Zweikampfaufgaben durften die Lernenden lediglich die einfachen Mittel des Ziehens, Schiebens und Nachgebens verwenden, sodass sie sich intensiv auf die zusätzlichen Merkmale eines gelungenen bzw. misslungenen Angriffs und einer Verteidigung konzentrieren konnten. Um diesen Blick noch zu schärfen, bekamen sie zusätzlich folgende Frage gestellt:

Was musst du tun, um den Kampf zu gewinnen bzw. nicht zu verlieren?

ACHTUNG: Bei der Ausführung der Kämpfe ist darauf zu achten, dass sich die beiden Partner auf den Beginn des Kampfes einstellen können. Das heißt, die Kämpfer müssen zuerst *Ich bin bereit* rufen, erst danach gibt der Lehrende den Kampf mit dem Startsignal *drei – zwei – eins – Start* frei.

- **Kampf auf der Linie**: Zwei Schüler stehen sich gegenüber und stellen dabei ihre Füße hintereinander auf eine vorgegebene Linie. Jeder muss nun versuchen, den Gegner durch Ziehen oder Schieben so aus dem Gleichgewicht zu bringen, dass er einen Fuß von der Linie absetzt.
- **Hockkampf**: Zwei Schüler befinden sich in Hockstellung und halten sich an den Händen. Ziel ist es, den Gegner so aus dem Gleichgewicht zu bringen, dass er mit dem Knie oder Gesäß den Boden berührt.
- **Händehauen**: Zwei Schüler stehen sich in Liegestützhaltung gegenüber und versuchen die Hände des Gegners abzuschlagen.
- **Krone**: Zwei Schüler stehen sich gegenüber und fassen sich an den Armen oder dem Oberkörper an. Beide haben einen Bierdeckel, eine Serviette oder einen großen Gummiring auf dem

Kopf. Durch Ziehen, Schieben oder Nachgeben soll der Partner so beeinflusst werden, dass ihm das Objekt vom Kopf fällt.

Im anschließenden Gespräch wurden die Erfahrungen verbalisiert und Aspekte, die für das Gewinnen notwendig sind, sowie Faktoren, die ein Verlieren verhindern, aufgelistet. Dabei kristallisierten sich die wesentlichen Merkmale heraus, auf die ein Angreifer bzw. der Verteidiger bei diesen Kampfformen ohne Ball achten muss. Martin kämpfte beispielsweise gegen Frederik und behauptete, dass er beim Spiel *Kampf auf der Linie* die Ungeduld von Frederik ausnutzen würde und deshalb einfach ganz bewusst abwartet, bis er wieder hektisch wird und ganz ruckartig zieht. Dann gibt er kurz mit den Armen nach und Frederik kippt um. Peter sagt: *„Ich bin lieber selbst aktiv. Ich versuche aber nicht nur mit ständig festem Schieben oder Ziehen zu agieren, sondern den Einsatz der Kräfte geschickt zu wechseln. Besonders beim Spiel `Krone' und beim `Hockkampf' konnte ich zwei von drei Kämpfen gegen Frank gewinnen."* Lilly war sich sicher, dass der Zeitpunkt entscheidend ist. *„Ich habe zwar keine Idee, wann der richtige Zeitpunkt da ist, aber wenn ich verloren habe, dann hatte ich das Gefühl, dass es immer daran lag, dass ich mich zu früh gewehrt oder erst zu spät reagiert habe."* Alle waren sich jedenfalls einig, dass neben der Technik und der Kraft vor allem eine gute Taktik entscheidend war. Diese hängt irgendwie mit der richtigen Einschätzung der Gesamtsituation und den eigenen Handlungsalternativen zusammen. Das *Irgendwie* konnten sie noch nicht einschlägig präzisieren. Sie vermuteten aber, dass es davon abhängt, dass der Gewinner die eigenen Kräfte und die Kräfte des Gegners besser einschätzen kann und dass er seine Fähigkeiten dosiert und selbstbewusst einsetzt. Die Aussagen der Schüler führten zur folgenden Übersicht:

Aufgaben des Angreifers:
- Welche Faktoren nutze ich, um den Kampf zu gewinnen – losgelöst von körperlichen Vorteilen wie Kraft und Beweglichkeit?
  - Orientierung im Raum
  - Zeitpunkt: den richtigen Moment abwarten! Wann ist dieser gegeben? Zwischen zu früh (→ Gegner kann gut reagieren!) und zu spät (→ Gegner kann selbst angreifen!)
  - Überraschung: möglichst unerwartet agieren!
  - Krafteinsatz: richtig dosieren! Wechsel zwischen größeren und kleineren Krafteinsätzen

Aufgaben des Verteidigers:
- Welche Faktoren nutze ich, um den Sieg des Gegners zu verhinder – losgelöst von körperlichen Vorteilen wie Kraft und Beweglichkeit?
  - Antizipation: Angriffe frühzeitig wahrnehmen! Wie geht das? Taktile und visuelle Hinweise aufnehmen. Vorbereitende Maßnahmen wie Druckaufbau oder -nachlass an bestimmten Stellen erkennen. Widerstände erspüren!
  - Handlungsplanung: Schnelle und gezielte Reaktionen mit eigenen Aktionen koppeln!
  - Krafteinsatz: Vorsichtig dosieren, um nicht in Form einer Überreaktion sich in die nächste Unsicherheit zu begeben.

7.2.3 1:1-Situationen mit dem Fußball

Nach den Zweikämpfen ohne Ball folgten in der nächsten Unterrichtssequenz die ersten *1:1-Zweikampfsituationen mit dem Fußball*. Dazu nahmen sich jeweils zwei Schüler einen Ball und spielten auf einem abgegrenzten Spielfeld direkt gegeneinander. Ein dritter Schüler beobachtete die Spielszenen, bevor anschließend die Rollen getauscht wurden. Ein Tor konnte nur erzielt werden, wenn der Ball zuerst über die gegnerische Linie und später durch ein offenes Tor hindurch gedribbelt wurde. In der Regel mussten sich die Schüler dabei auf ein oder mehrere Zweikämpfe einlassen und diese bestehen. Trotz der überschaubaren Situation von lediglich einem Gegenspieler erfuhren die Lernenden sofort den deutlichen Unterschied im Schwierigkeitsgrad zwischen den Zweikampfsituationen ohne Ball und denen im Fußball. Sie erkannten die Schwierigkeit, den richtigen Zeitpunkt zu treffen, die Problematik des sinnvollen Einsatzes möglicher Techniken und konnten weitere Handlungsprobleme bestimmen. Der Beobachter erkannte vor allem, dass nicht nur die technischen Möglichkeiten jedes Einzelnen das Ergebnis beeinflussen, sondern auch der korrekte Zeitpunkt der Handlungsausführung den positiven Ausgang mitbestimmt.

Im nachfolgenden Auswertungsgespräch wurden sowohl die Unterschiede, d.h. die Eigenheiten der jeweiligen Sportfelder, als auch die Gemeinsamkeiten näher beleuchtet. Frank ist ein hervorragender Fußballspieler, und alle Mitschüler bewunderten seine Technik. Er gewann natürlich nahezu alle Zweikämpfe, und die besondere Beobachtungsleistung für Klaus bestand darin, neben der Bewunderung für die Technik auch noch andere wichtige Hinweise zum Gelingen des Zweikampfes zu finden. Daneben versuchte Klaus aber auch, den Abwehrspieler Peter taktisch zu beraten. Schließlich musste er ja auch noch gegen Frank spielen. *„Versuch ihn als Abwehrspieler einfach immer zur Außenlinie abzudrängen, und wenn du selbst den Ball hast, dann entscheide dich als Angreifer möglichst schnell für eine Variante. Unentschlossenheit und zögerliches Handeln gibt Frank die Gelegenheit, als Abwehrspieler selbst zu agieren und dich unter Druck zu setzen."* Es wurde somit deutlich, dass ähnliche Aspekte bezüglich der Wahrnehmung der Umgebung (Zeit- und Raumwahrnehmung) auftraten und dass diese vorrangig visuell aufgenommen werden. Der Körperkontakt ist deutlich geringer, er wird vom Angreifer zumeist vermieden, weshalb die Ausnutzung des Raumes geschickt gewählt werden muss. Da mit dem Ball sowohl ein zusätzliches Objekt wahrgenommen als auch behandelt werden muss, wird die Situation grundsätzlich komplexer, sodass eine gute und präzise Ausführung der Technik in enger Verbindung mit den Handlungsmöglichkeiten und -ergebnissen steht.

Zum Angriff bemerkte Susanne noch, *„[...] dass die Techniken, die zum Fintieren mit Ball eingesetzt werden, beim Fußballspiel besonders schwierig sind, weil eben nur mit dem Fuß gespielt werden darf!"* Dadurch muss auch der Zeitpunkt des Auftaktes verändert werden, d.h. so gewählt werden, dass der Angreifer einerseits handlungsaktiv bleibt und nicht in den Gegner hinein rennt bzw. anderseits die Täuschung nicht zu früh ansetzt, sodass der Gegner noch gut reagieren kann. Körper- und Blicktäuschungen scheinen etwas leichter zu sein, müssen den Gegner aber auch wirklich zur Fehlhandlung zwingen, d.h. überzeugend durchgeführt werden. Peter konnte beispielsweise als Basketballspieler nicht so gute Tricks mit dem Fußball durchführen, aber seine Körpertäuschungen, die er beim Basketballspiel gelernt hatte, überraschten selbst den guten Fußballspieler Frank. Beim Tackling war für alle wichtig, dass sie aus taktischen Gründen den Gegner erst einmal vom Tor wegdrängen wollten. Außerdem stellte Lilly fest, dass es wichtiger ist, handlungsaktiv zu bleiben. Sie habe Klaus beobachtet und *„[...] Klaus war so versessen zu grätschen, dass er ganz häufig am Boden lag und nicht mehr schnell genug aufstehen konnte, um Peter hinterherzurennen. Das hilft dann auch nicht wirklich weiter [...]"*, vermutete Lilly. Dann lieber schneller agieren und den Gegner nur wegdrängen, bis vielleicht beim richtigen Spiel noch Hilfe kommt. Für den Angreifer wie auch den Verteidiger ergaben sich aus den unterschiedlichen Statements der Schüler sowohl besondere Handlungsprobleme als auch individuelle Lösungsstrategien. Auch hier wurden die wesentlichen Ergebnisse aus dem

Gespräch festgehalten bzw. den Punkten *Probleme der Angreifer* und *Probleme der Abwehrspieler* zugeordnet.

Probleme der Angreifer:
- Timing! Den richtigen Zeitpunkt für den Zweikampfangriff finden. *Lösung*: Aktions- und Reaktionsmöglichkeiten in Bezug setzen.
- Sich Handlungsräume offen halten bzw. diese eröffnen. *Lösung*: Die Orientierung schulen und beide Seiten des Gegners als mögliche Handlungsräume suchen und nutzen.
- Keine ausreichenden technischen Voraussetzungen. *Lösung*: Erlernen unterschiedlicher Finten wie Täuschungen mit und ohne Ball, Körpertäuschungen, Schritt- oder Schussfinten.

Probleme der Abwehrspieler:
- Timing! Den richtigen Zeitpunkt für die Zweikampfabwehr finden. *Lösung*: Die Reaktion verbessern und mit eigenen Aktionen verbinden.
- Handlungsräume schließen. *Lösung*: Die Orientierung schulen und den Angreifer auf die torferne Seite oder zur Außenlinie drängen.
- Technische oder konditionelle Voraussetzungen sind nicht ausreichend vorhanden. *Lösung*: Tackling schulen oder den Ball frühzeitig erlaufen.

7.2.4 Zwischenfazit

Transferleistungen in komplexere Situationen bzw. in andere Sportarten sind leichter realisierbar, wenn – wie hier beschrieben – die wesentlichen Handlungsprobleme und -lösungen bzw. auch die Unterschiede aufgedeckt werden. Die Notwendigkeit einer doch relativ guten technischen Leistung bleibt zwar erhalten, es wird aber auch die Problematik offenkundig, die einzelnen Techniken mit dem richtigen, zeitlich sinnvollen Einsatz einer zielgerichteten Orientierung im Raum oder taktischen Überlegungen zu verbinden. Die sportartspezifischen Fertigkeiten stehen also immer im engen Zusammenhang mit bestimmten koordinativen Fähigkeiten wie beispielsweise der Orientierungs- oder Antizipationsfähigkeit und mit einem taktischen Verständnis. Werden diese Verbindungen von den Lernenden erkannt und durchschaut, so können sie daraufhin Kriterien entwickeln, die für eine spieladäquate Lösung von Zweikampfsituationen benötigt werden.

Auf der Grundlage der gemeinsamen Situationsanalyse und der daraufhin aufgestellten Kriterien können die Lernenden eine Entscheidung treffen, mit welchen Merkmalen sie sich intensiver auseinandersetzen wollen. Ihnen werden Sinnzusammenhänge deutlich, sodass sie die anschließenden Aufgaben systematisch zuordnen und sich dadurch differenziert in den Lehrlernprozess einbringen, d.h. Übungen eigenständig und kriteriengeleitet verändern können. Über die Auseinandersetzung mit dem Thema *Zweikämpfen* in vereinfachten Situationen werden die Lernenden mit den wesentlichen Aspekten konfrontiert, und es werden ihnen verbindende sowie übergreifende Elemente aufgezeigt, die sie vielfach in komplexen Situationen nicht wahrgenommen hätten.

7.2.5 Einzelne Kriterien vertiefen

Am Ende dieser Unterrichtssequenz wurden aus dem Fundus der gesammelten Erkenntnisse ausgewählte Kriterien wie *Angreifer zur torfernen Seite abdrängen*, *Tackling schulen*, *zur rechten Zeit am Ball sein* oder *Aktion und Reaktion* vertieft. Dazu bildeten sich Kleingruppen, die sich unterschiedlichen Schwerpunkten widmeten. Die Wahl des Themas wurde der Gruppe überlassen. Der Lehrer achtete lediglich darauf, dass alle Themen mindestens einmal bearbeitet wurden. Um den Schülern die Erarbeitung des Schwerpunktes zu erleichtern, kann er natürlich zu den einzelnen Themen noch entsprechende Fragen anfügen. Darüber kann noch einmal die Aufmerksamkeit auf die unterschiedlichen Personengruppen *Angreifer und Abwehrspieler*, auf die Wahrnehmung wichtiger Aspekte der Gesamtsituation oder auf Raum- und Zeitstrukturen gelegt werden. Eine Gruppe beschäftigte sich beispielsweise mit dem Merkmal *Aktion und Reaktion*. D.h., sie suchten nach entsprechenden Aufgaben, die das Agieren und Reagieren ins Zentrum rücken sollten. Nach eingehender Beratung hinsichtlich möglicher Aufgaben und einer eigenen praktischen Erprobung entschieden sie, allen anderen Gruppen folgende zwei Übungsaufgaben zu vorzustellen.

In einem abgestecktem Viereck laufen vier Abwehrspieler ohne Ball und ein Angreifer mit Ball.

Reaktion des Angreifers auf Aktionen der Abwehrspieler:
Der Angreifer läuft an den Verteidigern vorbei und muss auf die jeweiligen Bewegungen der Verteidiger reagieren. Geht der Verteidiger frontal auf ihn zu, muss der Angreifer den Ball zurückziehen, weicht der Verteidiger zu einer Seite, so muss der Angreifer auf der anderen Seite den Verteidiger umspielen.

Reaktion des Abwehrspielers auf Aktionen des Angreifers:
Die Verteidiger stehen im Feld und der Angreifer dribbelt an den Verteidigern vorbei. Die Abwehrspieler versuchen, den Ball zu berühren, dürfen aber nur maximal einen Schritt zur Seite gehen. Sie dürfen daher nicht zu früh agieren, sondern müssen die Aktionen des Angreifers antizipieren und daraufhin kurzfristig reagieren.

Die anschließende Diskussion zu diesen Aufgaben zeigte, dass das grundlegende Prinzip von allen Spielern durchschaut wurde. Sie konnten die Aufgaben auch eindeutig den richtigen Kriterien zuordnen, obwohl sie vorher nicht wussten, welchen Schwerpunkt diese Gruppe bearbeiten musste. In Bezug auf die zu absolvierenden Aufgaben hatten sie noch kritische Ergänzungen. So meinte Christian mit Blick auf die zweite Aufgabe beispielsweise: *„Es ist doch viel sinnvoller, wenn man nicht quer durch das Feld immer hin und her laufen muss, sondern von einer zur anderen Seite durch die Abwehrreihen läuft. Dann kann ich die Aufgabe mit dem Zielspiel besser verbinden, also ich kann mir dann besser vorstellen, dass am Ende auch der Torabschluss steht. Am schönsten wäre es, wenn da dann auch wirklich noch ein Torschuss käme."* Maria hatte ebenso eine Idee der Aufgabenerweiterung. Sie hätte es gern, wenn noch ein Partner mitläuft, sodass der Angreifer bei ganz großen Engpässen auch mal abspielen kann.

7.3 Fazit und Überleitung zu weiteren Vertiefungen

Die Durchführung dieser Unterrichtsreihe gewährleistet einen übergeordneten Einblick in die Thematik des Zweikampfes. Der Transfer von einem Bewegungsfeld in eine Sportart ermöglicht eine systematische Aufarbeitung der wesentlichen Aspekte von Zweikämpfen. So werden beispielsweise die Aufgaben des Angreifers und Verteidigers in verschiedenen Zweikampfsituationen erfahren und näher bestimmt. Außerdem wird die Abhängigkeit von technischen Fertigkeiten, koordinativen Fähigkeiten und taktischen

Hinweisen in 1:1-Situationen und damit die Notwendigkeit des gezielten Übens von Techniken mit Blick auf situationsangepasstes Handeln deutlich. Ist der Sinngehalt der einzelnen Facetten allen Lernenden klar, so können themenkonstituierend entsprechende Aufgaben entwickelt und im Rahmen von Spiel- und Übungsphasen optimal kombiniert werden.

In den nachfolgenden Stunden lässt sich je nach gewünschtem Schwerpunkt ein gezieltes Arbeiten an weiteren Kriterien, an bestimmten Techniken oder ein erneuter Vergleich mit anderen Sportarten anschließen. Der sportartübergreifende Einstieg in die Thematik verstärkt insgesamt die Suche nach kreativen Methoden und Lösungswegen. Dazu ist natürlich auch etwas mehr Zeit einzukalkulieren. In der Regel entsteht bei dieser Vorgehensweise sofort eine kommunikative, sich austauschende Zusammenarbeit, weshalb Probleme besprochen, Lösungsmöglichkeiten aufgezeigt und Lernkriterien gemeinsam abgesprochen werden. Der Lehrende muss allerdings einkalkulieren, dass die eher erfahrungsorientierte Inszenierungsform und der Zugang über sportartverbindende Aspekte zweier zumeist nicht miteinander kombinierter Zweikampfsituationen auf die Lernenden zu Beginn etwas irritierend wirkt. Das liegt daran, dass den Lernenden die Gemeinsamkeiten nicht bewusst sind und dadurch nicht immer sofort erkannt werden. Wird aber in den Gesprächen ein klärender und strukturierender Prozess eingeleitet, so geht die erste Verwirrung schnell in eine interessierte und nachforschende Haltung der Lernenden über.

D. Ausblick

1. Innovative Lehrlernformen

Innovative Methoden oder *Innovative Lehrlernformen* werden mitunter als Möglichkeit propagiert, um Lernplateaus zu überwinden, Interesse auch für schwierige, wenig anregende Themen zu wecken, tief greifende Erfahrungen zu sammeln und die Erkenntnisse im Langzeitgedächtnis zu platzieren bzw. möglichst viele Verknüpfungen zwischen den einzelnen Wissens- und Könnensgrundlagen herzustellen. Die Verfechter dieser Methoden versprechen sich von ihren Verfahren große Wirkungen im Bereich der Selbstständigkeit beim Sporttreiben (vgl. Achtergarde 2007), vermuten eine Verbesserung im Rahmen der Kommunikation, Präsentation sowie Teamarbeit und meinen, die Methoden seien besonders motivierend und böten sowohl auf individueller als auch auf gruppendynamischer Basis bestmögliche Lernentwicklungen (Klippert 2007). Etymologisch stammt Innovation von den lateinischen Begriffen novus *neu* und innovāre *erneuern* ab (vgl. Kluge 2002). Innovation bedeutet dabei *Neuheit* oder *Neuerung* und lehnt sich an innovatio *Erneuerung, Veränderung* oder *etwas neu Geschaffenes* an. Häufig wird der Begriff im Sinne von neuen Ideen und Erfindungen verwendet.

Im folgenden Teilkapitel widmen wir uns der Thematik *Innovative Lehrlernformen*, indem wir zuerst verdeutlichen, woran es liegt, dass klassische Methoden vielfach scheitern und welche Aspekte des Lehrlernprozesses von diesen Methoden vergessen oder vernachlässigt werden. Anschließend wird aufbereitet, was ein Lehrlernkonzept und daran orientierte Lehrlernformen überhaupt leisten und worauf der Lehrende bei der Umsetzung und damit beim Arrangieren von *innovativen Methoden* achten sollte. Da es keine rezeptartigen Ratschläge für *innovative Lehrlernformen* geben kann, bieten konzeptionelle Eckpunkte wichtige Orientierungshilfen. Schließlich verweist ein letzter Gesichtspunkt darauf, wo und wie Lehrende sich die notwendigen Grundlagen und Kenntnisse aneignen können.[78]

---

[78] Bei den folgenden Ausführungen handelt es sich um eine überarbeitete Fassung des Beitrags: Sinning, S. (2004). Innovative Lehr-Lernformen im Sport. Ungewöhnliches tun und dabei alle Beteiligten verwickeln, kann Fortschritt bedeuten. *Sportpraxis*, 45 (1), 4-9

1.1 Ausgangssituation

Insbesondere neue und herausfordernde Themen werden in der praktischen Auseinandersetzung oftmals dadurch negativ beeinflusst, dass die Lernenden ihre Handlungsvorstellungen nicht umsetzen können, weil sie die technischen Voraussetzungen nicht besitzen. Das Fehlen der grundlegenden Fertigkeiten wird dann vielfach auch als Grund angeführt, dass die Stunde doch nicht so anregend, positiv oder innovativ verlaufen ist, wie es die Thematik eigentlich erwarten ließ. Als viel problematischer zeigt sich jedoch, dass durch die technischen Schwierigkeiten wichtige Kriterien, die für einen erfolgreichen Ausgang eines Themas unerlässlich sind, selten erfahren, überhaupt nicht beachtet oder teilweise nur unzureichend wahrgenommen werden (Sinning 2003a). Das liegt im Wesentlichen daran, dass klassische Konzepte und Methoden verwendet wurden, die ihren Schwerpunkt eher auf die Vermittlung von Teilelemente (Technik und Taktik) legen, dessen Einsatzmöglichkeiten und effektiver Nutzen den Lernenden in der gegenwärtigen Situation aber häufig nicht klar ist. Es bedarf deshalb eines erweiterten Blickes und eines offeneren Zugangs zur Thematik, was wiederum bedeutet, dass auch ungewöhnliche und innovative Lehrlernformen zum Einsatz kommen müssen, um die Perspektive der Lernenden auch wirklich zu berücksichtigen.

Betrachtet man beispielsweise die Problematik *Zweikämpfen im Fußball*, wie sie im Kapitel C.6 vorgestellt wurde, dann bauen die üblichen Vorgehensweisen auf dem Dribbling auf und lassen Richtungs- und Körpertäuschungen oder Tricks mit dem Ball (Hackentrick, Pelé-Trick, Übersteiger ...) zuerst gegen unbewegliche Hindernisse und später gegen immer aktiver agierende Gegner üben. Bei dieser Form der praktischen Auseinandersetzung orientieren sich die Lernenden nahezu ausschließlich an den technischen Vorgaben und richten ihren Blick nur bedingt auf die wichtigen Merkmale der Gesamtsituation, wie das Timing, die Orientierung im Raum, die situative Wendigkeit oder den Überraschungsmoment. Um diese übergeordneten Merkmale in den Griff zu bekommen bzw. die Wahrnehmung der Lernenden darauf zu richten, müssen andere, teilweise auch neue, unbekannte Methoden verwendet werden. Und zwar Lehrlernformen, die die Lernenden mit den komplexen Handlungsproblemen konfrontieren, die sie dann aber mit vereinfachten Mitteln lösen können. Die Vermittlungskonzepte und daran gebundene methodische Vorgehensweisen von Leist & Loibl (1986) zum Basketball oder von Bietz (2001) zum Handball verzichten z.B. bewusst auf das Dribbling, damit der Blick auf die bedeutsamen Akzente gerichtet und darauf bezogen entsprechende Erfahrungen gesammelt werden können. Die gleiche Vereinfachung lässt sich aber im Fußball nicht so leicht realisieren, sodass nach anderen, vielleicht noch ungewöhnlicheren und innovativen Veränderungen gesucht werden muss. Deshalb sollte sich der Lehrende zwischenzeitlich auch mal von der jeweiligen Sportart entfernen und andere Sportarten oder Bewegungsfelder, die vergleichbare Akzente bieten, aufgreifen. Beispielsweise könnte er in Bezug auf das Thema *Zweikämpfen im Fußball* versuchen, im Sinne eines sportartenverbindenden Unterrichts zu arbeiten und den Ball als zusätzliches Objekt gänzlich herausnehmen. Das heißt, man nutzt das Bewegungsfeld Kämpfen und stellt den Zweikampf als direkte Auseinandersetzung mit einem Gegner, den man auch berühren darf, ins Zentrum. In dieser vereinfachten Situation können dann die essentiellen Faktoren erfahren und im Gespräch systematisiert und vertiefend geklärt werden. Die anschließenden Transferleistungen in komplexere Situationen oder in andere Sportarten sind leicht realisierbar, und es bleibt dennoch die Notwendigkeit erhalten, auch auf eine gute technische Leistung bei der Handlungsausführung zu achten. Dabei wird der Gesamtkontext, z.B. einzelne Techniken mit einem zeitlich treffenden Einsatz, einer zielgerichteten Orientierung im Raum oder mit gestalterisch variablen Elementen zu verbinden, offenkundig. Lehrlernkonzepte müssen somit *mehr* leisten als nur die Vermittlung von klassischen Technik- oder Taktikelementen, und die daran anknüpfenden *innovativen* Lehrlernformen müssen diesem *Mehr* entsprechend Rechnung tragen.

1.1.1 Was muss ein Lehrlernkonzept leisten?

Lehrlernkonzepte verfolgen grundsätzlich die Aufgabe, bei den Lernenden optimalen Lernzuwachs zu erzielen. D.h., der Lehrende muss entsprechende Lernformen finden, mit denen er die individuellen Lernprozesse möglichst bestmöglich unterstützen und begleiten kann. Der Anspruch, angemessenen Lernzuwachs erzielen zu wollen, besteht allerdings nicht allein darin, dass die Lernenden nur die grundlegenden sportart- oder themenspezifischen Fertigkeiten und Kenntnisse erlernen sollen. Die Aufgabe besteht vielmehr darin, Lernenden zu vermitteln, wie sie Frage- oder Problemstellungen erkennen, Sinnzusammenhänge erschließen und verstehen, kriteriengeleitet nach Lösungen suchen, logische Ableitungen finden und die Ergebnisse angemessen integrieren können. Deshalb müssen Lehrlernkonzepte Lernende dabei unterstützen, notwendige Strukturierungshilfen zur Suche von Lösungsansätzen zu entdecken. Im Zuge bewegungsbezogener Themenstellungen können diese Verflechtungen besonders gut hergestellt werden, da die Lernenden vielfältige Erfahrungen mitbringen, auf denen systematisch aufgebaut werden kann. Diese praktischen Vorkenntnisse helfen den Lernenden, die komplexen Phänomene besser zu verstehen, die eigentlichen Handlungsprobleme zu erfassen sowie mögliche Lösungswege überhaupt zu antizipieren. Da einige Lernende in manchen Teilbereichen mitunter sogar tiefer gehende praktische Einsichten als die Lehrenden besitzen, ist der Verständigungsprozess zwischen Lehrenden und Lernenden besonders wichtig. Hierbei wird die gemeinsame Suche und Prüfung sinnvoller Lösungen unterstützt.

Daneben muss ein Lehrlernkonzept natürlich auch inhaltliche Schwerpunkte aufgreifen, auf die wegen der Vielfalt und der Individualität der Themen an dieser Stelle nicht näher eingegangen werden kann. Entscheidend für ein gelungenes Lehrlernkonzept ist jedoch, dass es logische Verschmelzungen zwischen der subjektiven Wahrnehmung, der darin eingeschlossenen kognitiven Verarbeitung und den individuellen Bewegungs- und Handlungsmöglichkeiten herstellt sowie Gelegenheiten für vielfältige Assoziationen ermöglicht (vgl. Scherer 1990; v. Weizsäcker 1986). Dies kann allerdings nur über den Einsatz adäquater Inszenierungsformen realisiert werden. Wenn nun diese Inszenierungsformen Lernumgebungen und Lernzusammenhänge hervorbringen, die im jeweils situativen Zusammenhang eher unüblich bzw. so noch nicht bekannt sind, so wird zumeist von innovativen, also neuen oder unbekannten Lehrlernformen gesprochen. Sie lassen sich aber nur im engen Zusammenhang mit der jeweiligen Situation und in Abgrenzung zu der gesellschaftlich und individuell geprägten Vorstellung von den jeweils üblichen Vorgehensweisen als *innovativ* definieren.

1.2 Wie lassen sich innovative Lehrlernformen arrangieren?

Wie in Kapitel C.6. bereits erwähnt und anhand des Zweikampfbeispiels im Fußball verdeutlicht wurde, müssen sich Lehrlernkonzepte und die daran gebundenen Lehrlernformen zum einen an dem grundlegenden Handlungsziel und zum anderen an den Vorerfahrungen und dem Können der Lernenden orientieren. Das bedeutet allerdings, dass die Inszenierung nicht für alle Lerngruppen gleich sein und damit vorab festgelegt werden kann. Sie muss sich hingegen flexibel und offen den jeweiligen Bedingungen stellen. In der Regel werden diese Öffnung und damit die Vorbereitung und das Arrangement der Unterrichtsreihe als Vorgang verstanden, der vom Lehrenden ausgeht bzw. initiiert wird. Dabei orientieren sich die Lehrenden vorrangig an der Sportart oder der Disziplin und versuchen attraktive Aufgaben zu finden, die eine Öffnung erkennen lassen. Oder sie setzen sportartübergreifende Akzente wie die Körpererfahrungen ins Zentrum und konzipieren dazu abwechslungsreiche Situationen, die neue Erfahrungen bieten. Schließlich werden oftmals auch pädagogische Ziele wie die Verbesserung der Kommunikations- oder Kooperationsfähigkeit in den Vordergrund gerückt und entsprechend interessante Lernarrangements ausgewählt. Attraktive, spektakuläre, interessante, herausfordernde oder abenteuerliche Vermittlungswege einzuschlagen, ist aber nicht per se innovativ und kann auch nicht grundsätzlich als lehrreich bezeichnet werden. Innovative Vorgehensweisen, d.h., neue, wirkungsvolle Lehrlernanregungen sind nur dann angemessen, wenn subjekt- und damit erfahrungsbezogen sowie problemorientiert und damit offen gearbeitet wird. Die Lernenden müssen deshalb die Gelegenheit erhalten, an ihren eigenen und neuen Situationsentwürfen mitzuarbeiten. Notwendige Anregungen bieten dazu einerseits die Beratungsleistungen der Lehrenden und andererseits der Austausch mit den Mitlernenden. Es muss eine Lernsituation initiiert werden, die kreative Ideen, individuelle Darbietungen und variantenreiche Auseinandersetzungen gewährleisten und somit auch ungewöhnliche Lösungswege und Vorgehensweisen zulassen kann.

Eine weitere entscheidende Grundlage für das Arrangement sinnvoller Lernsituationen ist, dass den Lernenden Aufgaben angeboten werden müssen, die – trotz aller Öffnung und Vielfältigkeit – auf die Handlungs- und Bewegungsprobleme aufmerksam machen und das individuelle Spektrum von Erfahrungen einbeziehen, sodass wichtige Bezüge hergestellt werden können. Die unterrichtliche Inszenierung darf keinesfalls so gestaltet sein, dass die Lernenden ohne jegliche Orientierung das Handlungsfeld erkunden und dabei nur zufällig auf zentrale Aspekte stoßen können. Es sollten vielmehr Strukturierungen vorgegeben werden, die von den Lernenden als Ordnungsgrundlage genutzt werden können, oder es sollten immer wieder Verständigungsprozesse eingeleitet werden, die eine kriteriengeleitete Systematisierung der gesammelten Erfahrungen und Erkenntnisse ermöglichen. Darauf aufbauend können dann weitere Erfahrungen eingeordnet, die Kenntnisse ausdifferenziert oder gezielte Vertiefungen angestrebt werden.

1.2.1 Konzeptionelle Orientierung

Um den bisher angeführten Bedingungen gerecht zu werden, bietet sich in konzeptioneller Hinsicht die Orientierung am genetischen Konzept von Wagenschein (1997), am problemorientierten Lernen im Sinne von Brodtmann & Landau (1982) bzw. Lange (2006a) an. Außerdem sei an dieser Stelle an die Zusammenhänge von *Wahrnehmung und Bewegung* im Hinblick auf die Gestaltkreislehre von v. Weizsäcker (vgl. Leist & Loibl 1983, 1989, Scherer 1994, v. Weizsäcker 1986) erinnert. Beim genetischen und problemorientierten Lernen geht es beispielsweise darum, „[...] *Erfahrungen an der originären Sache, an den ursprünglichen Phänomenen zu sammeln"* (Brodtmann & Landau, 1982, 19) und keine vorgefertigten Lösungen zu übernehmen. In erfahrungsoffenen Situationen sollen sich die Lernenden den ursprünglichen Problemen stellen. Damit unterschiedliche Lösungswege überhaupt transparent werden können, müssen die bewegungsbezogenen Auseinandersetzungen mit der physisch-sozialen Umwelt so gestaltet werden, dass sie nicht zwingend an geregelte sportliche Handlungskontexte gebunden sind. Aus wahrnehmungstheoretischer Sicht ist des Weiteren zu beachten, dass didaktische Reduktionen getroffen werden, die die Aufmerksamkeit auf die jeweiligen Kernprobleme richten. Solche Vorgehensweisen sind für viele Lehrende als auch Lernende noch immer ungewöhnlich und daher auch innovativ, da sie konträr zu den üblichen, meist traditionellen Konzepten verlaufen. Das heißt, „[...] *statt komplizierte Techniken in vereinfachten Situationen zu üben,"* sollten „*die komplexen Situationen des Spiels mit vereinfachten Techniken erfolgreich gelöst"* (Loibl 1994, 61) werden. Diese Vermittlungswege sind nicht nur bei neueren Bewegungsfeldern einsetzbar und lohnend, sondern sie bieten auch bei den traditionellen Sportarten außergewöhnliche Lernmöglichkeiten.

Geht man des Weiteren davon aus, dass Wahrnehmung und Bewegung nach v. Weizsäcker (1986) in einem engen Verhältnis zueinander stehen und der Wahrnehmungsprozess nicht als einseitig ablaufender Prozess, sondern als integrativer Prozess der Subjekt-Umwelt-Beziehung zu verstehen ist, kann nur über diese Verbindung eine lohnende Ordnung geschaffen werden. Der Wahrnehmungsprozess lässt sich dabei im Sinne Neissers (1979) als Produkt aus Kognition und Umweltinformation verstehen. Das bedeutet, dass einerseits gegebene Wahrnehmungsschemata verändert werden können, wenn das Subjekt neue Informationen aufnimmt. Andererseits spezifizieren neue Erkenntnisse ein Schemata, woraufhin dann die Wahrnehmung selektiv ausgerichtet wird. Handlungs- und Bewegungsschemata sind somit die zentral funktionalen Einheiten des Bewegungshandelns. Sie steuern und kontrollieren die Handlungsausführungen. Handlungs- und Wahrnehmungsschemata beeinflussen sich hingegen gegenseitig und stehen in einem permanenten Wechsel zueinander. D.h., die Wahrnehmungsschemata enthalten und benötigen Bewegung, und umgekehrt sind Wahrnehmungsleistungen notwendig, um Handlungsschemata zu entwickeln. Auf das Beispiel des Zweikämpfens bezogen bedeutet dies, dass der Handelnde bestimmte Aspekte, wie beispielsweise den Abstand zum Gegner oder die Haltung der gegenüberstehenden Person, wahrnehmen muss, um daraufhin sinnvolle Handlungen entwerfen zu können, umgekehrt muss er selbst in Aktion kommen, um seine eigene Bewegung in Bezug zur Bewegung des Gegners setzen zu können. Das genetische Lernen intensiviert nun die Idee bzw. die Erklärung des Wahrnehmungszyklus, indem es bewusst auf Grundlagen aufbaut und Schemata entwickelt, die im weiteren Vermittlungsprozess ausdifferenziert werden.

Was bedeutet dies bezogen auf das Beispiel *Zweikämpfen im Fußball*? Mit vereinfachten Techniken komplexe Situationen zu lösen, erscheint im ersten Schritt möglich, wenn man den Ball statt am Fuß in der Hand hat. Aber selbst dann kann die Situation des Zweikampfes immer noch zu komplex sein und bei vielen zu Überforderung führen. Eine weitere Vereinfachung in technischer Hinsicht ist beispielsweise dann möglich, wenn man den Zweikampf ohne den Ball durchführt, um so die fundamentalen Aspekte herauszufiltern. Eine Sportart oder vielmehr einen Ausschnitt einer Spielsportart mit einem Bewegungsfeld zu verknüpfen, ist in diesem Fall lohnenswert. Dadurch können Überschneidungen wie beispielsweise das Timing oder der Überraschungsmoment zwischen dem Zweikampf beim Kämpfen gegenüber dem Zweikampf beim Fußball sichtbar gemacht und mit Blick auf notwendige Wahrnehmungsleistungen konkretisiert werden. Außerdem können die Besonderheiten der einzelnen Sportbereiche wie der Widerstand gegen den Boden oder die spezifischen Fußballtechniken genauer in den Blick genommen und somit verschiedenartige Grundlagen herausgearbeitet werden. Oder betrachten wir das Beispiel *Double Dutch – rhythmisch springen*. Sicherlich ist hier das Kernproblem, ein Gespür für den Rhythmus zu bekommen. Wenn der Akteur den Rhythmus selbst vorgibt, beispielsweise beim Single Rope selbst das Seil schwingt, so muss sich der Springer *nur* seinem eigenen Rhythmus anpassen. Schwieriger wird es, wenn zwei Springer in einem Seil springen (Doppelpack-Springen); insbesondere für den Springer, der das Seil nicht schwingt. Er muss den Rhythmus sehen bzw. erspüren, indem er beispielsweise Körperkontakt mit dem Mitspringer aufnimmt. Wenn dieser Kontakt auch noch verloren geht und ein Springer in einem Seil und später sogar in zwei Seilen springt, welche von zwei Personen geschwungen werden, muss das Rhythmusgefühl noch weiter ausdifferenziert werden. Die Aufmerksamkeit auf den Rhythmus zu legen und diesen z.B. bei geschlossenen Augen erspüren zu lassen, auf vorgegebene Klatschrhythmen zu reagieren oder auf einem Rhythmus noch einen zweiten Rhythmus aufzubauen, eröffnet ganz andere Wahrnehmungszentrierungen und bildet andere Handlungsschemata aus, als wenn der Akteur versucht, das Seil in den Blick zu nehmen und bei bestimmten Seilkonstellationen springenderweise zu reagieren.

Um die wesentlichen Strukturen offenkundig werden zu lassen, müssen somit bekannte oder festgefahrene Vorstellungen vielfach aufgebrochen werden. Außerdem muss der Blick auf den Zusammenhang zwischen den eigenen Wahrnehmungsleistungen und den individuellen Bewegungsmöglichkeiten gelenkt werden.

1.3 Hinweise zur konstruktiven Herangehensweise

Um sinnvolle, zielgerichtete und innovative Lehrlernformen arrangieren und realisieren zu können, sollten Lehrende bereits in ihrer Ausbildung mit folgenden Aspekten konfrontiert werden oder sich nachstehenden Situationen aussetzen bzw. sich damit kritisch auseinandersetzen.

Ein erster Schwerpunkt liegt darin, allein oder gemeinsam mit anderen Lehrenden und Lernenden Projekte bzw. Projektarbeiten in Theorie und Praxis durchzuführen. Das bietet die Möglichkeit, das eigene Basiswissen zu erweitern, sich mit einem Thema vertiefend auseinanderzusetzen, sich für das eigene oder auch für gemeinsame Vorhaben verantwortlich zu fühlen sowie Handlungskonsequenzen zu entwerfen, die von einer kriteriengeleiteten Auseinandersetzung getragen werden. Projekte bieten außerdem die Chance, unterschiedliche Lösungswege mit ihren jeweiligen Wirkungen kennenzulernen. Sie bieten die Gelegenheiten, vertiefende Erfahrungen darüber zu sammeln, wie Planungsmodelle entworfen, Arbeitsschritte koordiniert, Entscheidungsprozesse in Gang gesetzt und Ergebnisse präsentiert werden. Neben der Auseinandersetzung mit unterschiedlichen Organisationsformen und vielfältigen Absprachen, mit den grundsätzlichen Bewegungsschwierigkeiten, die das jeweilige Thema in sich birgt, mit den notwendigen kreativen Anteilen oder der Toleranz zu anderen Bedürfnissen und Vorstellungen werden insbesondere die Verknüpfungen der einzelnen Facetten offenkundig und bleiben durch die eigene aktive Beteiligung länger präsent. Ähnliche Resultate werden auch bei Exkursionen, Trainingslagern, Studienreisen oder anderen gemeinsamen Aktivitäten erzielt, bei denen sich die Akteure teilweise tagelang intensiv mit einem Thema beschäftigt und sowohl inhaltliche Kenntnisse als auch kommunikative, kooperative oder praxisbezogene Kompetenzen erwerben.

Des Weiteren ist eine stärkere Positionierung gefordert, d.h., der sachanalytische Zugang muss eindeutig sein und dieser muss sich themenkonstituierend auf die Darbietung auswirken. Der Lehrende muss somit Kenntnisse über das Bewegungsfeld und den darin enthaltenen Bewegungs- und Handlungsproblemen besitzen, bekannte Lehrlernkonzepte und deren Inszenierungsformen kriteriengeleitet ordnen und bewerten sowie bei berechtigten Zweifeln eigene Wege entwickeln können. Nur bei einer einschlägigen themenkonstituierenden Ausrichtung können die eigenen, neuen und *innovativen* Wege gut begründet und in Abgrenzung zu anderen Vorgehensweisen gestellt werden. Um eine Weiterentwicklung von Lehrlernkonzepten zu bewirken, ist es notwendig, seine Konzepte offenlegen zu können, d.h. sie gegenüber anderen Lehrlernkonzepten und damit verbundenen Lehrlernformen transparent zu machen und mit Experten zu diskutieren.

Schließlich ist es wichtig, sich sowohl mit traditionellen Sportarten als auch mit Bewegungsfeldern und neuen sportlichen Bewegungstrends auseinanderzusetzen. Bei der Auseinandersetzung mit klassischen Sportarten kann ein Einblick in gesellschaftlich geregelte und stark normierte Sportbereiche und deren spezifische Problembereiche gewonnen werden. Sie bieten, bezogen auf die vorhandene Literatur, vor allem die Möglichkeit, unterschiedliche konzeptionelle Vorgehensweisen deutlicher gegenüberzustellen. Die Bewegungsfelder und sportlichen Bewegungstrends wie Spielen, Kämpfen, Wagnis im Sport, Gleichgewicht, Rhythmus oder Koordination verweisen hingegen eher auf übergreifende Probleme. Sie ermöglichen einen Einblick in grundlegende Strukturen des Bewegens und sind zumeist offener gegenüber ungewöhnlichen und *innovativen* Inszenierungsformen. Bei einer Verknüpfung von traditionellen und neuen Bewegungsbereichen werden darüber hinaus weitere Strukturen sichtbar. Diese Vernetzungen werden häufig gerade durch neue, innovative Ideen aufgedeckt.

2. Lehrkunst im Sport

2.1 *Liebe Leser, seid gegrüßt! Didaktik heißt Lehrkunst*

Bei dem einleitenden Zitat handelt sich um den Eröffnungssatz, mit dem der tschechische Erzieher Johann Amos Comenius (1592–1670) vor beinahe vier Jahrhunderten sein Buch, die *Große Didaktik*, beginnt. Was damals selbstverständlich war, mutet heute elitär, zugleich aber auch ansprechend und praxisnah an. Elitär, weil Lehrkunst für einen ausgewiesenen Qualitätsanspruch von Unterricht steht. Ansprechend und herausfordernd, weil sie sich zuallererst an die Lehrer und die Praxis des Unterrichtens richtet. Die Konstruktion aus *Kunst* und *Lehren* verweist also in der ersten Annäherung auf eine äußerst produktive Praxis, die das Maß des Gewöhnlichen, Standardisierten und *Einfach-nur-richtig-Gemeinten* übersteigt. Solche Momente kennzeichnen manchmal auch das Sporttreiben in der Schule und im Schulsport, weshalb im Folgenden mit der Suche nach Spuren, Bedingungen und Kennzeichen der Lehrkunst im Sport begonnen wird. Dabei soll in zwei Schritten vorgegangen werden: Zuerst werden zentrale Eckpunkte der Lehrkunstdidaktik herausgestellt, um sie anschließend am Beispiel der Entwicklung eines Lehrkunststücks zum Schwimmen noch einmal im Zusammenhang vorzustellen.[79]

2.1.1 Lehrkunst und *gute Schule*

Die Entwicklung einer sportbezogenen Lehrkunstdidaktik wird nicht an einem überlegenen, in sich geschlossenen fachdidaktischen Konzept fest gemacht. Lehrkunst zeigt sich demgegenüber im praxisnahen didaktischen Denken und Handeln, was auch unabhängig vom jeweils zugrunde liegenden fach- und erziehungswissenschaftlichen Horizont dabei hilft, Perspektivenwechsel hinzubekommen und die *Dinge*, d.h. die Sachlagen und Gegenstände des Unterrichts, immer wieder in ein neues Licht zu stellen, damit sie von den Lernenden entdeckt und erschlossen werden können. Lehrer müssen also viele Brücken schlagen können zwischen dem, was sie vermitteln

---

[79] Bei den folgenden Ausführungen handelt es sich um eine überarbeitete Fassung des Beitrags: Lange, H. (2005c). Lehrkunst im Sport. „Liebe Leser, seid gegrüßt! Didaktik heißt Lehrkunst". *Sportpraxis*, 46 (3), 4 – 10.

wollen, und den Erlebnissen, Gedanken, Anschauungsweisen und Erfahrungen der Lernenden (vgl. Leist & Loibl 1984, 269; Sinning 2003a, 9). Auch oder gerade wenn sie dabei auch ungewöhnliche didaktische Wege gehen müssen, da ja nicht jede dieser Brücken zu den Voraussetzungen jedes einzelnen Schülers passt. Lehrkunst ist so gesehen ein Kennzeichen *guter Schule*, was nicht mit den aktuellen Bemühungen um das Etablieren von *Wissenschaftspropädeutik* in den Gymnasien, dem Umsetzen von Bildungsstandards oder der Diskussion um Unterrichtsqualität (vgl. u.a. Helmke 2003) gleichgesetzt werden soll.

2.2 Lehrkunst ist lehrerorientiert

Lehrkunst braucht Lehrkünstler, d.h. Pädagogen, die die von Heursen (1997) propagierten ungewöhnlichen didaktischen Wege erfinden, weitergeben oder aber auch selber gehen. Sie braucht Lehr- und Schulmeister, die sich durch ihr praktisches Tun Vertrauen erwerben und die es verstehen, die Gegenstände und Inhalte ihres Unterrichts immer wieder neu, einfallsreich und erfinderisch ins rechte Licht zu stellen, sodass es den Schülern gelingen kann, ihren eigenen Weg bei der Erschließung der jeweiligen Sachlage – also beim Lernen – zu finden. Lehrkunst braucht auch Lehrer, die weder an politischen noch an anderen Richtlinien und Dogmen kleben und stattdessen imstande sind, mit den Inhalten ihres Faches regelrecht zu spielen, d.h. immer nahe dran zu sein, ohne in irgendwelche Scheuklappenmentalitäten zu verfallen. Also Lehrer, die sich als Fachexperten durchaus auch einmal in ironischer Weise von den Inhalten und ihrer Weise der Vermittlung zu distanzieren verstehen und die auch mal über sich selbst und über die von ihnen zu verantwortenden Stunden lachen können.

2.2.1 Bezug zur Wagenschein-Didaktik

Was den klaren Blick auf die Sachlage des Unterrichts betrifft, da wird man unweigerlich an die zuweilen auch heute noch als außergewöhnlich eingestufte Didaktik Martin Wagenscheins (1997) und deren sportbezogene Rezeption und Konkretisierung durch den Wagenschein-Schüler Gerd Landau (2001; 2003) erinnert. Aber auch an den Reformpädagogen Hartmut von Hentig, dem es mit der Gründung und wissenschaftlichen Begleitung der Bielefelder Reformschule gelungen ist, seine Bildungsvorstellungen bis hin auf die Ebene der Konzeptionierung von Schule und Unterricht lebendig und wirklich werden zu lassen. Und zwar nicht nur vom Schreibtisch aus, sondern als Mitglied einer Lehrerkonferenz und als Lehrer im Lateinunterricht. Diese Verbundenheit zur Praxis von Schule und Unterricht macht ihn als Autorität, die man bei der Bewertung didaktischer Strömungen und Ansätze gern zitieren möchte, glaubwürdig. Deshalb soll das an dieser Stelle auch im Hinblick auf die Lehrkunstdidaktik und deren Bezüge zu Wagenschein getan werden, denn von Hentig bringt diesem Zusammenhang eindrucksvoll auf den Punkt:

„Gute Schule ist auch ein Ort, an dem Martin Wagenschein würde lehren wollen. [...] Man hätte auch sagen können: ein Ort für Sokrates. [...] Gemeinsam ist ihnen, Wagenschein und Sokrates, dass sie eine gemeinsame Bewegung, einen Frage-Prozeß und Frage-Progress auslösen, der dazu führt, daß man versteht, nicht nur auswendig weiß. [...] Nie war sokratischwagenscheinische Mäeutik so wichtig wie heute, die Hebammenkunst, das heißt das Verfahren, durch das das Verstandesurteil des Menschen ans Licht gebracht wird. Nicht die Wissensgegenstände, sondern die sich an ihnen formenden und prüfenden Erkenntniskräfte machen die gesuchte Verfassung aus, die wir Bildung nennen" (von Hentig 1993, 41 ff.).

2.2.2 Lehrkunst und Bildung

Wer dieser Auslegung des Zusammenhangs von Bildung und Lehrkunst folgen mag, wird zustimmen, dass es sich dabei keineswegs um ein Programm handelt, das sich einfach in bestimmten Parametern implementieren und hinterher abrufen ließe. Nein, mit Blick auf das soeben angeführte Zitat von Hentigs liegt die Crux des Ganzen vor allem in der Aussicht, den Lernenden zu den wichtigen Bewegungsthemen Zugänge zu eröffnen. Nicht irgendwelche, sondern ihre jeweils eigenen, die es ihnen erlauben, ihr Verhältnis zu sich selbst, ihrem Körper und ihrer Bewegungsumwelt mit all ihren Aufforderungen und Widerständen selbsttätig in Ordnung zu bringen. Damit wäre in Anlehnung an Theodor Litt (1963) eine allgemein gehaltene Bildungsperspektive angedacht, deren Finden und Erproben in der Lehrkunstdidaktik allerdings nicht dem Zufall überlassen bleibt, denn sie baut in diesem Zusammenhang auf intensive, dialektisch fortschreitende, kontroverse, aber letztlich fruchtbare Gespräche zwischen den am Bildungsprozess beteiligten Akteuren. Dieser Bezug muss jedoch nicht allein auf das Unterrichtsgespräch hin ausgelegt werden, sondern meint auch alle anderen Aktionsformen (Hinweise, Rückmeldungen, Korrekturen, Aufgaben usw.), mit deren Hilfe Lehrer und Schüler die Sachlage, die sich im Unterricht stellt, erschließen. Sobald dies gelingt und die Schüler nahe an das Zentrum des Unterrichtsthemas herangekommen sind, mag man dies als *fruchtbar* bezeichnen.

Da das Herstellen dieses Kontakts zum *Kern der Sachlage* nicht mit dem Befolgen einer algorithmischen Funktion gleichgesetzt werden kann, sondern von zahlreichen situativen und persönlichen Gegebenheiten und Stimmungen abhängt, haben solche Bildungsprozesse zuweilen weitaus mehr mit der Kunst als mit der analytischen Empirie gemein. Deshalb lassen sie sich auch nicht einfach so in Lehrgängen herbeiführen und ausbilden, sondern bleiben an entscheidender Stelle ein Stück weit im Verborgenen. Aus diesem Grund stellt von Hentig in Auseinandersetzung und Würdigung der Wagenschein-Lehrkunst auch folgerichtig die entscheidende Frage an die Lehrkunstdidaktik:

„*[...] Martin Wagenschein berichtet von lang anhaltenden, dialektisch fortschreitenden, überaus fruchtbaren Gesprächen von Schülern über die zu beobachtenden Phänomene und ihr (gesetzliches) Verhalten. Warum ereignen sie sich bloß bei Wagenschein und nicht bei mir?*" (von Hentig 1987, 41ff.).

Mit Blick auf den Sportunterricht kann man diese Frage so übersetzen, dass wir nach den Bedingungen von (Bewegungs-)Lernsituationen fragen sollen. Konkret: Was ist zu tun, damit z.B. Jungen einer achten Klasse herausfinden können, wie sie in verschiedenen Situationen des Hallenfußballs die *Bälle flach halten*?

2.3 Ein Beispiel aus dem Sportunterricht

Wer sich an vergangene Unterrichtsstunden erinnert, die er während der zurückliegenden Jahre beobachtet oder selbst gehalten hat, mag sicherlich viele fruchtbare Unterrichtsmomente wiederentdecken, die zu den bislang skizzierten Eckpunkten der Lehrkunstdidaktik passen. Wir erinnern uns beispielsweise an eine klassische Unterrichtsreihe zum Thema *Fußball*, in der die Schüler einer achten Klasse eines Gymnasiums (22 Jungen) zumeist allerlei Übungsformen und immer wieder neue Variationen bekannter Abläufe absolvierten, bevor sie jeweils zum Stundenabschluss ein Spiel machten. Viele Szenen und Momente dieser Unterrichtsreihe würden wir auch heute noch als gelungene Lehrkunststücke bewerten, auch wenn wir die Ursachen des Gelingens bzw. die Planungsgrundlagen der betreffenden Stunden mit keinem in der Literatur beschriebenen sportdidaktischen Modell abzugleichen vermögen. Um dennoch ein Bild hiervon geben zu können, berichten wir an dieser Stelle einmal aus einer Sequenz dieser Unterrichtsreihe:

2.3.1 Fußball

Fußball ist für Fabian und Andreas das Allerwichtigste, die beiden Freunde sind seit einigen Jahren im Fußballverein und spielen auch nach der Schule an jedem Tag auf dem Bolzplatz. Am heutigen Schulvormittag stehen sich die beiden Achtklässler in der Turnhalle gegenüber. Getrennt durch ca. 20 Meter, und nach der Hälfte ist eine ca. 50 Zentimeter hoch gespannte Zauberschnur als Mittelmarkierung angebracht. Sie versuchen, sich einen Fußball zuzuspielen. Das haben sie schon oft getan, aber diesmal müssen sie wirklich flach spielen, vor allem wenn sich der Ball auf die gespannte Schnur zu bewegt. Die darf er nämlich nicht berühren. Zumindest ist das die Crux der Aufgabe, die ihnen ihr Sportlehrer zum Stundenauftakt gegeben hat. Dieser Lehrer rangiert im Ansehen der beiden zurzeit ganz weit vorn, denn er hat der Klasse versprochen, vier Wochen lang Fußball zum Thema des Sportunterrichts zu machen.

2.3.2 Passen, Passen, Passen (...)

Die beiden Freunde haben mit der ersten Aufgabe überhaupt kein Problem, denn das Passen und Stoppen kennen sie nur allzu gut aus ihrem Fußballtraining. Das haben sie dort immer wieder geübt. Zwar noch nie in Verbindung mit so einer niedrig gespannten Zauberschnur, aber doch *tausendundeinmal* in der klassischen Variante. Schwieriger ist die zweite Aufgabenstellung der heutigen Sportstunde: Sie dürfen die Bälle nicht mehr anhalten und müssen direkt spielen. Der Lehrer moderiert die Übungsphasen. Er stellt in unregelmäßigen Abständen Aufgaben, formuliert Fragen, verändert manchmal die Aufgabenstellungen, lobt und gibt hin und wieder einen Tipp, der dabei helfen soll, die Bälle in schwierigen Situationen auch wirklich flach zu halten.

Bei der dritten Aufgabenstellung sollen die beiden Jungen auch noch abwechselnd mal mit dem linken und ein anderes Mal mit dem rechten Fuß schießen. Die Aufgaben vier, fünf, sechs und sieben stressen die beiden

Fußballer noch mehr und manchmal passiert es halt, dass sie das Seil mit ihren Schüssen berühren und auch die gut gemeinten Tipps des Lehrers nicht mehr helfen. Die beiden Freunde waren vollends in die Aufgabenstellung und Sachlage vertieft, gaben ihr Bestes, auch wenn – oder vielleicht auch gerade weil – sie durch die immer schwierigeren Aufgaben an die Grenzen ihrer Ballgeschicklichkeit heran kamen. Genau dies war bei Andreas mit der achten und bei Fabian mit der neunten Aufgabe der Fall. Sie setzten sich erschöpft auf den Hallenboden, diskutierten noch ein paar kritische Szenen der letzten Übungssequenzen und warteten gespannt auf die neue Themenstellung ihres Sportlehrers.

2.3.3 Analyse

Möglicherweise müssen solche Unterrichtssequenzen gar nicht in den Bahnen fachdidaktischer Konzeptionen geordnet und bewertet werden, weil der Kern des Gelingens ganz woanders zu suchen ist. Nicht in der abstrakten Sphäre eines Modells, sondern im Unterricht selbst, und der läuft nicht selten nach den Regeln einer Dramaturgie ab, die sich mithilfe unseres klassischen Didaktikinventars sowohl sprachlich als auch konzeptionell nicht fassen lässt. Trotz der fehlenden sportdidaktischen Positionierung verlief der Unterricht nämlich keineswegs beliebig, sondern zeichnete sich gerade durch das immer wieder neue Herstellen von Stimmigkeit aus. Es ging während der gesamten Fußballeinheit sprichwörtlich *rund*: Die Schüler liefen, spielten, schossen, passten, trafen und schwitzten. Sie schauten anderen zu, vertieften sich in ihre Aufgaben, tauschten sich mit Mitschülern und dem Lehrer aus oder machten einfach mal Pause. Selbstverständlich freuten sie sich auch, und manchmal schimpften sie mit sich und ihren Mitspielern, mit den Gegenspielern und vielleicht auch mit dem Lehrer, was der aber nicht immer wahrgenommen hat.

Wie dem auch sei, auf jeden Fall war es gelungen, das Bewegungsproblem *Bälle flach halten* in Abhängigkeit zur jeweiligen Aufgabenstellung immer wieder neu zu hinterfragen und die dabei aufgetretenen Schwierigkeiten jeweils angemessen zu lösen. Das bewegungsbezogene Aufspüren der verschiedenen motorischen Widerständigkeiten erinnert an die fruchtbaren Gespräche bzw. die sogenannte sokratische Methode, die aus der Wagenscheindidaktik bekannt ist. Diese Hebammenkunst zielt in ihrer sport- und bewegungsbezogenen Variante auf das Vordringen zum Kern der jeweiligen Sachlage bzw. zum zentralen Bewegungslernproblem.

Lehrkunst im Sport 383

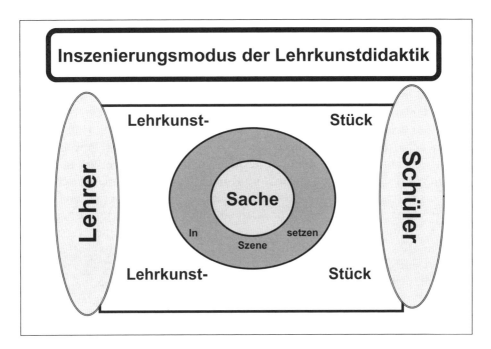

Abb. 40: Inszenierungsmodus der Lehrkunstdidaktik

2.4 Wie entwickle ich Lehrkunst?

An dieser Stelle könnten die Ausführungen mit dem Hinweis abgebrochen werden, dass zur Lehrkunst vor allem ein gewisses dramaturgisches Talent erforderlich ist. Und da sich dies nur schwer ausbilden lässt, können auch nur entsprechend spärliche Hinweise zur Entwicklung dieser Unterrichtskompetenz gegeben werden. Lehrkunst bildet sich in wirklichen Situationen heraus, weshalb man sie – ebenso wie das Fußballspielen – nur in konkreten Lehrlernsituationen erwerben kann. Es soll aber an dieser Stelle noch nicht abgebrochen werden, weil eine zentrale Bedingung zur Entwicklung von Lehrkunst vorab analysiert, geplant und deshalb hier auch vorgestellt werden kann.

2.4.1 Orientierung an Bewegungsproblemen

Gemeint ist die Analyse des zentralen Bewegungsproblems, das der jeweiligen Bewegungsaufgabe bzw. Bewegungssituation zugrunde liegt. Diese Bewegungsprobleme können vorab herausgearbeitet werden, um sie im Zuge der Unterrichtsplanung in das Zentrum des Unterrichts zu rücken und die Form der Inszenierung sowie die Dramaturgie des zu planenden Unterrichts (Drehbuchs) daran auszurichten Die Analyse des jeweiligen Bewegungsproblems kann entweder vom Lehrer allein oder aber gemeinsam mit den Schülern erfolgen. Letzteres würde im Kontext des problemorientierten Unterrichts geschehen, wie ihn Brodtmann und Landau (1982) bereits vor mehr als 20 Jahren skizziert haben. Für solch eine problemorientierte Thematisierung hat Harald Lange bereits einen Vorschlag zum Schwimmen verschriftet und zur Diskussion gestellt, der der klassischen bewegungspädagogischen Linie folgt, dass die Kinder selbst auf die Probleme stoßen und im gemeinsamen Unterrichtsgespräch Lösungen suchen, vorstellen und hinterher ausprobieren (vgl. Lange 2004a). Allerdings liegt es angesichts der Komplexität mancher Sportarten und Bewegungsfelder teilweise auch nahe, die Schüler erst später an der Entscheidung des Unterrichtsverlaufs zu beteiligen. Beispielsweise wie in der oben skizzierten Fußballsequenz: erst nachdem der Lehrer das von ihm (möglicherweise in Diskussion mit anderen Fachkollegen) analysierte Bewegungsproblem als solches erkannt, benannt und in das Zentrum seines Lehrkunststücks gerückt hat. Mit diesem *In-Szene-Setzen* ist gewissermaßen der *Schlüssel* des Lehrstücks gemeint. Der ist deshalb entsprechend sorgfältig vorzubereiten, denn wenn der Lehrer mit seiner Problemanalyse daneben liegt, dann läuft das Stück ab dieser Stelle möglicherweise in eine Richtung, die er selbst nicht intendiert hatte, was manchmal allerdings auch hoch interessant, lehrreich und bildsam sein kann. In jedem Fall trägt aber der Lehrer die Verantwortung für die inhaltliche Fokussierung des zentralen Bewegungsproblems. Je nachdem wie er den Bildungsprozess geplant und angelegt hat, d.h., wo und wie er die Antwort auf die Frage findet, ob die Schüler im heutigen *Stück* ein Problem finden oder lieber direkt im Feld der einschlägigen Widerständigkeit der Sachlage arbeiten sollen, entscheidet er darüber, wie die Dramaturgie des Stückes ausfallen wird. Das ist selbstverständlich anders als es in Drehbüchern steht, die nach dem klassischen, problemorientierten Verfahren arbeiten. Es ist aber keinesfalls ausschließlich *nur* lehrerfixiert, denn die Anlässe für die notwendige Schülerbeteiligung liegen an einer anderen Stelle des Themas, sie beginnen in der Begegnung mit der vom Lehrer ins Zentrum gerückten Widerständigkeit der Sachlage. Ab dieser Stelle des Lehrstücks wird moderiert, improvisiert und variiert, um sich motorische Lösungen und Bewältigungsstrategien einzuverleiben.

2.4.2 Beispiel: Wie sich ein Lehrkunststück entwickelt

Nach der Diskussion ausgewählter Eckpunkte einer Lehrkunstdidaktik im Sport soll der Blick im Folgenden auf die konkrete Entwicklung eines Lehrkunststücks gerichtet und aufgezeigt werden, wie man als Sportpädagoge zu einschlägigen, bildsamen Themen gelangen kann, die es wert sind, zum Gegenstand des Sportunterrichts gemacht zu werden. Hierfür wird ein Beispiel aus dem Bereich des Schwimmens ausgewählt (vgl. hierzu ausführlich Lange 2004a).[80]

2.4.3 Schwimmunterricht in der neunten Klasse

Solange es noch genügend öffentliche Schwimmbäder in Schulnähe gibt, werden die Schüler bis zum Abitur auch weiterhin in fast jedem Schuljahr mit einer Unterrichtsreihe zum Schwimmen beschult. Sie kennen daher spätestens in der achten, neunten Klasse die sachlogische Vermittlungsform diverser Schwimmtechniken in Form verschiedener methodischer Übungsreihen und deren Variationen aus eigener Erfahrung, denn sie haben solche Lehrgänge nach ihrer Grundschulzeit in jedem Schuljahr mindestens einmal absolviert. Auch diverse *Auflockerungen* und Abwechslungen, wie z.B. Rettungsschwimmen, Wasserspringen oder Spielen im Wasser, mit denen die Sportstunden im Schwimmbad abwechslungsreich gestaltet werden, sind ihnen zumeist bestens bekannt.

2.4.4 Immer wieder: Grundlagen schaffen

Das Verwunderliche, was auch hier zum Anstoß genommen wird, ist jedoch, dass die meisten Kinder in der neunten Klasse immer noch Probleme mit dem schnellen und/oder ausdauernden Schwimmen in verschiedenen

---

[80] Das folgende Beispiel aus dem Schwimmunterricht wurde parallel bereits im ersten Band des vorliegenden Forschungszusammenhangs aufgegriffen und für die konzeptionelle Konkretisierung dargelegt (Band 1, Kap. E. 4.7).

Lagen haben und dass sogar der Großteil von denen, die sich nach dem Abitur für ein Sportstudium entscheiden, von ihren Schwimmdozenten an der Hochschule mit der Tatsache konfrontiert werden, dass sie wohl noch mal ganz von vorn anfangen müssen und alle Lagen erneut auf systematischem Wege erlernen sollen. Möglicherweise gefallen diese ständigen Neuanfänge ja aus ganz anderen Gründen. Vielleicht nur deshalb, weil alle Abläufe so übersichtlich und geordnet vonstatten gehen (vgl. Lange 2004b), und genau deshalb fällt es so schwer, daran etwas Konzeptionelles verändern zu wollen. Von einem didaktisch anspruchsvollen Standpunkt jenseits dieser Ordnungsliebe aus betrachtet, sticht es doch geradezu ins Auge, dass da etwas nicht stimmen kann, weshalb danach gefragt und gesucht werden muss, wie im Kanon des bekannten Inhaltsspektrums (im Folgenden: Kraulschwimmen) etwas Neues und vor allem Bildsames (die Bewältigung zentraler Bewegungsprobleme) zum Bewegungsthema gemacht werden kann.

2.4.5 Herausfinden des Bewegungslernproblems

Die Unterrichtsreihe sollte mit dem Schwimmen in den verschiedenen Lagen beginnen, und um einen Ausgangspunkt für die differenzierten Variationen dieser Techniken zu finden, musste zunächst das vermeintliche Bewegungslernproblem des Schwimmens herausgefunden werden. Nach Auffassung des Lehrers geht es dort um die Wechselwirkung zwischen dem *Abdrücken am Wasserwiderstand* und dem *Gleiten*. Genau das sollten die Schüler mithilfe der ersten Aufgabenstellung spüren und herausfinden:

Züge zählen

Die Schüler bekamen die Aufgabe, eine Bahn in beliebiger Lage durch das Becken zu schwimmen und dabei die Zahl der Armzüge zu ermitteln. Die Aufgabe wurde jeweils in Dreiergruppen gelöst. Die Kinder unternahmen mehrere Versuche, probierten dabei unterschiedliche Schwimmlagen aus und notierten die Ergebnisse. Nachdem jeder etwa sechs bis acht Bahnen in dieser Weise absolviert hatte und die Kinder der Dreiergruppen erste Vergleiche untereinander und zwischen den verschiedenen Lagen durchgeführt hatten, traf sich die gesamte Gruppe zu einem kurzen Unterrichtsgespräch am Beckenrand. Das Gespräch dauerte nicht lange, denn die Frage, *„warum für die verschiedenen Bahnen und Lagen eine unterschiedliche Anzahl an Armzügen benötigt wurde"*, wurde rasch mit einer Vielzahl an Antworten bedacht. So war beispielsweise für Kai klar, dass die jeweilige Anzahl von Armzügen an den verschiedenen Techniken lag. Monika stellte sogar einen

Zusammenhang zwischen der Schwimmgeschwindigkeit und der Armzugzahl fest, denn sie meinte, dass sie bei ihren schnellen Bahnen, die sie im Kraul geschwommen war, weniger Züge brauchte als bei denen, die sie in der Brusttechnik zurückgelegt hatte. Tobias konnte dies nur bestätigen, denn er hatte auch eine Bahn im Rückenschwimmen versucht, und das ist für ihn eindeutig die langsamste Art der Fortbewegung, denn er hat für 25 Meter sage und schreibe 56 Armzüge gebraucht, während es im Brust nur 31 und im Kraul gar nur 22 waren! Stefan korrigierte und ergänzte die Feststellung seines Freundes Tobias, denn er war sich sicher, dass die vielen Armzüge beim Rückenschwimmen nur deshalb zustande kamen, weil Tobias eigentlich gar nicht richtig rückenschwimmen kann. *„Der planscht doch nur so ins Wasser, und deshalb sind so viele Züge zustande gekommen."* Bettina, die neben Tobias geschwommen war, ergänzte: *„Ja, und das waren auch gar keine Züge, Tobi hat sich damit höchstens vor dem Ertrinken gerettet."* Auch Elisabeth konnte der Idee eines Zusammenhangs zwischen Zugzahl und Technikqualität etwas abgewinnen. Sie hatte das Rückenschwimmen erst gar nicht versucht, weil sie meinte, es nicht so gut zu können. *„Da brauche ich mindestens doppelt so viele Züge wie in der Brusttechnik!"*, war ihre Vermutung. Schließlich brachte Kai beide Thesen wieder zusammen. *„Das ist doch genau das, was ich gesagt habe. Je besser die Technik, desto weniger Züge!"* *„Stimmt nicht"*, ruft Monika rein, *„je schneller, desto weniger Züge!"*

Zugzahl minimieren

Die verschiedenen Positionen wurden nicht weiter verglichen oder gar aufgelöst, sondern einer weiteren praktischen Überprüfung unterzogen. Um dabei den Problemhorizont ein wenig eingrenzen zu können, hat der Lehrer die zweite Aufgabenstellung dieser Schwimmstunde etwas spezifiziert. Die Schüler sollten sich für einen Schwimmstil entscheiden und in dieser Lage versuchen, eine Bahn mit möglichst wenigen Zügen zu schwimmen. Es wurde weiterhin in den Dreiergruppen gearbeitet, deren Mitglieder in einem Zeitrahmen von zehn Minuten so viele Versuche ausprobieren und beobachten sollten, wie sie wollten und dabei nicht nur auf ihre Lösungen, sondern auch auf die der Mitschüler achten mussten. Ein wenig angeheizt durch das zuvor geführte Gespräch waren die Schüler sehr ehrgeizig. Im Bemühen, die Zugzahl zu reduzieren, zeigten sie sich zudem als äußerst einfallsreich: Monika gelang es nach einem kräftigem Abdruck vom Beckenrand, bereits mehr als 15 Meter zu gleiten, danach holte sie einmal kräftig Luft und zog ganze fünf Mal mit den Armen durch, um schließlich ganz langsam, aber mit den wenigsten Zügen am gegenüberliegenden Beckenrand anzukommen. Maike war viel schneller, denn sie hatte mit dem Armeinsatz weitaus früher begonnen. Und zwar genau in dem Moment, als sie bemerkt hatte, dass die Geschwindigkeit, mit der sie durch das Wasser gleiten konnte, geringer wurde. Tim hatte bereits während der ersten Versuche erkannt, dass der Schlüssel zum Erfolg möglicherweise in der Atmung liegt. Deshalb entschied er sich auch für die Rückenlage, kam damit aber nach ca. zehn bis zwölf Metern zum Stillstand, den er durch einzelne Züge mit geringem Vortrieb zu unterbrechen verstand und erst nach dem erneuten Eintreten des Stillstands die nächsten Züge ansetzte. Kai fand diese Lösung einfach nur lächerlich. *„Das hat doch nichts mit Schwimmen zu tun!"* *„Der spielt doch Toter Mann"*, waren seine skeptischen Kommentare. Wie dem auch sei, die Schüler hatten sich während dieser Phase innerhalb ihrer Kleingruppen ausgetauscht, fanden viele verschiedene Lösungen zu der gestellten Aufgabe heraus bzw. beobachteten sie bei ihren Mitschülern, sodass sie mit einer Menge Eindrücke zum nächsten Erfahrungsaustausch an den Beckenrand kamen.

2.4.6 Differenzierte Aufgaben zum *Abdrücken* und *Gleiten* erarbeiten

Die beiden Funktionen *Abdrücken* und *Gleiten* sind als zentrale Bewegungslernprobleme in allen Schwimmlagen enthalten und sollen deshalb im weiteren Verlauf des Unterrichts vertiefend thematisiert werden. Da die Kinder während der beiden vorangegangenen Phasen mit ihrer Schwimmlage sehr engagiert und einfallsreich experimentieren konnten und auf diese Weise dem Zusammenhang aus Spüren und Bewirken in ihrer Wasser- und Schwimmlage recht differenziert auf die Spur gekommen waren, machte es Sinn, auch in der nächsten Phase auf diese Neugierde und Gestaltungskompetenz zu bauen. Die Schüler sollten in insgesamt vier Sechsergruppen zusammengehen und dort an der Variation der beiden zuvor herausgefundenen Bewegungslernprobleme arbeiten. Hierzu bekamen die Gruppen jeweils ein Thema und einige Materialien (Tennisbälle, Schwimmbretter, Flossen usw.). Die vier Themen lauteten: *Gleiten mit Flosseneinsatz*; *Brustschwimmen*, *Rückenschwimmen* und *Kraulschwimmen*.

Die Schüler verfügten über einschlägige Vorerfahrungen zu den vier Themen und sollten deshalb über den vermeintlich richtigen Ablauf der jeweiligen Technik hinausgehen und differenzierte Gegensatzerfahrungen zum *Gleiten* und/oder zum *Abdrücken* entwickeln. Die Erfindungen wurden zunächst innerhalb der Kleingruppen ausgedacht und ausprobiert und im weiteren Verlauf der Unterrichtsreihe auch den Mitschülern aus den übrigen

Gruppen vorgeführt. Der Lehrer übernahm während dieser etwa 35-minütigen Explorationsphase eine moderierende Funktion. Er regte zu Erfindungen an, fragte nach, ließ sich bereits einiges vorzeigen und animierte zum Abschauen, Nachmachen und Ausprobieren. Mit der Hilfe von drei Schülern, die an diesem Tag nicht aktiv am Unterricht teilnehmen konnten, wurden einige der Erfindungen notiert, die später vom Lehrer zu Aufgabenblättern zusammengestellt wurden. In diesen Aufgaben konnte sich jeweils eine Gruppe wiederfinden, und sie wurden in den kommenden beiden Unterrichtsstunden als Übungsprogramme eingesetzt.

2.4.7 Interpretation des Schwimmunterrichts

Während die ersten Stunden des skizzierten Unterrichts in vielerlei Hinsicht an Varianten des offenen Unterrichts erinnern, dominierte während der letzten Stunden die Arbeit mit Übungskarten. Diese Unterrichtsphase ist eher dem geschlossenen Unterricht zuzuordnen und besitzt einen gewissen Flair von Trainingsatmosphäre. Aber auch während der ausführlich skizzierten Anfangsphasen der Unterrichtsreihe wechselten offene und geschlossene Momente einander ab. Möglicherweise müssen solche Unterrichtssequenzen gar nicht in den Bahnen klar definierter, fachdidaktischer Konzeptionen geordnet und bewertet werden, weil der Kern des Gelingens ganz woanders zu suchen ist.[81] Nicht in der abstrakten Sphäre eines Modells, sondern im Unterricht selbst, und der läuft nicht selten nach den Regeln einer Dramaturgie ab, die sich mithilfe unseres klassischen Didaktikinventars sowohl sprachlich als auch konzeptionell nicht fassen lässt. Trotz der fehlenden sportdidaktischen Positionierung verlief der Unterricht nämlich keineswegs beliebig, sondern zeichnete sich gerade durch das immer wieder neue Herstellen von Stimmigkeit aus. Es ging während der gesamten Unterrichtseinheit sprichwörtlich *rund*: Die Schüler schwammen, tauchten, glitten durchs Wasser und strengten sich an. Sie schauten anderen zu, vertieften sich in ihre Aufgaben, tauschten sich mit Mitschülern und dem Lehrer aus oder machten einfach mal Pause. Selbstverständlich freuten sie sich auch, und manchmal schimpften sie mit sich, ihren Mitschülern und vielleicht auch mit dem Lehrer, was der aber nicht immer wahrgenommen hatte.

---

[81] Vgl. zur Interpretation des Schwimmunterrichts und den darauf folgenden fachdidaktischen Ausblick: Lange, H. (2008d). Methoden im Sportunterricht. Lehr-/ Lernprozesse anleiten, öffnen und einfallsreich inszenieren. In H. Lange & S. Sinning (Hrsg.), Handbuch Sportdidaktik (S. 294 – 318). Balingen: Spitta.

Wie dem auch sei, auf jeden Fall war es gelungen, das Bewegungsproblem, *sich im Wasser abdrücken und gleichzeitig schlüpfrig machen*, in Abhängigkeit zur jeweiligen Aufgabenstellung immer wieder neu zu hinterfragen und die dabei aufgetretenen Schwierigkeiten jeweils angemessen zu lösen. Das bewegungsbezogene Aufspüren der verschiedenen motorischen Widerständigkeiten erinnert an die fruchtbaren Gespräche bzw. an die sogenannte sokratische Methode, die aus der Wagenscheindidaktik bekannt ist. Diese Hebammenkunst zielt in ihrer sport- und bewegungsbezogenen Variante auf das Vordringen zum Kern der jeweiligen Sachlage bzw. zum zentralen Bewegungslernproblem. Und da auch dieses Problem nicht *an sich* gegeben ist, sondern sich in Abhängigkeit zur Bewegungserfahrung der Lernenden immer spezieller darstellt, erfordert das sogenannte problemorientierte Unterrichten eine ausgewiesene Lehrkunst, die dem Lehrer bzw. dem Unterrichtsgeschehen gewissermaßen Deutungsmaßstäbe an die Hand gibt und darüber hinaus auch *sagt*, wann es Zeit ist, mit dem Methodeninventar zu spielen und einfallsreiche Methodenwechsel auf den Weg zu bringen.

2.5 Ausblick

Wenn im Unterricht etwas besonders gut gelingt, dann liegt das immer auch an der Sache, die dort zum Thema gemacht wurde. So haben sich auch die Schüler in dem oben geschilderten Beispiel regelrecht in die Sachlage vertiefen können. Sie mussten nicht auf dem Stand einer bereits beherrschten Übung stehen bleiben, sondern fragten immer weiter nach, probierten neue Lösungen, aber auch Sackgassen aus und vertieften sich auf diese neugierige Weise immer weiter. Im geschilderten Fall dominierte hierbei eine vergleichsweise stark ausgeprägte Schülerorientierung. Der Lehrer steckte allerdings durch die Aufgabenstellung den Rahmen des Lernprozesses genau ab. In anderen Beispielen mag der Unterricht demgegenüber aber auch ohne die Aufgabenstellungen eines sachkundigen Erwachsenen gelingen: Die Sache zündelt dann möglicherweise von allein, entfacht bei den Kindern immer mehr Neugierde und – daran gekoppelt – einen regelrechten Einfallsreichtum, den wir in der Bewegungspädagogik mit Begriffen wie Bewegungslust, Bewegungsfreude oder Bewegungsphantasie beschreiben.

Das Fortschreiten solcher *Bewegungs-Bildungs-Prozesse* ist selbstverständlich nicht allein an das Hürdenlaufen oder Schwimmen gebunden, sondern scheint für jeden Inhalt möglich zu sein, denn man kann solche Bewegungssequenzen sowohl in Turnstunden als auch auf Spielplätzen oder an Halfpipes beobachten. Die Gelingensursachen des skizzierten Schwimmunterrichts liegen demnach weder im Befolgen eines bestimmten fachdidaktischen Modells, noch sind sie an die Auswahl ganz bestimmter Inhalte gebunden. Das Aufkeimen von Bewegungsinteresse und das daran gebundene Vertiefen in die sich als spannend und entdeckungswürdig erweisende Sachlage erinnert vielmehr an eine künstlerische Sphäre. Beispielsweise an gelungene Dramen, Kinofilme oder Theatervorführungen und das zugrunde liegende Können der verantwortlichen Regisseure und der übrigen beteiligten Akteure. Genauer gesagt, wie es ihnen gelingt, einen bestimmten Stoff (z.B. *Goethes Faust*) in Szene zu setzen. Manche dieser literarischen Werke sind zigfach aufgeführt worden, und trotzdem unterscheiden sich die verschiedenen Inszenierungen voneinander und sprechen die Zuschauer unterschiedlich an. Sie unterscheiden sich also hinsichtlich ihrer Spannung und vermögen die Beteiligten in unterschiedlicher Art und Weise betroffen zu machen. Genau darauf kommt es auch im gekonnt inszenierten Sportunterricht an: auf das Herstellen von Betroffenheit und auf das Aufzeigen von Wegen, die dabei helfen, dass nicht nur Begegnungen zwischen den Schülern und der Sache lanciert werden, sondern dass sich die Lernenden in die Sachlage regelrecht verwickeln.

E. Literaturverzeichnis

A

ACH, J. & POLLMANN, A. (Hrsg.) (2006). *no body is perfect. Baumaßnahmen am menschlichen Körper – Bioethische und ästhetische Aufrisse.* Bielefeld: Transkript.

ACHTERGARDE, F. (2007). *Selbstständiges Arbeiten im Sportunterricht. Ein Sportmethodenhandbuch.* Aachen: Meyer & Meyer.

ADDEN, W. (1977). Problemorientierter Sportunterricht. *Die Grundschule,* 9 (10), 463 – 465.

ADDEN, W.; LEIST, K.H. & PETERSEN, U. (1978). Problemlösendes Lernen im Sport. *Zeitschrift für Sportpädagogik,* 2 (1), 16 – 31.

ADLER, K.; ERDTEL, M. & HUMMEL, A. (2006). Belastungszeit und Belastungsintensität als Kriterien der Qualität im Sportunterricht? *Sportunterricht,* 55 (2), 45 – 49.

ALBA, R. (1990). *Ethnic Identity: The Transformation of White America.* New Haven: Yale University Press.

ANDERS, W. (2003). „Ich habe mehr Kraft als ich dachte …". *Sportpädagogik,* 27 (3), 24 – 29.

ANDERS, W. & BEUDELS, W. (2003). Ringen und Raufen. *Sportpädagogik,* 27 (3), 4 – 9.

ANDREE, A. (2003). Kämpfen lernen. *Sportpraxis,* Themenheft *Kämpfen und Spielen,* 44, 22 – 26.

ASCHEBROCK, H. (2001). Neue Richtlinien und Lehrpläne – Chancen für eine schulpädagogische Offensive des Schulsport. In H. ALTENBERGER, S. HECHT, V. OESTERHELT, M. SCHOLZ & M. WEITL (Hrsg.), *Im Sport lernen- mit Sport leben* (S. 53 – 62). Augsburg: Ziel.

ASCHERSLEBEN, K. (1991). *Einführung in die Unterrichtsmethodik.* Stuttgart, Berlin & Köln: Kohlhammer.

ASMUS, S.; GÖRGNER, D. & MERWAR, S. (1998). American Football und Baseball – Spiele in der Schule? *Sportunterricht,* 47 (3), 85 – 92.

B

BACH, I. & SIEKMANN, H. (Hrsg.) (2003). *Bewegung im Dialog.* Festschrift für Andreas H. Trebels. Band 134 Sportwissenschaft und Sportpraxis. Hamburg: Czwalina.

BALDUS, H. (1985). Illusion und Kontrast. *Sportpädagogik,* 10 (4), 26 – 29.

BALZ, E. (2001). Trendsport in der Schule. *Sportpädagogik,* 25 (6), 2 – 8.

BALZ, E. (2000). Sport oder Bewegung - eine Frage der Etikettierung? *dvs-Informationen,* 15 (4), 8 – 12.

BALZ, E. (1995). Inhaltsauswahl im Schulsport. In F. BORKENHAGEN & K.-H. SCHERLER (Hrsg.), *Inhalte und Themen des Schulsport* (S. 35 – 46). St. Augustin: Academia.

BALZ, E. (1992). Trendsport in der Schule. *Sportpädagogik,* 16 (6), 2 – 8.

BALZ, E.; BRINKHOFF, K.-P & WEGNER, U. (1994). Neue Sportarten in die Schule! *Sportpädagogik,* 18 (2), 17 – 24.

BALZ, E.; BRODTMANN, D.; DIETRICH, K.; FUNKE-WIENECKE, J.; R.; KLUPSCH-SAHLMANN, R.; KUGELMANN, C.; MEITHLING, W.-D. & TREBELS, A. (1997). Schulsport - wohin? Sportpädagogische Grundfragen. *Sportpädagogik,* 22 (1), 14 – 28.

BANNMÜLLER, E. (2003). Die Bedeutung der Mimesis in der Bewegungserziehung zur Fundierung der Ästhetischen Erziehung. In E. FRANKE & E. BANNMÜLLER (Hrsg.), *Ästhetische Bildung* (S. 110 – 118). Butzbach-Griedel: Afra.

BANNMÜLLER, E. (1979). *Neuorientierung der Bewegungserziehung in der Grundschule.* Stuttgart: Klett.

BANNMÜLLER, E. (1977). Schritte zu einem offenen Bewegungskonzept für die Grundschule. *Sportwissenschaft,* 7 (4), 374 – 385.

BANNMÜLLER, E. & RÖTHIG, P. (Hrsg.) (1990). *Grundlagen und Perspektiven ästhetischer und rhythmischer Bewegungserziehung* (S. 99 – 117). Stuttgart: Klett.

BARTEL, W. (1991). Frisbee – eine Sportart auch für die Schule. *Körpererziehung,* 41 (4), 145 – 153.

BASCHTA, M (2006). Wie man den Baserunner out macht. Mit wenigen Regeländerungen vom Brennball zum Baseball. *Sportpädagogik,* 30 (2), 14 – 17.

BASCHTA, M. & LANGE, H. (2007). Sich selbst trainieren können. Trainingspädagogische Argumente zum Trainieren im Schulsport. *Sportunterricht,* 56 (9), 266 – 272.

BAUER, D. (1983). Wie Wissenschaft Bewegungserfahrung herstellen kann. *Sportpädagogik.* Sonderheft *Annäherungen, Versuche, Betrachtungen: Bewegung zwischen Erfahrung und Erkenntnis,* 7, 32 – 37.

BAUR-FETTAH, Y. (2003). Im Wasser kämpfen?! *Sportpraxis,* Sonderheft *Kämpfen und Spielen,* 44, 33 – 35.

BECHHEIM, Y. (2006). *Erfolgreiche Kooperationsspiele: Soziales Lernen durch Spiel und Sport.* Wiebelsheim: Limpert.

BECKER, P. (2005). Das Abenteuer als eine Kategorie von Bildung. In BIETZ, J., LAGING, R. & ROSCHER, M., *Bildungstheoretische Grundlagen der Bewegungs- und Sportpädagogik. Band 2 der Reihe Bewegungspädagogik.* (S. 227 – 250). Baltmannsweiler: Schneider.

BECKER, P. (2003). Die Neugier des Odysseus und ihre Folgen. Abenteuerliche Bewegungspraktiken als bildungsrelevanter spielerischer Umgang mit Krise und Routine. *Sportwissenschaft,* 33 (1), 116 – 121.

BECKER, P. (2001). Erlebnis und Abenteuer. *Sportwissenschaft,* 32 (1), 3 – 16.

BECKER, P. & FRITSCH, U. (1998). *Schule und Sportverein: Zur Neuorientierung des Sportverständnisses für die Anforderungen der heutigen Zeit.* Frankfurt/ Main: Sportjugend Hessen.

BECKERS, E. (2003). Der übergangene Körper. Der Beitrag des Sports zum Bildungsprozess. In W. Schwarzkopf (Hrsg.), *Jenseits von Pisa: Welche Bildung braucht der Mensch?* (S. 113 – 124). Künzelsau: Swiridoff.

BECKERS, E. (2000a). Grundlagen eines erziehenden Sportunterrichts. In Landesinstitut für Schule und Weiterbildung (Hrsg.), *Erziehender Schulsport. Pädagogische Grundlagen der Curriculumrevision in Nordrhein-Westfalen* (S. 86 – 97).

BECKERS, E. (2000b). Pädagogische Grundlegung für den Schulsport 2000 – Impulse für die Veränderung der ersten Phase der Sportlehrerausbildung in Nordrhein-Westfalen. In E. BECKERS, J. HERCHER & N. NEUBER (Hrsg.), *Schulsport auf neuen Wegen. Herausforderungen für die Sportlehrerausbildung* (S. 22 – 35). Butzbach-Griedel: Afra.

BECKERS, E. (1997). Über das Bildungspotenzial des Sportunterrichts. In E. BALZ & P. NEUMANN (Hrsg.), *Wie pädagogisch soll der Schulsport sein?* (S. 15 – 31). Schorndorf: Hofmann.

BENJAMIN, W. (1991). Der Erzähler. In W. BENJAMIN (Hrsg.) *Gesammelte Schriften.* Band II. (S. 438 – 465). Frankfurt: Suhrkamp.

BERNSTEIN, N.A. (1988[2]). *Bewegungsphysiologie.* Leipzig: Johann Ambrosius Barth.

BEUDELS, W. & ANDERS, W. (2003). Ringen und Raufen. *Sportpädagogik,* 27 (3), 4 – 9.

BEUDELS, W. & ANDERS, W. (2001). *Wo rohe Kräfte sinnvoll walten. Handbuch zum Ringen, Rangeln und Raufen in Pädagogik und Therapie.* Dortmund: Borgmann.

BIELEFELD, J. (Hrsg.) (1991a). *Körpererfahrung: Grundlage menschlichen Bewegungsverhaltens.* Göttingen u.a.: Verlag für Psychologie Hogrefe.

BIELEFELD, J. (1991b). Zur Begrifflichkeit und Strukturierung der Auseinandersetzung mit dem eigenen Körper. In J. BIELFELD (Hrsg.), *Körpererfahrung. Grundlagen menschlichen Bewegungsverhaltens* (S. 3 – 33). Göttingen u.a.: Hogrefe.

BIELIGK, M. (2008). *Erlebnissport in der Halle. Erfolgreiche Spiele und Übungen mit einfachem Gerät.* Wiebelsheim: Limpert.

BIETZ, J. (2005). Bewegung und Bildung – Eine anthropologische Betrachtung in pädagogischer Absicht. In BIETZ, J., LAGING, R. & ROSCHER, M. (Hrsg.), *Bildungstheoretische Grundlagen der Bewegungs- und Sportpädagogik.* Band 2 der Reihe Bewegungspädagogik. (S. 83 – 122). Baltmannsweiler: Schneider.

BIETZ, J. (2002). *Bewegungsvorstellung und Blindheit - Eine repräsentationstheoretische und symboltheoretische Grundlegung.* Schorndorf: Hofmann.

BIETZ, J. (2001). Handball spielen entwickeln, Ein genetisches Vermittlungskonzept. *Sportpädagogik,* 25 (4), 15 – 17.

BIETZ, J.; LAGING, R. & ROSCHER, M. (Hrsg.) (2005). *Bildungstheoretische Grundlagen der Bewegungs- und Sportpädagogik.* Band 2 der Reihe Bewegungspädagogik Baltmannsweiler: Schneider.

BILSTEIN, J. (2004). Bildung: Über einen altehrwürdigen Grundbegriff und seinen anhaltenden Charme. *Bildung und Erziehung,* 57 (4), 415 – 431.

BISCHOF, M. & ROLLINGER, S. (1985). Tanzen – mit Trends umgehen. *Sportpädagogik,* 10 (4), 6 – 15.

BITTMANN, F.; GUTSCHOW, S.; LUTHER, S.; WESSEL, N. & KURTHS, J. (2005). Über den funktionellen Zusammenhang zwischen posturaler Balanceregulierung und schulischen Leistungen. *Deutsche Zeitschrift für Sportmedizin,* 56 (10), 348 – 352.

BOCK, I. (2001). Pädagogische Anthropologie. In L. ROTH (Hrsg.), *Pädagogik. Handbuch für Studium und Praxis* (S. 112 – 122). München: Oldenbourg.

BOCKRATH, F. (2006). Trends in der Sportvermittlung – Vorbemerkungen über pädagogische Aufgaben und außerpädagogische Ansprüche. In F. BOCKRATH (Hrsg.), *Trends in der Sportvermittlung. 20. Darmstädter Sport-Forum* (S. 7 – 12). Darmstadt: Eigenverlag.

BÖHME, G. & POTYKA, K. K. (1995). *Erfahrung in Wissenschaft und Alltag: eine analytische Studie über Begriff, Gehalt und Bedeutung eines lebensbegleitenden Phänomens.* Idstein: Schulz-Kirchner.

BÖHNKE, J. (2000). *Abenteuer- und Erlebnissport. Ein Handbuch für Schule, Verein und Jugendsozialarbeit.* Münster: LIT.

BÖNSCH, M. (2006). *Allgemeine Didaktik: Ein Handbuch zur Wissenschaft vom Unterricht.* Stuttgart: Kohlhammer.

BÖNSCH, M. (2004a). Entdeckendes Lernen. In R.W. KECK, U. SANDFUCHS & B. FEIGE (Hrsg.), *Wörterbuch Schulpädagogik.* Bad Heilbrunn: Klinkhardt.

BÖNSCH, M. (2004b). Problemorientierter Unterricht. In R.W. KECK, U. SANDFUCHS & B. FEIGE (Hrsg.), *Wörterbuch Schulpädagogik.* Bad Heilbrunn: Klinkhardt.

BÖS, K. (Hrsg.) (2001^2). *Handbuch Motorische Tests. Sportmotorische Tests, motorische Funktionstests, Fragebogen zur körperlich-sportlichen Aktivität und sportpsychologische Diagnoseverfahren.* Göttingen u.a.: Hogrefe.

BÖS, K. (1999). Kinder und Jugendliche brauchen Sport! In K. BÖS & N. SCHOTT (Hrsg.), *Kinder brauchen Bewegung* (S. 29 – 47). Hamburg: Czwalina.

BÖS, K.; OPPER, E. & WOLL, A. (2002). Fitness in der Grundschule – ausgewählte Ergebnisse. *Haltung und Bewegung,* 22 (4), 5 – 20.

BÖS, K. & TITTLBACH, S. (2002). Sportmotorische Tests. Themenheft der Zeitschrift. *Sportpraxis* 43. Wiebelsheim: Limpert.

BÖTTCHER, H. (1997). *Rope Skipping – Spring dich fit.* Aachen: Meyer & Meyer.

BOLLNOW, O. F. (1974). Was ist Erfahrung? In R. VENTE (Hrsg.), *Erfahrung und Erfahrungswissenschaft* (S. 19 – 29). Stuttgart: Kohlhammer.

BOLLNOW, O. F. (1968). Der Erfahrungsbegriff in der Pädagogik. *Zeitschrift für Pädagogik,* 14 (3), 221 – 252.

BOLZ, N. & BOSSHART, D. (1995). *Kult-Marketing. Die neuen Götter des Markte.* Düsseldorf: Econ.

BONDZIO, J. (2002). *Zur didaktischen Begründung von Baseball als Sportspiel für die Schule.* Schriftliche Hausarbeit zur Ersten Staatsprüfung für das Lehramt für die Sekundarstufe I/II. Universität Münster.

BORCHERDING, A.; GIESE M. & GOTTSCHALK, F. (2007). Sehgeschädigte Schüler lernen rudern und paddeln. *Sportpädagogik,* 31 (3), 18 – 23.

BORDEN, I. (2001). *Skateboarding, Space and the City.* New York: Berg.

BREHM, W. (1993). Fitness aus pädagogischer Sicht. In DEUTSCHE GESELLSCHAFT FÜR FREIZEIT (Hrsg.), *Fitness – Heute. Standortbestimmungen aus Wissenschaft und Praxis.* (S. 23 – 31). Erkrath: Deutsche Gesellschaft für Freizeit.

BREHM, W. (1991). Fitnessförderung und Fitnesserziehung. Absichten und Methoden. *Sportunterricht,* 40 (3), 85 – 95.

BRETTSCHNEIDER, W.D. (2006). Zahlen statt Mythen – Aber wie interpretiert man die Daten zum Gesundheitsstatus unserer Kinder und was bedeuten sie für den Schulsport? *Sportunterricht,* 55 (11), 321.

BRETTSCHNEIDER, W.D. & BRANDL-BREDENBECK, H. P. (1997). *Sportkultur und jugendliches Selbstkonzept. Eine interkulturell vergleichende Studie über Deutschland und die USA.* Weinheim: Juventa.

BRODTMANN, D. (1999). Fitness erhalten und fördern – ein vorrangiger Auftrag des Schulsports. In H.J. SCHALLER, G. STIBBE & L. KOTTMANN (Hrsg.), *Sportpädagogik zwischen Kontinuität und Innovation* (S. 119 – 129). Schorndorf: Hofmann.

BRODTMANN, D. & LANDAU, G. (1982). An Problemen lernen. *Sportpädagogik,* 6 (3), 16 – 22.

BROSCHKOWSKI, M.& SCHNEIDER, T. (2005). "Fußlümmelei": als Fußball noch ein Spiel war. Berlin: Transit.

BRUMLIK, M. (Hrsg.) (2007). Vom Missbrauch der Disziplin: Antworten der Wissenschaft auf Bernhard Bueb. Weinheim/ Basel: Beltz.

BRUNER, J.S. (1981). Der Akt der Entdeckung. In H. NEBER (Hrsg.), Entdeckendes Lernen (S. 15 – 44). Weinheim/ Basel: Beltz.

BRUNER, J.S. (1961). The act of discovery. Harvard Educational Review, 61, 21 – 32.

BUCK, G. (1989). Lernen und Erfahrung - Epagogik. Darmstadt: Wissenschaftliche Buchgesellschaft.

BUEB, B. (2006). Lob der Disziplin: Eine Streitschrift. Berlin: List.

BUYTENDIJK, F.J.J. (1956). Allgemeine Theorie der menschlichen Haltung und Bewegung. Berlin, Göttingen, Heidelberg: Springer.

BUYTENDIJK, F.J.J. (1933). Wesen und Sinn des Spiels. Das Spielen des Menschen und der Tiere als Erscheinungsform der Lebenstriebe. Berlin: Wolff.

C

CAPOEIRA, N. (2001). Capoeira. Kampfkunst und Tanz aus Brasilien. Berlin: Weinmann.

CASPARY, R. (Hrsg.) (2008^4). Lernen und Gehirn. Der Weg zu einer neuen Pädagogik. Freiburg: Herder.

CHRISTIAN, P. (1963). Vom Wertbewußtsein im Tun. In F.J.J BUYTENDIJK, P. CHRISTIAN & H. PLÜGGE. Über die menschliche Bewegung als Einheit von Natur und Geist (S. 19 – 44). Schorndorf: Hofmann.

CONZELMANN, A. & GABLER, H. (2005). Sportspiele aus sportpsychologischer Sicht. In A. HOHMANN, M. KOLB & K. ROTH (Hrsg.), Handbuch Sportspiel (S. 84 – 98). Schorndorf: Hofmann.

D

DA SILVEIRA MACEDO, S. & NIERHOFF, A. (2003). Capoeira – zwischen Kampf und Spiel. Sportpraxis, Sonderheft Kämpfen und Spielen, 44, 46 – 50.

DAUGS, R. (1994). Motorische Kontrolle als Informationsverarbeitung. Vom Auf- und Niedergang eines Paradigmas. In P. BLASER, K. WITTE & C. STUCKE (Hrsg.), Steuer- und Regelvorgänge der menschlichen Motorik (S. 13 – 38). St. Augustin: Academia.

DEFOE, D. (1981). Robinson Crusoe. München: Fink.

DEWALD, P (2005). Baseball als heiliges Symbol. Über die rituelle Inszenierung amerikanischer Besonderheit. Aachen: Meyer & Meyer.

DEWEY, J. (2000). Demokratie und Erziehung: Eine Einleitung in die philosophische Pädagogik. Weinheim u.a.: Beltz.

DEWEY, J. (1993). Demokratie und Erziehung. Weinheim: Beltz.

DEWEY, J. (1985/1910). The Middle Works 1899 – 1924. Vol. 6: How We Think and Selected Essays. Ed. by J.A. Boydston. Carbondale/ Edwardsville.

DEWEY, J. (1964^3). Demokratie und Erziehung. Eine Einleitung in die philosophische Pädagogik. Braunschweig u.a.: Westermann.

DIECKMANN, B. (1994a). *Der Erfahrungsbegriff in der Pädagogik*. Weinheim: Dt. Studien-Verlag.

DIECKMANN, B. (1994b). Erfahrung und Lernen. In C. WULF (Hrsg.), *Einführung in die pädagogische Anthropologie* (S. 98 – 114). Weinheim u.a.: Beltz.

DIEM, L. (1977). Sport und Sportunterricht im Elementar und Primarbereich. *Sportwissenschaft*, 7 (1), 26 – 41.

DIEM, L. & KIRSCH, A. (1975). *Lernziele und Lernprozesse im Sport der Grundschule*. Frankfurt/ Main: Limpert.

DIETRICH, C. & MÜLLER, H.P. (2000). *Bildung und Emanzipation. Klaus Mollenhauer weiterdenken*. Weinheim und München: Juventa.

DIETRICH, K. (2005). *Schulhofgestaltung an Ganztagsschulen: ein Leitfaden*. Schwalbach/Taunus: Wochenschau-Verlag.

DIETRICH, K. (2003). Anmerkungen zum Dialogischen Bewegungskonzept als Grundlage einer pädagogischen Bewegungsforschung. In I. BACH & H. SIEKMANN (Hrsg.), *Bewegung im Dialog* (S. 11 – 23). Hamburg: Czwalina.

DIETRICH, K. (2001). *Spiel und Bewegungsräume im Leben der Stadt: Sozial- und erziehungswissenschaftliche Untersuchungen und Projekte*. Butzbach-Griedel: Afra.

DIETRICH, K (1998). Spielräume zum Aufwachsen. *Sportpädagogik*, 22 (6), 14 – 25.

DIETRICH, K. & LANDAU, G. (1999). *Sportpädagogik. Grundlagen – Positionen – Tendenzen*. Butzbach-Griedel: Afra.

DIETRICH, K. & MÖGLING, K. (Hrsg.) (2001). *Spiel und Bewegungsräume im Leben der Stadt. Sozial- und erziehungswissenschaftliche Untersuchungen und Projekte*. Butzbach-Griedel: Afra.

DIGEL, H. (2007). 10 Fragen an die Sportdidaktik. *Sportunterricht*, 56 (7), 204 – 208.

DITTMAR, W. (1996). The life and strange surprizing adventures of Robinson Crusoe. In W. JENS (Hrsg.), *Kindlers neues Literaturlexikon. Studienausgabe*, 21 Bände, Band 4 (S. 481 – 484). München: Kindler.

DÖHRING, V. (2007). Wir sitzen alle im selben Boot! *Sportpädagogik*, 31 (3), 10-13

DÖHRING, V. (2004). *Offener Sportunterricht: Konzepte, Defizite, Perspektiven*. Butzbach: Afra.

DÖRPINGHAUS, A.; POENITSCH, A., & WIGGER, L. (2006). *Einführung in die Theorie der Bildung*. Darmstadt: Wissenschaftliche Buchgesellschaft.

DREXEL, G. (2003). Anthropologie, Menschenbilder und Paradigmen in der Sportwissenschaft – zu den Grenzen der Einheit unseres Fachs. In M. KRÜGER (Hrsg.), *Menschenbilder im Sport* (S. 296 – 328). Schorndorf: Hofmann.

DUNCKER, L. (1992). Kulturfragen der Schulpädagogik. Anstöße zur Überwindung des schultheoretischen Funktionalismus. *Neue Sammlung*, 32 (1), 17 – 33.

DUNCKER, L. (1987). *Erfahrungen und Methode: Studien zur dialektischen Begründung einer Didaktik der Schule*. Langenau-Ulm: Vaas.

DUNCKER, L.; SCHEUNPFLUG, A. & SCHULTHEIS, K. (2004). *Schulkindheit. Anthropologie des Lernens im Schulalter*. Stuttgart: Kohlhammer.

DURLACH, F. J. (1998^2). *Erlebniswelt Wasser. Spielen Gestalten Schwimmen*. Schorndorf: Hofmann.

DZIKUS, L. & BRANDT, T. (2006). Turnen, Tanz und Akrobatik neu verpackt. Cheerleading im Sportunterricht. *Sportpädagogik*, 30 (2), 36 – 40.

E

EHNI, H. (2002). Erziehen – Qualifizieren – Bilden. Herausforderungen sportpädagogischer Forschung und Theoriebildung. In G. FRIEDRICH (Hrsg.), *Sportpädagogische Forschung* (S. 13 – 30). Hamburg: Czwalina.

EHNI, H. (1998). Den Skatern auf der Spur. In J. SCHWIER (Hrsg.). *Jugend – Sport –Kultur. Zeichen und Codes jugendlicher Sportszenen* (S. 109 – 123). Hamburg: Czwalina.

EHRENSPECK, Y. (2002). Philosophische Bildungsforschung: Bildungstheorie. In R. TIPPELT (Hrsg.), *Handbuch Bildungsforschung* (S. 141 – 154). Opladen: Leske + Budrich.

EICHBERG, H. & HANSEN, J. (Hrsg.) (1996). *Bewegungsräume. Körperanthropologische Beiträge*. Butzbach-Griedel: Afra.

ELFLEIN, P. (2007³). *Sportpädagogik und Sportdidaktik*. Baltmannsweiler: Schneider.

ELIAS, N. & SCOTSON, J. L. (1990). *Etablierte und Außenseiter*. Frankfurt: Suhrkamp.

F

FETZ, F. (1987). Allgemeines motorisches Gleichgewicht in verschiedenen Sportarten. *Sportpraxis*, 28 (4), 35 – 37.

FETZ, F. (1986). Sensomotorisches Gleichgewicht – Erscheinungsformen und Tests. 1. Teil. *Leibesübungen Leibeserziehung*, 40 (5), 107 – 115.

FETZ, F. (1979). *Allgemeine Methodik der Leibesübungen*. Bad Homburg: Limpert.

FIKUS, M. (2001). Bewegungskonzeptionen in der Sportwissenschaft. In V. SCHÜRMANN (Hrsg.), *Menschliche Körper in Bewegung* (S. 87 – 103). Frankfurt am Main: Campus.

FIKUS, M. & SCHÜRMANN, V. (2004). *Die Sprache der Bewegung. Sportwissenschaft als Kulturwissenschaft*. Bielefeld: Transcript.

FLECHSIG, K.-H. (2001). Interkulturelle Didaktik. In L. Roth (Hrsg.), *Pädagogik: Handbuch für Studium und Praxis* (S. 1207 – 1215). München: Oldenbourg.

FLEISCHLE-BRAUN, C. (1998). *Entwicklung und Evaluation eines neuen Programmangebots im Bereich des Eltern-Kind-Tanzens in Sportvereinen. Ein Projekt des Tanzsportverbandes Baden-Württemberg in Zusammenarbeit mit dem Institut für Sportwissenschaft der Universität Stuttgart*. Stuttgart: Manuskript.

FLITNER, A. (1998¹¹). *Spielen-Lernen. Praxis und Deutung des Kinderspiels*. München: Piper.

FLUEGELMAN, A. & TEMBECK, S. (1982). *Die neuen Spiele*. Band 2. Soyen: Ahorn.

FLUEGELMAN, A. & TEMBECK, S. (1979). *New games – die neuen Spiele*. Band 1. Soyen: Ahorn.

FOERSTER, H. VON (1985). Das Konstruieren einer Wirklichkeit. In P. WATZLAWICK (Hrsg.), *Die erfundene Wirklichkeit* (S. 39 – 60). München: Piper.

FOHRMANN, J. (1981). *Abenteuer und Bürgertum. Zur Geschichte der deutschen Robinsonaden im 18. Jahrhundert*. Stuttgart: Metzler.

FRANKE, E. (2006). Erfahrung von Differenz - Grundlage reflexiver Leiberfahrung. In R. GUGUTZER (Hrsg.), *Body Turn: Perspektiven der Soziologie des Körpers und des Sports* (S. 187 – 208). Bielefeld: Transcript.

FRANKE, E. (2003). Ästhetische Erfahrung im Sport - ein Bildungsprozess? In E. FRANKE & E. BANNMÜLLER (Hrsg.), *Ästhetische Bildung* (S. 17 – 37). Butzbach-Griedel: Afra.

FRANKE, E. (1998). Bildung - Semiotik - Ästhetische Erfahrung. Stichworte auf dem Weg zu einer neuen Legitimation sportpädagogischen Handelns. In J. SCHWIER (Hrsg.), *Jugend - Sport - Kultur: Zeichen und Codes jugendlicher Sportszenen;* dvs-Tagung vom 9.-10.10.1997 in Jena (S. 45 – 62). Hamburg: Czwalina.

FRANKFURTER ARBEITSGRUPPE (1982/1994). *Offener Sportunterricht – analysieren und planen.* Reinbek: Rowohlt.

FRITSCH, U. (1990). Tanz „stellt nicht dar, sondern macht wirklich". Ästhetische Erziehung als Ausbildung tänzerischer Sprachfähigkeit. In E. BANNMÜLLER & P. RÖTHIG (Hrsg.), *Grundlagen und Perspektiven ästhetischer und rhythmischer Bewegungserziehung* (S. 99 – 117). Stuttgart: Klett.

FRITSCH, U. (1985). *Tanzen. Ausdruck und Gestaltung.* Reinbek: Rowohlt.

FRITSCH, U. & MARAUN, H. (1992). Über die Behinderung von Lernen durch Lehrhilfen. *Sportunterricht,* 41 (1), 36 – 43.

FRÖBEL, F. (1982). *Ausgewählte Schriften,* Band 3. Hrsg. v. H. Heiland. Stuttgart: Klett – Cotta.

FUNKE, J. (1989). Die Bedeutung der Sportpädagogik für die Sportpraxis. *Sportpädagogik,* 16 (6), 7 – 12.

FUNKE, J. (1983). *Sportunterricht als Körpererfahrung.* Reinbek: Rowohlt.

FUNKE, J. (1980). Körpererfahrung. *Sportpädagogik,* 4 (3), 13 – 20.

FUNKE, J. (1975). Alter Sport in neuen Schulen? Überlegungen und Thesen zu den Lernzielen der körperlichen Erziehung in Gesamtschulen *Sportwissenschaft,* 5 (3 + 4), 298 – 312.

FUNKE-WIENECKE, J. (2004). *Bewegungs- und Sportpädagogik. Wissenschaftstheoretische Grundlagen – zentrale Ansätze – entwicklungspädagogische Konzeption.* Baltmannsweiler: Schneider.

FUNKE-WIENEKE, J. (2000). Von der Sportpädagogik zur Bewegungspädagogik. *dvs-Informationen,* 15 (4), 13 – 14.

FUNKE-WIENEKE, J. (1997). Am skeptischen Wesen soll die Sportpädagogik genesen. Zu J. Thieles Beitrag in: „Spectrum der Sportwissenschaften" 9 (1997) (1). *Spectrum der Sportwissenschaften,* 9 (2), 87 – 92.

FUNKE-WIENEKE, J. (1991). Körper- und Bewegungserfahrungen als Grundkategorien bewegungs- und sportpädagogischen Handelns. In S. REDL, R. SOBOTKA & A. RUSS (Hrsg.), *Theorie und Praxis der Leibesübungen* (S. 108 – 117). Wien: Österreichischer Bundesverlag.

FUNKE-WIENEKE, J. & MOEGLING, K. (Hrsg.) (2001). *Stadt und Bewegung. Knut Dietrich zur Emeritierung gewidmet.* Kassel: Prolog.

G

GADAMER, H. (1960/ 1965^2). *Wahrheit und Methode. Grundzüge einer philosophischen Hermeneutik.* Tübingen: Mohr.

GASSE, M. & WESTPHAL, G. (2001). Volley-ball-spielen vermitteln. In W. GÜNZEL, & R. LAGING (Hrsg.): *Neues Taschenbuch des Sportunterricht* Band 2. *Didaktische Konzepte und Unterrichtspraxis* (S. 129 – 147), Baltmannsweiler: Schneider.

GASSEN, H. G. (2008). *Das Gehirn*. Darmstadt: Wissenschaftliche Buchgesellschaft.

GAUDIG, H. (1922). *Die Schule im Dienste der werdenden Persönlichkeit*. Leipzig: Quelle & Meyer.

GEBHARD, U. (1971). *Didaktik des Sportunterrichts in der Grundschule*. München: Don-Bosco.

GERHARD, V. & LÄMMER, M. (1993). Fairness und Fair Play. Einleitung. In. V. GERHARD & M. LÄMMER (Hrsg.), *Fairneß und Fair Play. Eine Ringvorlesung an der Deutschen Sporthochschule Köln* (S. 1 – 4). Sankt Augustin: Academia.

GERKEN, G. (1993). *Trend-Zeit: Die Zukunft überrascht sich selbst*. Düsseldorf: Econ.

GERR, R.L.C. (1982). *Ringen - Raufen als psychomotorisches Bildungs- und Erziehungsmittel. Anleitung für den Unterricht in Vor-, Grund- und Behindertenschulen sowie in Sportvereinen*. Dortmund: modernes lernen.

GERR, R.L.C. (1980). Pädagogische und psychomotorische Aspekte des Ringens und Raufens in Vor- und Grundschule. *Motorik*, 3 (4), 158 – 165.

GEßMANN, R. (2004). Olympisches Menschenbild und schulische Sportdidaktik. In NATIONALES OLYMPISCHES KOMITEE FÜR DEUTSCHLAND (Hrsg.), *Olympische Erziehung - eine Herausforderung an Sportpädagogik und Schulsport*. (S. 131 – 153). St. Augustin: Academia.

GIESE, M. (2007). *Erfahrung als Bildungskategorie: Eine sportsemiotische Untersuchung in unterrichtspraktischer Absicht*. Aachen: Meyer & Meyer.

GIESS-STÜBER, P. (2003). Fremde und Fremdes erleben. *Sportpädagogik*, 27 (6), 4 – 8.

GILSDORG, R. & KISTNER, G. (1995). *Kooperative Abenteuerspiele Band 1: Eine Praxishilfe für Schule, Jugendarbeit und Erwachsenenbildung*. Seelze: Kallmeyer.

GISSEL, N. (2007). Von der neuen Theorie des Geistes zu einer neuen Pädagogik des Körpers? *Sportwissenschaft*, 37 (1), 3 – 18.

GISSEL, N. (2000). Sport oder Bewegung - Die Instrumentalisierung der Geschichte. *dvs-Informationen*, 15 (4), 15 – 16.

GLAZER, N. & MOYNIHAN, D.P. (1963). *Beyond the melting pot: The Negroes, Puerto Ricans, Jews, Italians, and Irish of New York City*, Cambridge, Mass.: Harvard University Press.

GLEASON, P. (1980). American Identity and Americanization. In S. THERNSTROM (Red.), *Harvard Encyclopedia of American Ethnic Groups* (S. 31 – 58). Cambridge, Mass: Harvard University Press.

GÖRGNER, D. (1998). Viele Wege führen zum Baseball – verschiedene Vermittlungskonzepte für Softball. *Sportunterricht*, 47 (3) 103 – 111.

GOETHE, J.W. (1999). *Meisterwerke. Band 7: Autobiographische Schriften. Tagebuch der italienischen Reise für Frau von Stein. Die italienische Reise (1. – 3. Teil). Über Italien. Italienische Reise*. Stuttgart: Mundus – Verlag.

GORDIJN, C.C.F.; BRINK, C. VAN DEN; MEERDINK, P.; TAMBOER, J.W. & VERMEER, A.. (1975). *Wat beweegt ons*. Baarn: Bosch & Keuning.

GORDIJN, C.C.F. (1968). *Inleiding tot het bewegingsonderwijs*. Baarn: Bosch & Keuning.

GÖSSLING, V. (2003). Judo der Behinderten. *Sportpraxis*, Sonderheft *Kämpfen und Spielen*, 44, 41 – 42.

GRÖBEN, B. (1995). Paradigmen des Bewegungslernens - Grenzen und Perspektiven. In R. Prohl & J. Seewald (Hrsg.), *Bewegung verstehen. Facetten und Perspektiven einer qualitativen Bewegungslehre* (S. 121 – 154). Schorndorf: Hofmann.

GRÖBEN, B. & PROHL, R. (2002). Theoretische Grundlagen des Einsatzes von Lehrmedien beim Erlernen sportlicher Bewegungen. In H. ALTENBERGER (Hrsg.), *Medien im Sport* (S. 85 – 212). Schorndorf: Hofmann.

GRÖßING, S. (1997/ 2007[9]). *Einführung in die Sportdidaktik. Lehren und Lernen im Sportunterricht*. Wiesbaden: Limpert.

GRÖßING, S. (1997). Bewegungskulturelle Bildung statt sportlicher Handlungsfähigkeit. In E. BALZ & P. NEUMANN (Hrsg.), Wie pädagogisch soll der Schulsport sein? (S. 33 – 45). Schorndorf: Hofmann.

GRÖßING, S. (1993). *Bewegungskultur und Bewegungserziehung*. Schorndorf: Hofmann.

GRUPE, O. (2003). Grundzüge und Themen einer sportbezogenen Anthropologie. In M. KRÜGER (Hrsg.), *Menschenbilder im Sport* (S. 20 – 37). Schorndorf: Hofmann.

GRUPE, O. (1985). Anthropologische Grundfragen der Sportpädagogik. In G. HECKER & H. DENK (Hrsg.), *Texte zur Sportpädagogik* Teil 2 (S. 35 – 61). Schorndorf: Hofmann.

GRUPE, O. (1984). *Grundlagen der Sportpädagogik: Körperlichkeit, Bewegung und Erfahrung im Sport*. Schorndorf: Hofmann.

GRUPE, O. (1982). *Bewegung, Spiel und Leistung im Sport. Grundthemen der Sportanthropologie*. Schorndorf: Hofmann

GRUPE, O. (1976). Was ist und was bedeutet Bewegung? In E. HAHN & W. PREISING (Hrsg.), *Die menschliche Bewegung. Human Movement* (S. 3 – 19). Schorndorf: Hofmann.

GRUSCHKA, A. (2002). *Didaktik. Das Kreuz mit der Vermittlung. Elf Einsprüche gegen den didaktischen Betrieb*. Wetzlar: Büchse der Pandorra.

GUGUTZER, R. (2004). *Soziologie des Körpers*. Bielefeld: Transkript.

GÜNTHER, A. (2004). *Fitnesstraining im Sportunterricht. Ziele, Inhalte, Methoden und Ergebnisse*. Hamburg: Kovac.

H

HABEL, J. (2002). Lehrmeister der Tanzkunst. 92 Jugendliche, darunter drei Jungen, tanzten fünf Stunden lang unter der Anleitung von Choreograf „Dee" in der Tanzschule Schell. *Fränkische Nachrichten* vom 04. Juli 2002.

HÄNSEL, F. (1999). Inline-Skating in der Schule zur Förderung der Sportpartizipation. In F. HÄNSEL, K. PFEIFER & A. WOLL (Hrsg.), *Lifetime-Sport Inline-Skating* (S. 171 – 177). Schorndorf: Hofmann.

HAMANN, B. (1998[3]). *Pädagogische Anthropologie: Theorien – Modelle – Strukturen. Eine Einführung*. Bad Heilbrunn: Klinkhardt.

HANEBUTH, O. (1961). *Der Rhythmus in den Leibesübungen*. Frankfurt: Limpert.

HARRISON, J. (2007). *Wenn Töne Farben haben. Synästhesie in Wissenschaft und Kunst*. Heidelberg: Spektrum Akademischer Verlag.

HECKMANN, G. (1981). *Das sokratische Gespräch. Erfahrungen in philosophischen Hochschulseminaren*. Hannover: Schroedel.

HEIDEGGER, M. (1986[16]). *Sein und Zeit*. Tübingen: Niemeyer.

HELMKE, A. (2003). *Unterrichtsqualität erfassen, bewerten, verbessern*. Seelze: Kallmeyer.

HENTIG, H. V. (2007[7]): *Bildung. Ein Essay*. Weinheim & Basel: Beltz.

HENTIG, H. V. (1999). Abstand vom Zeitgeist. Die Pädagogik prüft sich selbst: 25 Jahre Bielefelder Laborschule und Oberstufen-Kolleg - Ein aktueller Kommentar. *Frankfurter Rundschau* vom 10.09.1999.

HENTIG, H. V. (1993²). *„Humanisierung" Eine verschämte Rückkehr zur Pädagogik? Andere Wege zur Veränderung der Schule.* Stuttgart: Klett-Cotta.

HENTIG, H. V. (1990). Ein Ort, an dem Wagenschein würde lehren wollen. *Neue Sammlung,* 30 (1), 133 – 134.

HENTIG H. V. (1986). Laudatio auf den Empfänger des Preises der Henning-Kaufmann-Stiftung 1985, - Martin Wagenschein. *Neue Sammlung,* 26 (4), 448 – 449.

HENTIG, H. V. (1985). *Die Menschen stärken, die Sachen klären. Ein Plädoyer für die Wiederherstellung der Aufklärung.* Bibliographisch ergänzte Auflage 2003. Stuttgart: Reclam.

HENTIG, H. V. (1982). Die Rehabilitierung der Erfahrung in der Pädagogik. In H. V. HENTIG (Hrsg.), *Erkennen durch Handeln: Versuche über das Verhältnis von Pädagogik und Erziehungswissenschaft* (S. 11 – 25). Stuttgart: Klett-Cotta.

HENTIG, H. V. (1972). Lerngelegenheiten für den Sport. *Sportwissenschaft,* 2 (2), 239 – 257.

HERZOG, W. (1994). Gewalt als Herausforderung der Sportpädagogik. *Sporterziehung in der Schule,* 104 (1), 5 – 9.

HESSE, H. (Hrsg.) (1943/ 1994). *Das Glasperlenspiel: Versuch einer Lebensbeschreibung des Magister Ludi Josef Knecht samt Knechts hinterlassenen Schriften.* Frankfurt/ Main: Suhrkamp.

HEURSEN, G. (1997). *Ungewöhnliche Didaktiken.* Hamburg: Bergmann & Helbig.

HEYERDAHL, T. (2000¹⁶). *Kon-Tiki. Ein Floß treibt über den Pazifik. Aus dem Norwegischen von Karl Jettmar.* München: Ullstein.

HILDEBRANDT, R. (1996). Bewegungsraum Grundschule. Welche Spiel- und Bewegungsmöglichkeiten haben Schüler/innen in der Grundschule, wenn ihnen dafür Raum gegeben wird? *Sportunterricht,* 45 (12), 508 – 514.

HILDEBRANDT, R. (2007). Bildung und Leiblichkeit. Überlegungen für einen erweiterten Lernbegriff. *Sportpraxis,* 48 (1), 4 – 9.

HILDEBRANDT, R. (1993). Lebensweltorientierung – eine didaktische Kategorie für eine Bewegungserziehung in der Grundschule. In M. SCHIERZ (Hrsg.), *Kindheit und Jugend im Wandel - Konsequenzen für die Sportpädagogik?* (S. 177 – 193) St. Augustin: Academia.

HILDEBRANDT-STRAMANN, R. (2004). Räumliche Bedingungen für einen Sport- und Bewegungsunterricht in der Grundschule. Sportpraxis, 45 (5), 4 – 8.

HILDEBRANDT-STRAMANN, R. (1999). *Bewegte Schulkultur. Schulentwicklung in Bewegung.* Butzbach-Griedel: Afra.

HILDEBRANDT-STRAMANN, R. & STRAMANN, B. (2004). Nur nicht runterfallen! Balancieren an selbst gebauten Stationen. *Sportpädagogik,* 28 (2), 18 – 21.

HILDENBRANDT, E. (2005). Aspekte einer strukturalistischen Bildungstheorie der Bewegungs- und Sportpädagogik. In BIETZ, J., LAGING, R. & ROSCHER, M. (Hrsg.): *Bildungstheoretische Grundlagen der Bewegungs- und Sportpädagogik.* Band 2 der Reihe Bewegungspädagogik. (S. 202 – 212) Baltmannsweiler: Schneider.

HILDENBRANDT, E. (2000). Bildung als Ausformung von Kulturkompetenz. In H.G. SCHERER & J. BIETZ (Hrsg.), *Kultur – Sport – Bildung. Konzepte in Bewegung.* (S. 17 – 24). Hamburg: Czwalina.

HOCHMUTH, G. (1981⁴). *Biomechanik sportlicher Bewegungen*. Berlin: SVB Sportverlag.

HOETH, F. (1979). Variabilität und Konstanz als Phänomenologische Kategorien. *Gestalt Theory*, 1 (1), 19 – 25.

HOFMANN, A. (2006). Zwischen Ghettoblaster und Trillerpfeife. *Sportpädagogik*, 30 (2), 50 – 53.

HOFMANN, A. (2004). „«E Pluribus Unum»? Zur Rolle des Sports im amerikanischen Nationbuilding Prozess". *Sportwissenschaft*, 34 (1), 33 – 49.

HOFMANN, A. & SINNING, S. (2006). American Sports begreifen – kulturelle Aspekte und didaktische Zugänge. *Sportpädagogik*, 30 (2), 4 – 10.

HOFMANN, A. & VAN RUITEN, I. (2005). „Physical Education im amerikanischen Bildungssystem oder wie steht es um den amerikanischen Schulsport?" *Sportunterricht*, 54 (2), 41 – 46.

HOHMANN, A.; LAMES, M. & LETZELTER, M. (2007⁴). *Einführung in die Trainingswissenschaft*. Wiebelsheim: Limpert.

HORX, M. (2006). *Wie wir leben werden. Unsere Zukunft beginnt jetzt*. Frankfurt & New York: Campus.

HORX, M. (1997). Pro Trendforschung. *Forschung & Lehre*, 4 (12), 632.

HORX, M. (1993). *Trendbuch*. Düsseldorf: Econ.

HORX, M. (1991). *Das Wörterbuch der 90er Jahre. Ein Gesellschaftspanorama*. Hamburg: Hoffmann & Campe.

HOSSNER, E.-J. (1997). Der Rückschlagbaukasten: ein integratives Konzept für das Techniktraining. In B. HOFFMANN & P. KOCH (Hrsg.), *Integrative Aspekte in Theorie und Praxis der Rückschlagspiele*. Symposium der dvs-Kommission Tennis vom 20. - 22.09.1995 in Berlin. (S. 25 – 40). Hamburg: Czwalina.

HOTZ, A. (2000). Das Gleichgewicht als Bilanz der Balance – ein historisch-philosophischer Exkurs. In P. HIRTZ, A. HOTZ & G. LUDWIG, *Gleichgewicht* (S. 15 – 24). Schorndorf: Hofmann.

HOTZ, A. (1999). Rhythmus bestimmt Qualität und Effektivität von Bewegung und Technik. *Leichtathletiktraining*, 10 (2 + 3), 44 – 45.

HOTZ, A. (1997³a). *Qualitatives Bewegungslernen. Bewegungsspielräume erleben, erkennen und gestalten. 33 Kernbegriffe im lernpädagogisch-methodischen Spannungsfeld zwischen Orientierungssicherheit und Gestaltungsfreiheit*. Bern: Schweizer Verband für Sport in der Schule (SVSS) (1. Auflage: 1986).

HOTZ, A. (1997b). „Sportdidaktik" und „Bewegungslehre" - ein „Traumpaar"! *Sporterziehung in der Schule*, 107 (1), 12 – 14.

HOTZ, A. (1994). Vielseitigkeit hat viele Gesichter. *Leichtathletiktraining*, 5 (1 + 2), 3 – 7.

HUMMEL, A. (2005). Üben, Trainieren und Belasten – Elemente einer Neuorientierung des Sportunterrichts. Brennpunkt. *Sportunterricht*, 54 (12), 353.

HUMMEL, A. (2001). Nicht »nur« Sport treiben lernen …(?) oder die Gefahr überzogener sportpädagogischer Ansprüche. Brennpunkt. *Sportunterricht*, 50 (1), 1.

HUMMEL, A. (1997). Die körperlich-sportliche Grundlagenbildung – immer noch aktuell? In E. BALZ & P. NEUMANN (Hrsg.), *Wie pädagogisch soll der Schulsport sein?* (S. 47 – 62). Schorndorf: Hofmann.

HUMMEL, A. & KRÜGER, M. (2006). Qualitätskriterien und Bildungsstandards. *Sportunterricht*, 55 (2), 35.

J

JACKEL, B. & JACKEL, M. (2001). Atmosphäre schaffen. *Motorik*, 24 (4), 158 – 164.

JÄGER, J.M. (2003). Kampfspiele – Implikationen einer fernöstlichen Perspektive. *Sportpraxis*, Themenheft *Kämpfen und Spielen*, 44, 36 – 40.

JAKOB, M. (2003). *Erkennen durch Handeln. Möglichkeiten einer erfahrungsorientierten, praktischen Unterrichtslehre des Sport- und Bewegungsunterrichts.* Baltmannsweiler: Schneider.

JAKOB, M. (2000). Wenn sich Kinder und Regen ganz nah kommen. *Sportpädagogik*, 24 (4), 17 – 21.

JANALIK, H. (1997). Ju-Do – eine pädagogische Chance! Ein etwas anderes Konzept zur Vermittlung einer „Sportart". *Körpererziehung*, 47 (2), 60 – 68.

JANSSEN, I. (1999). Skater sind keine Vereinsmeier. *Olympische Jugend*, 44 (6 + 7), 4 – 7.

JOCH, W. & ÜCKERT, S. (1999). *Grundlagen des Trainierens*. Münster: Lit.

K

KAHL, R. & SPIEWAK, M. (2005). Nur bedingt wissenschaftlich. *Die Zeit* Nr. 11 vom 10. März 2005.

KAISER, H.-J. (1972). Erkenntnistheoretische Grundlagen pädagogischer Methodenbegriffe. In P. MENCK & G. THOMA (Hrsg.), *Unterrichtsmethode. Institution, Reflexion, Organisation* (S. 129 – 144). München: Kösel.

KALBFLEISCH, S., BAILEY, T. (1987). *Double Dutch Handbook*. Ancaster: Ceta Publishing

KANTANEVA, M. (2005). *Nordic Walking. Das Original*. Aachen: Meyer & Meyer.

KANTANEVA, M. & ROSE, V. (2005). Wie alles anfing – Die Entstehungsgeschichte des Nordic Walking. *Condition*, 36 (3), 62 – 63.

KAULITZ, B. (2005). Homo technologicus sportivus – der Mensch zwischen Technik und Sport. *Sportwissenschaft*, 35 (4), 415 – 427.

KAUPMANN, C. (2003). „Wie stark bin ich eigentlich?" *Sportpädagogik*, 27 (3), 15 – 17.

KEMPER, D. (2003). „So stark wie wir ..." *Sportpädagogik*, 27 (3), 30 – 33.

KERSCHENSTEINER, G. (1912) *Begriff der Arbeitsschule*. Leipzig: Teubner

KEY, E. (1905). *Das Jahrhundert des Kindes*. Berlin: Fischer.

KIPHARD, E. J. (1997). Verändertes Bewegungsverhalten als Symptom heutiger Kindheit. In R. ZIMMER (Hrsg.), *Bewegte Kindheit* (S. 48 – 62). Schorndorf: Hofmann.

KIPHARD, E. J. (1993). Ungewöhnliche Bewegungserlebnisse als Nervenkitzel und Abenteuer. Vestibuläre Reizsuche durch Fallen, Fliegen, Springen, Schleudern und Drehen. *Praxis der Psychomotorik*, 18 (1), 10 – 15.

KIPPER, J & SINNING, S. (2004). Sich dem Rhythmus beim Double Dutch stellen. Ein methodischer Weg vom Rope Skipping zum Double Dutch. *Sportpraxis*, 45 (4), 10 – 13.

KLAFKI, W. (1996[5]). *Neue Studien zur Bildungstheorie und Didaktik. Zeitgemäße Allgemeinbildung und kritisch-konstruktive Didaktik*. Weinheim & Basel: Beltz.

KLAFKI, W. (1994). Schlüsselprobleme als inhaltlicher Kern internationaler Erziehung. In N. SIEBERT & H. SERVE (Hrsg.), *Bildung und Erziehung an der Schwelle zum dritten Jahrtausend* (S. 136 – 161). München: Wittich.

KLAFKI, W. (1964). Das pädagogische Problem der Leistung und der Leibeserziehung. In ADL (Hrsg.), *Die Leistung* (S. 33 – 58). Schorndorf: Hofmann.

KLEIN, G. (2006). Hip-Hop: Popkultur und Lebensstil. *Sportpädagogik,* 30 (2), 48 – 49.

KLENK, E. (2003). *„Wie Kinder spielen – Deutungsversuche im Spannungsfeld zwischen Theorie und Empirie"* (unveröffentlichte Examensarbeit, Frankfurt am Main).

KLIPPERT, H. (2007). *Methoden-Training: Übungsbausteine für den Unterricht mit DVD zu Klipperts Unterrichtsreform.* Weinheim: Beltz.

KLOEN, J. (1986). Frisbee. *Sportpraxis,* 27 (2), 44 – 46.

KLUGE, F. (2002[24]). *Etymologisches Wörterbuch der deutschen Sprache.* Bearbeitet von E. Seebold. Berlin, New York: Walter De Gruyter.

KLUGE, N. (2003). *Anthropologie der Kindheit. Zugänge zu einem modernen Verständnis von Kindsein in pädagogischer Betrachtungsweise.* Bad Heilbrunn: Klinkhardt.

KNOSSALLA, C. (2003). „Wir geh'n uns kloppen!" *Sportpädagogik,* 27 (3), 18 – 20.

KNUTH, R.A. & CUNNINGHAM, D.J. (1993). Tools for constructivism. In T.M. DUFFY, J. LOWYCK, D.H. JONASSEN & T.M. WELSH (Hrsg.), *Designing environments for constructive learning* (S. 163 – 188). Berlin: Springer.

KOLB, M. (1996). Streetball als jugendkulturelle Bewegungsform. *Sportunterricht,* 45 (10), 412 - 422.

KOLLENBERG, S. (2003). Thai Bo – gegen imaginäre Gegner. *Sportpraxis,* Themenheft *Kämpfen und Spielen,* 44, 51 – 54.

KÖPPE, G. (2003). Zur Vielfalt der sportdidaktischen Perspektiven oder: Woran soll sich der Grundschulsport orientieren? In G. KÖPPE & J. SCHWIER (Hrsg.) (2003), *Handbuch Grundschulsport.* (S. 63 – 74). Baltmannsweiler: Schneider.

KÖPPE, G. (2001). Warum neue Sportarten in die Grundschule – Ist alles, was neu ist, pädagogisch verantwortbar? In G. KÖPPE & J. SCHWIER (Hrsg.), *Grundschulsport und Neue Sportarten* (S. 1 – 8). Baltmannsweiler: Schneider.

KÖPPE, G. & SCHWIER, J. (Hrsg.) (2003). *Handbuch Grundschulsport.* Baltmannsweiler: Schneider.

KÖPPE, G. & SCHWIER, J. (Hrsg.) (2001). *Grundschulsport und Neue Sportarten.* Baltmannsweiler: Schneider.

KORBI, M. (2003). Neue Tanz- und Stockkampfkunst. *Sportpraxis,* Themenheft *Kämpfen und Spielen,* 44, 43 – 45.

KREKOW & TAUPITZ, M. (1999). *Hiphop-Lexikon. Rap, Breakdance, Writing & Co.: Das Kompendium der Hiphop-Szene.* Berlin: Lexikon Imprint.

KRETSCHMER, J. (2003a). Beweismangel für Bewegungsmangel. Untersuchungen zur motorischen Leistungsfähigkeit von Grundschülern. Teil 1: Ergebnisse. *Sportpädagogik,* 27 (5), 64 – 67.

KRETSCHMER, J. (2003b). Beweismangel für Bewegungsmangel. Untersuchungen zur motorischen Leistungsfähigkeit von Grundschülern. Teil 2: Deutungen und Reaktionen. *Sportpädagogik,* 27 (6), 42 – 45.

KRETSCHMER, J. (1981). *Sport und Bewegungsunterricht* (S. 1 – 4). München: Urban und Schwarzenberg.

KRETSCHMER, J. & GIEWALD, C. (2001). Veränderte Kindheit – veränderter Schulsport? *Sportunterricht,* 50 (2), 36 – 42.

KRICK, F. & PROHL, R. (2005). Tendenzen der Lehrplanentwicklung - empirische Befunde einer Lehrplananalyse. *Sportunterricht,* 54 (8), 231 – 235.

KRÖGER, C. & ROTH, K. (1999). *Ballschule. Ein ABC für Spielanfänger.* Schorndorf: Hofmann.

KROHN, D.; NEIẞER, B. & WALTER, N. (Hrsg.) (1999). *Das Sokratische Gespräch. Möglichkeiten in philosophischer und pädagogischer Praxis.* Frankfurt am Main: dipa – Verlag.

KRÜGER, M. (2003). *Menschenbilder im Sport. Reihe Sportwissenschaft: Ansätze und Ergebnisse.* Schorndorf: Hofmann.

KRÜGER, M. (2001). „Transformation des Wir-Gefühls in Turnen und Sport – eine Einführung in das Tagungsthema". In M. KRÜGER (Hrsg.), *Transformationen des deutschen Sports seit 1939* (S. 9 – 22). Hamburg: Czwalina.

KRÜGER, M. & GRUPE, O. (1998). Sport- oder Bewegungspädagogik? Zehn Thesen einer Standortbestimmung. *Sportunterricht,* 47 (5), 180 – 187.

KUGELMANN, C. & SINNING, S. (2004). Kinder brauchen Bewegung – und wie! Aber wie? Der Sportunterricht in der Grundschule. *Grundschulmagazin,* 72 (4), 8 – 11.

KURZ, D. (1998). Lektion 1: Worum geht es in einer Methodik des Sportunterrichts? In BIELEFELDER SPORTPÄDAGOGEN (Hrsg.), *Methoden im Sportunterricht. Ein Lehrbuch in 14 Lektionen* (S. 9 – 24). Schorndorf: Hofmann.

KURZ, D. (1995). Handlungsfähigkeit im Sport. Leitidee eines mehrperspektivischen Unterrichtskonzeptes. In A. ZEUNER, G. SENF & S. HOFMANN (Hrsg.), *Sport unterrichten – Anspruch und Wirklichkeit* (S. 41 – 48). St. Augustin: Academia.

KURZ, D. (1990³). *Elemente des Schulsport Grundlagen einer pragmatischen Fachdidaktik.* Schorndorf: Hofmann (Erstauflage: 1977).

KÜBNER, G. (2002). *Beach-Volleyball im Sportunterricht Konzeption, Implementation und quasiexperimentelle Wirksamkeitsanalyse eines Unterrichtsmodells für eine Trendsportart.* Hamburg: Czwalina.

L

LAGING, R. (2006). *Methodisches Handeln im Sportunterricht. Grundzüge einer bewegungspädagogischen Unterrichtslehre.* Seelze: Kallmeyer.

LAGING, R. (2001²). Sportunterricht offen gestalten und inszenieren – ein Beitrag zur Methodendiskussion in der Sportdidaktik. In W. GÜNZEL & R. LAGING (Hrsg.), *Neues Taschenbuch des Sportunterrichts.* Band II (S. 2 – 30). Baltmannsweiler: Schneider.

LAGING, R. (2000). Methoden im Sportunterricht. *Sportpädagogik,* 24 (5), 2 – 9.

LAGING, R. (1997). Die Bewegungswerkstatt – ein bewegter Lernort. *Sportunterricht,* 46 (12), 517 – 529.

LAMPRECHT, M. & STAMM, H. (1998). Vom avantgardistischen Lebensstil zur Massenfreiheit. Eine Analyse des Entwicklungsmusters von Trendsportarten. *Sportwissenschaft,* 28 (3 – 4), 370 – 387.

LANDAU, G. (2003). Lernwege beweglich halten. In I. BACH & H. SIEKMANN (Hrsg.), *Bewegung im Dialog* (S. 53 – 59). Hamburg: Czwalina.

LANDAU, G. (2001). Was kann die Sportdidaktik von Martin Wagenschein lernen? In R. ZIMMER (Hrsg.), *Erziehen als Aufgabe. Sportpädagogische Reflexionen* (S. 252 – 260). Schorndorf: Hofmann.

LANDAU, G. (1991). Erfahrung aus erster Hand. In S. REDL, R. SOBOTKA & A. RUSS (Hrsg.), *Theorie und Praxis der Leibesübungen* (S. 118 – 124). Wien: Österreichischer Bundesverlag.

LANDAU, G. & MARAUN, H.–K. (1993). Spielen lernen – genetisch lehren. Gedanken zur Wiederbelebung der Kleinen Spiele. In R. PROHL (Hrsg.), *Facetten der Sportpädagogik* (S. 74 – 81). Schorndorf: Hofmann.

LANGE, A. & SINNING, S. (2006a). Staffelspiele in der Grundschule - Günstige Wasserlage und optimaler Vortrieb. *Praxis in Bewegung Sport und Spiel,* 6 (2), 14 – 21.

LANGE, A & SINNING, S. (2006b). Starker Bär und schneller Hirsch – Kinder tauchen in die Welt der Indianer ein! *Sportpädagogik,* 30 (2), 11 – 14.

LANGE, A. & SINNING, S. (2005). Spiele im Wasser – Ein Einblick in die Vielfalt spielerischen Bewegens im Wasser. *Sportpraxis,* 46 (2), 36 – 41.

LANGE, H. (2008a). Spielen mit dem Gleichgewicht. Teil 2: Rollen, gleiten und fliegen. Band 9 der Schriftenreihe „*Philippka Training".* Herausgegeben in Kooperation mit der Trainerakademie des Deutschen Olympischen Sportbundes. Münster: Philippka.

LANGE, H. (2008b). Bildungsstandards für den Sportunterricht ? Zum Widerspruch zwischen allgemeinen Normierungsversuchen und den notwendigen Unwägbarkeiten einer entwicklungsförderlichen Bewegungspädagogik. In P. DINES, U.A. (Hrsg.). *Integration von Wissenschaft, Bildung, Kultur: Russland - Deutschland.* Materialien der internationalen wissenschaftlichen prakxisbezogenen Konferenz 17.-18.09.2007. SSPU (S. 121 – 153). Samara: Universitätsverlag.

LANGE, H. (2008c). Im Rollen, Gleiten und Fliegen die Sicherheit aufs Spiel setzen. In H. LANGE (2008). *Spielen mit dem Gleichgewicht. Teil 2: Rollen, gleiten und fliegen. Band 9 der Schriftenreihe „Philippka Training".* Herausgegeben in Kooperation mit der Trainerakademie des Deutschen Olympischen Sportbundes (S. 4 – 13). Münster: Philippka.

LANGE, H. (2008d). Methoden im Sportunterricht. Lehr-/ Lernprozesse anleiten, öffnen und einfallsreich inszenieren. In H. LANGE & S. SINNING (Hrsg.), *Handbuch Sportdidaktik* (S. 294 – 318.). Balingen: Spitta.

LANGE, H. (Hrsg.) (2007a). *Trendsport für die Schule.* Wiebelsheim: Limpert.

LANGE, H. (2007b). *Optimales Walking. Der Weg zu einem stimmigen Trainingskonzept und seine Konsequenzen für die Praxis.* Balingen: Spitta.

LANGE, H. (2007c). Balancieren. Eine phänomenologische Annäherung und Analyse des zentralen Bewegungsproblems. *Sportpraxis,* 48 (2), 18 – 24.

LANGE, H. (2007d). Die Kinder der 3b riskieren ihr Gleichgewicht. In M. JAKOB (Hrsg.), *Bewegungsgeschichten mit Kindern* (S. 91 – 100). Baltmannsweiler: Schneider.

LANGE, H. (2007e). Ein Review zur vergessenen Bewegungsthematik. Grundschulpädagogik und ihr Orientierungswissen für den Sport. Sammelbesprechung. *Sportpraxis,* 48 (4), 46 – 52.

LANGE, H. (2007f). Fitness im Schulsport. Zwischen Bodybuilding und Körperbildung. *Sportpraxis,* Themenheft *Fitness,* 48, 4 – 10.

LANGE, H. (2007g). Gleichgewicht – eine koordinative Funktion. In H. LANGE (2007): *Spielen mit dem Gleichgewicht. Teil 1: Balancieren, wackeln und schaukeln. Band 7 der Schriftenreihe „Philippka Training".* Herausgegeben in Kooperation mit der Trainerakademie des Deutschen Olympischen Sportbundes (S. 4 – 13) Münster: Philippka.

LANGE, H. (2007h). Grundschuldidaktik und der Sportunterricht. Von einer fachdidaktischen Spurensuche zum Vorschlag konzeptioneller Eckpfeiler. *Sportpraxis*, 48 (4), 4 – 11, 52 – 53.

LANGE, H. (2007i). Kinderwelten sind Bewegungswelten. Zur Bedeutung des kindlichen „Sich-Bewegens" im Kontext der bewegungspädagogisch orientierten Schulentwicklungsarbeit. *Sportpraxis*, 48 (1), 4 – 10.

LANGE, H. (2007j). *Spielen mit dem Gleichgewicht.* Teil 1: Balancieren, wackeln und schaukeln. Band 7 der Schriftenreihe „Philippka Training". Herausgegeben in Kooperation mit der Trainerakademie des Deutschen Olympischen Sportbundes. Münster: Philippka.

LANGE, H. (2007k). Trendsport für die Schule!? - Ein bewegungspädagogischer Zugang. In H. LANGE (Hrsg.), *Trendsport für die Schule* (S. 7 – 34). Wiebelsheim: Limpert.

LANGE, H. (2007l). Üben und Bewegungslernen mit dem Skateboard. In: H. LANGE (Hrsg.), *Trendsport für die Schule* (S. 35 – 46) Wiebelsheim: Limpert.

LANGE, H. (2007$^{10}_{m}$). Was ist Training – Wie wird Training gestaltet? In V. SCHEID, R. PROHL, (Hrsg.) & H. LANGE (Red.), *Kursbuch II. Trainingslehre* (S. 11 – 53). Wiebelsheim: Limpert.

LANGE, H. (2006a). Im Sportunterricht an Problemen lernen. Probleme erkennen, angehen und lösen als sportübergreifende Lern- und Bildungsangelegenheit verstehen? *Sportpraxis,* 47 (3), 4 – 10.

LANGE, H. (2006b). Trainingspädagogik: Das Trainieren zu seinem eigenen Thema machen. In W. BUSS, S. GÜLDENPFENNIG & A. KRÜGER (Hrsg.), *Zur Neubegründung der olympischen Idee. Denkanstöße* (S. 63 – 81). Wiesbaden: Stumm.

LANGE, H. (2006c). Hürdenlaufen im Sportunterricht. Was ist das Problem und wie soll es „in Szene" gesetzt werden? *Sportpraxis*, 47 (4), 4 – 11.

LANGE, H. (2006d). Qualität im Schulsport. Wie steht es um die Qualität des sportpädagogischen „Sich-Verstehens"? *Sportunterricht*, 55 (8), 246 – 248.

LANGE, H. (2006e). Koordinationslernen und Spielen. In H. LANGE. *Mit Spiel zum Ziel. Teil 2: Kleine Spiele zur Koordinationsschulung.* Band 4 der Schriftenreihe Philippka Training. Herausgegeben in Kooperation mit der Trainerakademie des Deutschen Sportbundes (S. 4 – 14). Münster: Philippka.

LANGE, H. (2005a). *Facetten qualitativen Bewegungslernens. Ausgewählte Schlüsselbegriffe, konzeptionelle Orientierungen und bewegungspädagogische Leitlinien.* Band 24 der Schriftenreihe *Bewegungslehre & Bewegungsforschung.* Immenhausen bei Kassel: Prolog.

LANGE, H. (2005b). Differenziertes Erfahrungssammeln bedingt Bewegungslernen. Die Eleganz des Frisbeefluges als Lernanlass. *Bewegungserziehung*, 60 (2), 23 – 27.

LANGE, H. (2005c). Lehrkunst im Sport. „Liebe Leser, seid gegrüßt! Didaktik heißt Lehrkunst". *Sportpraxis*, 46 (3), 4 – 10.

LANGE, H. (2005d). Mit Erfolg in der Gruppe lernen. Teil 1. Wenn in der Leichtathletik die Gruppe ins Spiel kommt, eröffnen sich nicht nur organisatorische und gruppendynamische Möglichkeiten, sondern auch neue Perspektiven für das Bewegungslernen und die Trainingsmethodik. *Leichtathletiktraining*, 16 (6), 34 – 39.

LANGE, H. (2005e): On Tour: Erlebnis- und Abenteuerpädagogische Perspektiven des „Unterwegs seins" in der Schule und im Verein. *Sportpraxis*, Themenheft *On Tour. Sport- und erlebnispädagogische Ausflüge*, 46, 4 – 8.

LANGE, H. (2005f). Problemanriss zu den Facetten einer qualitativen Bewegungslehre. In: H. Lange: *Facetten qualitativen Bewegungslernens. Ausgewählte Schlüsselbegriffe, konzeptionelle Orientierungen und bewegungspädagogische Leitlinien* (S. 12 – 38). Band 24 der Schriftenreihe *Bewegungslehre & Bewegungsforschung*. Immenhausen bei Kassel: Prolog Verlag.

LANGE, H. (2004a). Das Erfahren der Differenz lehrt. Sich Abdrücken und Gleiten im Wasser. *Sportpädagogik*, 28 (2), 30 – 33.

LANGE, H. (2004b). Das Unterrichtsgeschehen ordnen und Lernprozesse ermöglichen? Vom Für und Wider der methodischen Übungsreihe. *Sportpraxis*, 45 (3), 4 – 10.

LANGE, H. (2004c). Didaktische Perspektiven einer Trainings- und Wettkampfpädagogik des Sports. In R. PROHL & H. LANGE (Hrsg.), *Pädagogik des Leistungssports* (S. 41 – 72). Schorndorf: Hofmann.

LANGE, H. (2004d). Die Half-Pipe in die Schule holen? Zur Vorbildfunktion innovativer Bewegungsszenen für die Inszenierung problemorientierten Lehrens und Lernens. In P. ELFLEIN, I. HUNGER & R. ZIMMER (Hrsg.), *Innovativer Sportunterricht. Theorie und Praxis* (S. 193 – 204). Baltmannsweiler: Schneider.

LANGE, H. (2004e). Sich-Bewegen, Bewegungslernen und Bewegungswissenschaft. Positionsbestimmungen im Spannungsfeld zwischen wissenschaftlichen Spezialthemen und Anwendungsbezügen. Sammelbesprechung. *Sportpraxis*, 45 (2), 46 – 51.

LANGE, H. (2004f). Tanzen: Ein Feld zwischen ästhetischer Erziehung und trainingsbezogenem Drill. *Sportpraxis*, Themenheft *Tanzen*, 4 – 5.

LANGE, H. (2003a). Das Lachen und der Beginn des so genannten Ernst des Lebens. *Sportpraxis*, 44 (3), 4 – 10.

LANGE, H. (2003b). Fachbücher – Literaturüberblick zur Sportpädagogik und Sportdidaktik. *Sportpraxis*, 44 (2), 39 – 45 und (5), 50 – 54.

LANGE, H. (2003c). Power Grind: Bewegungslernen an der „Skater-Anlage". *Sportpädagogik*, 27 (6), 16 – 19.

LANGE, H. (2003d). Projektmethode: Eigene Ideen, Fragen und Probleme zum Thema von Lernprozessen machen. *Sportpraxis*, 44 (1), 4 – 7.

LANGE, H. (2002a). Bewegungslernen an der Half-Pipe. Konsequenzen für die Methodik des Sportunterrichts? *Bewegungserziehung*, 57 (6), 3 – 11.

LANGE, H. (2002b). Das Risiko richtig abwägen. Wie Kinder lernen, zwischen ihrem Können und den reizvollen Herausforderungen einer Situation abzuwägen. *Leichtathletiktraining*, 13 (9), 4 – 11.

LANGE, H. (2002c). Der Flug der Scheibe. Vom Werfen und Fangen mit Frisbees. *Sportpädagogik*, 26 (6), 12 – 15.

LANGE, H. (2002d). Erfahrung im Bewegen, Spielen und Trainieren. *Badminton-sport*, 50 (4), 24 – 25.

LANGE, H. (2001a). Frisbee - Golf in der Grundschule. In G. KÖPPE & J. SCHWIER (Hrsg.), *Grundschulsport und Neue Sportarten* (S. 77 – 101). Baltmannsweiler: Schneider.

LANGE, H. (2001b). Körperspannung als Dschungelabenteuer. Ein Beitrag zum kindgemäßen Haltungs- und Krafttraining. *Leichtathletiktraining*, 12 (11), 4 – 13.

LANGE, H. (2001c). Power Grind: Bewegungslernen an der „Skater-Anlage". *Sportpädagogik*, 25 (6), 16 – 19. Auch erschienen in: E. BALZ (Hrsg.) (2003), *Schulsport 5 – 10. Bewegung, Spiel und Sport in der Sekundarstufe I*, 84 – 87.

LANGE, H. (2000a). Fußball in der Schule – Die Begeisterung der Schüler für die Gestaltung komplexer Spiel- und variabler Übungsphasen erschließen. In J. HILMER (Hrsg.), *Lehrbogen für Bewegung, Spiel und Sport*, Nr. 240, (4), 11 – 22.

LANGE, H. (2000b). Mit Sprüngen etwas wagen – Inszenierungsmöglichkeiten für den Sportunterricht in der Grundschule. In G. KÖPPE (Hrsg.), *Lehrbogen für Bewegung, Spiel und Sport*. Nr. 226 (1), 31 – 37.

LANGE, H. (2000c). Vom Gleiten zum „Wasserski" im Schwimmunterricht - Ein Vorschlag für eine schülerorientierte Ein- und Weiterführung des Gleitens. *Lehrhilfen für den Sportunterricht*, 50 (9), 6 – 10.

LANGE, H. (1999). Laufen mal anders Orientierungslaufen in der Turnhalle – abwechslungsreich und herausfordernd. In J. HILMER (Hrsg.), *Lehrbogen für Bewegung, Spiel und Sport*, Nr. 221 (4), 35 – 45.

LANGE, H. (1998). *Schwimmunterricht in der siebten Klasse. Eine körpererfahrungsbezogene Realisation des schuleigenen Arbeitsplanes*. 2. Staatsexamensarbeit. Hofgeismar und Kassel.

LANGE, H. & SINNING, S. (Hrsg.) (2008a). *Handbuch Sportdidaktik*. Balingen: Spitta.

LANGE, H. & SINNING, S. (2008b). *Themenkonstruktion des Sport- und Bewegungsunterrichts. Pädagogische Analysen und Erläuterungen zum Implikationszusammenhang aus Zielen, Inhalten und Methoden*. Baltmannsweiler: Schneider.

LANGE, H. & SINNING, S. (2008c). Einleitung in die Sportdidaktik. In H. LANGE & S. SINNING (Hrsg.), *Handbuch Sportdidaktik* (S. 11 – 21). Balingen: Spitta.

LANGE, H. & SINNING, S. (2008d). Sportdidaktisches Forschen. In H. LANGE & S. SINNING (Hrsg.), *Handbuch Sportdidaktik* (S. 133 – 151). Balingen: Spitta.

LANGE, H. & SINNING, S. (2007a). Kämpfen als Thema für den Sportunterricht - Eine sportpädagogische Annäherung. In LANGE, H. & SINNING, S. *Kämpfen, Ringen und Raufen in der Schule* (S. 7 – 32). Wiebelsheim: Limpert.

LANGE, H. & SINNING, S. (2007b). Kämpfen als Bewegungs-, Lern- und Erfahrungsfeld. Wie im Schulsport aus einschlägigen Anforderungen auch sportübergreifende Lernmöglichkeiten auf den Weg gebracht werden können. *Sportpraxis*, 48 (3), 14 – 20.

LANGE, H. & SINNING, S. (2007c). Werfen & Fangen. Über das „Erziehliche" im dialogisierenden „hin- und zurück". In M. JAKOB (Hrsg.), *Lerngeschichten* (S. 141 – 147). Baltmannsweiler: Schneider.

LANGE, H. & SINNING, S. (2005). Gewaltpotenziale abbauen, aufbauen oder umbauen? Kämpfen als Thema für den Sportunterricht. *Sache, Wort, Zahl*. 33 (3), 27 – 36.

LANGE, H. & SINNING, S. (2003). Kämpfen und Spielen. Pädagogische Hintergründe des Kämpfens bzw. des Zusammenhangs aus Spielen und Kämpfen. *Sportpraxis*, Themenheft *Kämpfen und Spielen*, 44, 3 – 7.

LANGE, H. & SINNING, S. (2002a). Themenheft: Werfen und Fangen. *Sportpädagogik*, 26 (6).

LANGE, H. & SINNING, S. (2002b). Werfen und Fangen. *Sportpädagogik*, 26 (6), 5 – 11.

LANGE, H. & SINNING, S. (2002c). Gestalten statt einschleifen. Das Jonglieren in der Gruppe. *Sportpädagogik*, 26 (6), 24 – 26.

LANGE, H. & SOWA, H. (2004). Ästhetische Selbstwahrnehmung und Selbstbildung. Identitätskonstruktionen in jugendkulturellen Bewegungspraktiken. *Kunst und Unterricht*, (283), 42 – 44.

LANGE, H., NIERHOFF, A. & SINNING, S. (2003a) (Hrsg.). Themenheft *Kämpfen und Spielen*. *Sportpraxis* 44.

LANGE, H., NIERHOFF, A. & SINNING, S. (2003b). Poster zum Themenheft *Kämpfen und Spielen*. *Sportpraxis* 44 (Beilage).

LANGE, He. (2001). Gymnastik und Tanz im Kontext ästhetischer Erziehung. In W. GÜNZEL & R. LAGING (Hrsg.), *Neues Taschenbuch des Sportunterricht* Band 2. (S. 268 – 291). Baltmannsweiler: Schneider.

LANGEVELD, M.J. (1964[3]). *Studien zur Anthropologie des Kindes*. Tübingen: Niemeyer.

LANGEWAND, A. (1989). Bildung. In D. LENZEN (Hrsg.), *Erziehungswissenschaft. Ein Grundkurs* (S. 69 – 98). Reinbek: Rowohlt.

LASSAHN, R. (1993). *Grundriss einer Allgemeinen Pädagogik*. Heidelberg & Wiesbaden: Quelle & Meyer.

LAW, L.C. & WONG, P.W. (1996). Expertise and Instructional Design. In H. GRUBER & A. ZIEGLER (Hrsg.), *Expertiseforschung. Theoretische und methodische Grundlagen* (S. 115 – 147). Opladen: Westdeutscher Verlag.

LE BRETON, D. (1995): *Lust am Risiko. Vom Bungee-Jumping, U-Bahn-Surfen und anderen Arten das Schicksal herauszufordern*. Frankfurt/M.: dipa - Verlag.

LEIST, K.-H. (2005). Bewegung aus gestalttheoretischer Sicht und die Bildungsfrage. In BIETZ, J., LAGING, R. & ROSCHER, M. (Hrsg.). *Bildungstheoretische Grundlagen der Bewegungs- und Sportpädagogik*. Band 2 der Reihe Bewegungspädagogik (S. 57 – 79). Baltmannsweiler: Schneider.

LEIST, K.-H. (1993). *Lernfeld Sport. Perspektiven der Bewegungskultur*. Reinbek: Rowohlt.

LEIST, K.-H. (1983). Vernachlässigte Bezugsgrundlagen für das Lehren und Lernen sportlicher Bewegungen. *Sportpädagogik*. Sonderheft *Annäherungen, Versuche, Betrachtungen: Bewegung zwischen Erfahrung und Erkenntnis*, 7, 13 – 21.

LEIST, K.-H. & LOIBL, J. (1989). Problemorientiertes, experimentelles und projektorientiertes Lehren und Lernen in der sportpraktischen Ausbildung als Möglichkeiten der Theorie-Praxis-Integration. DVS (Hrsg.): *Protokoll der Tagung <<Integration von Theorie in die sportpraktische Ausbildung>>*.(S. 39 – 57). Clausthal-Zellerfeld : Deutsche Vereinigung für Sportwissenschaft (dvs).

LEIST, K.-H. & LOIBL, J. (1986). Basketball - grundsätzliche Überlegungen und erste praktische Schritte. In G. TREUTLEIN, J. FUNKE & N. SPERLE (Hrsg.), *Körpererfahrung in den traditionellen Sportarten* (S. 231 – 250). Wuppertal: Putty.

LEIST, K.-H. & LOIBL, J. (1984). Aufbau und Bedeutung kognitiver Repräsentationen für das motorische Lernen im Sportunterricht. In D. HACKFORT (Hrsg.), *Handeln im Sportunterricht. Psychologisch – didaktische Analysen* (S. 268 – 300). Köln: bps.

LEIST, K.-H. & LOIBL, J. (1983). Wahrnehmung als Grundlage von Bewegung und Bewegungslernen. In H. RIEDER, H. MECHLING, K. BÖS & K. REISCHLE (Hrsg.), *Motorik- und Bewegungsforschung. Ein Beitrag zum Lernen im Sport* (S. 260 – 279). Schorndorf: Hofmann.

LENK, H. (2005). Das Olympische Menschenbild. Ein antikes Ideal und seine zeitgemäße Interpretation. *Olympische Feuer*, 55 (5), 8 – 11.

LENZEN, D. (1997). Lösen die Begriffe Selbstorganisation, Autopoiesis und Emergenz den Bildungsbegriff ab? *Zeitschrift für Pädagogik*, 43 (6), 949 – 967.

LERCH, S. (2001). *Rope Skipping - Seilspringen.* Berlin: Sport-Verlag.

LIEGLE, L. (2003). Kind und Kindheit. In L. FRIED, B. DIPPELHOFER-STIEM, M.-S. HONIG & L. LIEGLE (Hrsg.), *Einführung in die Pädagogik der frühen Kindheit* (S. 14 – 53). Weinheim: Beltz.

LIPPENS, V. (1994). Lehrbemühungen und Lernerfolg – Experimentelle Überprüfung von Lehrstrategien. In M. SCHIERZ; A. HUMMEL & E. BALZ (Hrsg.), *Sportpädagogik: Orientierungen – Leitideen – Konzepte.* (S. 267 – 280). St. Augustin: Academia.

LIPPENS, V. (Hrsg.) (1993). *Forschungsproblem: Subjektive Theorien: Zur Innensicht in Lern- und Optimierungsprozessen.* Bericht über das Kolloquium/Symposium am 7. und 8. Oktober in Hamburg. Köln: Sport und Buch Strauss.

LITT, TH. (1963⁴). *Naturwissenschaft und Menschenbildung.* Heidelberg: Quelle & Meyer.

LOIBL, J. (2001). *Basketball – Genetisches Lehren und Lernen: spielen, erfinden, erleben, verstehen.* Schorndorf: Hofmann.

LOIBL, J. (1994). Genetisches Lehren und Lernen im Sportspiel. Aus wahrnehmungstheoretischer Sicht. In G. HAGEDORN & N. HEYMANN (Hrsg.), *Sportspiele – Konstanz und Wandel* (S. 57 – 69). Hamburg: Czwalina.

LOIBL, J. & LEIST, K.-H. (1990), Vom gefühlvollen Sich-Bewegen und seiner Vermittlung. *Sportpädagogik,* 14 (4), 19 – 25

LOOSCH, E. (1999). *Allgemeine Bewegungslehre.* Wiebelsheim: Limpert.

LOOSCH, E.; PROHL, R. & GRÖBEN, B. (1996). Funktion versus Programm. Aktuelle Probleme und Perspektiven sportwissenschaftlicher Bewegungsforschung. *Spectrum der Sportwissenschaften,* 8 (2), 31 – 54.

LULEY, M. (2000). *Eine kleine Geschichte des deutschen Schulbaus. Vom späten 18. Jahrhundert bis zur Gegenwart.* Frankfurt/Main u.a.: Peter Lang.

M

MACZKOWIAK, S. & MELENHORST, M. (2003). „Lass(t) uns ein Kämpfchen wagen!" *Sportpädagogik,* 27 (3), 10 – 14.

MARAUN, H-K. (1987). Sportmethodik. In H. EBERSPÄCHER (Hrsg.), *Handlexikon Sportwissenschaft* (S. 380 – 384). Reinbek: Rowohlt.

MARAUN, H.-K. (1984). Das Gleichgewicht halten. *Sportpädagogik,* 8 (5), 10 – 12.

MARAUN, H. (1983). Erfahrung als didaktische Kategorie. *Sportpädagogik,* Sonderheft *Annäherungen, Versuche, Betrachtungen: Bewegung zwischen Erfahrung und Erkenntnis,* 7, 26 – 31.

MARBURGER SPORTPÄDAGOGEN (1998). „Grundthemen des Bewegens" – Eine bewegungspädagogische Erweiterung der Sportlehrerausbildung. *Sportunterricht,* 48 (8), 318 – 324.

MARCOTVITS, A. S. & HELLERMANN S. L. (2002). *Im Abseits. Fußball in der amerikanischen Sportkultur.* Hamburg: Edition His.

MARNITZ, R. & WITTE, W. (2003): „Ey, bist du schwul, oder was?!". *Sportpädagogik,* 27 (3), 38 – 43.

MARTIN, P.L. & BOUVIER, L. (1992). Immigration and the American Future. In M. D'INNOCENZO, M. & J.P. SIREFMAN (Eds.), *Immigration and Ethnicity. American so-*

ciety – „Melting Pot" or „Salad Bowl"? (S. 297 – 307). Westport Connecticut & London: Greenwood

MECHLING, H. (2005). Von „Alleskönnern" und „Leitfiguren". Leserbrief zu den Brennpunkten in den Heften 10/2004 und 11/2004. *Sportunterricht,* 54 (2), 53.

MECHLING, H. (2001a). Sportpädagogik und Bewegungslehre - Gestörtes Verhältnis oder Symbiose? In R. ZIMMER (Hrsg.), *Erziehen als Aufgabe. Sportpädagogische Reflexionen* (S. 220 – 232). Schorndorf: Hofmann.

MECHLING, H. (2001b). Sportwissenschaftliche Bewegungslehre - Zwischen Verstehen und Erklären. In R. PROHL (Hrsg.), *Bildung und Bewegung.* Jahrestagung der dvs-Sektion Sportpädagogik vom 22.-24.6.2000 in Frankfurt/Main (S. 223 – 231). Hamburg: Czwalina.

MECHLING, H. (1999). Gibt es eine pädagogische Bewegungslehre des Sports? In H. HAAG; M. KOLB & B. STRAUß (Hrsg.), *Zum Selbstverständnis der Sportpädagogik. Vergangenheit, Gegenwart, Zukunft* (S. 34 – 44). Köln: Bisp.

MECHLING, H. & MUNZERT, J. (Hrsg.) (2003). *Handbuch Bewegungswissenschaft – Bewegungslehre.* Schorndorf: Hofmann.

MEINBERG, E. (2003). Leibhaftige Bildung: Die vernachlässigte Bildung. In W. SCHWARZKOPF (Hrsg.), *Jenseits von Pisa: Welche Bildung braucht der Mensch?* (S. 205–216). Künzelsau: Swiridoff.

MEINBERG, E. (1987). Warum Theorien sportlichen Handelns Anthropologie benötigen! *Sportwissenschaft,* 17 (1), 20 – 36.

MEINEL, K. (1960). *Bewegungslehre. Versuch einer Theorie der sportlichen Bewegung unter pädagogischem Aspekt.* Berlin: Volkseigener Verlag.

MEINEL, K. & SCHNABEL, G. (1998^9). *Bewegungslehre – Sportmotorik.* Berlin: Sportverlag.

MENZE-SONNECK, A. (2005). Fitness in der Schule. *Sportpädagogik,* 29 (4), 4 – 8.

MERLEAU-PONTY, M. (1966). *Phänomenologie der Wahrnehmung.* Berlin: Walter de Gruyter.

MERWAR, S. & ASMUS, S. (1998). American Football– Flag-Football. *Sportunterricht,* 47 (3) 93 – 102.

MESTER, J. (2003^7). Gleichgewicht. In P. RÖTHIG U.A. (Hrsg.), *Sportwissenschaftliches Lexikon.* (S. 227). Schorndorf: Hofmann.

MESTER, J. (1988). *Diagnostik von Wahrnehmung und Koordination im Sport. Lernen von sportlichen Bewegungen.* Schorndorf: Hofmann.

MESTER, L. (1960). Die Aufgaben der Leibeserziehung. In W. SCHIEBE (Hrsg.), *Die Pädagogik im 20. Jahrhundert* (S. 150 – 158). Stuttgart: Klett.

MEYER, A., SCHÖNBERG, A. & WOPP, C. (2000). Die verborgenen Talente der Schüler und Schülerinnen. *Sportpädagogik,* 24 (5), 35 – 38.

MEYER-DRAWE, K. (1999). Herausforderung durch die Dinge. *Zeitschrift für Pädagogik,* 45 (3), 329 – 336.

MEYER-DRAWE, K. (1998). Bildung als Selbstgestaltung. Grenzen und Möglichkeiten einer modernen Idee. In M. FAßLER, M. LOHMANN & R. MÜLLER (Hrsg.), *Bildung, Welt, Verantwortung* (S. 123 – 143). Gießen: Focus.

MICHELS, V. (1993^5). *Materialien zu Hermann Hesse „Das Glasperlenspiel".* Frankfurt/Main: Suhrkamp.

MIETHLING, W.-D. (2002). Gewalt im Sportunterricht. *Sportpädagogik.* 26 (2), 4 – 10.

MIETHLING, W.-D. (1996). Aggressionen im Sportunterricht. *Sportpädagogik.* 20 (4), 19 – 31

MILLHOFFER, P. (2000). *Wie sie sich fühlen, was sie sich wünschen. Eine empirische Studie über Mädchen und Jungen auf dem Weg in die Pubertät.* Weinheim & München: Juventa.

MÖGLING, K. (Hrsg.) (2002). Integrative Bewegungslehre. Band III. *Lernen und Lehren von Bewegungen.* Immenhausen bei Kassel: Prolog.

MÖGLING, K. (Hrsg.) (2001a). Integrative Bewegungslehre. Band I. *Gesellschaft, Persönlichkeit, Bewegung.* Immenhausen bei Kassel: Prolog.

MÖGLING, K. (Hrsg.) (2001b). Integrative Bewegungslehre. Band II. *Wahrnehmung, Ausdruck und Bewegungsqualität.* Immenhausen bei Kassel: Prolog.

MOEGLING, K. (1986). Bewegungsmeditation. *Sportpädagogik,* 10 (1), 8 – 17.

MOEGLING, B. & MOEGLING, K. (1984). *Sanfte Körpererfahrung. Für dich selbst und zwischen uns.* Band 1. Kassel: Kasseler Verlag.

MÖLLER, J. & RÜFFER, M. (2003). Ringen und Kämpfen – Zweikampfsport. In *Sportpraxis,* Sonderheft *Kämpfen und Spielen,* 44, 17 – 21.

MOLLENHAUER, K. (1996). *Grundfragen ästhetischer Bildung: theoretische und empirische Befunde zur ästhetischen Erfahrung von Kindern.* Weinheim: Juventa.

MOLLENHAUER, K. (1993). Über die bildende Wirkung ästhetischer Erfahrung. In D. LENZEN & U. BECK (Hrsg.), *Verbindungen: Vorträge anlässlich der Ehrenpromotion von Klaus Mollenhauer an der FU Berlin am 15.1.1993* (S. 17 – 36). Weinheim: Dt. Studien-Verlag.

MÜLLER, U. & TREBELS, A.-H. (1996). Phänomenologie des Sich-Bewegens In H. HAAG (Hrsg), *Sportphilosophie. Ein Handbuch* (S. 119 – 144). Schorndorf: Hofmann.

MÜLLER, V. (2003). „Gymnasium wörtlich". *Sportpädagogik,* 27 (3), 34 – 37.

N

NAISBITT, J. & ABURDENE, P. (1990). *Megatrends 2000. Zehn Perspektiven für den Weg ins nächste Jahrtausend.* Düsseldorf & New York: Econ.

NEISSER, U. (1979). *Kognition und Wirklichkeit.* Stuttgart: Klett-Cotta.

NEUBER, N. (2007). Der große Wurf findet nicht statt! – Eine Entgegnung auf Helmut Digels Kritik an der Didaktik des Schulsports. *Sportunterricht,* 56 (8), 239 – 240.

NEUMAIER, A.; MECHLING, H. & STRAUß, R. (2002). *Koordinative Anforderungsprofile ausgewählter Sportarten.* Köln: Sport & Buch Strauß.

NEUMANN, P. (2004). Trendsport im Grundschulsport? Rezension zu G. KÖPPE & J. SCHWIER (Hrsg.), Grundschulsport und Neue Sportarten. *Sportpädagogik,* 28 (1), 46.

NEUMANN, P. (1999). *Das Wagnis im Sport.* Schorndorf: Hofmann.

NEUMANN, P., KITTSTEINER, J. & LAßLEBEN, A. (2004). *Faszination Frisbee. Übungen Spiele Wettkämpfe.* Wiebelsheim: Limpert.

NÖLLE, E (1996). Das Glasperlenspiel. In W. JENS (Hrsg.), *Kindlers neues Literaturlexikon.* Studienausgabe, Band 7 (S. 791 – 793). München: Kindler.

O

O. A. (2006). Gehirn und Erleben. Synästhesie, Zeitempfinden, Bewusstsein. *Spektrum Dossier,* 12 (2) 2006.

OELKERS, J. (2004). Didaktik als Bildungslehre. *Lehren und Lernen,* 30 (3), 3 – 13.

OHLERT, W. (1998). Den Sport der Strasse in die Schule holen? Zur Einbeziehung von Inline-Skaten, Skateboarden und Biken in den Schulsport. *Körpererziehung,* 48 (3), 98 – 101.

OLIVIER, J.O. (1995). *Wohin mit den Aggressionen? Raufen und Spielen nach Regeln.* Linz: Veritas.

OLIVER, N. & ROCKMANN, U. (2003). *Grundlagen der Bewegungswissenschaft und -lehre.* Schorndorf: Hofmann.

OLIVER, N.; MARSCHALL, F. & BÜSCH, D. (2008). *Grundlagen der Trainingswissenschaft und -lehre.* Schorndorf: Hofmann.

OPASCHOWSKI, H. (1997). *Deutschland 2010. Wie wir morgen leben. Voraussagen der Wissenschaft zur Zukunft der Gesellschaft.* Ostfildern: Mairs Geographischer Verlag.

OPASCHOWSKI, H. (1994). *Neue Trends im Freizeitsport. Analysen und Prognosen.* Hamburg: BAT-Freizeit Forschungsinstitut.

P

PETERSEN, P. (1952). *Der kleine Jena-Plan.* Braunschweig: Westermann.

PFEIFER, K. (2003). Motorisches Lernen in Trendsportarten. In H. MECHLING & J. MUNZERT (Hrsg.), *Handbuch Bewegungswissenschaft – Bewegungslehre* (S. 475 – 486) Schorndorf: Hofmann.

PIAGET, J. (1973). *Einführung in die genetische Erkenntnistheorie.* Frankfurt am Main: Suhrkamp.

PLANCK, K. (1982). *Fusslümmelei. Über Stauchballspiel und englische Krankheit.* Münster: Lit.

PODLICH, C. & KLEINE, W. (Hrsg.) (2003). *Kinder auf der Straße, Bewegung zwischen Begeisterung und Bedrohung.* St. Augustin: Academia.

POHLMANN, F. (2000). *Die soziale Geburt des Menschen. Einführung in die Anthropologie und Sozialpsychologie der frühen Kindheit.* Weinheim: Beltz.

PRANGE, K. (2000). Fangen, werfen, treten: Über den Ball in der Erziehung. In W. SCHLICHT & W. LANG, (Hrsg.), *Über Fußball* (S. 106 – 125). Schorndorf: Hofmann.

PROHL, R. (2006^2). *Grundriss der Sportpädagogik.* Wiebelsheim: Limpert.

PROHL, R. (2004). Bildungsaspekte des Trainings und Wettkampfs im Sport. In R. PROHL & H. LANGE (Hrsg.), *Pädagogik des Leistungssports* (S. 11 – 40). Schorndorf: Hofmann.

PROHL, R. (Hrsg.) (2001). *Bildung & Bewegung.* Berichtband zur Jahrestagung der dvs-Sektion Sportpädagogik vom 22.-24.6.2000 in Frankfurt/Main. Hamburg: Czwalina

PROHL, R. (1996). Philosophie der Bewegung. In H. HAAG (Hrsg.), *Sportphilosophie. Ein Handbuch* (S. 93 – 118). Schorndorf: Hofmann.

PROHL, R. (1991). Verstehensdefizite sportwissenschaftlicher Bewegungstheorien. Ein Problemaufriss. *Sportwissenschaft,* 21 (4), 368 – 383.

PROHL, R. (1990). Normative Sportpädagogik und konstruktive Sportwissenschaft. – Versuch einer metatheoretischen Standortbestimmung. In K.-H. SCHERLER (Hrsg.), *Normative Sportpädagogik* (S. 51 – 72). Clausthal-Zellerfeld: Deutsche Vereinigung für Sportwissenschaft (dvs).

PROHL, R. & SEEWALD, J. (Hrsg.) (1995). *Bewegung verstehen. Facetten und Perspektiven einer qualitativen Bewegungslehre.* Schorndorf: Hofmann.

R

REICHENBACH, R. (2007). *Philosophie der Bildung und Erziehung. Eine Einführung.* Stuttgart: Kohlhammer.

REINMANN-ROTHMEIER, G. & MANDL, H. (2001). Unterrichten und Lernumgebungen gestalten. In A. KRAPP & B. WEIDENMANN (Hrsg.), *Pädagogische Psychologie* (S. 601 – 646). Weinheim: Beltz.

RILKE, R. M. (1905). Beschreibung einer schwedischen Schule. In *Ders. Prosaschriften.*

RILKE, R.-M. (1996 – 2003). Werke. Kommentierte Ausgabe in vier Bänden und einem Supplementband. Herausgegeben von M. ENGEL, U. FÜLLEBORN, D. LAUTERBACH, H. NALEWSKI & A. STAHL. Frankfurt/M. & Leipzig: Insel.

RITTELMEYER, C. (2002). *Pädagogische Anthropologie des Leibes. Biologische Voraussetzungen der Erziehung und Bildung.* Weinheim und München: Juventa.

RITTELMEYER, C. (1994). *Schulbauten positiv gestalten.* Wiesbaden und Berlin: Bauverlag.

ROSCHER, W. (1993). Läuterungen, Klärungen. Zu Sinn und Widerspruch Polyästhetischer Erziehung. Ein Interview mit Wolfgang Roscher und Christoph Kittl. In *Sinn und Widerspruch musikalischer Bildung; Beiträge zu „poesis" und „aisthesis" heute* (S. 16 – 17). München: Emil Katzbichler.

ROSCHER, W. (Hrsg.) (1976). *Polyästhetische Erziehung. Theorien und Modelle zur pädagogischen Praxis.* Köln: DuMont.

ROTH, G. (2004). *Aus Sicht des Gehirns.* Frankfurt am Main: Suhrkamp.

ROTH, K. (1991). „Erst das Leichte, dann das Schwere – stufenweise richtig lehre!" *Sportpsychologie*, 5 (1), 5 – 10.

ROTH, K. (1998). Wie lehrt man schwierige geschlossene Fertigkeiten? In BIELEFELDER SPORTPÄDAGOGEN (Hrsg.), *Methoden im Sportunterricht* (S. 27 – 46). Schorndorf: Hofmann.

ROTH, K. & WILLIMCZIK, K. (1999). *Bewegungswissenschaft.* Reinbek: Rowohlt.

ROTH, E. U.A. (1987³). *Intelligenz. Aspekte – Probleme – Perspektiven.* Stuttgart/ Berlin/ Köln und Mainz: Kohlhammer.

RUSCH, H. & THIEMANN, F. (1998). Stefan steht nur am Rand. Wie die Industrialisierung der Kindheit scheitert. *Pädagogik,* 50 (4), 42 – 45.

S

SAHRE, E. (1999). Basketball und Streetball spielen. In W. Günzel & R. Laging (Hrsg.), *Neues Taschenbuch des Sportunterricht* Band 2 (S. 148 – 172). Baltmannsweiler: Schneider.

SALZ, B. (2003). „Da kann man so schön auf seine Kraft aufpassen!" *Sportpädagogik,* 27 (3), 21 – 23.

SCHERER, H.-G. (2005). Bewegung und Bildung – Relationale Bildung im Bewegungshandeln. In J. BIETZ, R. LAGING & M. ROSCHER (Hrsg.), *Bildungstheoretische Grundlagen der Bewegungs- und Sportpädagogik.* Reihe Bewegungspädagogik Band 2 (S. 123 – 141). Baltmannsweiler: Schneider.

SCHERER, H.-G. (2004). Gleiten. *Sportpädagogik,* 28 (6), 4 – 9.

SCHERER, H.-G. (2001). Zwischen Bewegungslernen und sich Bewegen lernen. *Sportpädagogik,* 25 (4), 2 – 24. Innenheft.

SCHERER, H.-G. (1997). Phänomenbezug als Notwendigkeit und Problem einer pädagogischen Bewegungsforschung. In E. LOOSCH & M. TAMME (Hrsg.), *Motorik – Struktur und Funktion.* 4. Symposium der dvs-Sektion Sportmotorik vom 25. - 27.1.1996 in Erfurt (S. 126 – 130). Hamburg: Czwalina

SCHERER, H.-G. (1994). *Handelnd handeln lernen - Bedingungen des Bewegungslernens und Konsequenzen für die Vermittlung.* Habilitationsschrift Marburg.

SCHERER, H.-G. (1990). *Schilauf mit blinden Schülern.* Frankfurt am Main: Deutsch.

SCHERLER, K. H. (2006). Sportwissenschaft und Schulsport: Trends und Orientierungen (2) Sportdidaktik. *Sportunterricht,* 55 (10), 291 – 297.

SCHERLER, K. H. (1975). *Sensomotorische Entwicklung und materiale Erfahrung.* Schorndorf: Hofmann.

SCHEUERL, H. (1973). Spiel und Bildung. In A. FLITNER (Hrsg.), *Das Kinderspiel* (S. 18 – 29). München: Piper.

SCHIERZ, M. (1998). Weltenwechsler, Moderneopfer, Gegenspieler. *Körpererziehung,* 48 (10), 323 – 328.

SCHIERZ, M. (1997). *Narrative Didaktik. Von den großen Entwürfen zu den kleinen Geschichten im Sportunterricht.* Weinheim und Basel: Beltz.

SCHIERZ, M. (1996). Didaktik als Magd? Skeptische Anmerkungen zur Notwendigkeit multidisziplinärer Schulsportforschung. *Spectrum der Sportwissenschaften,* 8 (2), 79-85.

SCHILDMACHER, A. (2001). Zwischen Gegenwart und Zukunft: Trendforschung. In G. Friedrich (Hrsg.), *Zeichen und Anzeichen - Analysen und Prognosen des Sport.* Berichtband zur dvs-Tagung vom 8.-9.10.1998 im Schloß Rauischholzhausen (S. 131 – 144). Hamburg: Czwalina.

SCHILDMACHER, A. (1998). Trends und Moden im Sport. *dvs-Informationen,* 13 (2), 14 – 19.

SCHLESKE, W. (1998). Abenteuer/ Wagnis/ Risiko. In O. GRUPE & D. MIETH (Hrsg.), *Lexikon der Ethik im Sport* (S. 15 – 19). Schorndorf: Hofmann.

SCHLESKE, W. (1977). *Abenteuer – Wagnis – Risiko im Sport : Struktur und Bedeutung in pädagogischer Sicht.* Schorndorf: Hofmann.

SCHMIDT, W. (Hrsg.) (1996). *Kindheit und Sport - gestern und heute.* Tagung der dvs-Sektion Sportpädagogik vom 8. - 11.06.1995 in Schnepfenthal. Hamburg: Czwalina.

SCHMIDT, W. (1993). Kindheit und Sportzugang im Wandel: Konsequenzen für die Bewegungserziehung? *Sportunterricht,* 42 (1), 24 – 32.

SCHMIDT-MILLARD, T. (2007). Lernen als Neuordnung der Horizonte. Bildungstheoretische Anmerkungen zum Lernbegriff in der Sportdidaktik. In. V. SCHEID (Hrsg.), *Sport und Bewegung vermitteln.* (S. 39 – 52) Hamburg: Czwalina.

SCHMIDT-MILLARD, T. (2005). Bildung im Kontext einer Bewegungspädagogik. In J. BIETZ, R. LAGING & M. ROSCHER (Hrsg.), *Bildungstheoretische Grundlagen der Bewegungs- und Sportpädagogik.* Band 2 der Reihe Bewegungspädagogik (S. 142 –153). Baltmannsweiler: Schneider.

SCHMIDT-MILLARD, T. (1998). Bildung/Erziehung. In O. GRUPE & D. MIETH (Hrsg.), *Lexikon der Ethik im Sport* (S. 70 – 76). Schorndorf: Hofmann.

SCHMIDT-MILLARD, T. (1996). Gewaltprävention durch Sporterziehung? *Sportpädagogik,* 20 (4), 15 – 18.

SCHOLZ, M. (2005). *Erlebnis – Wagnis – Abenteuer: Sinnorientierungen im Sport.* Schorndorf: Hofmann.

SCHRAAG, M.; DURLACH, F.-J. & MANN, C. (Hrsg.) (1996). *Erlebniswelt Sport. Ideen für die Praxis in Schule, Verein und Kindergarten.* Schorndorf: Hofmann.

SCHUBERT, F. (1981). *Psychologie zwischen Start und Ziel.* Berlin: Volk und Wissen.

SCHUBERT, R. (2003). Spielerisch kämpfen mit wenig Körperkontakt. *Sportpraxis,* Themenheft *Kämpfen und Spielen,* 44, 14 – 16.

SCHULZ, N. (1999). Grundschulsport ohne Sport? Kritische Anmerkungen zur sportkritischen Fachdidaktik. *Sportunterricht,* 48 (4), 158 – 165.

SCHULZE, G. (2005²). *Die Erlebnisgesellschaft. Kultursoziologie der Gegenwart.* Frankfurt/M. & New York: Campus.

SCHWARZ, H.-H. & SINNING, S. (2007a). Mit Inlinern auf „große Fahrt" gehen – Inline-Exkursionen planen und durchführen. In H. LANGE (Hrsg.), *Trendsportart für die Schule?! Lehren, Lernen und Inszenieren.* (S. 56 – 63) Wiesbaden: Limpert.

SCHWARZ, H.-H. & SINNING, S. (2007b). Mit Inlinern von Minden nach Bremen – Exkursion im Fach Sport. In R. BÄHR, J. BESSEN, W. EMER, G. GÜNTHER-BOEMKE & H.-H. SCHWARZ (Hrsg.), *Schule auf Reisen – Exkursionen als Möglichkeit vielfältigen Lernens in der Sekundarstufe II. Konzeption und Beispiele* (S. 87 – 94). Bielefeld: Ambos.

SCHWARZ, H.-H. & SINNING, S. (2003). Mit Inlinern auf dem Weserradweg – Ein Lauf- und Fahrabenteuer. *Sportpraxis,* 44 (2), 46 – 49.

SCHWIER, J. (2003). Was ist Trendsport? In C. BREUER & H. MICHELS (Hrsg.), *Trendsport. Modelle, Orientierungen, und Konsequenzen.* Band 14 der Schriftenreihe *Sport & Freizeit* (S. 18 – 31). Aachen: Meyer & Meyer.

SCHWIER, J. (2001a). Veränderte Kindheiten und bewegungskultureller Wandel. In G. KÖPPE & J. SCHWIER (Hrsg.), *Grundschulsport und Neue Sportarten* (S. 9 – 25). Baltmannsweiler: Schneider.

SCHWIER, J. (2001b). Fitness zwischen Körperbildung und Konsum. Oder: Spricht der Körper an der Beinpresse? In G. FRIEDRICH (Hrsg.), *Zeichen und Anzeichen - Analysen und Prognosen des Sports* (S. 73 – 81). Hamburg: Czwalina.

SCHWIER, J. (2000). Schulsport zwischen Tradition und kultureller Dynamik. *Sportunterricht,* 49 (12), 383 – 387.

SCHWIER, J. (1998a). „Do the right things" – Trends im Feld des Sport. *dvs-Informationen,* 13 (2), 7 – 13.

SCHWIER, J. (1998b). Der Schulsport und die beschleunigte Jugendkultur. Kann (und soll) der Schulsport die beschleunigte Jugendkultur pädagogisch einholen? *Sportunterricht,* 47 (1), 13 – 21.

SCHWIER, J. (1997). Körper – Coolness – Könnerschaft. Sportive Streetszenen der MTV-Generation. In Jahresheft *Schüler '97: Stars, Idole, Vorbilder* (S. 90 – 93). Seelze: Friedrich.

SCHWIER, J. (1996). Skating und Streetball im freien Bewegungsleben von Kindern und Jugendlichen. In W. SCHMIDT (Hrsg.), *Kindheit und Sport – gestern und heute* (S. 71 – 83). Hamburg: Czwalina.

SIEBE, A. (2005): Wanderrudern. Das Erleben einer neuen Perspektive. *Sportpraxis* Themenheft *On Tour,* 46, 37 – 41.

SIEBE, A. & SINNING, S. (2007a): Auf's Wasser – eine pädagogische Herausforderung für den Schulsport. *Sportpädagogik,* 31 (3), 4 – 9.

SIEBE, A. & SINNING, S. (2007b). Auf's Wasser – Filme zum Lehren und Lernen. Begleitung und Initiierung von Lehr-Lernprozesse. *Sportpädagogik* DVD.

SIEBE, A. & SINNING, S. (2007c). Flautenregatta und Co. *Sportpädagogik,* 31 (3), 38 – 39.

SIEBE, A.; FRIEDRICH, G.; SCHRECK, P. & SINNING, S. (2007). Frischer Wind für die Segelausbildung - Probleme und Lösungswege. *Sportpädagogik,* 31 (3), 32 – 37.

SIELAND, P. (2007). Inlineskating. In LANGE, H. (Hrsg.), *Trendsport für die Schule.* (S. 42 – 53). Wiebelsheim: Limpert.

SIELAND, P. (2003). *Trendsportarten in der Schule: Situationsanalyse, empirische Studie und hochschuldidaktische Konsequenzen.* Berlin: Dissertation.de.

SINNING, S. (2006). „Zwei-Kämpfen" von Anfang an – Fußballspielen über „1 zu 1-Situationen" erfahren, verstehen und lernen. *Sportpraxis,* Sonderheft *Fußball,* 47, 26 – 29.

SINNING, S. (2005a). Spiele erfinden und erfinderisch spielen. *Sportpädagogik,* 29 (3), 4 – 8.

SINNING, S. (2005b). *Wahrnehmen, entscheiden und handeln im Handball: ein spielgemäßes Lehr-Lern-Konzept.* Hamburg: Kovac.

SINNING, S. (2004). Innovative Lehr-Lernformen im Sport. Ungewöhnliches tun und dabei alle Beteiligten verwickeln, kann Fortschritt bedeuten. *Sportpraxis,* 45 (1), 4 – 9.

SINNING, S. (2003a). *Fußball lehren und lernen. Handlungsökologische Hintergründe eines spielbezogenen Vermittlungskonzepts.* Hamburg: Kovac.

SINNING, S. (2003b). Geschlechtsproblematik im Schulsport der Grundschule. In G. KÖPPE & J. SCHWIER (Hrsg.), *Handbuch Grundschulsport* (S. 135 – 147). Baltmannsweiler: Schneider.

SINNING, S. (2001a). Kämpfen – das Spiel mit dem Gleichgewicht. In G. KÖPPE & J. SCHWIER (Hrsg.), *Grundschulsport und neue Sportarten* (S. 102 – 120). Baltmannsweiler: Schneider.

SINNING, S. (2001b). Zweikämpfen als besonderes Erlebnis. *Leichtathletiktraining,* 12 (12), 32 – 37.

SINNING, S. & STROOT, T. (2004). Theorie-Praxis-Lernen in einem fächer- und institutionenübergreifenden Lernkontext. *Politisches lernen,* 22 (3+4), 39 – 43.

SOBCZYK, B. & LANDAU, G. (2003). *Das mobile Klassenzimmer: Ein neuer Weg zur Entwicklungs- und Bewegungsförderung von Grundschulkindern.* Immenhausen bei Kassel: Prolog.

SÖLL, W. (2000). Zum pädagogischen Stellenwert von Trendsportarten. *Sportunterricht,* 49 (12), 377 – 382.

SÖLL, W. (1996). *Sportunterricht – Sport unterrichten.* Schorndorf: Hofmann.

SÖLL, W. (1994). Methodische Probleme im Anfänger – Schwimmunterricht. *Lehrhilfen für den Sportunterricht,* 43 (9), 136 – 140.

SPITZER, M. (2002). *Lernen. Gehirnforschung und die Schule des Lebens.* Heidelberg: Spektrum Akademischer Verlag.

SPORTJUGEND NRW (Hrsg.) (1994). *Praxismappe Abenteuer/Erlebnis.* Duisburg: Mediateam.

STADLER, R. (2003). Methodik des Sportunterrichts. In P. RÖTHIG U.A. (Hrsg.), *Sportwissenschaftliches Lexikon* (S. 366). Schorndorf: Hofmann.

STEINMANN, W. (2004). *Fitness, Gesundheit und Leistung: Eine interdisziplinäre Analyse zur Komplexität von Zielen des Sportunterrichts und zur Effektivität von Unterrichtsverfahren aus der Sicht der Trainingswissenschaft.* Hamburg: Kovac.

STIBBE, G. (2004). *Schulsport und Schulprogrammentwicklung.* Aachen: Meyer & Meyer.

STIBBE, G. & ASCHEBROCK, H. (2007). *Lehrpläne Sport.* Baltmannsweiler: Schneider.

STIEHLER, G. (1966, 1973³). *Methodik des Sportunterrichts.* Berlin: Volk und Wissen.

STORCK, K. (1994). „Mal was Neues – mal was anderes" – Zum Basisartikel „Neue Sportarten in die Schule". *Sportpädagogik,* 18 (6), 4 – 6.

STRATMANN, J. (1993). *Basketball. Streetball.* Hamburg: Carlsen.

STRAUS, E. (1956). *Vom Sinn der Sinne.* Göttingen & Heidelberg: Springer.

T

TAMBOER, J.W.J. (1997). Die menschliche Bewegung in der Bewegungsforschung. Über den Zusammenhang von Menschenbild, Bewegungsauffassung und Untersuchungsmethoden. In E. LOOSCH & M. TAMME (Hrsg.), *Motorik – Struktur und Funktion* (S. 23 – 37). Hamburg: Czwalina.

TAMBOER, J.W.J (1994). *Philosophie der Bewegungswissenschaften.* Butzbach-Griedel: Afra.

TAMBOER, J.W. (1979). „Sich-Bewegen – ein Dialog zwischen Mensch und Welt. *Sportpädagogik,* 18 (2), 14 – 19.

THIELE, J. (2004). Menschenbild(n)er – „Anthropologische Sportpädagogik" am Ausgang ihrer Epoche? In C. KRUSE & I. LÜSEBRINK (Hrsg.), *Schneller, höher, weiter. Sportpädagogische Theoriebildung auf dem Prüfstand.* Festschrift anlässlich des 60. Geburtstags von Prof. Dr. Eckhard Meinberg (S. 13 – 30). St. Augustin: Academia.

THIELE, J. (2001). Philosophisch-anthropologische Grundlagen der Sportpädagogik. In H. HAAG & A. HUMMEL (Hrsg.), *Handbuch Sportpädagogik* (S. 61 – 71). Schorndorf: Hofmann.

THIELE, J. (1999). „Un-Bewegte Kindheit?" Anmerkungen zur Defizithypothese in aktuellen Körperdiskursen. *Sportunterricht,* 48 (4), 141 – 149.

THIELE, J. (1997a). 'Magister docet' - Replik auf J. Funke-Wienekes Beitrag 'Am skeptischen Wesen soll die Sportpädagogik genesen'. *Spectrum der Sportwissenschaft,* 9 (2), 93 – 95.

THIELE, J. (1997b). Skeptische Sportpädagogik - Überlegungen zu den pädagogischen Herausforderungen der 'Postmoderne'. *Spectrum der Sportwissenschaft,* 9 (1), 6 – 21.

THIELE, J. (1996). *Körpererfahrung – Bewegungserfahrung – leibliche Erfahrung: Sportpädagogische Leitideen der Zukunft?.* St. Augustin: Academia.

THOLEY, P. (1987). Prinzipien des Lehrens und Lernens sportlicher Handlungen aus gestalttheoretischer Sicht. In J.-P. JANSSEN, W. SCHLICHT & H. STRANG (Hrsg.), *Handlungskontrolle und soziale Prozesse im Sport* - Bericht über die Tagung der ASP in Kiel (S. 96 – 106). Köln: bps.

THOLEY, P. (1980). Erkenntnistheoretische und systemtheoretische Grundlagen der Sensomotorik aus gestalttheoretischer Sicht. *Sportwissenschaft*, 10 (1), 7 – 35.

TREBELS, A. (2001). Sich Bewegen Lernen – Bezugspunkte für eine pädagogische Theorie des Sich Bewegens. In W. GÜNZEL & R. LAGING, (Hrsg.), *Neues Taschenbuch des Sportunterricht* Band 1. (S. 193 – 214). Baltmannsweiler: Schneider.

TREBELS, A. (1999). Sich-bewegen: Lernen und Lehren – Anthropologisch - philosophische Orientierungen. In B. HEINZ & R. LAGING (Hrsg.), *Bewegungslernen in Erziehung und Bildung*. Schriften der Deutschen Vereinigung für Sportwissenschaft (S. 39 – 52). Hamburg: Czwalina.

TREBELS, A. H.(1992). „Das dialogische Bewegungskonzept – Eine pädagogische Auslegung von Bewegung". *Sportunterricht*, 41 (1), 20 – 29.

TREBELS, A. H. (1990). Bewegungsgefühl: Der Zusammenhang von Spüren und Bewirken. *Sportpädagogik*, 14 (4), 12 – 18.

TREBELS, A. H. (1984). Bewegungserfahrungen beim Turnen. In E. NIEDERMANN (Hrsg.), *Salzburger Beiträge zum Sport unserer Zeit. 10. Folge* (S. 95 – 120). Salzburg: Wissenschaftliche Gesellschaft für Sport und Leibeserziehung.

TREUTLEIN, G. (1986/1992). Körperwahrnehmung und Körpererfahrung in der Leichtathletik. In G. TREUTLEIN, J. FUNKE & N. SPERLE (Hrsg.), *Körpererfahrung in den traditionellen Sportarten* (S. 67 – 105). Wuppertal: Putty/ Aachen: Meyer & Meyer.

TRÖMEL, L (2006). Learning Flag Football. Ein amerikanisches Sportspiel billingual unterrichten. *Sportpädagogik*, 30 (2), 42 – 45.

U

ULLMANN, R. (2002). Klettern, mehrperspektivisch inszeniert, kann ... *Sportunterricht,* 51 (2), 35 – 42.

V

VALKANOVER, S. (1994). Krisenintervention bei aggressiven Schulklassen – Folgerungen und Anregungen für Sport in der Schule. *Sporterziehung in der Schule,* 104 (1), 17 – 19.

VENTE, R. (Hrsg.) (1974). *Erfahrung und Erfahrungswissenschaft*. Stuttgart: Kohlhammer.

VERCH, J. (2007). Den Wind in den Händen. *Sportpädagogik*, 31 (3), 40 – 44

VERLAN, & LOH, H. (2000). *20 Jahre Hiphop in Deutschland*. Höfen: Hannibal Verlagsgruppe Koch.

VOIGE, R. (2003). Durch Kämpfen ein besseres Klassenklima? *Sportpraxis*, Themenheft *Kämpfen und Spielen*, 44, 27 – 29.

VOGLER, B. (1997). Bewegungen als Form, Gestalt oder Beziehung lehren. In M. Tamme & E. Loosch (Hrsg.), *Motorik - Struktur und Funktion:* 4. Symposium der dvs-Sektion Sportmotorik vom 25. - 27.01.1996 in Erfurt (S. 231 – 235). Hamburg: Czwalina.

VOLGER, B. (1997). Das Lehren von Bewegungen lehren. In E. Hildenbrandt (Hrsg.), *Sportlehrer/in heute - Ausbildung und Beruf.* Berichtband zur Tagung der dvs-Sektion Sportpädagogik vom 23. - 25.05.1996 im Schloss Rauischholzhausen (S. 203 – 210). Hamburg: Czwalina.

VOLGER, B. (1995). Bewegung lehren - aber wie? In R. PROHL & J. SEEWALD (Hrsg.), *Bewegung verstehen: Facetten und Perspektiven einer qualitativen Bewegungslehre* (S. 155 – 180). Schorndorf: Hofmann.

VOLGER, B. (1990). Wie man lernt im richtigen Moment das Richtige zu tun - am Beispiel einer Einführung in das Jollensegeln. In B. VOLGER (Hrsg.), *Lehren von Bewegungen* (S. 32 – 47). Hamburg: Czwalina.

VOLKAMER, M. (2003). *Sportpädagogisches Kaleidoskop. Texte, Episoden und Skizzen zu sportpädagogischen Problemen. Ein Lesebuch.* Hamburg: Czwalina.

VOLKAMER, M (1999). Sportpädagogik oder Bewegungserziehung? *Sportunterricht,* 48 (11), 444 – 448.

VOLKAMER, M. (1996). Was ist das, was wir da unterrichten? *Körpererziehung,* 10, 323 – 332.

VOLKAMER, M. (1979). Die Gefahr der Vermethodisierung. *Sportpädagogik,* 4 (5), 18 – 20.

VONSTEIN, W. & MASSIN, D. (2001). *Fun in Athletics. Neue Wege in der Kinderleichtathletik.* Aachen: Meyer & Meyer.

W

WAGENSCHEIN, M. (1997[8]). *Verstehen lehren.* Weinheim: Beltz.

WARM, M. (2002). Volley spielen unterrichten. *Sportpädagogik,* 26 (1), 2 – 5.

WEIDENHOFF, A. (2000). „Skater-Jeopardy" – Techniklernen auf Inline-Skates. *Sportpädagogik,* 24 (5), 39 – 46.

WEIZSÄCKER, V., V. (1950/ 1986[5]). *Der Gestaltkreis. Theorie der Einheit von Wahrnehmen und Bewegen.* Stuttgart: Thieme.

WENZEL, S. (2001). *Streetball. Ein jugendkulturelles Phänomen aus sozialwissenschaftlicher Perspektive.* Opladen: Leske & Budrich.

WERNEY, A. (2003). Ringen und Raufen – Regeln und Rituale. *Sportpraxis,* Themenheft *Kämpfen und Spielen,* 44, 9 – 13.

WESSINGHAUS, T. (1996[3]). *Laufen: Der Ratgeber für Ausrüstung, Technik, Training, Ernährung und Laufmedizin.* München; Wien; Zürich: BVL.

WIEMEYER, J. (2002). Bewegungs- und Koordinationslernen. Lehrstrategien aus aktueller Perspektive. *Sportunterricht,* 51 (4), 99 – 105.

WIEMEYER, J. (1992). Motorische Kontrolle und motorisches Lernen im Sport. Grundlagen und Probleme der Theorie Generalisierter Motorischer Programme. 2. Teil: Motorisches Lernen. *Sportpsychologie,* 6 (2), 5 – 12.

WOLL, A. & HESSE, S. (2004). *Fitnessbausteine – Bewegter Unterricht – bewegtes Lernen.* Stuttgart: Ministerium für Kultus, Jugend und Sport.

WOPP, C. (2006). *Handbuch zur Trendforschung im Sport. Welchen Sport treiben wir morgen?* Aachen: Meyer & Meyer.

WOPP, C. (1999/ 2001²). Lebenswelt, Jugendkulturen und Sport in der Schule. In GÜNZEL, W. & LAGING, R. (Hrsg.), *Neues Taschenbuch des Sportunterrichts Grundlagen und pädagogische Orientierungen* Band 1. (S. 342 – 359). Baltmannsweiler: Schneider.

WOPP, C. (1991). Asphaltkultur – oder von den Kindern lernen? *Sportpädagogik,* 15 (3), 29 – 31.

WOPP, C. (1998). Auf der Suche nach einem zeitgemäßen Profil - erlebnisorientierte Leichtathletik. In H. ALLMER, N. SCHULZ & A. MADER (Hrsg.), Erlebnissport – Erlebnis Sport. *Brennpunkte der Sportwissenschaft.* (S. 149 – 158). St. Augustin: Academia.

WULF, C. (1994). Zur Einleitung: Grundzüge einer historisch-pädagogischen Anthropologie. In C. WULF (Hrsg.), *Einführung in die pädagogische Anthropologie* (S. 7 – 21). Weinheim: Beltz.

Z

ZEMPEL, C. (1993). Swim the blue danube. It's not how hard you try, but how smooth you glide. *Triathlete,* 7 (5), 14 – 16.

ZEMPEL, C. (1990). The off-season. Having fun getting faster. *Triathlete,* 4 (8), 24 – 25.

ZSCHORLICH, V. (2000). Von der Sportwissenschaft zur Bewegungswissenschaft - Eine Entwicklungsperspektive aus naturwissenschaftlicher Sicht. *dvs-Informationen,* 15 (4), 17 – 19.

F. Abbildungsverzeichnis

Abb. 1: Akzente qualitativer und quantitativer Bewegungsforschung 23
Abb. 2: Relationalität menschlichen *Sich-Bewegens* 44
Abb. 3: Bewegungsdidaktisches Dreieck 48
Abb. 4: Heuristik zu dem hier zugrunde liegenden Menschenbild 51
Abb. 5: Bewegungsdidaktisches Konzept 55
Abb. 6: Exemplarische Aufarbeitung bewegungspädagogischer Grundlagen und bewegungsdidaktischer Konsequenzen 67
Abb. 7: Sechs Anhaltspunkte für die bewegungspädagogisch orientierte Schulentwicklung 89
Abb. 8: Zum Spannungsfeld zwischen Verschulung und phänomenalen Lerngelegenheiten 99
Abb. 9: Gesellschaftliche Trends nach Schildmacher 108
Abb. 10: Differenzierung dreier Kategorien von Trendsportarten 111
Abb. 11: Sechs Trends im Feld des Trendsports 113
Abb. 12: Phasen der Entwicklung von Trendsportarten 117
Abb. 13: Auflösung des Verschulungsproblems? 127
Abb. 14: Übersetzung der sechs Sinnperspektiven in ein Trendsportartenkonzept 130
Abb. 15: Das hier zugrunde liegende Verständnis des *Sich-bewegen-Lernens* 134
Abb. 16: Bewegungspädagogische Kennzeichen des Trendsports 136
Abb. 17: Beispielfragen, die bei der Sachanalyse helfen können 137
Abb. 18: Bewegungslernen als aktiven Suchprozess verstehen 139
Abb. 19: Vier Anhaltspunkte zur Inszenierung neuer Sportarten im Unterricht 154
Abb. 20: Eigenschaften und Anforderungen von Frisbees 176
Abb. 21: Bewegungspädagogische Perspektiven des Frisbeespielens 181
Abb. 22: Anhaltspunkte für die unterrichtliche Inszenierung 186
Abb. 23: Beispiel für ein Stimmungsprofil 212
Abb. 24: Fragen zum Gruppenprofil 213
Abb. 25: Zum Zusammenhang zwischen Fitnessmarkt und Trainingslehre 224
Abb. 26: Zum Zusammenhang zwischen *Waage* und *Abwägen* 251
Abb. 27: Bewegungsprobleme des Balancierens 281
Abb. 28: Fünf Grundformen zum Thema *Gleiten* und *Umgang mit dem Wasserwiderstand* im Schwimmunterricht 291
Abb. 29: Laufwege im Achterlauf 306

Abb. 30: Springen im Kreuz (The Egg Beater) 307
Abb. 31: Kreuzschlagen auf einer Linie 308
Abb. 32: Erwartungen und Wirkungshoffnungen zum *Kämpfen* 328
Abb. 33: Ambivalenz des Kämpfens 331
Abb. 34: Sachliche Dimensionen des Kämpfens 337
Abb. 35: Zum Reiz des Wettkämpfens 339
Abb. 36: Bedingungen leichtathletischen Wettkämpfens 340
Abb. 37: Unterschiedliche Perspektiven des Zweikämpfens 342
Abb. 38: Zusammenhang zwischen den Anforderungen und den Konsequenzen für die Inszenierung 353
Abb. 39: Phasierung von Unterrichtssequenzen zum Thema *Kämpfen* 354
Abb. 40: Inszenierungsmodus der Lehrkunstdidaktik 383